アジア地域文化学叢書9

# 海のクロスロード対馬

―21世紀COEプログラム研究集成―

早稲田大学水稲文化研究所編

# 海のクロスロード対馬　目次

# 『海のクロスロード対馬』の刊行にあたって

対馬は、朝鮮半島と日本列島の間に位置する面積六九六平方キロメートルの島嶼で、長く大陸と日本との懸け橋としての役割を担ってきた。この地に着目した学際的な調査として、一九五〇年から五一年にかけて行われた九学会連合調査がある。参加団体は、日本人類学会、日本言語学会、日本考古学会、日本宗教学会、日本民族学協会、日本民俗学会、日本社会学会、日本心理学会、日本地理学会であり、これに建築史や日本史の研究者が加わった。このあと能登の調査に継承されたが、時代を経るとともにそれぞれの学会の活動が細分化される状況となって、このような学会を横断する調査は姿を消していった。その意味で人文系の学際調査として記念碑的な価値を有する。統一的な成果は、『対馬の自然と文化』（古今書院、一九五四年）にまとめられているが、水野清一編著『玄海における絶島、対馬の考古学的調査』（東亜考古学会、一九五三年）や宮本常一著『中世社会の残存』（未来社、一九七二年）などにもこの時の調査成果が盛り込まれている。

このような地を早稲田大学のプロジェクト研究所である水稲文化研究所が改めて調査をすることとなったのは二〇〇二年のことで、二一世紀COEプログラムのアジア地域文化エンハンシング研究センターの発足が契機となった。この年、海老澤を研究代表者として科学研究費基盤研究（B）「東アジアにおける水田形成と水稲文化の研究（日本を中心として）」が同時にスタートし、二〇〇三年に早稲田大学大学院のスタッフと現地調査を行い、授業で対馬の史料を講読することとなった。その際、対馬の南端に位置する豆酘《つつ》を重点調査地区として選定した。この地は九学会連合調査の際、日本民族学協会を中心とし、他の学会も調査を行った主要な調査地の一つであった。宮本常一氏や石田英一郎氏がこの地に伝わる民俗行事を詳細に分析されており、半世紀を経た今日ではすでに調査不能となっているものも多い。ただし、文献資料については、宮本氏が照合されたものはきわめて限られたものであり、また高縮尺の図面は存在せず、当時においては豆酘の集落・水田の全面的な復原調査には至っていない。この地が赤米栽培とその神事を残す日本の水稲文化の一断面を語るほぼ唯一の地である以上、伝統が継承されているうちに徹底的な究明を行っておく必要があろうと考えた。コマ数にして約六〇〇〇点の史料収集を行い、また一九七七年一〇月撮影の空中写真と森林基本図により、集落と耕地の全面的な復原を目指した。宮本氏を中心とする九学会連合調査の成果を生かしつつ、いわば最先端のデジタル資料を組み合わせることによって、現段階におけるこの種の調査のモデルを示すことを目標とした。

だが、このプロジェクトはそれだけを目指すものではない。豆酘に密接に関わる中世内山文書を取り上げても、その関係する領域は下県郡のほぼ全域に及び、必然的に一郡規模の寺院・神社・遺跡に関わり、対馬の島主・守護・藩主として君臨した宗氏および府中である厳原にその考察は及ばざるを得ない。さらに宗氏は、中世から近世にかけて長い間朝鮮との外交に携わってきた。そもそも対馬を選定した大きな理由は、この島が絶海の孤島ではなく、文化交流の架け橋となる地であることにあった。このような視点からの研究は、九学会連合調査の段階では未だ十分とはいえず、その後半世紀の間に豊富な文献資料により長足に進歩を遂げた分野である。今回の調査においても豆酘の地自体が、海上交通により九州博多―対馬府中―朝鮮半島への開かれた地であることが確認されている。

このように巨視的に見れば水稲文化圏に属する対馬の歴史的役割を明らかにすることも本研究の課題の一つであった。また、その前提として対馬一円の中世史料の存在を明らかにすることも基礎的な研究として重要である。竹内理三氏による『長崎県史　史料編1』の対馬史料に関する網羅的な収集および国士舘大学・東京大学史料編纂所による悉皆的な調査と目録作成によって示されたように、この地の文書史料の豊富さには刮目すべきものがあるが、それらを総合した目録作成には至っていない。今回この点でもささやかな貢献ができたものと考えている。また、豆酘についての網羅的な収集作業ができたことも本研究の成果としてあげられよう。

以上述べてきたように、本研究は幅広い分野の研究者の協力を得て展開されたものであるが、読者の理解を得るためにその輪郭を示しておく必要があろう。本書では二部の構成をとっている。

①対馬の遺跡と天道信仰

新川登亀男氏による「終末期古墳から見た対馬」は考古学の新たな成果を大胆に取り入れた新見解が示されている。対馬の中に存在した最前線の認識は、今後の研究に波紋を呼ぶことになろう。海老澤の「対馬における天道信仰と照葉樹林の保護」は、かつて東アジアに広く展開しながら開発によってその姿を消した照葉樹林が対馬で長く保護され、現在に至っている事実を示して、森林とコメに対する信仰が融合した天道信仰の歴史的役割を明らかにした。黒田智氏の「対馬豆酘の村落景観と祝祭空間」は、天道信仰の実態を歴史的に解明し、そのコスモロジーに迫ったものである。豆酘において赤米神事と山林信仰が一体化したその宗教性に見られる地域文化が明らかにされている。堀祥岳氏の「対馬豆酘の耕地と集落─明治地籍図による復原的研究─」は、近代初頭における土地利用のあり方からこの地の開発形態を探ったものである。本石正久氏の「豆酘の赤米神事」は、アカゴメの持つ神性が最高度に高められた対馬豆酘の赤米神事の年間サイクルを明らかにするもので、多久頭魂神社神主の立場から詳細な考察が加えられている。対馬のクロスロードとしての性格をよく示しているのが和田修氏の「対馬における芸能と村落」である。海域のなかでの文化の交流と儀礼の在り方が示され、島嶼研究のもう一つの側面を明らかにする狙いが込められている。

②宗氏の支配と対馬史料群

既述のように、九学会連合調査の段階においては、「文献資料の宝庫対馬」の扉はまだ開けられていない状態であった。竹内理三氏・田中健夫氏の努力によって古代・中世・近世の対馬を軸とした対外交渉史は飛躍的な進歩を遂げた。本研究では、この点の確認とその研究水準をさらに引き上げる努力を行った。関周一氏による「中世対馬の課役と所領」は、海に開かれた対馬の所領と領主の特質が、従来の研究水準を踏まえて史料に即して提示され、この分野のスタンダードとなりうるものであるといえよう。本田佳奈氏の「内山村における中世山林相論と寛文検地帳の分析」では照葉樹林文化の海のなかに島のごとく存在する水田とその儀礼の持つ意味を改めて考えさせるものがある。米谷均氏の「一四七九年に来日した朝鮮通信使による対馬紀行詩文集」は一五世紀末の対馬の状況を示した史料がまだまだ発掘途上にあることを示している。黒田智氏の「対馬豆酘郡主の系譜」は中世対馬における豆酘の政治的位置を明らかにしたもので、九学会連合調査の時点では明らかにされなかった豆酘の持つクロスロードとしての性格が明らかにされている。徳永健太郎氏の「対馬中世文書の現在」は個々の研究者と研究機関によって積み重ねられてきた文書調査の交通整理をし、その全体像に迫るものであり、今後対馬の史料群に踏み込む際のガイダンス的役割を果たすものである。吉田正高氏の「金剛院所蔵資料の整理・保存」は寺院での資料整理の委託を受けて、現代の方法論に則った文献整理の方法を試みたもので、大きく変化した最近の史料調査のあり方を示した。

なお、科学研究費基盤研究（B）「東アジアにおける水田形成および水稲文化の研究（日本を中心として）」では、二〇〇四年三月に成果報告書（A4判、二八三頁）を刊行した。本書はこの成果報告書に基づいたものであるが、巻頭カラー図版「豆酘の水田開発」（黒田智・堀祥岳氏作成）・「近代豆酘の土地利用」（堀祥岳氏作成）を初めとして紙幅の都合により割愛した成果も多い。成果報告書を引用する際は『科研基盤B報告書水稲文化』と略表記したのでご了解いただければ幸いである。なお、二〇〇四年三月一日をもって、この地の厳原町、美津島町、豊玉町、峰町、上県町、上対馬町は合併して対馬市となった。この調査は、基本的に合併以前に行ったものであるが、本書の刊行にあたっては表記上対馬市に改めている。

二〇〇七年二月七日

海老澤　衷

# 第一部　対馬の遺跡と天道信仰

# 終末期古墳から見た対馬

新川登亀男

## 一　終末期古墳の概要と現況

二〇〇三年九月一一日（木）から一三日（土）にかけて行なわれた対馬踏査では、とくに終末期古墳の現状確認に力点を置いて、七世紀以降の古代史における対馬の基本的なあり方について考えてみた。つまり、古代の対馬とは何か、という発問である。

対馬の終末期古墳には、対馬市美津島町のサイノヤマ古墳、同厳原町豆酘保床山の保床山古墳、同厳原町大字下原字矢立の矢立山古墳群などがある。

サイノヤマ古墳は、一九四八年の東亜考古学会による対馬調査（代表：梅原末治）で確認され、そして「鶏知サイノヤマ横穴式古墳」（下県郡鶏知町高浜サイノヤマ）として公表された。[1] しかし、その後、所在不明となり、二〇〇〇年における美津島町教育委員会踏査によって再確認された。東亜考古学会の調査によれば、地形を利用した円墳（径約一〇メートル、高さ約二メートル。封土はほとんどない。石室は長さ三・八メートル、幅七〇〜八〇センチメートル。玄室と羨道の区別はない）であり、出土品の所伝はまったくない。したがって、今回は踏査確認に及んでいない。

保床山古墳は、さきの東亜考古学会によって調査がおこなわれ、「豆酘保床山横穴式古墳」（下県郡豆酘村豆酘保床山）として公表された。それによると、「豆酘平野の北方」にある七七メートルの丘の中腹（標高約六〇メートルか）に位置し、石室（長さ四・三メートル、幅一・六メートル。羨道はない）が露出して、封土は消滅しており、天井と西壁の大部分が破壊された状態であったという。ただ、石室の破壊にもかかわらず、盗掘を免れており、銅椀・土師器・須恵器の類・金銅装太刀などが発見された。今回は雨天の最中の踏査（一一日午後）となったが、現在では所在地に至る登山道も充分に確保されておらず、古墳自体も草木に覆われた状況のまま放置されていて、このままいくと所在不明になるのではないかと危惧される。ただ、古墳所在地付近からは、豆酘浦とその集落を南方に見下ろすことができる。古くは、浦がさらに深く入り込んでいて、保床山に迫っていたと推測されるので、この古墳は、まさに対馬南端部に位置する豆酘浦の有力な経営者を埋葬したものであることが容易に察知できる。

矢立山古墳群は、これまた先の東亜考古学会によって調査がおこなわれ、「小茂田矢立山横穴式古墳」（下県郡佐須村小茂田矢立山地蔵壇）として公表された。それによると、「小茂田部落の東方に北からのびた一台地」（高さ三〇〜四〇メートル）があり、佐須川がその裾を曲折して流れているが、この台地上に約二〇メートル間隔で二基の高塚古墳がある。南を第一号墳、北を第二号墳と命名した。このうち、第一号墳は、径約二〇メートル、高さ三メートルの円形とみられる封土が認められ、積石塚であったと推定された。石室は横穴式であり、玄室と羨道の区別がなく、すでに盗掘されていた。しかし、金銅装太刀などが発見されている。第二号墳は、封土が消滅していたが、石室は丁字形をした横穴式とされた。やはり盗掘されていたが、金銅装刀装具・銅椀などが発見された。ただし、一九二八年刊行の『対馬島誌』によると、これらの古墳二基は「矢干山の岩屋」と呼ばれており、第二号墳には墳丘がまだ存在していたもようである。

この矢立山古墳群は、その後、一九七六年に国指定史跡に指定された。そして、二〇〇〇年度に、第二号墳の北で第三号墳が確認され、二〇〇〇年度から二〇〇二年度にかけて厳原町教育委員会と福岡大学人文学部考古学研究室（代表：小田富士雄）とによって合同調査がおこなわれた。その成果は、『国史跡　矢立山古墳群　厳原町文化財調査報告書第七集』（厳原町教育委員会、二〇〇二年）において公表された。後述するように、この段階で多くの発見と考察がみられた。今回の踏査（一二日）は、この再調査後のものであり、三基の古墳は再整備されていて、保床山古墳（未指定）の現況とは大きく異なるものであった。しかし、古墳内部の視察はかなわなかった。ただ、佐須川との緊密な関係は確認することができ、この佐須川は、現在、小茂田浜（文永の役の合戦場とされる）に注ぎ出ているが、かつては入り江がさらに深く入り込んでいて、矢立山古墳群は、この入り江（浦）に沿っていた可能性がある。また、近在の樫根と久根には、下県郡の式内社である銀山神社と銀山上神社の名称を継ぐ神社がそれぞれ存在する（原位置は不明）。そして、「カナヤマ」に関する伝承がみられるが、(2) 今回の踏査では、とくに樫根の佐須院観音堂近くの鉛鉱跡（東邦亜鉛株式会社経営）を実見し、斜坑を確認した。ここでは、鉛の類に付随して銀なども採れたという。現在では、環境汚染が問題となり、閉山に至っている。これらのことを踏まえると、矢立山古墳群は、後述するような銀などの採掘と搬出の経営にかかわった有力集団の墳墓群であった可能性が高い。

## 二　境界としての対馬

かつて一九四八年の東亜考古学会による調査で確認され、このたび二〇〇〇年～二〇〇二年の矢立山古墳群合同調査で再確認された以下の基本的な指摘は、きわめて重要なものである。すなわち、対馬を南北に分けて、板石石室が北に、横穴式石室が南に偏在する（前者は南部にも及ぶ）。その境界は、小茂田と鶏知をつなぐ線である。高塚はシタルまで及ぶが、そこでとまり、前方後円墳はネソ（もしくはチロモ）でとまり、横穴式石室は鶏知・小茂田の線でとまる。要するに、南ないし内地の影響が主として鶏知・小茂田ラインでとまるのは、大和朝廷の権力をバックにした政治的フロントを形成すべき基礎が六〇〇年前後にはできたことを物語っているというのである。

このような指摘の例証として、まさに横穴式石室の終末期古墳（現在、矢立山古墳群は一・二号墳が三段の積石封土方墳、三号墳が積石塚長方形墳とされている）が鶏知・小茂田ラインを北限として存在することになる。ここで、さきの二〇〇二年の矢立山古墳群の調査報告の総括に従うなら、およそ次のような経緯が想定されている。

まず、サイノヤマ古墳の詳細は不明であるが、一応、七世紀前半のものとみられる。ついで、保床山古墳と矢立山古墳群とでは、はじめに保床山古墳が築かれ、ついで矢立山古墳群の一号、二号、三号墳が順次西から東へと築かれたとされる（方位については一九四八年調査と合致しない）。しかし、それぞれの経緯はやや複雑であり、まず、保床山古墳は、七世紀前半に初葬が認められるが、七世紀末頃を最終とする二回の追葬が考えられる。また、新羅統一時代のものかとも言われる特殊な祝部壺の出土（一九四八年調査）が注目されるが、現在は行方不明である。さらに、矢立山古墳群の場合、一号墳は七世紀中頃以前に初葬があり、七世紀末頃（保床山古墳の二回目追葬の前後）に追葬がある。二号墳は七世紀中頃に初葬があり、七世紀末頃に追葬がある。未盗掘の三号墳は、七世紀後半の一回限りの埋葬であることが確認された。

そこで、主として保床山古墳と矢立山古墳群に注目すると、前者が先行する形で七世紀を通じて築造されるか、追葬されていったことになる。つまり、たしかに六〇〇年前後から豆酘浦を拠点として、ついで小茂田浜（浦）に依拠する銀などの採掘・搬出を介して、対馬のとりわけ南部（下県郡の地の鶏知・小茂田ライン以南）が倭王権の強い影響下に組み込まれたことを物語っている。

たとえば、『隋書』倭国伝によると、六〇八年（隋大業四／推古一六）、倭に向かう隋使裴世清は百済→竹島→都斯麻国（対馬）→一支国（壱岐）→竹斯国（筑紫）へと至ったというが、「自竹斯国以東、皆附庸於倭」と伝えられる。これによると、対馬は当時、倭王権の範囲に含まれていないという認識が中国側にあったことになる。ところが一方、『日本書紀』によると、推古九年（六〇一）、新羅の間諜（スパイ）が対馬で捕らえられ、上野に流されたという。ついで、推古一七年（六〇九）には、肥後の地に漂着した百済人らを本国送還する途中、対馬において一部の百済人が倭に留まりたいと申し出たという。さらに、舒明四年（六三二）、倭に向かう唐使高表仁らは、いったん対馬に停泊しているが、翌年の帰国では、倭側の送使が対馬まで同行して、そこから引き返している。今、これらの記録を参照すると、六〇〇年代に入って、朝鮮諸国に加えてあらたに隋・唐との交通が展開しはじめるなかで、対馬を倭王権の境界とする認識が、ある種の緊張を伴いながら急速に形成されていったもようである。

保床山古墳は、まさにこの時期に築造されたものである。おそらく、この古墳は、対馬が倭王権の国境に組み込まれる六〇〇年初頭以降に、その介在者として指導的役割を果たした人物とその一族・後裔を埋葬したものであろう。そして、隋・唐を加えた新たな国際交通の拠点が豆酘浦であったことを、あるいは豆酘浦になったことを如実に物語るものである。ただし、八世紀以降の遣唐使は壱岐・対馬を経由しないので(3)、これ以降、豆酘浦のあり方に変化が生じてきた可能性はある。

一方、『日本書紀』天智一〇年（六七一）一一月癸卯条に「対馬国司」が初見する。これによると、唐・百済・倭人らの大規模な混成船団（総勢二〇〇〇人、船四七艘）が「比知島」に停泊して、そこから「対馬国司」に到来の趣旨を伝えてきた。あわせて、「防人」が射戦に至らないようにとの申し出でもあった。そして、このことを「対馬国司」は「筑紫大宰府」に取り次いだという。すでに金田城を築き、防人を配置していた対馬に倭側から官人が派遣されていたことを示している。少し遡って、『日本書紀』天智四年（六六五）九月壬辰条注によると、唐・百済人らの混成船団（二五四人）が対馬に一ヶ月以上は停泊して、筑紫に向かったもようである。これらの船団がどこに停泊し、倭から派遣された官人がどこに駐在していたのかは不明である。

しかし、今かりに、さきの鶏知・小茂田ラインを考慮するなら、これら船団は、このライン以北の沿海に暫定的に停泊し、合意が得られれば、港湾（広くは浅茅湾）か、さらにはライン以南の豆酘浦に入った可能性もあろう。いずれにしても、金田城や防人の設置によって、むしろ、倭王権と通じる保全的な後方地域の必要性が高まり、そこに豆酘浦が該当したとすれば、保床山古墳の存在（倭派遣の主要官人の墓というわけではなく、その官人らが行財政上で依存した在地首長の墓）は理解しやすい。そして、七世紀における倭王権の国境が対馬に設定されたとしても、鶏知・小茂田ライン以南こそが倭王権の直接的な範囲内であり、その以北は外縁（金田城や防人配置のところ）ということになって、このように二分された対馬のあり方自体が倭とそれ以外との境界形態を表していたものと思われる。

## 三　銀などの採掘

『日本書紀』天武三年（六七四）三月丙辰条は、「対馬国司守忍海造大国」が始めて銀を貢上したと伝えている。倭国では、これが初の銀とされ、大国に小錦下が授けられ、諸神にその銀が奉ぜられ、さらに、小錦以上の大夫らにその銀が分配されたという。

その後、『続日本紀』文武二年（六九八）一二月辛卯条に「令対馬島冶金鉱」とあり、大宝元年（七〇一）三月甲午条では「対馬島貢金」とあって、これを契機に大宝元号が採用された。これらは一連の営為であるが、同年八月丁未条によると、この貢金の関係者に褒賞がおこなわれている。つまり、その該当者は、黄金を冶成するために対馬に派遣された大倭国忍海郡の雑戸・三田首五瀬、対馬島司と郡司の主典以上、金を出した郡司とその郡の百姓、金を獲た家部宮道とその戸、そして五瀬を派遣した贈右大臣大伴宿禰御行（死亡）の子らであった。ただし、当該条注によると、この貢金は、五瀬の詐欺であったとする（銀などを金と偽ったか）。

これら銀ひいては金の貢上が、矢立山古墳群の形成と深くかかわるものであることは容易に察せられる。しかし、その一・二号墳は、銀が始めて貢上されたとする六七四年（天武三）よりもかなり前に築造されており、その時期（初葬）は七世紀中頃からさらに遡るとみられている。おそらく、六七四年（天武三）以前から、すでに銀などの採掘がおこなわれており、その技術・経営者集団の誕生が認められよう。

今、その主な理由を概述すると、まず、さきの天武朝以来、対馬の銀ないし金には大和国忍海郡の地の首長層や技術者（雑戸）が一貫して関与していた痕跡がある。この点は、一号墳の木棺に使用された鐶座金具と類似したものが大和国忍海郡の地にある寺口忍海H―二二号墳、同E―一二号墳（七世紀前半に遡る）でも出土していることと呼応しよう（二〇〇二年前掲報告書）。また、『肥前国風土記』三根郡条では、推古一〇年（六〇二）の来目皇子新羅出兵軍のなかに忍海漢人が動員されていて、兵器製造にあたったとする。これらのことからすると、大和国忍海郡の地の技術者集団（渡来人系）が、すでに七世紀中頃ないし以前から対馬において銀などの採掘・冶成にわずかでも当たっていた可能性があろう。

ついで、さきの一号墳出土の鐶座金具は、奈良県桜井市の中山一・三号墳のそれ（七世紀前半に遡る）とも類似しており、阿倍氏との関係が推定されている（二〇〇二年前掲報告書）。阿倍氏は、外交を含む活動を七世紀に展開した新興氏族であるが、とりわけ、七世紀中頃の難波遷都期に左大臣阿倍内麻呂（倉橋麻呂）が出ている。そして、この時期、伊予の地に派遣されて、当地の秦氏と協業しながら朱砂の採掘（アマルガム鍍金）を指導し、そのままそこに定住した阿倍氏も知られている（『続日本紀』天平神護二年三月戊午条）。おそらく、阿倍内麻呂が左大臣であった難波遷都期の七世紀中頃に、阿倍氏による鉱物採掘が在地の渡来系技術者層と協業しながら展開されたことがあったのであろう。

『日本書紀』顕宗三年四月庚申条にみえる日神（高皇産霊）と阿倍氏と対馬下県直の祭祀との連携記事は、以上のことを前提にすると理解しやすい。

さらに、対馬の家部らが金銀の発見に直接関与したらしいことは先述のとおりであるが、この家部集団は、美作国や備前赤坂郡の地などに多い(4)。これらの地は採鉄の盛んなところであり(たとえば、『日本霊異記』下の一三など)、この鉄穴での採掘技術と対馬での採掘技術に連携性が認められる可能性があろう。

以上のような諸点を踏まえると、七世紀前半以降、いくつかの段階差をもって、あるいは複数の技術集団や歴史的条件によって、対馬の銀などの採掘が展開していったものとみられる。矢立山古墳群が一・二・三号墳として存在するのも、その証左であろう。また、のち、『延喜式』雑式において、対馬銀の百姓私採が特別認められているのは、このような初期の多様な採掘形態に負うところもあろう。しかし、この採掘が、そして矢立山古墳群の築造が七世紀に入ってからであるということの意味は考えなければならない。

その意味するところは、まず、倭における金銀の必要性にあったと考えられる。たとえば、『隋書』倭国伝によると、かつて金銀を愛好しなかった倭人は、隋との通交により、はじめて金銀の意匠を知り、冠位十二階の制に採用したという。たしかに、推古一一年(六〇三)制定の冠位十二階の制では、大・小徳の冠の髻花(ウズ)には金をもってすると(『日本書紀』推古一九年五月五日条など)。しかし、大化三年(六四七)の七色十三階制になると、小錦冠以上の鈿(ウズ)には金銀を交え、大小青冠の鈿は銀をもってし、大小黒冠の鈿は銅をもってすると決められている書紀』)。ここにおいて、冠位十二階の制とは比較にならないほどの金銀銅が広範に求められたはずである。

さらに、寺院伽藍の造営にともなう金銀の必要性も急速に増したはずであるが、銀銭や地金としての銀の流通にも注目しなければならない。たとえば、『日本書紀』天武一二年(六八三)条は、銅銭の採用と銀銭の禁止、銀の採用続行というめまぐるしい施策を打ち出している。これは、銀銭と地金としての銀が、いかに流布していたかということを物語っており、低質で私鋳的な銀銭の横行と混乱を停止して、地金としての銀の流通は温存しようとしたものとみる説がある。(5) この段階の銀銭と地金としての銀の横行・流通は、天武三年の対馬銀貢上と直接的な因果関係が想定されるが、地金としての銀の流通は、七世紀中頃ないし以前に遡ることも予想してよい。なぜなら、冠位制にともなう装飾具に銀の適用が既にみられたからである。その一つの結末が、実は天武三年に貢上された対馬銀の小錦冠以上への統一的な分配であり、かれらの衣服装身具への活用が法制的に期待されたのである。

しかし、問題は地金としての銀のあり方にあって、それぞれの氏族集団や王家が個別に対馬銀の採掘と結びついて、その銀を取得して、活用することがなされたであろう。もちろん、その活用の範囲のなかに冠位制に基づく装身具が含まれているが、その活用量や質が特に問われることはあるまい。そして、その質量の確保次第では、装身具以外での活用も可能なはずである。そこに、銀銭ないし地金価値をもつ銀の横行の余地があり、また、交易や褒賞価値に活用・転用されることもあってよい。天武朝以降のめまぐるしい施策は、このような銀採取と流通の任意性と個別性を統一的に規制していくことを模索するものであり、天武三年の対馬銀貢上とは、その先駆けをなすものであった。

このうち、交易や褒賞価値としての銀の活用は、『日本書紀』持統五年(六九一)九月壬申条、同年一二月己亥条、同六年(六九二)二月丁未条などにみられるが、これらがすべて、唐や百済などからの近年の渡来系僧俗技能者・知識人らに与えられた銀であることに注意しなければならない。この銀は、彼らへの褒賞として与えられ、広くその交易価値が約束されていたものであるが、同時に、音楽・書・医術・呪禁・陰陽などの国際的技能や知識に活用する稀少な物品の購入(交易)に充てられることが具体的に予想されていたはずである。つまり、このような銀の活用は、隋・唐を新たに加えた東アジア世界のなかでこそ、はじめて意味を持つものであろう。事実、新羅はこのような銀の活用を知悉しており、(6) 中国でも南北朝以来、隋・唐に至ると、銀の活用は社会的な広がりをみせている。(7) このような東アジア世界は、倭にとっては、まさに七世紀に構成されるのである。

対馬の銀は、以上のようないくつかの観点からして、やはり七世紀の倭にこそ求められたものである。これを、言い換えれば、対馬における鶏知・小茂田ラインは、六〇〇年前後以降、七世紀を通じて倭が銀を囲い込もうとした指標ともみることができる。その意味では、七世紀の対馬の中に倭の境界が設定され、やがてその対馬が倭の国家を成り立たせていく必須の条件になるのは、まさに銀の採取とその東アジア的な価値（衣服制、交易流通価値、国際的技能・知識獲得・寺院伽藍荘厳など）にあったと言うべきであろう。

ただ、その際、東アジア的な価値を列島内において任意に個別的に開かれた形で負う傾向の強い銀（銭）と、倭から日本への再編成の過程で独自の価値を画一的に閉ざされた形で負わされようとしている銅銭との相克ないし二重構造が推測できることである。(8) その意味では、銀（銭）はまさに、七世紀に立ち現れたあらたな東アジア世界への参入者としての倭を表象することになるが、逆に、この前提を経由することなくして、固有の国家（日本）を自認することも確立することもできなかったという意味において、対馬銀の確保は、やはり国境の定立へと結実していくことになる。また、場合によっては、後次的な銅銭の孤立的な価値を認証する基盤として、先行的な銀（銭）の汎用性に富む存在価値が求められるという回路もみられるのである。

一方、豆酘浦の経営と展開は、このような銀（銭）の出現と役割を促すあらたな交通環境を確保し、二重構造的な国境の拠点を形成することになったものと考えられる。ここに、保床山古墳と矢立山古墳群との同時代的な関係性が見て取れるのである。

## 四　古代の対馬を問う

九八四年（宋雍熙元／永観二）、入宋した「日本国僧奝然」は「東奥州産黄金、西別島出白銀、以為貢賦」と述べている（『宋史』日本伝）。これは、単なる文飾ではなく、また自明の「日本国」の東西国境を説明したわけでもなく、金と銀の産出地を囲い込む必要性から歴史的に編み出された「日本国」の国境のあり方を如実に吐露したものである。そして、ここで言う「別島」とは、通説通りに対馬を指すとみて問題はあるまい。これを言い換えるなら、倭ついで日本においては、対馬に豊かな農業生産力が期待されたわけではなく、多大な犠牲と代償を払ってまでも、銀などの産出とそれにもとづく諸価値を確保し、維持し、奪われないようにし続けることが最大の関心事であり、自国の存立条件であると認識されていたことになる。

事実、『万葉集』一六の三八六九左注が伝えるように、すでに神亀年中（七二四～七二九）には、大宰府管内から対馬に年粮が船で送り込まれていた（この時期は、五島列島から直接、対馬に送られ、壱岐を経由しなかったように記されている）。この年粮は、対馬島司や防人らの生活を支えるためのものであり、大宰府管内の筑前・筑後・肥前・肥後・豊前・豊後の六国に依存しなければならず、基本的には穀二〇〇〇石であった。これらは、壱岐から転送されたり、壱岐に直接負担を課す時期もあった（『続日本紀』天平四年五月乙丑条、『日本三代実録』貞観一八年三月七日条、『弘仁式』『延喜式』主税寮上など）(9)。

また、対馬島司にとって、その島は大隅・薩摩・壱岐・種子島などとともに「挙乏官稲、曽不得利、欲運私物、路険難通」とされた（『続日本紀』天平宝字四年八月甲子条）。つまり、正税・公廨稲出挙が十全に機能せず、その利益も上がらず、島の交通・運輸も困難であるというのである。そこで、これらの国や島の司に大宰府管内の公田地子を割いて特別支給することにしたが、その後、幾多の変遷を経て、対馬に対してのみ大宰府管内の地子を公廨稲に振り当てることが続けられたもようである（『類聚三代格』六の天平宝字四年八月七日勅、『弘仁式』『延喜式』主税寮上など）。事実、『弘仁式』主税寮によると、対馬は正税三九二〇束のみが設置されており、種子島の正税二〇八〇束に次いで少ない（壱岐は正税一五〇〇〇束、公廨五〇〇〇〇束）。これにつぐ『延喜式』主税寮上でも、対馬の正税額は変わらず、公廨稲ほかの財源も一切設けられていない（壱岐では、あらたに修理池溝料五〇〇〇束、救急料二〇〇〇〇束が増設されている）。この間、種子島は大隅国に編入されたので、「日本国」のうちで対馬の正税額はもっとも少ないことになる。また、対馬には駅伝馬も存在しない（『弘仁式』主税寮、『延喜式』主税寮上・兵部省）。

このような対馬の農耕生産とその回路の一端を物語るのは、右大臣吉備真備が、神護景雲元年（七六七）に、対馬の墾田三町一段・陸田五町二段・雑穀二〇〇〇〇束を島の儲として献上したことである（『続日本紀』神護景雲元年九月戊申朔条）。これらは、吉備真備がかつて筑前や肥前の国守であった時に取得したものであろうが、自家にとって充分な利益をもたらさないことや、対馬の窮乏などを考慮して、対馬島司のもとに返上したものである。そして、ここにみられるものが、ほとんど水田や稲作物ではないことに注意しなければならない。

一方、これほどの困難を伴いながらも島司官人や防人らを対馬に送り続け、彼らの任務遂行を強要し続けた古代の「日本国」は、その見返りとして対馬貢銀を期待し、その産銀をめぐる諸価値の機能を十全に発揮させようとしたのである。

『延喜式』民部省下によると、大宰府は管内調物として銀八九七両を貢上していた。また、大宰府は正税交易雑物として銀三〇〇両を貢上している。これらは、対馬銀であるはずであり、正税をもって交易する回路も存在していた。また、同じ『延喜式』主計寮上では、対馬の調として銀のみが挙げられている。ただし、その額は特定されていない。それは、採掘量が不確定であるためなのか、あるいは大宰府に納められてそこで質量の調整がおこなわれたのか、後述のように、その銀はさらに直接京進されるなどの幅をもった採掘と活用がみられたのであろうか。また、『延喜式』雑式によると、対馬銀は百姓の私採が認められていたが、その私採としての幅や展開も同時に考慮しなければなるまい。

このような対馬銀の現地における実態については、まず、『日本三代実録』貞観七年（八六五）八月一五日条の大宰府報告記事から垣間見ることができる。それによると、対馬の下県郡にある「銀穴」は、「高山底」より「巖」を「穿鑿」して、掘入ること四〇（ないし三〇）丈ほどであり、白昼でも「炬」をもって入らなければならなかった。ところが近年、処々が「崩塞」して、その回復に「人功」を費やすことが多く、さきほどの夏の雨では穴に水がたまってしまい、その「功力」を計算すると、対馬島司が「私」にただちに「穿開」できるような事態ではない。そこで、延暦一五年（七九六）例にならって、対馬の「例挙大豆遺百斛、并租地子穀百斛」を「掘開」費用に充てたいというのである。これは、最終的に許可されている。

これによると、高山の麓から巌を掘った処々の銀穴は九世紀中頃には一〇〇メートル前後に達し、その結果、しばしば崩壊現象が起こり、そのつど対馬島司の私的裁量のもとで人夫動員をおこないながら修復にあたってきたが、いよいよ、その限界を超える事態が発生したので、特別の財源で人夫調達を行うことになったのである。ここで、注目したいのは、いかに銀穴が深く掘り続けられ、島司がその開鑿と維持に努めなければならなかったのかということであり、また、そのために島の人夫が動員されるとともに、島に特別な財政回路や財源がみられることである。とりわけ、「租地子穀」に相対するほどの額が期待された大豆の生産・消費と大豆の出挙回路の存在が留意される。

一方、天安元年（八五七）には、対馬の上県郡と下県郡の郡司らが三〇〇人ばかり（中核は首従一七人か）を率いて、島守とその従者一〇人と防人六人を襲撃殺害する事件が起きている（『日本文徳天皇実録』天安元年六月庚寅条、『日本三代実録』天安二年一二月八日条）。これは、さきのような銀採掘をめぐる島司の度重なる過酷な人夫動員などへの反抗ではないかと思われるが、貞観七年三月二二日付けをもって、対馬の上県・下県両郡司統領の職田に筑前国の水田三〇（ないし四〇）町が充てられることになった（『日本三代実録』）。この一連の事態は、銀の採掘が上県・下県両郡の全島百姓に賦課されており、その人員は三〇〇人ほどには及んでいた可能性を示唆していよう。また、その採掘現場での直接的な指導者は両郡司層であり、その郡司層の維持のために職田があらたに設けられたものとみられる。ただし、その職田を島内に求める余裕はなく、島外の筑前国に求めている。さきの「租地子穀」とは、このような島外（大宰府管内六国）での経営に依存したものや、既述の公廨相当の地子運営や、正税と銀の交易などの諸回路によって捻出されたものであり、島内で自己完結するようなものではあるまい。

ついで、寛仁三年（一〇一九）の女真族（刀伊）襲撃の大宰府報告から、対馬の銀採取の一端が知れる。対馬における被害項目は銀穴焼損・上県郡・下県郡の三種に大別されており、銀穴焼損では一三四人が襲われて、殺害された者一八人、追取された者一一六人（男三三人、女五六人、童二七人）、上県郡では一四一人が襲われて、殺害された者九人、追取された者一三二人（男三九人、女・童九三人）、下県郡では一〇七人が襲われて、殺害された者男女合わせて九人、追取された者九八人（男三〇人、女・童六八人）であった。そして、全島総計では襲撃された者三八二人（男一〇二人、女・童二八〇人）とされている（『小右記』寛仁三年六月二九日条）。伝写のことも含めて、数値には若干の疑問が残るが、ほぼ正確であろう。

この報告をどのように読み取るかは問題であるが、まず、銀採取が対馬にとっていかに大きな意味をもっていたかということを如実に示している。ついで、島の北部と中部にあたる上県郡での被害が総じて最大であるが、南部の下県郡にある銀採掘現場周辺での死亡者がもっとも多い。これは、逃げ遅れによるものか、死守しようとした結果なのか、男が多かったのか、いずれにしても尋常でない数値である。さらに、銀採掘では、男のみでなく（被害者は、男の二～三倍以上が女と童）、女や童（総じてほぼ女二人につき童一人の割合）の動員が数多くみられた。また、少なくとも、ふつう一三四人以上の男・女・童らが銀採掘にあたっていた様子がうかがえる。

ところで、『小右記』長元五年（一〇三二）八月二五日条から推測するに、対馬の銀は島の丁数相当の調として貢納されていたかのようである。(10) かりに今、一〇世紀前半に編纂された『和名類聚抄』にしたがって、上県郡が五郷、下県郡が四郷として、五〇戸編成を前提にしながら、一戸一丁と想定した場合、上県郡の丁数は二五〇、下県郡の丁数は二〇〇となる。すると、全島の丁数四五〇が一応、銀採掘ないし貢銀を負担することになろう。さきにみた島守襲撃事件に動員された人員総数が三〇〇人ばかりとされていること（うち中心は一七人くらいか）、刀伊襲撃の時、銀採掘現場周辺で殺害された者が一八人、これを含めた被害者が一三四人であったこと、また、その被害者が全島で三八二人に及んだことなどの数値をいかに解読するかは今後の課題である。

最後に、銀採取の貴重な史料である『対馬貢銀記』(『朝野群載』『群書類従』所収)を取り上げたい。これは、大宰権帥大江匡房が在府中(一一〇〇年頃)に記したものではないかと推測されている。[11] それによると、銀穴は二~三里に及び、三人が一番をなして掘る(一人は燭を執り、一人は器を採り、一人は鎚をもって取る)。また、三〇〇~四〇〇人が連なって坑道から雨水を汲み出す。その人夫の費用は、大宰府管内から送られてくる年粮米二一〇〇斛を充てる。さらに、採掘した銀は額を量って、高山四面の風を受けるところに置き、松樹の薪で一〇日あまり焼き、ついで水をもって洗い、灰は鉛錫となり、すべて一二〇〇両を年輸とする。そして、大宰府に長く留まることなく、京の蔵人所へと進上するとある。一方、対馬には、「田畝」がなく、ただ「白田」(畠)を耕作し、あるいは「諸租税」を置いている。また、大豆を正税となし、島には「珍貨充溢」しており、「白銀鉛錫、真珠金漆之類」を永く貢上してきたという。

ここに、古代後期の対馬の実態が集約して伝えられている。まず、「日本国」における対馬の意味は、やはり銀をめぐるところに収斂される。その銀穴は、一里を約六四〇メートル前後とすれば、一~二キロメートルにも及ぶ深さ(長さ)になり、さきの九世紀以降、いかに深く長く掘り続けてきたかがよく分かる。ついで、三〇〇~四〇〇人が総動員されることがあり、この人員数は、実は、さきに試算してみた全島の丁数に近い。また、島守襲撃人員数にも近い。さらに、刀伊襲撃での被害者総数にも近い。これらの近似性については判断を保留したいが、とにかく、三〇〇~四〇〇人と銀採掘とには関係があるとみてよかろう。すると、彼らが、三人で一番をなして、一〇〇~一三三番余が構成されていたことになるであろう。また、銀採取には、さらに焼く、洗う、計測するなどの工程があり、これらに女・童らが参与した可能性があろう(ほかに、炊事・洗濯などもあるか)。

なお、年粮米二一〇〇斛の充当に対する理解に誤認がないとすれば、その用途は島司・防人らの生活維持費から銀採掘関係の費用に切り替えられたことになる。『対馬貢銀記』はこれを「最重」としているが、それほどに銀の採取と維持に全力を傾けたことになろう。

そして、採れた銀には鉛や錫も含まれていて、その活用も考慮されるが、とにかく一二〇〇両の年輸銀とは、あたかも既掲の『延喜式』にみえる大宰府からの管内調物銀八九七両と正税交易雑物銀三〇〇両との総計に酷似している。おそらく、この二種の大宰府貢銀額を継承しているのであろう。そして、この年輸銀は蔵人所へと向かっており、京貴族社会での各種消費や、中国（宋）との交易などに活用されたことが推測される。(12)

また、対馬の農耕は主として畠作であり、大豆が正税とされる特殊な形態をみる。これは、すでに九世紀には確認できるところであり、稲に替わって大豆の出挙が行われていた。大豆は、一段あたり耕す回数一度、労働延べ人員一三人であり、畠作物栽培のなかでは、もっとも簡易な耕作ですむ（『延喜式』内膳司）。(13)『和名類聚抄』で確認できる下県郡の「豆酘」郷（高山寺本と名古屋市博本は「豆配」）は、この大豆に関わる命名であろう。豆酘浦が大豆の集積や加工ないし搬出入や分配などにかかわったのかもしれないが、壱岐の調が大豆・小豆・小麦などとされており（『延喜式』主計寮上）、壱岐の調の筆頭を占める大豆との関係も検討に値しよう。いずれにせよ、七世紀以降、倭ついで日本が銀産出をもって囲い込んだ対馬南部の港湾である豆酘浦は、同時に、対馬独自の正税（大豆）出挙をもってしてまでも銀などを確保しようとした古代「日本国」の港湾・交通拠点でもあった可能性があろう。

対馬銀は、以上のように古代「日本国」の境界を決定する重要な要件であったが、その「日本国」による囲い込みは、銀にとどまることなく、鉛錫、真珠、その他の「珍貨」が「充溢」する「別島」としての価値によるものでもあった。日本の王臣家が競って対馬の真珠を買いあさるために島に使いを送る傾向がみえたのも（『延喜式』雑式）、その一端であるが、対馬に国際的な交易物が集まる傾向もあったのであろう。しかし、それが可能なのも、銀あってのことである。

対馬銀の採掘は、『対馬貢銀記』以降、次第に衰微していったものと思われる。それは、同時に古代の終焉でもあり、銀を「最重」としない対馬と日本のあらたな関係の歴史が展開することになるのであろう。

**注**

（1）水野精一・樋口隆康・岡崎敬『対馬―玄海における絶島、対馬の考古学的調査―』（東方考古学叢刊乙種第6冊）（東亜考古学会、一九五三年）。
（2）『厳原町誌』（厳原町、一九九七年）。
（3）瀬野精一郎・新川登亀男・佐伯弘次・五野井隆史・小宮木代良『長崎県の歴史』（山川出版社、二〇〇五年）。
（4）竹内理三・山田英雄・平野邦雄編『日本古代人名辞典』六（吉川弘文館、一九七三年）。
（5）弥永貞三『日本古代社会経済史研究』（岩波書店、一九八〇年）、栄原永遠男『日本古代銭貨流通史の研究』（塙書房、一九九三年）。
（6）田中史生『日本古代国家の民族支配と渡来人』（校倉書房、一九九七年）。
（7）加藤繁『唐宋時代に於ける金銀の研究』一・二（東洋文庫、一九二五・二六年）。
（8）今井啓爾「無文銀銭の流通とわが国初期貨幣の独自性」（『史学雑誌』一〇九の一、二〇〇〇年）。同「木簡に見る和銅年間以前の銀と銀銭の計量・計測単位」（『史学雑誌』一一一の八、二〇〇二年）。
（9）前掲注（3）参照。
（10）小葉田淳『日本鉱山史の研究』（岩波書店、一九六八年）。
（11）川口久雄『大江匡房』（吉川弘文館、一九六八年）。
（12）渡辺直彦『日本古代官位制度の基礎的研究』（吉川弘文館、一九七二年）。
（13）鋳方貞亮『日本古代穀物史の研究』（吉川弘文館、一九七七年）。

# 対馬における天道信仰と照葉樹林の保護

海老澤衷

## 序章　日本における法文明化

日本における法文明化を考える際には、律令法の展開を基軸としなければならない。(1)七世紀後半に成立したとされる近江令は、中国の法文明を取り入れた日本の最初の成文法と考えられるが、その実態は定かではなく、飛鳥浄御原令の施行を経て、大宝律令が編纂され、それに改変を加えた養老律令によって完成されたことが知られている。遣隋使の帰還が本格化した七世紀の前半から日本における法文明化はスタートしたが、それから百年を超す長い年月をかけて中国の法文明がようやく日本の中枢部を覆い尽くすこととなったのである。(2)これから平安時代の終わりまでが律令法の浸透・普及の時代であったといえよう。『令義解』・『令集解』の編纂がなったのも九世紀以降のことであり、国衙を通じて地方への法文明の普及は一一世紀後半からの王朝国家体制期に本格化したと考えられる。

しかし、中国の法文明の受容・展開は、武人政権である鎌倉幕府が成立すると、大きな転機を迎えることとなる。一二世紀の末期から一三世紀前半にかけての将軍独裁期から執権政治期に至って、武家法の体系が急速に整備されていく。幕府法は必ずしも武断的な要素のみを有するものではなく、家族法や女性相続など、律令法では十分にすくい上げられなかった部分に視点が及んでいることに注目する必要がある。その最初の編目として知られる「関東御成敗式目」は、執権北条泰時によって制定されたものであるが、編纂過程で、伯母にあたる尼将軍と呼ばれた北条政子の言動から学んだものも取り入れられたと推定される。武家政権の下で法文明は日本社会に深く浸透したが、一五世紀後半から戦国大名による家法の制定により、ある領域内に通用する法が見られるようになるのである。このような武家法は織豊期を経て江戸幕府法として展開する。

本論文で扱う樹林の保護は、国家の規制という点で、法文明化の進んだ平安時代に見えているが、それが、現代につながる問題としてとらえられるのが武家法の進展期のことであり、在地慣習法と武家法との往復運動のなかで展開し、それが近代の森林保護へと連続したものであると思われる。なお日本では特に畿内を中心として、武家法とパラレルに展開したものとして村落法が存在する。戦国家法の展開するちょうどその時期に成文化されていく村落法も広く存在する。両者がせめぎ合う中で近世を迎えるが、今回は、朝鮮半島と九州の間に位置し、村落法が必ずしも明らかでない対馬での検証を通じて、在地慣習法と武家法との関係を中心に考察する。

# 第一章　対馬の照葉樹林

対馬は朝鮮半島と日本列島との架け橋的位置にあり、面積は六九六平方キロ、リアス式の海岸を多く含む、港湾に恵まれた島である。米作りが大陸から日本に渡来する際の一つの有力なルートであることも知られている。対馬の南部の竜良山、神崎という岬の二箇所に照葉樹を中心とする原始林がある。(3)前川文夫氏による一九五〇年代の報告によれば、

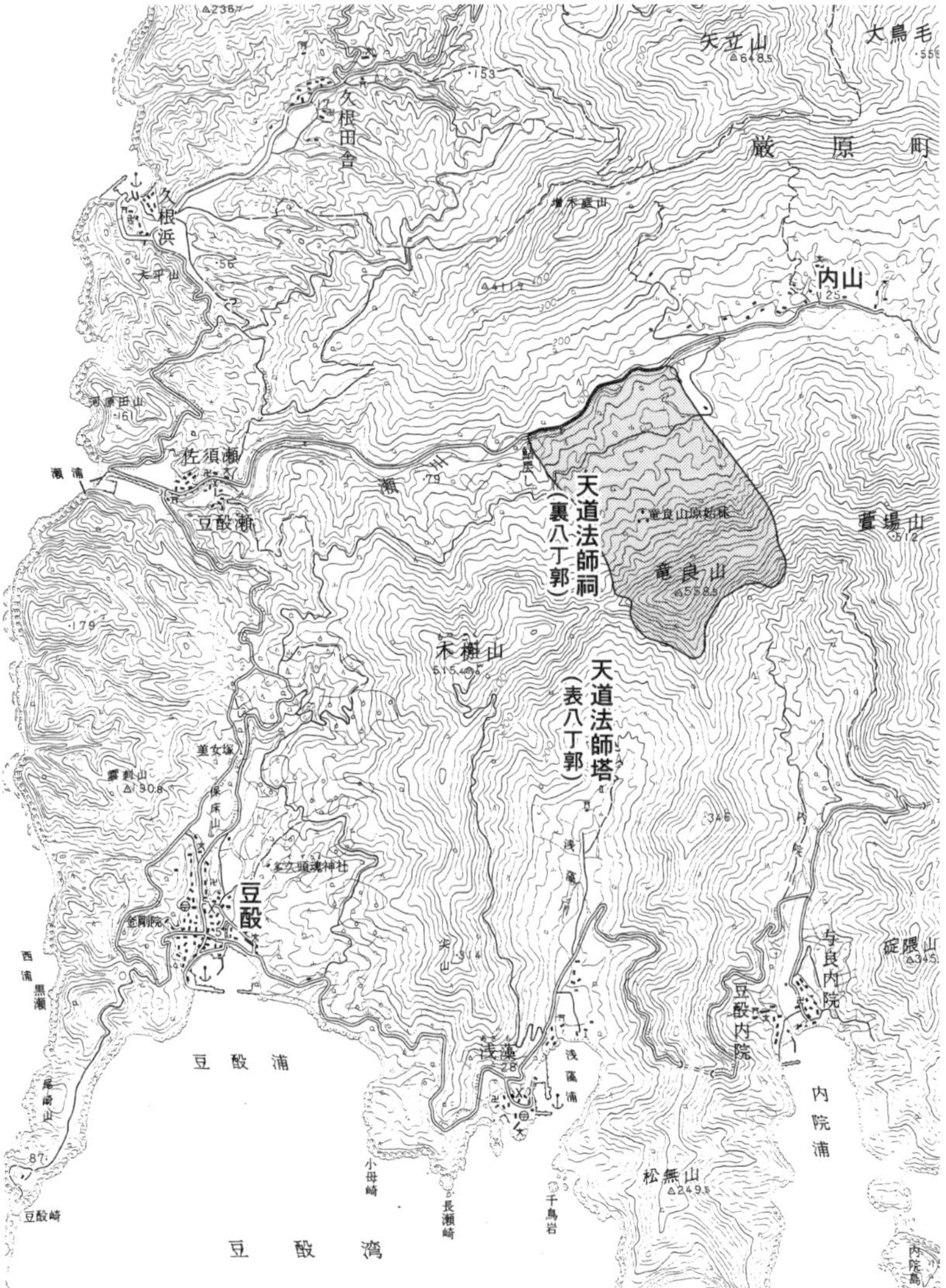


国定公園指定地域（照葉樹林保護区を含む）

国土地理院発行 1:50,000地形図「厳原」をもとに作成

「植物相は概括的に言えば甚だしく人為の破壊を受けていて、天然林は一部分残っているに過ぎない。天童地[4]の如き立入り不可能なところが広面積にあるのを予想していただけにこれは意外であったが、それには人為的な重要原因として、耕地に適する平地の少ないために、朝鮮系統の焼畑を盛んに行うこと、中生代と称する頁岩、粘板岩、砂岩は硬くてしかも崩壊しやすいが、養分貧弱の土壌にしかならぬため、コナラ及赤松の二次林の状態で反復して伐採されること、戦時中朝鮮に対する木炭供給地として多量の伐採が朝鮮系の炭焼達の手で行われたこと、古い信仰がすたれてその神域への立入りもあまりとがめられなくなったことなどが原因であろう。」として、「主な天然林は上島の龍良山（五五四メートル）の内山斜面の天童地を含んで帯状に山頂に及ぶ森林と神崎の海岸断崖上の森林、洲藻の白嶽の頂上（五〇九メートル）付近の森林、下島の御嶽の頂上付近の森林（四三七メートル）、佐護湊の天童山（一六〇メートル）位のものであって、他には小規模の社叢、魚付林があるに過ぎない。[5]」としている。この記述の中で、「天童地」に対する認識があり、一応対馬全体を視野に入れていることは評価できるものであろう。敗戦から間もない日本の姿をよく示しているともいえるが、人的交流の活発な対馬にあって、貴重な「天然林」（まだこの時期には照葉樹林としての価値が明らかにされていない）が存在したことの意義に触れられていないのは残念である。[6]

前川文夫氏の指摘にあったように、竜良山の周辺に照葉樹林が存在する。この照葉樹林は、スダジイ[7]・アカガシ・ウラジロガシ・オガタマノキ・クス・ヤブニッケイ・タブ・イスノキ・シキミ・サカキ・モッコク・ヤブツバキ・カクレミノ・ハイノキなどからなり、一九二三年（大正一二年）に天然記念

**写真１　豆酘の集落と照葉樹林**

物の指定を受けた。その面積は九七・四ヘクタールほどあり、さらに周辺の鳥獣保護区を含めると三六九ヘクタールに及ぶ地が[8]、近代法によって守られていることになる。この中には表八丁郭・裏八丁郭という対馬独特の信仰である天道信仰の最大の聖地があり、この地域の照葉樹林の保護は、この天道信仰の存在によって文献資料上六百年ほど遡ることができる。写真1〈豆酘の集落と照葉樹林〉で確認できるように山と集落の間に水田が展開し、同時に良好な港湾に恵まれており、この「天然林」は人跡希の地に存在するものではなく、むしろ人為に近接したところに存在したのである。それ故、人と自然との交流の中で、保存されてきたことに意義があるといえよう。

なお、豆酘にある式内社の系譜を引く多久頭魂神社周辺にも照葉樹林があり、その中心には幹囲九メートル、高さ二五メートルに及ぶ楠木が存在する[9]。

写真2　裏八丁郭とスダジイの巨木

## 第二章　アジアにおける照葉樹林帯

照葉樹林は東アジアに特徴的な地域文化を育んだことで知られており、自然環境と文化の関係を考察するのに、非常に適した素材であるといえる。中尾佐助氏によって「照葉樹林文化」として地域概念と文化概念が融合され[10]、佐々木高明氏によって日本の基層文化としての位置づけがなされた。その概略は次のようなものである。東南アジアの熱帯に生まれた根栽農耕文化が、北方の温帯地域（照葉樹林地帯）に伝わり、さらに、雑穀類と陸稲と豆類などの種子作物の栽培が取り入れられてできあがったのが照葉樹林文化であった。

ここでの文化は、食物と農耕との関連にみる人類の営みのことであり、照葉樹林文化にあっては、ワラビやクズなどの野生のイモ類やシイ・カシ・トチの実などの採集を行ない、それを「水さらし」の方法によってあく抜きすることも行われた。つまり、照葉樹林文化は、①イモ栽培、②雑穀類の栽培、③野生のイモ類と照葉樹の堅果類の採集を複合的に含むものであった。このうち、③を主体とする前期複合と②を主体とする「雑穀栽培を中心とする本来の照葉樹林文化複合」という概念が中尾佐助氏によって示され、佐々木高明氏によって「照葉樹林焼畑農耕文化」としてより明確に規定された。これが日本においては縄文時代の後・晩期にあたるという。ここから多くの人に、照葉樹林文化＝焼畑文化＝水田農耕以前の文化として受け取られることとなった。ここでは、照葉樹林が視野に入ってはいるものの、それは次第に遠ざかり、「照葉樹林は人類にとって克服されるもの」との印象が濃厚で、照葉樹および照葉樹林そのものが持つ文化性についてはあまり考察の対象になっていないように思えるのである。[11]

アジアにおける照葉樹林帯は、ヒマラヤ山麓から中国雲南省・長江流域を経て、南部を除く台湾と西日本、それに朝鮮半島の南部を含むものであった。このように見てくると、対馬は北限に近いように見えるが、第一章で述べたように、対馬南端の多久頭魂神社には幹囲九メートルの楠の大木があり、照葉樹生育の自然環境としての条件は決して悪くない。[12] 対馬は、年間降水量が日本の他地域と比較しても多い。これが照葉樹の大木を生み出す要因となっている。[13]

全体的にみれば、照葉樹林帯はかなりの部分で現在の水田農耕地域と

**図１　照葉樹林文化の地域**
佐々木高明『照葉樹林文化の道』（ＮＨＫブックス）14頁

重なる。水田農耕のルーツはかつて中国雲南省であるとされてきたが、最近では、長江の中・下流域であるとする説が有力になってきた(14)。どちらにしてもこの照葉樹林帯の中から水田農耕が生まれ育ったことは確実であり、広大な水田もその開発以前にさかのぼれば照葉樹林に覆われていたということなのであろう。照葉樹林は水田農耕の母胎であったといえる。この雲南省から長江流域にかけての地域で、母胎であることの証明は意外に難しいが、ここでは、特に棚田地帯として知られる、雲南省南部の少数民族ハニ族の農耕地域をとりあげ、考えてみたい。ハニ族は信仰のため村の中に小さな森を残しており、そこには儀式用の広場やトーテムポール状の祭祀施設はあるが、神殿にあたるものはなく、お籠もりをするような施設も見あたらない。小さな森であるという点では、琉球列島のウタキやオンを連想させるものがあるが、お籠もりの施設などが見あたらず、自然に対する信仰の強さが感じられる。ベトナム国境に近い雲南省元陽県の全福庄村では、神域として崇められる複数の森があり、その一つの森のなかに信仰の中心となる神木が存在するが、これが紛れもなく照葉樹であった。

写真３　ご神木のある樹林（雲南省全福庄村）

　この地域では、棚田による水田開発が極限的に進んでおり、山の稜線に近いところまで森林が狭められている印象を受ける。数千年前に展開していただろうと考えられる照葉樹林は、今では全く影を潜めたが、信仰の森の中にはいまだに息づいているのである。文化大革命中に山林の伐採が極度に進み、荒廃したが、近年では植林を積極的に行い、回復に務めている。しかし、省都昆明から元陽県に至る約三百キロメートルの道のりにおいても照葉樹の成木を眼にすることはほとんどない。だが、農村内における信仰の森にそれを見いだすことができ、世代を超えた人々の記憶に原始林の様相が残っていることを確認することができる。生活の資材となる照葉樹林はほぼ全面的に伐採されたが、信仰の対象となるものが残され、現在に至っているのである。なお、元陽県などでは、水源としての森林が極端に狭められており、また灌漑池もほとんど眼にすることがない。そのかわり、一枚一枚の水田の畦畔が非常に高く強固に造られ、冬季には池の役割を果たしている。灌漑システムの主要な位置を占めるのは個々の水田そのものということになる。日本では山岳の谷あいや、山の裾野に棚田が展開するが、雲南省にあっては、山の稜線に近いところまで水田開発が行われており、灌漑システムの方法と発想において中国雲南省と日本とでは大きく相違することがわかる。京都大学東南アジア研究所の安藤和雄氏によれば、[15]棚田に水をはった時、山側（法面）の水深が深く（五〇センチメートルにも及ぶ）、谷川（畦）側が浅くなる（一〇〜二〇センチメートル前後）形態が一般的であるという。したがって、日本では田の床が水平に保たれているが、雲南省では大きく傾斜しており、保水方法に大きな違いがあることがわかる。[16]

次に中国四川省の事例を見よう。ここにおいては、①秦代に建設された大規模な水利施設である都江堰、[17]②道教の著名な聖地である青城山、③普賢菩薩の信仰で知られる仏教の聖地娥眉山麓の伏虎寺・報国寺境内に楠林が存在する。これらは、特別な聖地であり、いずれも世界遺産に登録されている。とくに②の青城山は道教の本山的な位置にあって、楠の大樹林となっている。また、成都市内の杜甫草堂公園などにも乱伐を免れた楠の大樹が生息しており、これらの楠林では、日本の楠と違い、垂直に高く生長し、建造物の用材に適しているのが特徴である。

写真4　四川省青城山の楠林

# 第三章　対馬の信仰と照葉樹林

対馬には天道信仰に基づく独特の地域文化がある。その一つがここで紹介する照葉樹林の信仰である。天道法師という擬人化された開祖がおり、その入定の地がこの森の中にあると信じられている。[18]「天道」は「天童」とも記され、その信仰は必ずしも対馬だけに限られたものではなく、九州北東部の国東半島にも存在する。国東の場合には、山岳信仰である点が共通するが「太郎天童」などのように、不動明王の化身とされるなど、平安仏教の影響を色濃く受けている点に特徴があるが、この対馬の場合には、仏教的な性格も帯びているものの、原始林そのものに対する信仰という性格を有している。八丁郭と呼ばれる平坦な原始林が存在し、天童法師の墓所とされる平石を段状に積んだ石壇が残されている。この森は、人が足を踏み入れてはならぬところとされ、もし誤って森林に踏み込んだときには、草履を脱いで頭上に戴き、石壇に背を向けることなく後退して去らねばならなかったという。また、草履を脱いで頭に載せ、四つ這いになって「インノコ、インノコ」と唱えながら後ずさりして外にでなければならなかったとも伝えられている。[19]この地は日本におけるアジール研究の原点であり、網野善彦氏の『無縁・公界・楽―日本中世の自由と平和―』[20]では、「対馬の南端、豆酘の龍良山はアジールとしてよく知られており、天道法師の墓所と伝えられる奥深い山林の入口には、平石を埋高く積んだ築造物が設けられている。ここには、とくに寺院の存在した形跡はないが、日本全国各地の谷の奥、山に入る入口に建てられた寺院も、本来はこの対馬の天道地と同じ本質を持っていたのではなかろうか」としている。この網野氏の所論に直接的な影響を与えた平泉澄氏の『中世における社寺と社会との関係』[21]ではヨーロッパでの事例研究を積み重ねた上で、大正八年（一九一九年）にこの地を踏査し、[22]実際に表八丁郭の石塔を精査して対馬豆酘の天道信仰を紹介している。平泉氏の研究の後、竜良山の原始林にかかわる中世史料を含む「内山文書」[23]の存在が知られるようになり、信仰に基づいて照葉樹林を保存するという在地慣習法は、ここでは少なくとも一四世紀から姿を見せていることが明らかとなった。本書において本田佳奈氏の詳細な分析があるが、環境保護の視点から具体的に検討してみよう(24)。

つゝ(25)のしんくわんしんハうかしこまて申上候、
右、件しさいハうち山殿(26)、天たうの御りやうをあふりやうセられ候よしの事、はけしめおゝろしほこさかきおたて、(イ)御まつりきんしのところのしゆセんほんのきをきり、やきはらい、くわうやニなされ候へハ、御まつりのさおいとならせ給、あるいハ大風ふき、こうすいいて、くにのわつらいとなり候おこそ、かミに申さんとそんし候ところに、かさねてらんはうをいたされ候したいの事、(ロ)むかしよりうち山のしいかしをつゝよりひろい候事、たうねんニかきらす候へとも、御きんせい(27)のうちハいらす候、たというち山おひろいて候とも、さかいをこゑすき候ハヽ、しんニわらかりしかるへく候ところに、上くうの御まへみたらいかわやたてのきのもとにセきをすへかしおとゝめ、ひけをとられ候へハ、(ハ)おんなわらはへちり〳〵はら〳〵ニなり、おらひさけふこゑ(28)なのめならす候、御たうの御まへおきらハ、すうんきふしやうニならせ給候事、そのかくれなく候、せんするところはけしめおろしのところを、御きんせい候て、かのらんハうをとゝめられ、御たらいかわをもきよめられまいらせ候て、ことゆゑなく(ニ)かのてんたうの御まつりをきんし申へく候、それかなハす候ハヽ、さらへ申ましく候、このよしよきやうに御ひろうあるへく候、
恐惶謹言、
正平九
壬十月　日

一三五四年に作成されたこの文書(29)では、豆酘の神官しんハうが対馬守護宗氏の一族と思われる内山殿を天道御領を押領したとして訴えている。押領の内容は、傍線（イ）にあるように、天道祭りを行う神聖な場所を侵し、焼き畑にする

ことで、多くの木を切り、台風が来襲して洪水となる。これが国の煩いであることを明確に述べている。日本の災害の大きな特徴を指摘している点が重要である。さらに傍線（ロ）にあるように、昔から豆酘の人間が内山の椎・樫の実を拾うことが行われていた。傍線（ハ）にあるように、女性と子供が行っているシイ・カシ（いずれも照葉樹）の実拾いを妨害し、追い払って収穫物を取り上げる、ということである。ここに、ここまで特に在地慣習法として長く行われてきたことが列挙されていると考えられ、新たに入ってきた南北朝期の領主によってそれが踏みにじられる状況が生じ、訴えることになった。訴訟先はおそらく守護所であろう。天道信仰の領域は照葉樹林であり、その伐採を禁じることによって洪水を防ぎ、縄文時代以来の食料を確保してきたのである。この地には「かしぼの遺跡」が残されている。[30]これは、権現川の河原に掘られて近世まで使われた貯蔵穴であり、河川の水位より低くなっていて、照葉樹の実のアクが抜けるような作りになっているものである。実際この地では、大正期まで樫食が行われていたといわれ、照葉樹林文化は近代にまで引き継がれていたのである。ところで、この史料では御神領を脅かすものとして「こば」（木庭、焼畑のこと）による開発があげられている。焼畑こそ、佐々木高明氏によって照葉樹林文化とされたものであるが、この史料では、照葉樹林擁護派と焼畑開発派が対立しており、さらに問題を複雑にしているのは、照葉樹林擁護派（＝豆酘在庁）のもとには水田が確保されていた可能性があることである。豆酘の神田川とその支流である権現川流域は、対馬の中でもまとまった水田のあるところで、その上流域や支流域では中世において確実に水田開発が行われていた。[31]その上、豆酘の海上には豊かな漁場が展開しており、このような状況からすれば豆酘は対馬の中でも恵まれた生活環境を有していたところであると推定されるのである。神領としての照葉樹林の確保はこのような相対的な豊かさにより可能なものであったと見ることもできる。これに比して、山間の内山は木庭開発以外には生活の展開が望めない所であったといえるであろう。内山の木庭が史料上現れるのは、一三三八年（建武五年）からであり、[32]この時、「根本の木庭」の境を越えて、神領を新しく木庭にすることが問題にされている。上記の資料と合わせれば、一三三八年～一三五四年頃に、照葉樹林が伐採されて木庭とされる開発が本格化したことになる。[33] こののち、一四七七年には対馬守護宗貞国が先代宗成職の命を踏襲して「天道御山竹木以下」に関する禁制を発布し、[34] 一五六一年には対馬守護宗義調が「天道御山竹木」の保護を命じている。[35] さらに近世に入って一六〇九年対馬藩主宗義智が「天道御山竹木以下に就き、他所より狼藉致す輩あらば則ち罪科を被るべきなり」と厳命し、[36] 対馬藩の方針としてこの原始林を保護する政策を明らかにしたのである。なお、中世後期になるとこの領域に、罪人が逃げ込んだ場合にはその罪が免れる場所となり、森林保護とアジールとは同一の問題として把握されていたことがわかる。[37]

以上、この竜良山の照葉樹林は天道信仰のもとに一四世紀まで在地慣習法によって守られ、環境保護が行われた。住民にとって洪水を防ぎ、弱者の食料を供給するものであった。しかし、南北朝期に武士団による開発にさらされ、危機に瀕したが、一五世紀から一六世紀にかけて上級の武家法により守られることとなった。これが近世に継承され、近代以降の保護に引き継がれることとなったのである。

このような照葉樹林を守った天道信仰については、さらに水田農耕との関連を考えておかなければならない。

豆酘では、赤米の神田を耕す頭屋の神事があって、赤米の米俵がご神体として天井につるされている。これが「天道さま」と呼ばれ、本石正久氏の研究にあるように照葉樹林の信仰と水田耕作の信仰との一致をみることができる。[38] 一連の神事で最も象徴的なのは「頭受け」の神事である。旧暦の正月に、前の年の頭屋から次の年の頭屋に籾俵を受け渡すもので、大変厳粛な神事で

写真５　頭受けの神事

あり、真夜中に行われる。次の頭屋がそれを預かって、田植えの時期までほとんどそのためにだけ一部屋を確保し、襖も開けないで天道さまの俵を天井に吊しておく。近世に対馬藩士によって編纂された『楽郊紀文』には次のように記述されている。(39)

天童の田とて、村の者の内、年々四軒宛廻りに作る。村中悉くにはあらず。家数極り有と也。此田の米は赤し。是は不思議なる事也。近所の田の中にも、時々赤き米は交れ共、外の田の白き米は、此田に交じらず。いか成故にや。村の者は、天童の霊なる由申也。

したがって、現在行われている赤米神事が少なくとも近世には行われていたことがわかるが、米一般と天道信仰についてはさらに遡ることができる。この点を深く追究した黒田智氏は、一四七四年（文明六年）二月九日の宗貞国書下に「てんたうの御さいれい御こくの事、たうねんたう国たこくニおゐてくわいせんまかりつかす候間、」とあることから、「当時天道の祭礼に用いられた御穀は、一豆酘で収穫された自前の米ではなく、回船によって島外（おそらく北部九州）からもたらされたものであったことがわかる」としている。(40)中世において既に天道祭りに御穀が必要であったことがわかり、天道祭りが森と米を象徴的に祀るものであることがわかる。おそらくそれは赤米と白米とをともに供するものであったのであろう。

## 第四章　日本における照葉樹林文化の特質

「照葉樹林文化」という用語を明確に使って、日本の文化の中に位置づけたのは佐々木高明氏であるが、氏は概ね次のように述べている。雑穀とイモを主作物とする焼き畑を営み、オカボ的なイネを含む雑穀類を原初的な天水田で栽培しているのが典型的な照葉樹林文化であり、これと高度な灌漑システムを有する後発の稲作文化はきわめて親和性があり、そのため稲作文化が普及した後は照葉樹林文化が見えにくくなった。(41)このような形で佐々木氏は照葉樹林文化と稲作文化の二つを対置したが、既述のように、むしろ日本においては照葉樹林文化と水田農耕文化が調和しているところが多い。各神社のご神木として特に西日本では照葉樹の巨木が見られ、鎮守の森が灌漑用水の水源になっているところもしばしば見受けられる。対馬豆酘では水田農耕と照葉樹林の文化が融合・調和している例がみられたわけであるが、このような状況はどの程度の普遍性を持ったものなのであろうか。ここでは豊前国の宇佐神宮の例を取り上げる。天平期に国政を左右する託宣を行ったことで知られるこの神社の境内には、壮大な薬師寺式の伽藍配置を有する弥勒寺遺跡が存在するとともにイチイガシの樹叢が残っており、縄文時代の照葉樹林を現在に伝えていることで知られている。

このような光景は日本ではさほど珍しいものではないが、照葉樹林帯に含まれ、水田農耕の原点ともいわれる中国雲南省ではごく小規模にしか見られない。雲南省の場合には灌漑池を作らず、各畦畔を盛り上げて保水するという灌漑システムをとっており、枯渇しない水の豊かさが照葉樹林をいわば極限的に狭めさせた一つの要因であろうと推測される。また、モンスーン地域に属し、棚田の発達が著しいバリ島も巨大なカルデラ湖が複数存在し、用水に恵まれたところである。このような地域と比較して日本の場合には雨期がきわめて短く、その期間に水田耕作を行わなければならず、厳しい条件下にある。そのため日本では古墳時代から池を築造して、灌漑用水のコントロールをはかった。対馬の事例ではこの点が明らかではなかったので、宇佐神宮と深い関係にある薦神社を取り上げ、社殿・神域・伝承を示した近世の絵図から検討してみたい。

ここに見える池は人工的なもので、三つの沢の合流地点に堤を築いて大規模な用水池を築造したものである。平野部であるため、堤の規模は大きく、皿池に近い構造となっている。一九八七年に中津市教育委員会が発掘調査を行い、築堤の版築最下層で須恵器短頸壺の口縁胴部片が出土し、その形態的特徴から七世紀中頃のものであり、築堤の開始もこの前後であろうと考えられている。(42)現在でもこの用水池によって大規模な灌漑がおこなわれており、大悟法条里遺跡全体に灌漑されている。このように、水田農耕で大きな機能を果たしてきた池であるが、同時に信仰面においても八幡神の根幹に関わる役割を担ってきた。三角池とも呼ばれるこの池で育った水生植物の真薦で薦枕を作って、それが宇佐八幡宮のご神体となるのである。平安時代には六年に一度薦枕が作り替えられ、その度に豊前国下毛郡・宇佐郡、豊後国国東郡の三郡にわたって行幸会という壮大な祭祀が行われた。この祭祀の原点となったのが、三角池であったのである。ところで、絵図に示されているように結界を示す堀に囲まれて広大な水源林が存在している。現在では都市化が進み、堀も、松林と思われる山林も明瞭には確認できないが、灌漑池の機能を十全に発揮するためには、このような水源林が必要であると認識されていたのであろう。日本において森林保護が行われた一つの理由はここにある。

写真６　薦社絵図
（大分県中津市薦神社所蔵）

## 終章　森林保護に関する在地慣習法の歴史的背景と自然環境

かつてヒマラヤ山麓から雲南省・長江流域を経て台湾北部・日本列島西部を覆っていた照葉樹林帯は現在では殆どその姿を消している。水田形成と都市開発がその原因であるが、信仰と在地慣習法によって開発から免れたところも存在した。対馬にあっては、一四世紀から住民による信仰を基盤とした慣習法に基づく保護が行われ、中世後期の武家法、幕藩体制下での保護を受け、近代法によって天然記念物として守られることになった。このように人々の生活の近くにある照葉樹林が人為によって保護されたことは、世界的に見てもきわめて貴重な事例であるといえよう。さらに事例を追加すれば、第四章で検討した豊前国薦神社においても、絵図では松林（二次林）に覆われているように見えるが、実際には堤と社殿の近くに大楠が生息し、ご神木として崇められている。日本では、照葉樹林および独立照葉樹が時代を超えて保護されてきたが、その理由はどこにあるのであろうか。もちろん、日本人の心性に良く合うといった内面的な問題もあろう。しかし、今回の検討を通じて明らかとなったことは、日本を取り巻く環境に連動する問題である。一つは、日本を襲う深刻な台風被害があり、これを防ぐために照葉樹林保護の必要性があることを一四世紀の対馬の住民は認識していた。さらに広く共通認識とされていたことは、日本の雨期は一ヶ月程度で、その厳しい条件の中で水田農耕をしなければならないということである。そのため、古墳時代以来各地に用水池が築造されたが、同時に水源林の確保が不可欠の条件となったのである。ここでは、針葉樹でも落葉広葉樹でもその役割は果たすのだが、水田農耕地帯にとって象徴的な意味のある照葉樹の巨木が特別に保護されたのである。琉球列島のウタキ等にみられる照葉樹林の聖地化も以上のような視点から考察することができるであろう。

## 注

（1）二一世紀COEプログラム「アジア地域文化エンハンシング研究センター」の一翼を担う水稲文化研究所では、対馬を一つの拠点として共同研究を行ってきた。本論文は二〇〇五年一一月二六日に行われた当研究センター主催の国際シンポジウム「アジア地域文化学の構築Ⅲ」の「第二部地域社会の形成と法」での報告をまとめたものである。

（2）二〇〇五年度シンポジウム「アジア地域文化学の構築Ⅲ」における新川登亀男氏報告参照のこと。

（3）一九五〇年から一九五一年にかけて、対馬の地では人文学系統の先駆的な共同研究である九学会連合調査が行われた。その成果報告である『対馬の自然と文化』（古今書院、一九五四年）には、前川文夫氏による「対馬の自然としての植物」が掲載されている。
(4)「天童地」とは対馬独特の天道(童)信仰に基づくタブーの地。
(5)『対馬の自然と文化』三九頁。
(6)全国的に見ると宮崎県の綾地方の大森岳(一一〇九メートル)東陵に、対馬よりも大規模な照葉樹林がある。中心部だけで約一七〇〇ヘクタールの面積を有することで知られている。この地においても保護されてきた歴史があるはずで、地域の人々による解明を待ちたい。
(7)幹囲九・六メートル、高さ二〇メートルに及ぶものが報告されている。『厳原町誌』(長崎県厳原町、一九九七年)四四頁参照。
(8)長崎県対馬支庁林業部のご教示による。
(9)『厳原町誌』四五頁。この大楠木のほか、スダジイ、カゴノキ、オガタマノキ、イスノキ、ホルトノキ、ヤブツバキ、カヤなどが生えている。
(10)中尾佐助『栽培植物と農耕の起源』(岩波書店、一九六六年)。
(11)食料にのみ眼がいった戦後研究の陥穽と言っては過言になるかもしれないが、「信仰と照葉樹」あるいは「環境保護のための照葉樹林」といったところまで視野を広げることこそが照葉樹林文化の研究を深めていくこととなる。本稿ではこのような視点から「照葉樹林文化」を見直していきたい。
(12)厳原における年間降水量は二二七一ミリメートルで、福岡一七〇五ミリメートル、大阪一三九〇ミリメートルと比較しても際だって多い(『厳原町誌』五頁)。
(13)二〇〇六年二月二〇日付けの朝日新聞朝刊(一四版)三面の「クスノキ交易説」には、韓国の国立昌原文化財研究所の池炳穆所長が行った慶尚南道昌寧郡の松峴洞古墳群の七号墳で発見された木棺がクスノキであることの報告を紹介し、「照葉樹のクスノキは朝鮮半島には自生しない。済州島にはあるが、大きく育たない。」としている。これによれば、対馬と朝鮮半島の間の朝鮮海峡が照葉樹林帯としての大きな境界となる。

(14) 佐藤洋一郎『イネの文明―人類はいつ稲を手にしたか―』(PHP新書、二〇〇三年)。

(15) 安藤和雄「雲南省江河県哈尼族の棚田農業―アジアの原風景」(『棚田学会誌　日本の原風景・棚田』六、二〇〇五年)。

(16) このようにする理由の一つは、鯉や鮒を養殖するためであり、タウナギやライギョなどの自然繁殖する野生魚が捕らえられる。これらの魚は動物性蛋白質の供給源であるとともに定期市や朝市で販売され、重要な現金収入源ともなっている。現代の日本の水田とは生活における役割に相違があるといえよう。

(17) 都江堰の造成に功績のあった郡主の父子を祀る二王廟という道教の施設があり、そこには楠を主とする「楠苑」という庭園がある。海老澤「アジアにおける照葉樹林と棚田」(『棚田学会誌』七号、二〇〇六年)参照。

(18) 天道信仰については、『対馬の自然と文化』四〇七頁～四一五頁参照。本書の黒田智「対馬豆酘の村落景観と祝祭空間」参照。

(19)『対馬の自然と文化』四〇八頁。石田英一郎氏の記述。

(20) 一九七八年に平凡社から出版され、網野善彦氏が一般の読者層を獲得した最初の著書となった。八七年に増補版が刊行され、九六年には平凡社ライブラリーとして文庫本が出された。

(21) 至文堂から一九二六年に刊行。

(22) 前注書一〇四頁において「予がこの森に入ってこの石壇の前に立ったのは、大正八年五月十三日の最早暮近き頃であった。古来曾て斧を入れぬ樫の密林は鬱葱として殆ど天日を見ず、木は千年を経て自然に倒れ朽ち、落葉は地に堆くして深く足を没した。」とあり、照葉樹の原始林を見事に描写している。天然記念物に指定される四年前のことであった。

(23)「内山文書」は九州大学九州文化史研究所に影写本が残されているが、原本の所在は不明である。科研成果報告書『東アジアにおける水田形成および水稲文化の研究（日本を中心として）』（研究代表者海老澤衷、二〇〇四年三月刊行）で「内山文書」の目録を載せるとともに未翻刻史料を活字化した。さらに別冊で『対馬内山文書史料集』を刊行『早稲田大学二一世紀COEプログラム「アジア地域文化エンハンシング研究センター」水稲文化研究所二〇〇三年度研究成果報告書』として刊行した。

(24)二〇〇二年一二月二日に水稲文化研究所が行ったシンポジウム「対馬の歴史と民俗」において本田佳奈氏は「中世対馬の山と耕地」を報告されたが、木庭地の実態を示すものとして、この史料を提示された。木庭に開発されることによって明るみに出た、一四世紀における東アジアの照葉樹林帯に生きる人々の生活と信仰を分析することはこの史料によってのみ現地照合が可能である。本書の本田佳奈「内山村における中世山林相論と寛文検地帳の分析」参照。

(25)豆酘。現長崎県対馬市厳原町。対馬島の南西端に位置する集落。

(26)内山。現長崎県対馬市厳原町。対馬南部の集落。豆酘からは山を隔てた北側に位置する。周囲を山に囲まれ、位置的には他の集落とは隔絶されている。

(27)禁制。全国あるいは特定の領域において、特定の行為を禁止する法令。

(28)泣き叫ぶ。

(29)『対馬内山文書史料集』三五。

(30)立平進『対馬・豆酘樫ぼの遺跡』（厳原町教育委員会、一九九二年）。永田史子「対馬豆酘の考古資料」（『科研基盤B報告書水稲文化』所収）

(31)堀祥岳「対馬豆酘の景観復原―水利および地名を中心として―」（『科研基盤B報告書水稲文化』所収）。

(32)建武五年十月十日豆酘郡司満房等連署請文（『対馬内山文書史料集』二一）

(33) 本書の本田佳奈「内山村における中世山林相論と寛文検地帳の分析」参照のこと。
(34)『長崎県史　史料編1』「宗家御判物写　豆酘郡」文明九年十月二十六日宗貞国書下。
(35)『長崎県史　史料編1』「宗家御判物写　豆酘郡」永禄四年閏三月二十二日宗義調書下。
(36)『長崎県史　史料編1』「宗家御判物写　豆酘郡」慶長十四年八月二十八日宗義智書下。
(37) 平泉澄『中世における社寺と社会との関係』(前注参照)。
(38) 本書の本石正久「豆酘の赤米神事」参照。
(39)『東洋文庫三〇八　楽郊紀聞2』(平凡社、一九七七年) 一〇九頁。
(40) 本書の黒田智「対馬豆酘の村落景観と祝祭空間」参照。
(41)『照葉樹林文化の道』(ＮＨＫブックス、一九八二年)。
(42) 大分県立歴史博物館の村上久和氏のご教示による。

# 対馬豆酘の村落景観と祝祭空間

黒田　智

## はじめに

戦後まもなく対馬を訪れた九学会連合対馬共同調査委員会が調査の対象地とした村々のひとつに、対馬島最南端の町豆酘があった。(1)この調査に参加した宮本常一は、対馬の漁業史を丹念に調べ歩くとともに、豆酘の村落構造を解明したいくつかの著述を残している。(2)その後も長崎県教育委員会による調査が続けられ、また城田吉六・永留久恵といった郷土の研究者たちによる博捜が、日本の西の最果ての島嶼である対馬豆酘の民俗・信仰の解明を着実に前進させつつある。(3)

この対馬豆酘を主要なフィールドに定めて、中近世における村落景観と祝祭空間の歴史的関係を考察してみたい。中近世の豆酘に生き続けた信仰や儀礼・宗教秩序の実態を動態的にとらえてみよう。そして、それが中近世の豆酘の人々の生産諸活動の場としての耕地（水田・畠・木庭）や集落といった景観の歴史的変容、さらには豆酘をとりまく政治的・社会的状況の歴史的変化とどのような関係にあったのかを考えてみることにしよう。

# 一 一八世紀の赤米神事

## (1) 赤米の村

### 豆酘の年中行事

対馬の南端に位置する豆酘は、人口約一四〇〇人、六〇〇余戸を有する対馬第二の集落である。北方には矢立山・龍良山といった島内最高級の険峻な山並みが連なり、東西に神崎・豆酘崎を擁し、南西部を玄界灘の荒磯に囲まれ、東に内院海谷を控えて、かつては容易に他を寄せ付けない天然の孤村であった。九学会連合調査で豆酘研究を主催した石田英一郎は、「対馬の中でも西南の端に、相当他の部落から隔絶されて孤立した存在として、長い歴史を持っている非常に特殊な部落」であるとしている(4)。

その豆酘では、現在も数多くの民俗行事が残り伝えられている。たとえば、二月のサンゾーロー祭は雷神社でその年の吉凶を占う亀卜神事であり、八月のカンカン祭は行宮神社で行なわれる神功皇后の三韓征伐を再現した祭事で、一年間に催される各種の民俗行事はバラエティーに富んでいる。そのほか各神社の祭礼や盆踊りや伊勢講・大師講などがあったという。そのなかでも、とりわけ豆酘を特徴づけているのは、天道信仰と呼ばれる独自の信仰を育んできた点にある。

### 頭受け神事――「祭田の稲芒必ず赤し」

対馬豆酘は、頭受け神事を伝える「赤米の村」として名高い。

毎年春になると、頭屋の屋敷本座の天井に吊してある赤米の神俵から種籾を降ろして苗代を準備する「種下ろし」がはじまる。苗代の成長を待って、六月一〇日ころに寺田の「田植え」が行なわれる。夏を越えて赤くたわわに実った赤米は、一〇月初旬に収穫の秋を迎える。刈り取られた赤米は新しい藁で編まれた俵に納められて、本座の天井に吊して祀られる。この「お吊りまし」を終えると、その年のうちに初穂米を献じ、あるいは赤米飯にして濁り酒とともに食し、あるいは餅つきが行なわれる。こうしてその年の頭屋は無事その役割を終えて、明けて正月一〇日の頭受け神事を迎えるのである。

頭受け神事とは、前年当役を勤めた家＝払頭《はれとう》の座敷の天井に吊された赤米の俵を次の当役＝受頭《うけとう》へと引き継ぐ儀式である。毎年旧暦正月一〇日の深夜、受頭の使者が払頭のもとへやってくる。歌口が出歌を唄うなか、守座《もりまし》の背中に担がれたに赤米の神俵が受頭の家へ移座する。受頭の家では、払頭・守座・お亭坊をまじえて夜を徹して酒宴が催される（本石正久「豆酘の赤米神事」）。

こうした豆酘の赤米神事は、文献史料上では文化六年（一八〇九）成立の『津島紀事』を初見としている。

〔**史料1**〕平山東山『津島紀事』文化六年（一八〇九）成立

多久頭魂神社　（中略）当社祭所供　米祭田之、田丁毎歳一戸輪当会首家、先期注連門戸清潔堂宇承種子於先会首家、竢時而佃納穀供饌、且以酒食饗廟祝其敬崇、如茲土俗称之天童祭、其謬来尚矣、且祭田稲芒必赤、愚氓以為奇異、祭田唯殖赤稲、此緇徒使凡俗愈信天童法師如此、(5)

〔史料1〕によれば、毎年輪番で耕作された多久頭魂神社の祭田は、「稲芒《とうぼう》必ず赤くして愚民以て奇異となす」とされ、赤米の神秘性が語られている。当首の家で催される饗宴を土俗に「天道祭」と称したという。

〔**史料2**〕中川延良『楽郊紀聞』安政六年（一八五九）成立

天童の田とて、村の者の内、年々四軒宛廻りに作る　村中悉くにはあらず。家数極り有と也。此田の米は赤し。是は不思議なる事也。近所の田の中にも、時々赤き米は交れ共、外の田の白き米は、此田に交らず。いか成故にや。村の者は、天童の霊なる由申也。同年九月十五日、同人話。(6)

またやや遅れるものの、〔史料2〕の『楽郊紀聞』では、「四軒ずつ交替で耕作している『天童の田』の米が赤いのは不思議である。隣の田圃は白いのに、この田はけっして白に染まることがない。どうしてだろうか。村の衆は天童法師の霊が宿っているせいだといっている」と記している。

## 供えられていたのは「白米」だった⁉

前節でみたように、豆酘の赤米神事が文献史料にはじめて登場するのは、文化六年（一八〇九）成立の『津島紀事』である。これ以前の豆酘関係史料のなかには、「赤米」の文字をみることすらできない。

また赤米を作る神田は「寺田」と呼ばれており、四つの宮座組織によって耕作されていた。この宮座の組織も中世に遡る史料は今のところ発見されていない。かろうじて一七世紀末の「寺田」の姿を垣間見せるのが、〔史料3〕の貞享二年（一六八六）成立の『醴豆郡寺社記』や、ほぼ同文の内容をもつ『対州神社誌』である。

**〔史料3〕**『醴豆郡寺社記』貞享二年（一六八六）成立（宗家文庫）〔傍点は黒田による〕

観音ぶく多《（仏供田）》之事

一、田五斗三升蒔、但四当と申テ四ツニ割て、村中氏子壱ヶ年ニ四人宛シテ作ル、十月十八日ニ御ぶくを上ケ種ニ入、其残ハ餅ニつき上ケ候而、正月朔日・五日の朝、上供僧観音堂に籠リ、天童大菩薩の法ヲ以、国下の御祈念仕候、此餅を右之氏子・郡中共ニ是をいたゝく也、

十月十八日ニ御ぶく用白米壱斗弐升、極月十八日より廿日迄、日ノ酒米はかりと申、にごり酒一日ニ弐斗宛上ケ申候、

右者住持圓立坊方より仕候、[7]

〔史料3〕より、四つの頭によって耕作されていたという観音仏供田の存在が知られる。五斗三升蒔の水田では、一

○月一八日に収穫された仏供米を供え、残りは餅につくという。注目すべきことに、そこで収穫され供えられていたのは一斗二升の「白米」と記されていたのである。

しかも、仏供用の「白米」は観音仏供田にかぎらず、後掲の〔史料6〕のように天童菩薩免田などでもみられる。一七世紀の天道信仰の仏供用途には、一貫して「白米」が奉納されていたようである。(8)

ただし、ここでいわれる「白米」とは、赤米に対する白米の意ではなく、玄米をついて白くした精米のことと考えられる。一七世紀当時の仏供米が赤米であった可能性は否定されない。

とはいえ、重要なのは〔史料1〕〔史料2〕のような赤米の神秘性に対する記述が、〔史料3〕ではまったくみられない点である。

「白米」から赤米へ。おそらく『醴豆郡寺社記』から『津島紀事』までの間の、一八世紀のある時期に仏供用途に対する心性の変化が起きていたと考えられる。その前と後とでは、赤米崇拝の心性に明らかな温度差が認められるからである。それ以前から赤米を祀っていたとしても、神秘的な赤米を供えることをことさらに強調するような事態――赤米崇拝の機運が、一八世紀に高まりをみせていたのである。

### (2) 排除と崇拝

#### 排除された赤米

赤米をめぐって、植物学・農業技術・民俗学・考古学・歴史学といったさまざまな分野で多角的な研究が重ねられてきた。これまでの赤米をめぐる主要な研究は、以下の通りである。(9)

**a** 柳田国男「大唐田又は唐干田と云ふ地名」(『定本柳田国男全集』筑摩書房　一九七〇年、初出一九一四年)

**b** 宝月圭吾「本邦占城米考」(『日本農業経済史研究』下　日本評論社　一九四九年)

c　盛永俊太郎・柳田国男・安藤広太郎・嵐嘉一ほか「赤米」（盛永編『稲の日本史』筑摩書房　一九五五年）
d　嵐嘉一『日本赤米考』雄山閣　一九七四年
e　応地利明・坪井洋文・渡部忠世・佐々木高明「学際討論　赤米の文化史」（『季刊人類学』一四―四　一九八三年）
f　黒田日出男「開発・農業技術と中世農民」（『日本中世開発史の研究』校倉書房　一九八四年、初出「中世農業技術の様相」一九八三年）
g　深谷克己「赤米排除」（『史観』一〇九　一九八三年）
h　坪井洋文「稲作文化の多元性」（『風土と文化』日本民俗文化大系一　小学館　一九八六年）
i　坪井洋文「赤米の民俗」（『民俗学研究所紀要』一一　一九八七年）
j　渡部忠世「赤米の意味と民俗」（『アジア稲作文化の展開』稲のアジア史二　小学館　一九八七年）
k　服部英雄「赤米地名とおぼし田の分布ならびに命名の背景」（『地名の歴史学』角川選書　二〇〇〇年）

こうした成果に導かれながら、日本における赤米の歴史を簡単にまとめておこう。

赤米とは「玄米の種皮の部分に赤色系色素を含んだ米」である（e）。日本にもたらされた赤米には短粒型の古代米であるジャポニカ米と、遅れて中世に入ってきた長粒型のインディカ米、いわゆる「大唐米」の二種類があった（d・e）。日本の赤米は、二度の排除の歴史をもっている。

縄文晩期から弥生初期までに、短粒の日本型の赤米が日本に渡来したといわれる（c・d・e）。日本における赤米の初見は天平六年（七三四）の正倉院文書「尾張国正税帳」であるが、その後赤米の歴史は六〇〇年ほど途絶えてしまう。この間に、白米が赤米をアジア的規模で駆逐していったと考えられている（e）。

一一世紀後半から一四世紀までに、ふたたび長粒の印度型の赤米が中国からもたらされた（b）。この「大唐米」と称する赤米は、中世において新田開発の尖兵としての役割を果たし、西日本を中心に広範に普及していった（b・f）。

ところが一八世紀になると、美味な白米の市場性の高まりのなかでしだいに赤米が排除されてゆき、近代までに赤米は滅亡の一途をたどっていったのである（g）。

## なぜ日本で赤米が神に供えられたのか

赤米排除の歴史はアジア共通の傾向である。けれども、赤米を信仰や儀礼の対象とする精神構造は、アジアのなかでも唯一日本に特殊なものとされている。

なぜ日本で赤米が神に供えられたのか。

一九五五年に刊行された討論集『稲の文化史』（c）のなかで、柳田国男は赤米と小豆の民俗的・信仰的な親和性に着目している。ハレの食事としての小豆を含んだ赤飯の原像が、赤米への尊崇にあったのではないかとしたのだ。

この柳田が残した通説に対して、重要な提言をしたのが坪井洋文であった。坪井は、一九八三年の「学際討論　赤米の文化史」（e）のなかで、①赤米を祀る民俗神事の起源が文献史料では一八世紀末をさかのぼらないこと、②現存する赤米神事が赤米と白米の緊張関係を表す儀礼としてとらえられること、③赤米が焼畑の畠作物の一種であったことなどの指摘を行なって、赤米研究の新地平をもたらした。

特に③は、現在も赤米を神に供える対馬豆酘や種子島茎崎、岡山総社の事例がいずれも焼畑文化を色濃く残す土地であることに注目した指摘である。これは日本の稲作単一文化を批判した『イモと日本人』や『稲を選んだ日本人』の発展でもあった。[10] 日本には、「餅＝白色→水田稲作農耕」と「餅にあらざる赤色＝火→焼畑農耕」という象徴連鎖に示される二つの世界が並行的に存在していたという。稲作文化と畑作（焼畑）文化という二つの異質の文化は、日本の長い歴史のなかで対立・抗争し、最終的に非稲作（畑作）文化が稲作文化のなかに同化していったと考えられている。

この坪井の提言を受けて、野本寛一は、シコクビエと小豆が焼畑文化圏の広い範囲で長い間栽培されてきた赤色食物であることに注目し、《焼畑農民の「火色」「赤色」尊崇心意と赤色食物たる「シコクビエ」「小豆」の多用↓稲作転換後における潜在的赤色志向による「赤米」の特殊化↓赤米の代替食物であり、その原質でもあった小豆への執着↓「赤飯」の盛行》という仮説を想定している。(11) 赤米が神に供えられたのは、焼畑作物として栽培されていた時代の赤米への尊崇の名残ではあるまいかというのである。

坪井もふたたびk論文で野本の見解を評価して、水田中心史観を批判し、日本における赤米をめぐる儀礼を焼畑農耕文化としてとらえなおすべきであるとしている。

**縄文文化と焼畑作史**

ほぼ同じころ、中尾佐助や佐々木高明は、稲作以前の縄文文化を採集と畑作からなる「照葉樹林焼畑農耕文化」としてとらえ直し、焼畑から水田へという日本の農耕文化の変容過程を跡づけた。(12) 焼畑文化は、稲作文化に先行して西日本を中心に広く普及していた。初期の稲作は、赤米のような野生種が粗野な耕地に雑穀栽培と同様に少量生産されていたと推測されている。

また植物遺伝学の佐藤洋一郎は、縄文遺跡から次々に発見されたイネの痕跡から、現在の水稲である温帯ジャポニカとは別種の熱帯ジャポニカが、焼畑などの水田とは異なる多様な方法で耕作されていたと主張している。(13) さらにこの熱帯ジャポニカは、水稲と集約的水田稲作が政治的に推し進められていった近世まで確実に生き続けていたことを明らかにしている。

さらに中世日本の焼畑研究については、古島敏雄・黒田日出男・木村茂光らによる蓄積がある。(14) 網野善彦もまた、中世社会が水稲と農業民だけでなく、多様な生業と非農業民によって構成されていたことを、さまざまな視点から明らかにしている。

加えて伊藤寿和は、古代・中世における焼畑や山畑・野畠といった多様な畑作・畠作のあり方をあきらかにしつつある。[15] また古代畑作を概括した畑井弘や、近世畑作史を論じる橘礼吉・溝口常俊・三浦保寿・米家泰作の仕事がある。[16] これらは、日本の焼畑文化が古代から江戸時代まで長く定着し、残存していたことを示すものであった。

縄文期の焼畑耕作とそこで栽培された稲の記憶は、近代に入るまで完全に消滅することはなかったのである。近世以前の日本は、一面の水田が広がる瑞穂の国ではなかった。

**排除と崇拝の狭間で**

赤米の総合的研究で大きな成果を残した嵐嘉一は、豆酘の赤米をジャポニカ米であるとしている。古代米であるジャポニカ米を用いているから、豆酘の赤米神事の起源が古代にまでさかのぼるとする見解も少なくない。[17] しかし、第(1)節で述べたように、赤米神事の史料上の初見は、〔史料1〕が編纂された一九世紀初頭のことであった。

対馬豆酘の赤米神事が史料上に登場し、赤米をめぐる心性の変化――赤米崇拝が高まりをみせる一八世紀は、先行研究が指摘する稲作の歴史の転換点と奇妙な符号をみせている。

まず深谷克己が指摘する一八世紀の赤米排除の過程と重なり合っている。[18] 一八世紀に都市を中心とした米消費の需要が増大してくるにつれ、美味で市場性の高い日本型白米が上質米として要求されるようになる。農民側の生産意欲の高まりや領主側の農業技術の追求によって、年貢米や市場米から赤米が意図的に排除されることになった。

この時期はまた、佐藤洋一郎が説く熱帯ジャポニカの消滅期ととらえることもできる。[19] 江戸末期から昭和初期にかけて、熱帯ジャポニカは日本の水田からしだいに姿を消していったと考えられている。縄文時代に渡来した焼畑の熱帯ジャポニカが水田の温帯ジャポニカに最終的に置き換えられたのは、江戸幕府・諸藩の強力な政治的施策によって列島全域に大規模で集約的な水田耕作が実現をみた、今からわずかに二〇〇年程前の事態にすぎなかった。

赤米排除と赤米崇拝。この一八世紀に起こった矛盾する二つの事態について、とりあえず以下のように理解しておくほかあるまい。

一八世紀日本でしだいに排除されていった赤米は、宗教儀礼のなかで神として崇拝されるようになった。赤米は消滅の危機ゆえに逆説的にその価値を高めていったのだ、と。

### (3) 社寺とクゾウ

#### 天道縁起のなかのクゾウ

一八世紀における対馬豆酘の天道信仰の変化を、豆酘の社寺の歴史から照射してみよう。

豆酘を特徴付けるのは社寺の多さである。

寺院は、現存する金剛院・永泉寺のほかに、明治期まで自湛院・耕月庵・潮海庵などがあった。

神社は、Ⓐ多久頭魂神社、Ⓑ下宮神社（別に外宮社）、Ⓒ天神社、Ⓓ行宮神社（別に権現神社、あるいは神住居神社）、Ⓔ五王神社（別に牛王神社）、Ⓕ師殿神社（別に軍大明神社）、Ⓖ雷神社（別に嶽大明神）、Ⓗ伽藍社、Ⓘ高御魂神社（あるいは大明神社）、Ⓙ国本神社、Ⓚ祇園社、Ⓛ恵比寿神社、Ⓜ松崎神社、Ⓝ三宝神社、Ⓞ志々岐神、Ⓟ石神寄神など、全部で一五、六にものぼる。これらの神社は、九人のクゾウとよばれる半俗の僧侶たちによって守られてきた。

クゾウは「宮僧」・「供僧」と表記される。「ジュウジ（住持）」「エンチ（円智）」「エンシュウ（円秀）」「オカヤマ（岡山）」「ニイドン（二位殿）」「サンメ（三位）」「ショウゼン（正膳）」「カクゼン（覚膳）」「コウサク（孝作）」の屋号をもつ特定の家で世襲されてきた。彼らは豆酘村内のいずれかの神社を管掌し、かつては村人の吉凶から村の年中行事までの全ての祭祀を取りしきっていた。ただし、宮本常一・城田吉六らによってそれぞれのクゾウが管理していた神社に異同があるようだ。(20)

天道縁起の一種である『天道大菩薩咄伝覚』は、本石一宰（サンメ）所蔵の文書で、元禄六年（一六九三）ころの成立で、天保年間の書写と思われる（徳永健太郎「対馬中世文書の現在と豆酘関係史料」）。これによれば、クゾウの起源は以下のように記されている。

〔**史料4**〕『天道大菩薩咄伝覚』元禄六年（一六九三）頃成立（本石一宰文書）

一、天道禁中御悩ニ付、御祈祷ニ御登り被成、御悩平癒被遊御帰り、茂時公藤原《公家》之公家□□朝臣兵部卿・中納言家《すか原権中納言》之公家本石二位・本石三位供僧ニ而、天道ニ御付被成、則肥前之鰆之郡千石天道領ニ御付ケ被成、豆酘村へ居所仕、其時分為森と申、豆酘村を守護し給ふ、右之公家天道以後住持と申伝へ候、二位・三位ハ供僧と成候与申伝候、豆酘住持ハ今一社之主ニ而八十八ヶ所、二位・三位ハ六十六《社家ニ》ヶ所ツヽ持候、住持方ハ社家人と申寺とふ、権現之とふ、やくまのとふと申、豆酘内院村之生れ者年姉月妹をあらそひ、先例之ことく望ニ而相勤候、就夫其時分住持知行より祭事を勤申候、[21]

大宝三年（七〇三）、天道法師＝宝野上人は文武天皇の病気平癒祈願のため上洛した。クゾウは、平癒後に天道法師にしたがって京都から対馬へ下向した公家達の子孫とされている。「菅原中納言某」の子孫は、「本石二位」・「本石三位」と称して供僧として肥前早良郡を管掌した。また「為森」と称する公家の子孫が、「住持」となって豆酘村を守護したという。

## 系図のなかのクゾウ

現在もクゾウの家には、宝永二年（一七〇五）の社領坪付帳とともに、明治期頃の作成と思しき系図がセットで伝えられている。今回調査することができたのは、①主藤寿（ジュウジ）、②本石一宰（サンメ）、③本石直己（コウサク）、④本石久知（ニイドン）の四種の系図である。[22] これらの系図には、天道縁起とは別種のクゾウの出自が描かれている。

これをまとめたのが次図である。

**系図1**

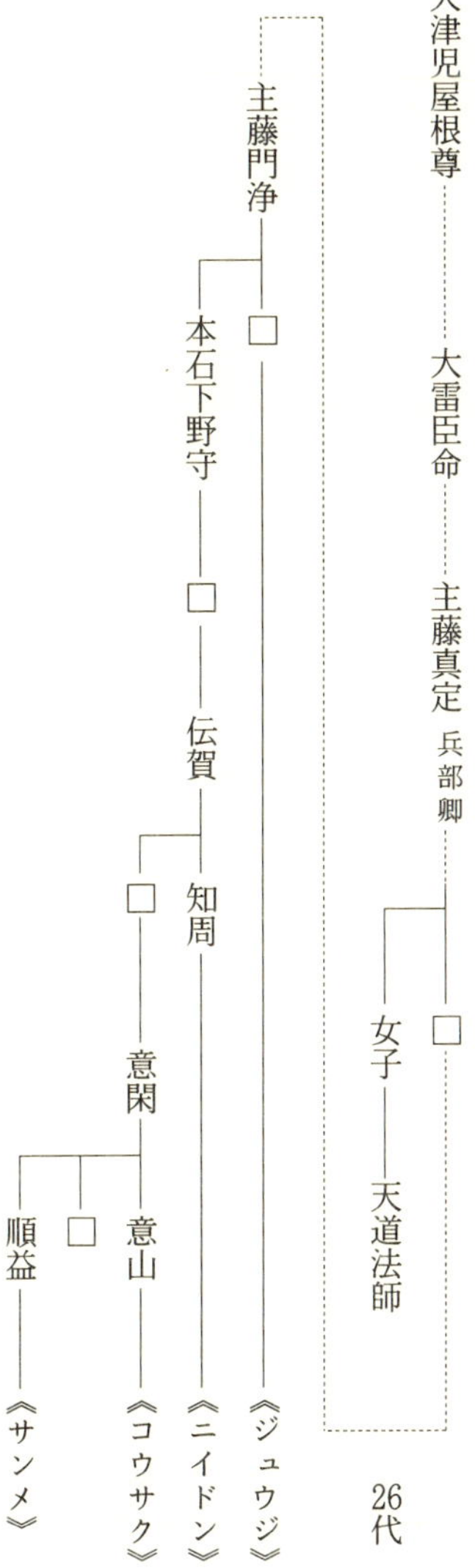


〔系図1〕によれば、四つのクゾウ家は同族である。天児屋根命の後裔といわれる大雷臣命を祖先として、代々「対馬長者」と号した。その後、兵部卿真定がはじめて主藤姓を名乗ったという。「ジュウジ」はこの真定の直系ということになる。残る三家は、主藤真定から二六代下った主藤門浄の次男である本石下野守で分岐して、その後四代のうちにそれぞれの直接の祖先へ接続している。

また①には、主藤真定から九代目に天道法師の母公と称する女子が記されている。ここでは、天道法師に付き従って下向した京都の公家ではなく、法師誕生以前から対馬に土着していた天道法師の母系の一族であるとされているのだ。

実際のクゾウたちは、いち早く応永二四年（一四一七）一一月一二日「宗貞澄書下」に「住持」として登場するのが初見である[23]。また対馬北端の佐護・天道女体宮に残る女神像の永享一二年（一四四〇）台座裏銘に「三位坊」とあるのが、豆酘のクゾウの一人である「サンメ」と関係するかもしれない。[24] とはいえ、一六世紀に入って「三位」「下宮宮司」「豆酘郡供僧」といった名称で宗氏判物にみられるまで、ほぼ中世を通じてその姿を確認することはできないのである。[25]

## 「天道御本堂」・「観音堂」・「多久頭魂神社」

クゾウが管掌する神社もまた、高御魂神社が延喜式にみえるのを唯一の例外として、中世の史料に登場することはない。

ただし、「本堂」・「堂」なる堂社に注目したい。

現在、多久頭魂神社となっている観音堂の梵鐘は、寛弘五年（一〇〇五）の「豆酘御寺」の前壇越である権掾阿比留宿弥良家によって奉懸されて以来、仁平三年（一一五三）・康永三年（一三四四）の改鋳を経て今に伝えられている。また下津八幡宮文書所収の文永四年（一二六七）「寺社僧徒等免行事」には、「豆豆御寺」の名が確認できる。[26]

一五世紀初頭頃と思しき五月二五日「宗貞茂書下写」は、「豆酘天道御本堂」の勧進を命じた文書であった。[27] 後掲の正平九年（一三五四）閏一〇月　日「豆酘神官しんはう申状案」にも「御たう《（堂）》の御前」があり、慶長一〇（一六〇五）年二月一六日「天道祭の役者の事」にも「たう《（堂）》」がみえる。[28]

応永二四年（一四一七）一一月一二日「宗貞澄書下写」では、この「堂」は「観音堂」の名で呼ばれていたことがわかる。[29] また主藤寿文書では、この「観音堂」を管理する人物として「豆酘住持」なる宛所で、宗氏島主・豆酘郡主らによ

多久頭魂神社・観音堂遠景

る判物がたびたび発給されている。

この「豆酘住持」なる宛所の文書は、慶長一四年（一六〇九）八月二八日「宗義智書下」を終見として、宝永六年（一七〇九）一月一日「宗義方書下」以降は「観音住持」なる呼称に変化する。

また近世に入ると、対馬藩が島内の社寺の所領や縁起をまとめた寺社記や神社帳が度々作成されるようになる。寺社記・神社帳に掲載された神社を記載順にまとめたのが〔表1〕である[30]。また対馬藩による最初の寺社記である貞享二年（一六八五）二月一九日成立の『八郡寺社記』を掲げよ

**表 1**

| 八郡寺社記<br>御郡奉行Ｆ10<br>貞享２年(1685)<br>２月19日 | 醴豆郡寺社記<br>御郡奉行Ｆ９<br>貞享２年(1685)<br>11月　日 | 八郡寺社領帳<br>御郡奉行Ｆ寺社12<br>宝永２年(1705)<br>10月　日 | 八郷社領坪付渡帳<br>寺社方22<br>戌 | 八郷寺社記<br>御郡奉行Ｆ11<br>不明 |
|---|---|---|---|---|
| **観音堂　土卒山** | 天道大菩薩延記 | **観音堂領** | **観音堂領** | **観音堂** |
| 師大明神 | 行宮大権現延記 | 権現社領 | 権現社領 | 軍大明神 |
| 牛王大明神 | 嶽野大明神 | 師大明神領 | 師大明神領 | 牛王大明神 |
| 権現 | 天神宮 | 牛王大明神領 | 午王大明神領 | 権現 |
| 大明神 | 高雄御むすぶ之神 | 大明神領 | 大明神領 | 大明神 |
| 伽藍 | 軍神 | 伽藍社領 | 伽藍領 | 伽藍 |
| 天神 | 下宮 | 天神領 | 天神領 | 天神 |
| 外宮 | 加藍 | 天神領 | 外宮社領 | 外宮 |
| | 護法 | 外宮領 | | |
| | 瀬村鉾大明神 | | | |
| | 祇園神社 | | | |
| | 護法と申神 | | | |
| | 松崎神 | | | |
| | 三宝荒神 | | | |
| | 石神寄神之社 | | | |
| | 薬師堂 | | | |

| 対馬国大小神社帳<br>寺社方Ｃ２、３<br>宝暦10年(1760)12月　日 | 対州社領間高帳<br>寺社方Ｄ７(1)<br>天明６年(1786)閏10月　日 | 対馬国神社帳<br>表書札方Ｇ①14<br>文化４年(1807)11月12日 | 対馬州神社大帳<br>寺社方Ｃ５<br>不明 |
|---|---|---|---|
| 高御魂神社 | 行宮社領 | 高御魂神社 | 高御魂神社 |
| 　末社 | 軍大明神領 | **多久頭魂神社** | 師殿社 |
| 　軍殿社 | 午王社領 | 行宮神社 | 行宮社 |
| 行宮権現神社 | 高御魂社領 | 　　末社 | 同末社下宮神社 |
| 嶽大明神 | 伽藍社領 | 　　下宮神社 | 雷神社 |
| 外宮社 | 天神社領 | 雷神社 | 天神神社 |
| 天神社 | 甚左衛門知行 | 天神神社 | **多久頭魂神社** |
| 午王神社 | 外宮領 | 国本神社 | 五王社 |
| 伽藍社 | **観音堂領** | 師殿社 | 加藍社 |

う。

〔史料5〕『八郡寺社記』（貞享二年（一六八五）二月一九日・宗家文庫文書）

酘豆郡

真言宗長安寺　開山郎覚快雲

一、寺領壱間五寸九分　金剛山　寺号　金剛院

禅宗　郡惣様　玉峯山

一、寺領参尺六寸四分六厘八毛二八　永泉寺

禅宗

一、寺領貳尺七寸貳分三厘八毛六八　潮海庵

禅宗

一、寺領貳尺六寸八分九厘四毛　耕月庵

禅宗　他此字も

一、寺領壱尺貳寸三分五厘三毛二　自堪院

一、寺領壱尺五分九厘四毛四六　宝泉庵

（中略）

一、堂領三尺六寸七分六厘一毛九二　豆酘村土卒山　観音堂

（中略）

酘豆郡社堂

一、観音堂　土卒山　酘豆村

社領参尺六寸八分六厘九毛二六　住持

一、師大明神

社領貳尺三寸九分三厘二毛六八　来順坊

一、牛王大明神
社領貳尺壱寸一分一厘一毛六　　知慶坊
一、権現
社領壱尺八寸九分八厘九毛四八　　宮司
一、大明神
社領壱尺八寸六分五厘七毛四四　　智休坊
一、伽藍
社領壱尺六寸壱分貳厘二毛九六　　周存坊
一、天神
社領壱尺四寸二分・七毛九二　　慶傳坊
国領六寸七分三厘八毛六四　　社人　甚左衛門
一、外宮　御牧物尾馬此宮ニ□□
社領壱尺三寸七分六厘一毛二六　　円知坊[31]

このころまでには対馬藩による社寺領支配のシステムが確立していたことがわかる。〔史料5〕において、「観音堂」は、「寺領」でも「社領」でもなく、「堂領」として特別に計上されていたことがわかる。こうした記載方式は、宝永二年（一七〇五）一〇月　日『八郡寺社領帳』にも踏襲されている。

ところが、『八郡寺社記』の後代の写本と考えられる年未詳『八郷寺社記』では、「堂領」の項目は削除され、「社領」に編入されてしまっている。さらに〔表1〕より、文化四年（一八〇七）一一月一二日『対馬国神社帳』以降になると、「観音堂」は「多久頭魂神社」に名を変えて登場するようになる。

その後の多久頭魂神社については、城田吉六の著書に詳しい。「明治維新後、新政府の神仏分離令により、天道信仰の古神道復古が強くうちだされ、観音を祭ることと神を祭ることが分離された。観音堂豆酘寺は多久頭魂神社遙拝所となり、巨鐘奉懸の鐘つき堂の横に小さな観音堂を建立した。この観音堂は、昭和三二年の火災で安置されていた観音像とともに焼け、再建されて現在に至っている」という[32]。

以上のように、「豆酘住持」は一八世紀までには「観音住持」に変化した。また「豆酘天道御本堂」=「観音堂」は、一九世紀初頭までには「堂領」から「社領」へ編入されて、「多久頭魂神社」へと改変した。とりわけ「天道御本堂」たる「観音堂」が「多久頭魂神社」に改称された一九世紀初頭は、天道祭にはじめて「赤米」が記載された『津島紀事』の成立とほぼ時期を同じくしている。〔史料3〕の「観音仏供田」から〔史料1〕の「祭田」あるいは〔史料2〕の「天童の田」への変化とも対応している。こうした変化は、クゾウや天道信仰の儀礼のあり方に何らかの影響を及ぼしてはいないだろうか。

### (4) 寺門・田井原の水田開発

**水利・灌漑の現況**

水田に目を転じてみよう。

〔科研基盤B報告書水稲文化・巻頭口絵2〕は、二〇〇三年夏の聞き取り調査で得られた現在の水掛かりの情報をもとに、井堰毎の灌漑範囲を色分けして示したものである。豆酘の水田は、集落東方の神田川とその支流の権現川に広がっている様子がみてとれる。

豆酘の灌漑現況をみると、神田川上・中流域に比較的範囲の大きな用水灌漑による水田が広がっていることがわかる。なかでも最大のものが「田井原《たいばる》」一帯の水田である。田井原には、中央部を「テーハイイデ（田井原井手）」と呼ばれる全長〇・八キロメートルにもおよぶ豊富な水量をたたえた用水路が流れている。この「イデ（用水）」の右岸にあるのが、赤米を作っている「寺田」なのである。次に灌漑範囲が大きい水田は、「馬乗石」「志多田」「中ウズ」といった神田川上流域の用水である。

これに対して、権現川流域には比較的狭小な灌漑範囲の水田が存在している。聞き取り調査によって、権現川流域ではいくつもの短い用水と天水による灌漑が行なわれていることが明らかになってきた。

豆酘の水田はどのように開発されていったのだろうか。中世から近代までの水田の開発過程を跡付けてみることにしよう。

## 中世豆酘の水田

まず中世史料に登場する水田地名をピックアップしたのが〈表2〉である。この〈表2〉をもとにして、中世の水田地名をベースマップに落としたのが〈図1〉である。

中世史料にあらわれた水田地名についてみると、「寺門」「権現下」「かま坂」といった権現川下流域に集中することがわかる。特に「寺門」は、天正一四年（一五八六）に「寺門ふか田」とあって、湿田が広がっていたことを推測できる。[33] 同じく「片田」にも、かつて強湿田が並んでいたことを聞き取り調査により確認している。

これに対して、神田川流域では、「ほりい」「吉田」といった湾曲する河道の内側にあって、もともと氾濫原であったと思われるエリアが早い時期から登場している。

ところが、この二つを除けば、それより以北の水田地名は中世史料に登場しない。「志多田」は、天正一四年（一五

テーンハイ（田井原）井堰

**表２　中世史料にあらわれた豆酘の水田地名**

| 地名 | 和暦 | 西暦 | 文書名 | 収録文書 |
|---|---|---|---|---|
| たうさとの田 | 康安２年５月20日 | 1362 | 某坪付宛行状 | 阿比留修文書 |
| にしのおもての田 | 康安２年５月20日 | 1362 | 某坪付宛行状 | 阿比留修文書 |
| かた | 貞治６年７月５日 | 1367 | つねふさ譲状案 | 小森藤枝文書 |
| 権現下 | 明徳元年11月13日 | 1390 | たねうち譲状写 | 内山文書 |
| さふつ田 | 明徳元年11月13日 | 1390 | たねうち譲状写 | 内山文書 |
| 寺門 | 明徳元年11月13日 | 1390 | たねうち譲状写 | 内山文書 |
| にしおもてのた | 文安５年７月18日 | 1448 | 妙久譲状 | 阿比留修文書 |
| ほりいのた | 文安５年７月18日 | 1448 | 妙久譲状 | 阿比留修文書 |
| かくしの田 | 文明元年10月18日 | 1469 | 宗盛貞書下写 | 金剛院文書 |
| こんけんの下の田 | 文明元年10月18日 | 1469 | 宗盛貞書下写 | 金剛院文書 |
| ゆふねの田 | 文明元年10月18日 | 1469 | 宗盛貞書下写 | 金剛院文書 |
| かまさかの田 | 永正15年６月30日 | 1518 | 主藤家親譲状 | 主藤仁文書 |
| 寺門の田 | 永正15年６月30日 | 1518 | 主藤家親譲状 | 主藤仁文書 |
| 三佛田 | 年未詳（永正15年ヵ） | 1518 | 豆酘住持田畠坪付 | 主藤寿文書 |
| 五応之田 | 年未詳（永正15年ヵ） | 1518 | 豆酘住持田畠坪付 | 主藤寿文書 |
| 油田 | 年未詳（永正15年ヵ） | 1518 | 豆酘住持田畠坪付 | 主藤寿文書 |
| ゐの木田 | 年未詳（永正15年ヵ） | 1518 | 豆酘住持田畠坪付 | 主藤寿文書 |
| 吉田河のは□ | 大永２年４月15日 | 1522 | 宗盛長書下写 | 主藤仁文書 |
| 片田の田 | 天文11年７月26日 | 1542 | 宗盛廉書下写 | 主藤仁文書 |
| 渕のみの田 | 天文11年７月26日 | 1542 | 宗盛廉書下写 | 主藤仁文書 |
| 吉田の田畠 | 天文11年７月26日 | 1542 | 宗盛廉書下写 | 主藤仁文書 |
| 寺門の田くほ | 天文12年２月18日 | 1543 | 周藤盛親証状 | 主藤仁文書 |
| よせまち田 | 天文12年２月18日 | 1543 | 周藤盛親証状 | 主藤仁文書 |
| かま坂の田 | 永禄８年 | 1565 | 宗盛円書下 | 主藤仁文書 |
| 寺門之田 | 永禄８年 | 1565 | 宗盛円書下 | 主藤仁文書 |
| よし田 | 永禄８年 | 1565 | 宗盛円書下 | 主藤仁文書 |
| 片田の田 | 永禄９年10月27日 | 1566 | 宗盛円書下写 | 主藤仁文書 |
| くほ田 | 永禄９年10月27日 | 1566 | 宗盛円書下写 | 主藤仁文書 |
| 渕の上の田 | 永禄９年10月27日 | 1566 | 宗盛円書下写 | 主藤仁文書 |
| へつたうの田 | 永禄９年10月27日 | 1566 | 宗盛円書下写 | 主藤仁文書 |
| 吉田の田畠 | 永禄９年10月27日 | 1566 | 宗盛円書下写 | 主藤仁文書 |
| ゐの木田 | 天正６年８月23日 | 1578 | 宗信国書下 | 主藤寿文書 |
| こんけんの下の田 | 天正８年10月17日 | 1580 | 宗昭景書下写 | 金剛院文書 |
| ゆふねの田 | 天正８年10月17日 | 1580 | 宗昭景書下写 | 金剛院文書 |
| 彼岸田 | 天正８年３月28日 | 1580 | 宗尚広書下 | 主藤寿文書 |
| 寺門の田くほ | 天正８年５月28日 | 1580 | 主藤調長譲状 | 主藤仁文書 |
| よせまち田 | 天正８年５月28日 | 1580 | 主藤調長譲状 | 主藤仁文書 |
| 四せまち田 | 天正14年３月４日 | 1586 | 宗昭景書下 | 主藤仁文書 |
| くほ田 | 天正14年３月４日 | 1586 | 宗昭景書下 | 主藤仁文書 |
| したの田 | 天正14年３月４日 | 1586 | 宗昭景書下 | 主藤仁文書 |
| 寺門の田 | 天正14年３月４日 | 1586 | 宗昭景書下 | 主藤仁文書 |
| *寺門のふか田* | 天正14年３月４日 | 1586 | 宗昭景書下 | 主藤仁文書 |
| ふき山の田 | 天正14年３月４日 | 1586 | 宗昭景書下 | 主藤仁文書 |
| したゝの田 | 天正20年 | 1592 | ます女譲状 | 主藤寿文書 |
| 中うつの田 | 天正20年 | 1592 | ます女譲状 | 主藤寿文書 |
| かんた | 年未詳 | 9999 | （坪付） | 阿比留修文書 |
| 瀬之田 | 年未詳 | 9999 | （坪付） | 阿比留修文書 |
| ほり井 | 年未詳 | 9999 | （坪付） | 阿比留修文書 |
| ゐの木田 | 年未詳 | 9999 | （坪付） | 阿比留修文書 |

八六）三月四日「宗昭景書下」の「したの田」[34]を初見とする。また「中ウズ」は、天正二〇年（一五九二）「ます女譲状」[35]からである。さらに「馬乗石」は、寛文検地帳に初めて登場する。「寺田」を含む「田井原」の地名に至っては、管見のかぎり明治期になるまで見ることができない。

寺門の風景

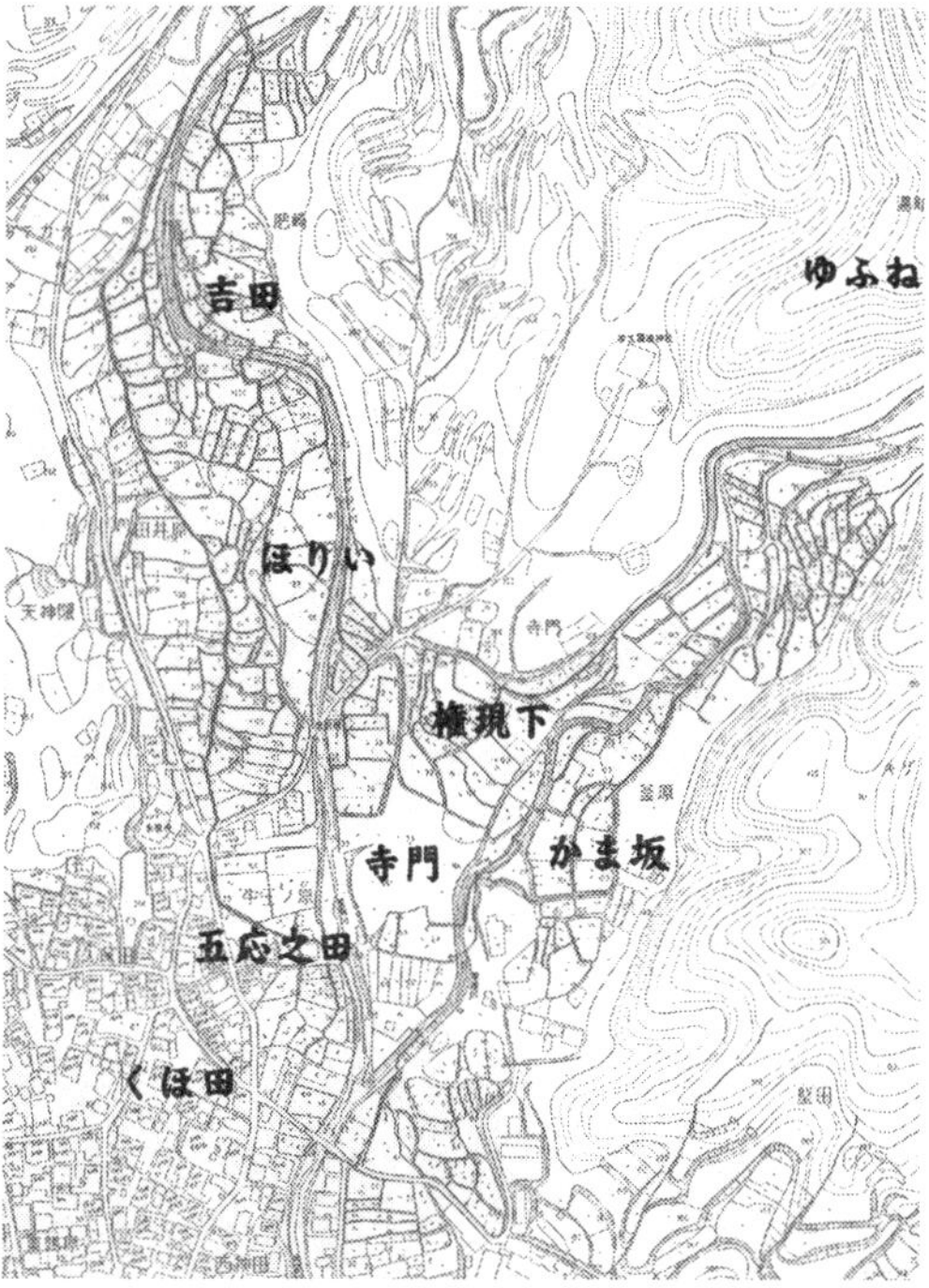


図１　中世の水田地名（堀祥岳作成）

どうやら神田川水系の比較的大規模な井堰灌漑の成立は、近世以降のことであったと考えられる。

**寛文検地帳を読む**

近世に入ると、対馬藩は新田開発を奨励し、広く谷間の開発や河口の潟・河岸の開拓が進展してゆく。[36]

寛文二年（一六六二）、対馬藩は大浦権太夫を登用して島内全域の検地を行なった。全島にわたって畠・田・木庭を上々・上・中・下の四段階の地味に分けて、それぞれの蒔高で換算した検地帳を作成している。

寛文検地帳に記された豆酘の村高は一〇〇石余で、対馬最大であった。(37)〔表3〕は、寛文二年「豆酘村検地帳」に記載された水田の地味と収納量などを地名ごとにまとめたものである。地目・地味を上畠廻しで換算したものの総計を算出している。(38)

総収納量をみると、「馬乗石」「志多田」「中ウズ」に多いことがわかる。大きな灌漑面積をもつ上質の水田が、神田川流域に開発されていたことがわかる。ただし、寛文検地帳に「田井原」の地名は存在しない。

他方、権現川下流域地名である「三くぢん」「四せまちた」「かまさか」「かまはる」「川はた」「権現ノ下」「寺かと」「橋のもと」「ひんかんちん」は、総収納量はけっして多くはない。

けれども、一筆当たりの水田の面積を比較すると、九反余の「川はた」をはじめとして「権現ノ下」「三くぢん」「寺かと」といった地名の水田が大きいことがわかる。またこれらの地名について全水田に占める上々田・上田の割合をみると、「四せまちた」一〇〇%、「かまさか」一〇〇%、「川はた」が八九・四二%、「権現ノ下」八九・五三%となり、多くは高い比率を示している。(39)

このことは、権現川水系が一七世紀末の段階でなお開発先進地帯としての姿を残していることを再確認させるのである。

**地籍図に記載された水田**

さらに時代を下げて、明治地籍図の情報をもとに水田の地味の様子を示したものが〔図2〕である。

明治二〇年（一八八七）頃の神田川流域は、「馬乗石」「吉田」「ホリイ」付近に上田が多い。これに対して「田井原」は、やや地味の劣る中・下田が多くを占めて、遅れて開発された様子を残している。

## 表3　寛文検地における田地の実態

| 地名 | 上々田(上畠廻) | 上田(上畠廻) | 中田(上畠廻) | 下田(上畠廻) | 筆数 | 総収納量(上畠廻) | 総面積(反) | 一筆当たりの面積 | 上々田・上田比率 |
|---|---|---|---|---|---|---|---|---|---|
| □□木 | 0 | 0.2 | 0.3 | 0.05 | 5 | 0.55 | 3.91 | 0.78 | 19.15% |
| □たまた | 0.32 | 0 | 0 | 0 | 1 | 0.32 | 0.53 | 0.53 | 100.00% |
| □つた | 0 | 0 | 0.46 | 0.08 | 5 | 0.54 | 4.81 | 0.963 | 0.00% |
| 三くぢん | 0 | 0 | 0.7 | 0 | 1 | 0.7 | 4.66 | **4.66** | 0.00% |
| **四せまちた(よせまちた)** | 1.7 | 0.46 | 0 | 0 | 8 | 2.16 | 4.58 | 0.57 | **100.00%** |
| いつか | 0 | 0 | 1.28 | 0.09 | 15 | 1.37 | 10.4 | 0.69 | 0.00% |
| いなたり | 0 | 0 | 0.3 | 0.88 | 9 | 1.18 | 20.08 | 2.23 | 0.00% |
| 亥ぬた | 0 | 0 | 0 | 0.18 | 3 | 0.18 | 3.73 | 1.24 | 0.00% |
| いのしげ | 1.6 | 0.09 | 0 | 0 | 3 | 1.69 | 3.01 | 1.00 | 100.00% |
| 馬乗（り）石 | 14.06 | 1.97 | 0.48 | 0 | 44 | 16.51 | 34.03 | 0.77 | 90.60% |
| かたゝ | 2.94 | 0.09 | 2.96 | 1.29 | 44 | 7.29 | 51.46 | 1.16 | 10.20% |
| かねみつた | 3.62 | 0 | 0 | 0 | 10 | 3.62 | 6.03 | 0.60 | 100.00% |
| **かまさか** | 3.84 | 0 | 0 | 0 | 12 | 3.84 | 6.4 | 0.53 | **100.00%** |
| **かまはる** | 14.04 | 3.10 | 0.49 | 0 | 57 | 17.63 | 38.31 | 0.67 | **91.47%** |
| **川はた** | 10.14 | 0 | 0.3 | 0 | 2 | 10.44 | 18.9 | **9.45** | **89.42%** |
| かんた | 2.34 | 0.48 | 0 | 0 | 8 | 2.82 | 5.7 | 0.71 | 100.00% |
| かんたかわら | 4.52 | 1.18 | 0.67 | 0 | 16 | 6.37 | 16.45 | 1.02 | 72.85% |
| 久保田（くほた） | 7.18 | 0.29 | 0 | 0 | 18 | 7.47 | 13.06 | 0.72 | 100.00% |
| **権現ノ下** | 0 | 5.32 | 0.35 | 0 | 4 | 5.67 | 22.28 | **5.57** | **89.53%** |
| 寺院ノ上 | 0 | 0.4 | 0.2 | 0 | 4 | 0.6 | 2.83 | 0.70 | 52.94% |
| **寺かと** | 0 | 4 | 1.5 | 0 | 7 | 5.5 | 25 | **3.57** | 60.00% |
| したゝ（の原） | 10.14 | 1.34 | 1.95 | 1.24 | 41 | 14.67 | 59.73 | 1.45 | 36.75% |
| たち花 | 7.78 | 0.65 | 0.03 | 0 | 29 | 8.46 | 15.61 | 0.53 | 98.72% |
| たふりちん | 0 | 0.66 | 0.6 | 0 | 2 | 1.26 | 6.5 | 3.25 | 38.46% |
| たるき | 0 | 0 | 1.02 | 4.00 | 56 | 5.02 | 88.58 | 1.58 | 0.00% |
| つひし | 0.4 | 0 | 0 | 0 | 1 | 0.4 | 0.66 | 0.66 | 100.00% |
| つひしはな | 2.3 | 0.86 | 0 | 0 | 11 | 3.16 | 7.08 | 0.64 | 100.00% |
| つもしの原 | 4.36 | 0.81 | 0 | 0 | 12 | 5.17 | 10.31 | 0.85 | 100.00% |
| とひのす | 0 | 0 | 0 | 0.17 | 1 | 0.17 | 3.5 | 3.5 | 0.00% |
| ないた | 0 | 1.56 | 0.34 | 0 | 7 | 1.9 | 8.11 | 1.15 | 72.07% |
| 中うす | 16.5 | 1.29 | 0.17 | 0.04 | 79 | 18.00 | 34.41 | 0.43 | 94.00% |
| 長田 | 1.64 | 0.46 | 0.25 | 0 | 5 | 2.35 | 6.15 | 1.23 | 72.90% |
| はこた | 0 | 0 | 0.69 | 0 | 3 | 0.69 | 4.6 | 1.53 | 0.00% |
| **橋のもと（□東）** | 2.88 | 2.73 | 0.4 | 0 | 6 | 6.01 | 17.71 | 2.95 | 84.95% |
| はるのかけ | 0 | 0 | 0 | 0.45 | 3 | 0.45 | 9.33 | 3.11 | 0.00% |
| **ひ（ん）かんちん** | 0 | 0 | 0.45 | 0.57 | 5 | 1.02 | 14.66 | 2.93 | 0.00% |
| ひさき | 1.4 | 1.04 | 0.88 | 0 | 8 | 3.32 | 12.1 | 1.51 | 51.52% |
| ふき山 | 0 | 1.37 | 3.25 | 1.20 | 41 | 5.82 | 51.43 | 1.25 | 10.01% |
| ふちの上 | 1.62 | 0.28 | 0 | 0 | 8 | 1.9 | 3.75 | 0.46 | 100.00% |
| ふなこし | 0.2 | 0 | 0 | 0 | 1 | 0.2 | 0.33 | 0.33 | 100.00% |
| ほりい | 7.08 | 2.82 | 0 | 0 | 19 | 9.90 | 22.4 | 1.17 | 100.00% |
| みあけた | 0.62 | 0.85 | 0.21 | 0.03 | 13 | 1.71 | 6.33 | 0.48 | 66.84% |
| 山中口 | 0 | 0 | 0 | 0.44 | 6 | 0.44 | 9.1 | 1.51 | 0.00% |
| ゆたて | 0 | 0.53 | 0.91 | 0 | 9 | 1.44 | 8.06 | 0.89 | 24.79% |
| ゆふね | 0 | 0 | 0 | 0.65 | 11 | 0.65 | 13.3 | 1.20 | 0.00% |
| 吉田（よした） | 9.24 | 0.92 | 0.92 | 0.04 | 21 | 11.12 | 25.8 | 1.22 | 73.06% |
| ゑの木（き）た | 3 | 0.34 | 0 | 0 | 8 | 3.34 | 6.3 | 0.78 | 100.00% |

他方、権現川流域の多くは下田になっていて、わずかに「釜原」や「午王原」などに上田が点在するだけである。

全体としてみれば、このころまでには神田川水系が権現川水系よりも良質の水田灌漑を実現していたといえそうである。江戸後期から明治初頭頃までの間に、神田川と権現川流域の水田の生産効率は逆転していたのである。

**豆酘の水田開発**

中世から近代までの豆酘の水田景観の変容を考察してきた。これにより、豆酘の水田開発は以下のように結論づけることができる。

中世以来、権現川水系において小規模井堰・天水・強湿田といったより原始的な灌漑が行なわれていた。近世以降になって、次第に神田川右岸の大規模井堰灌漑施設が築造され、水田開発が進んでいった。明治初期に至るまでには、神田川水系の水田が、権現川のそれよりも上質の灌漑を実現していた。

神田川下流域の開発は、寛文検地から明治地籍図作成までの間の一八・一九世紀に進行していたことになる。「寺田」を含む「田井原」の水田もまた、この時期に開発されたものであろう。「田井原」の水田開発は、またしても赤米神事の初見史料である『津島紀事』の成立とほぼ時期を同じくすることになる。

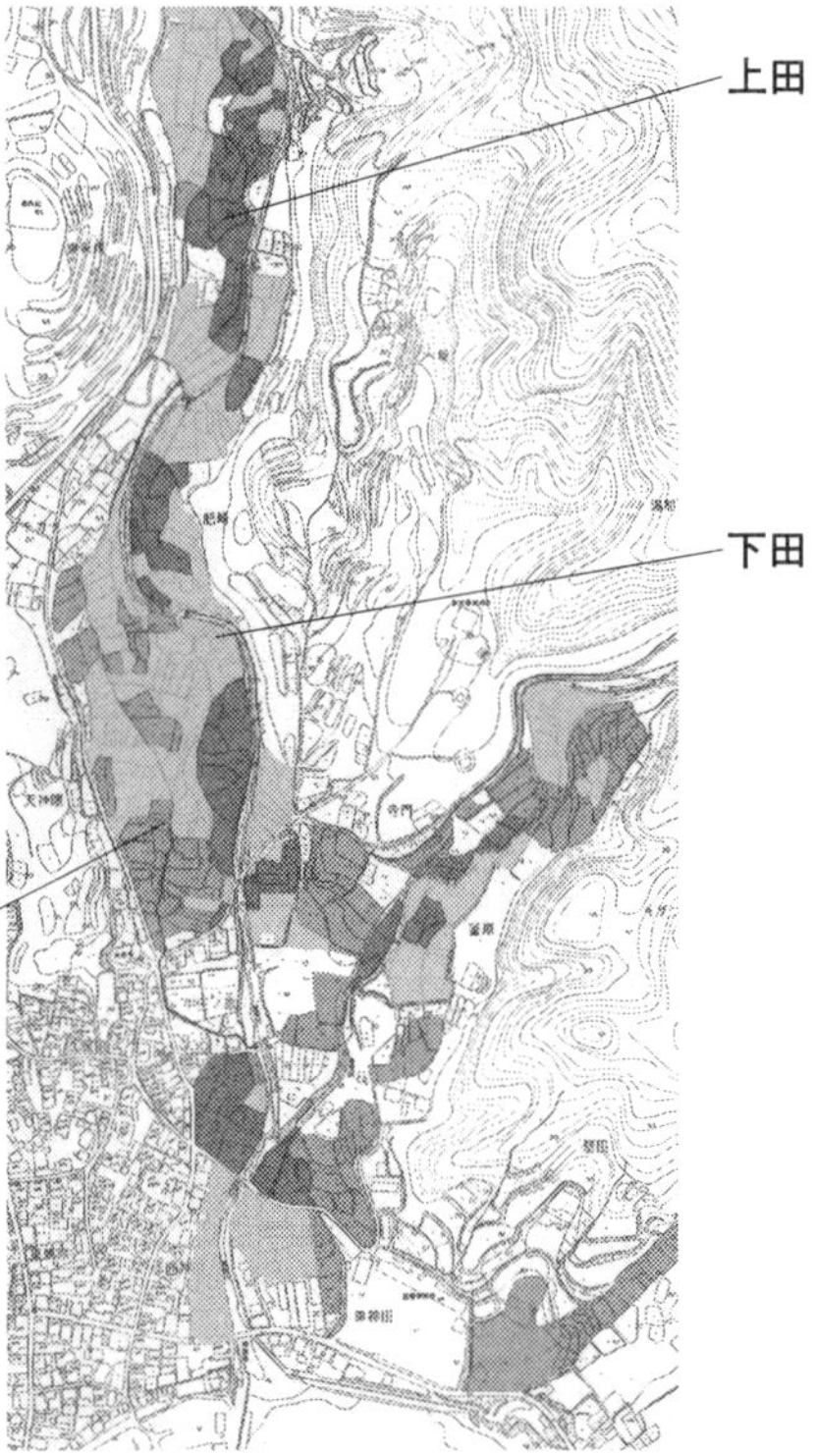


図2　地籍図にみる水田の地味（堀祥岳・黒田智作成）

## 一八世紀の赤米憧憬

以上のように、一八世紀末頃の対馬豆酘では三つの変化が起こっていたことがわかる。すなわち、①排除・消滅の危機にもかかわらず、赤米は天道信仰の供米として強調され、赤米の神秘性が物語られるようになること（第(1)節）、②「天道御本堂」たる「観音堂」が、「多久頭魂神社」に名を改めること（第(3)節）、③「寺田」を含む神田川下流域の「田井原」における水田開発が進んだこと（第(4)節）、の三点である。

どうやら一八世紀の豆酘で、天道信仰をめぐって何らかの変化が起こっていたことはまちがいないように思われる。そして、こうした一八世紀のさまざまな変化こそが、宮座組織による赤米頭受け神事を中核とする天道信仰の祝祭の枠組みを作り上げていったのではないか。

では、それ以前の天道信仰とは、いったいどのような儀礼・宗教秩序によって成り立っていたのだろうか。赤米神事は、まったく新しく登場したものではあるまい。坪井洋文が主張するように、問題は、赤米が「政治的、経済的に負の価値を背負わされて排除されながらも、神話的、儀礼的には今日まで優位性ないし対等性を維持しながら伝えられてきた」ことの意味を問うことにある。[40] 一八世紀の赤米憧憬の歴史的文脈を、それ以前の豆酘の信仰・景観・政治・社会の諸情況との連続性のなかでとらえ直してみたい。それは、日本の農耕文化の起源と展開を探る重要な手がかりとなることは疑いない。

次章以降では、一八世紀の断層を前提として、それ以前の豆酘の村落景観や観音住持の歴史的位置を解明しながら、天道信仰の儀礼・祝祭空間の源流をたどってみることにしよう。

## 二　中世の天道祭

### (5)　村落景観の変容

**三つの磐境が分かつ**

改めて豆酘の村落景観を概観してみよう。

昭和五二年（一九七七）一〇月に撮影された空中写真を見ると、収穫を間近にひかえた盛秋の豆酘の風景のなかに、赤米の稲穂の色に染まった「寺田」の様子を見出すことができる。

豆酘は、龍良山系から湧き出す乱川と神田川が南下して豆酘湾に注ぐ平野に開かれている。西に豆酘崎に連なる山並みが迫り、東には龍良山系の山々が聳えている。平野全体は南に緩やかな傾斜地をなし、その中央二つの川の間には保床山から天神山をへて南へ延びる縦長の小高い起伏がある。

毎年二月のサンゾーロー祭でキゾウとよばれる役者が雷神社を出発し、ねずみ藻を奉納しながら三つの磐境を経て豆酘湾までを往復する。「丸柿の森」「天神山」「宇佐畑」という三つの磐境は、平野のほぼ中央を斜め右下がりに一線に並んでいる。現在、私たちが目にする豆酘の景観は、この三つの磐境を結んだラインを境界線として、土地利用が明確に区分されている。

すなわち、磐境の東側にある神田川・権現川に沿って水田が広がっている。他方、磐境の西を流れる乱川流域には、一面の集落が整然と並んでいるのをみて取

サンゾーロー祭

ることができる。畑は、集落北方の保床山周辺をはじめ水田・集落の周囲に点在していたことがわかる。

### 計画的な集落

宮本常一は、乱川流域に展開する豆酘集落が実に計画的なものであったと記している。豆酘集落は、乱川沿いに上流から上・中・浜の三つの大町で分かれ、さらに一五もの小町といわれる小部落から構成されている。九学会連合調査によれば、三つの町は厳格に区分され、相互に婚姻関係がなく閉鎖的で、住民は独自の骨格と体型をしていたとまでされている[41]。豆酘では、性格の異なる三つの集落が独自に形成されてきたのである。

すなわち上町とは、クゾゥなる半俗の僧侶たちが暮らす天道信仰にまつわる宗教的空間である。中町とは、古代の豆酘在庁・中世の豆酘郡主館跡地といわれる「ガランゴウ」や、近世庄屋の「やました」や「こやま」「いわさ」「たけおか」「こもり」といった対馬藩給人の拠点が集中する政治的空間であった。浜町は、金剛院被官が多く居住する門前町でもあり、島外からやってきた寄留が多く移り住む交易と漁業の町でもあった[42]。

### 明治地籍図の衝撃——三つの町を隔てる畑と道

ところが、一見計画的にみえる村落景観は、一二〇年ほど前の明治時代の土地利用図をみてみると一変する。〔科研基盤B報告書水稲文化・巻頭口絵3〕は、明治二〇年（一八八七）頃の地籍図の土地利用状況を示したものである。

驚いたことに、豆酘村域の多くは畑に覆い尽くされている。しかも現在も畑で

ガランゴウ

ある保床山や「ヲテカタ」付近に加えて、集落の南西部や今では一面の宅地となっている東・西鶉原付近に広大な上質の畑地が広がっていたことがわかる。

古道の様子を見てみると、南北を貫く二つのルートの存在が目を引く。

ひとつは、乱川沿いの古道である。乱川を東岸に沿って南下する古道は、ちょうど上町の南境にあたる石橋を渡って川の西側に移り、最南端の恵比寿神社までほぼ直線で繋がっている。この乱川沿いの古道の両側の微低地には一面の鶉原の畑があった。集落は、道から数十メートルほど西側の山麓に張り付くように南北に細長く並んでいた。上流部の山麓では上町の集落が建ち並び、下流には耕月庵・潮海庵・金剛院と続く寺院群が点在していた。

もうひとつは、保床山・天神山の東側を走る古道である。保床山の東山麓を迂回して南下した道は、「寺田」の前をかすめて田井原の中央を通り、永泉寺門前から中町集落を抜けて豆酘湾まで至る。中町の集落は、天神山から続く南東麓の傾斜地に形成され、永泉寺・自湛院や「ガランゴウ」や有力者の屋敷が集中していた。

二つの古道の真ん中に広がる鶉原の畑地は、天神山西の乱川沿いの微低地を埋め尽くすように広がっていて、二つの古道沿いに並ぶ集落を分断するように存在していた。明治期の豆酘は、性格の異なる集落が古道と畑によってより明瞭

現在の乱川沿いの道（右方手前に石橋が見える）

尾崎（豆酘崎）より豆酘集落を望む

に区分されていたのである。集落は、いわば広大な畑のなかに浮かぶ三つの島であった。

早く一五世紀後半成立の『海東諸国紀』には、「豆豆浦三処合わせて三百余戸」[43]と記されていた。こうした三つの集落景観は中世までさかのぼるものと考えられる。

## 豆酘の耕地

〔グラフ1〕は、寛文二年（一六六二）に対馬藩によって行なわれた豆酘村の検地の状況を地目毎にその収納量の割合を示したものである。〔グラフ2〕は、同様に地目毎の面積の割合を示している（堀祥岳作成一〇六頁より引用）。

〔グラフ1〕より、一七世紀の豆酘では、年貢の四分の三は畠と木庭で、これらから上がってくる雑穀類で、特に畠年貢は全体の約半分を占めていたことが分かる。また〔グラフ2〕から面積を比較してみると、九六％の広大な木庭地が広がり、四％の畠地と、合わせても一％に満たないきわめて微少な水田が存在していた。

豆酘の年貢収入の大半を占めていたのが、木庭や畠であったことに疑問の余地がない。明治地籍図の豆酘が一面の畑に覆われていたことも容易に首肯できよう。

「赤米の村」といわれてきた豆酘は、見紛うことなく「畑作の村」だったのである。[44]

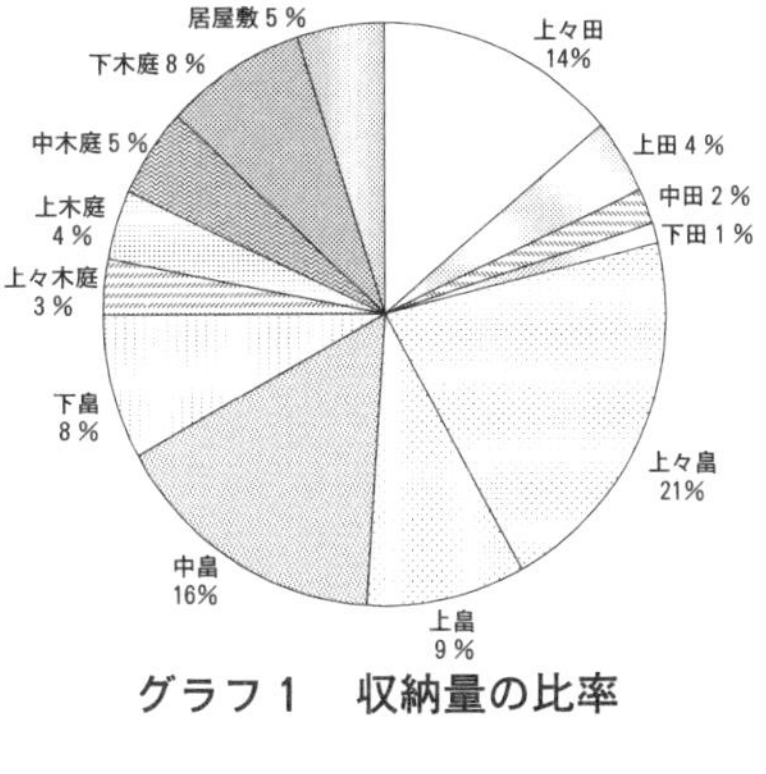

グラフ１　収納量の比率

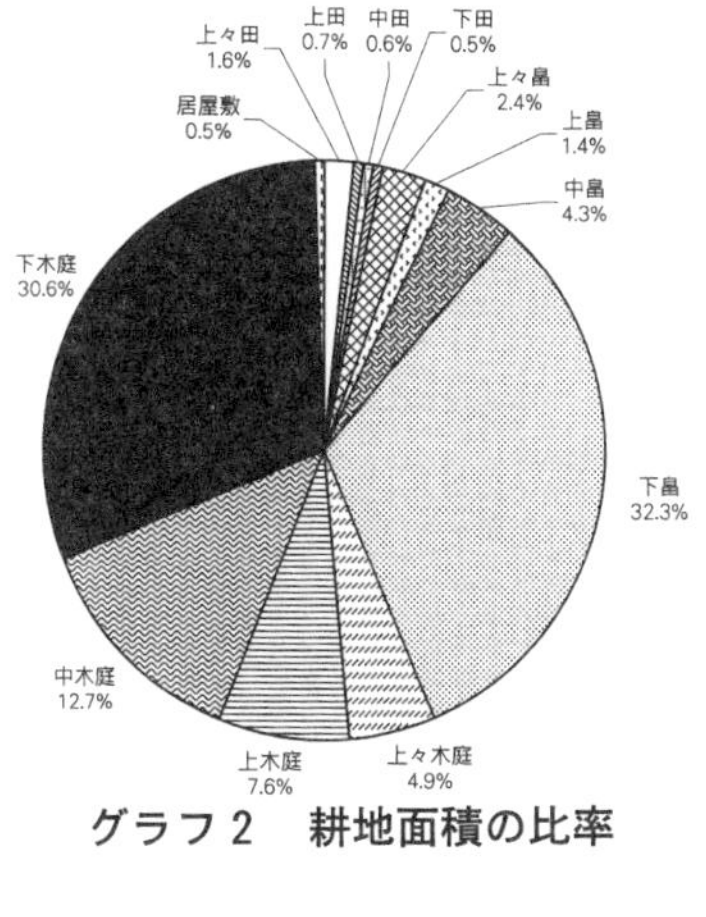

グラフ２　耕地面積の比率

(6)　観音住持の世界――広大な木庭

**観音住持の特権**

中世以来の権現川下流域の先進的開発において重要な役割を果したと考えられるのが、観音住持である。先述したように、観音住持はクゾウのうちでもっとも有力な人物の子孫である。代々豆酘観音堂の住持を勤め、豆酘の祭祀の頂点にあり続けていた。

寛文検地帳をみると、観音住持の所領は、権現川下流域の「ひんがんちん」「かまさか」「三くぢん」「川岸てん」といった、先にみた開発先進地帯に集中している。同時にこれは、以下に挙げる〔史料11〕より、天道信仰の神田であったことがわかる。

〔**史料6**〕『醴豆郡寺社記』貞享二年（一六八六）成立（宗家文庫）

天童大菩薩面田ニ付毎年備物

一、畠《わたへ》壱斗九升蒔正月八日 まい物三重 御酒三升 御ふく壱升 ……①

右者、御本尊三躰之備物如此、

但作者より相調事、

一、田《かまさか》八升五合蒔 釈迦涅槃ニ白米三升御ぶくノ用、阿比留八十郎地行之内より勤也、 ……②

一、田《ひかんだ》五升五合蒔 二月川岸ニ白米三升ハ御ぶく之用 ……③

一、田《さんふってん》七升蒔 ……④

右者、四月八日ニ釈迦誕生御ぶく白米三升、住持領之分より相勤候、

一、田《川岸てん》七升蒔 ……⑤

右者、八月川岸ニ御ぶく白米三升、作人より相勤事、

一、田《つむし》六升五合蒔　椿子六升七合、御とう明之用、……⑥
一、同二升五合蒔　椿子弐升五合、右同断、
右者、作人方より相勤事、
一、田《もちかいてん》弐升蒔　正月十五日粥餅白米三升……⑦
但御松体之用、社人甚左衛門尉方より勤、

〔史料6〕のうち、②・③・④・⑤はいずれも権現川下流域地名であることが判明している。⑥の「つむし」は「つもしの原」で、現在の田井原付近の地名と考えられる。(45)天道菩薩免田は、こうした開発先進地帯の水田に設定されていたのである。

また住持領は、対馬藩給人や郡役人を除いた在地の有力者のなかで、際立って広大で上質の田畠を保持していた。(46)

さらに観音住持は、「ヲテカタ」西方の高台の好立地にある旧小学校跡地に大きな屋敷を構えていた。昭和四二年（一九六七）に改築されるまで、住持屋敷は九間×五間の土地に五〇坪の屋敷が建ち、かつては門が対馬藩の番所になっていたという。また屋敷前には三〇〇坪の天道地があった。

旧豆酘小学校（かつてこのあたりに住持屋敷が広がっていた）

住持屋敷の古写真（主藤寿氏所蔵）

## 「ないの川」「せの川」

しかし、観音住持の特権は、こうした田畠や屋敷だけにあったわけではない。

一五世紀初頭以来、住持の権益は宗家当主や豆酘郡主によって保証されてきた。主藤寿文書・宗家文庫に残された住持宛の宗氏発給文書をピック・アップしたのが〔表4〕である。(47)

〔表4〕より、宗家書下の内容は大きく三つに分類される。

**〔史料7—A〕** 永享一〇年（一四三八）五月二〇日「宗成職書下写」（主藤寿文書）

醴豆郡こはさかへ之事、東ハないかわかきり、北ハせの河をかきりて、任先々法、閣所之状如件、

永享十年
五月七日　　在御判
成職

醴豆住持圓智房

第一に、木庭境を確定し、領域内の木庭年貢の免除を定めた判物である。「木庭」とは山間部の焼畑のことである。(48)〔史料7—A〕のように永享一〇年（一四三八）を初見とし、ここではこれをタイプⒶとしておく。木庭境は、東の「ない（内院）の川」と北の「せ（瀬）の川」という二つの川で確定されていた。これは豆酘村のみならず東は浅藻・内院まで、北西は豆酘瀬までを包括する広大な範囲におよんでいたことがわかる。

**〔史料7—B〕** 長禄二年（一四五八）一一月七日「宗成職書下」（主藤寿文書）

右　天堂御山、就竹木以下自他所、可致狼藉輩者罪科処らるへき状如件、

長禄弐年
十一月七日　　成職（花押）

醴豆住持圓智房

第二に、天道御山での他所者による伐木・乱暴狼藉の停止である。〔史料7—B〕の長禄二年（一四五八）を初見と

していて、これをⒷとする。

〔**史料7―C**〕永正一五年(一五一八)九月一五日「宗義盛書下」(主藤寿文書)

酘豆住持職之田畠等拾三ヶ所之事、任坪付末代無相違可有知行者也、仍而此之由可被存知之状如件、

永正十五戊寅
九月六日　　義盛(花押)

酘豆　住持圓喜房

第三には、田畠所領の安堵である。三種の判物のなかでももっとも遅れて、〔史料7―C〕の永正一五年(一五一八)を初見としている。これをタイプⒸとする。

住持所領の田畠は、当初一三ヶ所にすぎなかったが、慶長一四年(一六〇九)の「宗義智書下」から三〇ヶ所に増加している。さらに寛文検地や宝永二年(一七〇五)社領坪付作成をへて、住持領は〔史料7―ac〕のごとく三尺六寸七合六厘一毛九二の蒔高に固定されていく。

〔**史料7―ac**〕宝永六年(一七〇九)正月一日「宗義方書下」(主藤寿文書)

豆酘郷豆酘村観音堂領地之事、慶長十四年先判有之、今以領掌之高三尺六寸七合六厘一毛九二并木庭さかへ之事、

不可有相違之状如件、

宝永六乙丑年
正月元日　　義方(花押)
観音住持

〔表4〕をみると、これら三種の判物は、慶長一四年(一六〇九)の「宗義智書下」を画期としてⒶとⒸを合わせたタイプに変化していた。その後、宝永二年(一七〇五)社寺領坪付以降、歴代藩主就任時の安堵の書下発給が慣例化し

## 表4　観音住持宛宗家発給文書の分類

| 文書名 | 内容・分類 | 差出 | 宛所 | 和暦 | 西暦 | 所蔵文書 |
|---|---|---|---|---|---|---|
| 願文 | 祈願 | 貞茂花押 | 所々代官中 | (応永初年頃ヵ)五月二五日 | 一四〇〇 | 主藤寿文書(史料・長崎県図) |
| 寄進状 | 寄進 | 貞澄花押 | 円智 | 応永二四年一一月一二日 | 一四一七 | 主藤寿文書(長崎県図) |
| 書下 | A | 成職花押 | 円智坊 | 永享一〇年五月七日 | 一四三八 | 主藤寿文書(史料) |
| 書下 | A | 貞盛花押 | 円知坊 | 永享一〇年五月二〇日 | 一四三八 | 主藤寿文書(史料・長崎県図)・宗家文庫(御旧判控)・長崎県史 |
| 寄進状 | 寄進 | 盛世花押 | 住持御房 | 永享一二年四月一〇日 | 一四四〇 | 主藤寿文書(史料・長崎県図) |
| 願文 | 祈願 | 盛顕花押 | 円貴 | 永享一二年七月二一日 | 一四四〇 | 主藤寿文書(史料・長崎県図) |
| 書下 | B | 成職花押 | 円知坊 | 長禄二年一一月七日 | 一四五八 | 主藤寿文書(史料・長崎県図)・宗家文庫(対州八郡寺社判物帳) |
| 書下 | B | 茂興花押 | ゑんきほう | 文明二年九月一六日 | 一四七〇 | 主藤寿文書(史料) |
| 書下 | 祭礼御穀の下行 | 貞国花押 | 酘豆住持 | 文明六年二月九日 | 一四七四 | 主藤寿文書(史料) |
| 書下 | 宮司職と知行充行 | 国吉花押 | 住持房 | 文明七年二月一八日 | 一四七五 | 主藤寿文書(史料) |
| 書下 | A | 茂興花押 | 酘豆住持房 | 文明八年一二月二五日 | 一四七六 | 嶋尾成一文書(史料) |
| 書下 | 知行充行 | 茂興花押 | 住持房 | 文明八年一二月二五日 | 一四七六 | 主藤寿文書(史料) |
| 書下 | B | 貞国花押 | 円喜坊 | 文明九年一〇月二六日 | 一四七七 | 主藤寿文書(史料・長崎県図)・宗家文庫(御旧判控)・長崎県史 |
| 書下 | A | 貞国花押 | 円喜坊 | 文明九年一〇月二六日 | 一四七七 | 主藤寿文書(史料・長崎県図)・宗家文庫(御旧判控・対州八郡寺社判物帳)・長崎県史 |
| 書下 | 遵行 | 宗出羽守貞秀判 | 酘豆住持御坊 | 文明一三年八月一〇日 | 一四八一 | 宗家文庫(御旧判控)・長崎県史 |
| 書下 | C | 義盛花押 | 円喜坊 | 永正一五年九月六日 | 一五一八 | 主藤寿文書(史料・長崎県図)・宗家文庫(御旧判控・対州八郡寺社判物帳)・長崎県史 |
| 断簡(後欠) | 酘豆住持職田畠坪付 | | | (永正一五年ヵ) | 一五一八 | 主藤寿文書(史料) |
| 書下 | C | 盛長花押 | 円喜坊 | 永正一八年九月三〇日 | 一五二一 | 主藤寿文書(史料・長崎県図)・宗家文庫(御旧判控) |
| 書下 | C | 盛満花押 | 円貴坊 | 大永七年八月一〇日 | 一五二七 | 主藤寿文書(史料・長崎県図) |
| 書下 | B | 義調花押 | 円喜坊 | 永禄四年閏三月二二日 | 一五六一 | 主藤寿文書(史料・長崎県図)・宗家文庫(御旧判控)・長崎県史 |
| 書下 | 遵行 | 盛円花押 | 円喜坊 | 永禄四年閏三月二二日 | 一五六一 | 主藤寿文書(史料・長崎県図)・宗家文庫(御旧判控)・長崎県史 |
| 書下 | B | 尚廣花押 | 円喜坊 | 永禄四年閏三月二二日 | 一五六一 | 主藤寿文書(史料) |
| 書下写 | 御主殿上葺き | 義純御判 | 酘豆郡供僧中 | 天正四年一二月一一日 | 一五七六 | 主藤寿文書(史料)・宗家文庫(御旧判控・対州八郡寺社判物帳) |
| 書下 | 譲状安堵 | 親只花押 | 円喜坊 | 天正六年三月一五日 | 一五七八 | 主藤寿文書(史料) |
| 書下 | 知行充行 | 信国花押 | 円喜坊 | 天正六年八月二三日 | 一五七八 | 主藤寿文書(史料) |
| 寄進状 | 寄進 | 尚廣花押 | 円喜 | 天正八年三月二八日 | 一五八〇 | 主藤寿文書(史料・長崎県図) |
| 寄進状 | 寄進 | ます女 | 円喜 | 天正一八年一一月一八日 | 一五九〇 | 主藤寿文書(史料) |
| 寄進状 | 寄進 | ます女 | ちう地 | 天正二三年三月吉日 | 一五九五 | 主藤寿文書(史料) |

| 文書名 | 内容・分類 | 差出 | 宛所 | 和暦 | 西暦 | 所蔵文書 |
|---|---|---|---|---|---|---|
| 書下 | 法度 | 義智花押 | 津々郡中 | 慶長八年六月六日 | 一六〇三 | 主藤寿文書（史料・長崎県図）・長崎県史 |
| 書下写 | c | 義智花押 | 円吉 | 慶長一四年八月二八日 | 一六〇九 | 主藤寿文書（史料・長崎県図）・宗家文庫（御旧判控・対州八郡寺社判物帳）・長崎県史 |
| 書下写 | a | 義智花押 | 円吉 | 慶長一四年八月二八日 | 一六〇九 | 主藤寿文書（史料・長崎県図）・宗家文庫（御旧判控・対州八郡寺社判物帳）・長崎県史 |
| 書下写 | 養子認可 | 義智御判 | 菊若 | 慶長一四年九月二〇日 | 一六〇九 | 宗家文庫（御旧判控）・長崎県史 |
| 書下写 | ab | 義智御判 | 酘豆円喜坊 | 慶長一四年九月二〇日 | 一六〇九 | 主藤寿文書（長崎県図）・宗家文庫（御旧判控・対州八郡寺社判物帳）・長崎県史 |
| 書下 | 知行充行 | 義智花押 | 円吉坊 | 慶長一四年九月二四日 | 一六〇九 | 主藤寿文書（史料） |
| 書下 | 住持役 | 貞光花押 | ちうち | 慶長二〇年七月二三日 | 一六一五 | 主藤寿文書（史料）・宗家文庫（御旧判控・対州八郡寺社判物帳） |
| 寄進状 | 寄進 | 権藤清右衛門 | ちう地坊 | 元和七年五月六日 | 一六二一 | 主藤寿文書（史料） |
| 書下 | ac | 義方花押 | 観音住持 | 宝永六年一月一日 | 一七〇九 | 主藤寿文書（史料） |
| 書下 | ac | 方誠花押 | 豆酘観音住持 | 享保四年五月一日 | 一七一九 | 主藤寿文書（長崎県図） |
| 書下 | ac | 義如花押 | 豆酘観音住持 | 享保一八年 | 一七三三 | 主藤寿文書（長崎県図） |
| 書下 | ac | 義蕃花押 | 豆酘観音住持 | 宝暦二年一二月一五日 | 一七五二 | 主藤寿文書（長崎県図） |
| 書下 | ac | 義暢花押 | 豆酘観音住持 | 宝暦一二年九月一一日 | 一七六二 | 主藤寿文書（長崎県図） |
| 書下 | ac | 義功花押 | 豆酘観音住持 | 天明三年四月一八日 | 一七八三 | 主藤寿文書（長崎県図） |
| 書下 | ac | 義質花押 | 豆酘観音住持 | 文化一四年七月一八日 | 一八一七 | 主藤寿文書（長崎県図） |
| 書下 | ac | 義章花押 | 豆酘観音住持 | 天保一〇年七月二三日 | 一八三九 | 主藤寿文書（長崎県図） |
| 書下 | ac | 義和花押 | 豆酘観音住持 | 天保一四年二月一五日 | 一八四三 | 主藤寿文書（長崎県図） |
| 書下 | ac | 義達花押 | 豆酘観音住持 | 文久三年九月一五日 | 一八六三 | 主藤寿文書（長崎県図） |
| 書下 | 遵行 | 景満花押 | 八郡中 | 八月二日 | | 主藤寿文書（史料） |
| 書下 | 法度 | 吉智花押 | つゝの郡 | 九月二五日 | | 主藤寿文書（史料） |

ていくのである。こうした安堵の判物は、幕末の対馬藩宗家最後の当主義達に至るまで、歴代藩主の代替わりごとに発給され続けたのである。

〔表4〕より、三種類の書下のうち、中世以来の観音住持の特権とは、田畠所領を安堵したタイプⓒではなくて、タイプⒶ及びⒷであったことに疑問の余地がない。

タイプⒶでは、木庭境の東を内院川、西を瀬川としており、これは豆酘村の村域を越えて中世の豆酘郡・豆酘郷一帯を占める広大なものであった。このように広大な木庭地が、ほかならぬ観音住持に保証されていたという事実は、重大な意味をもっている。またタイプⒷは、住持が「天道御山」という聖域の実質的な管理者であり続けたことを示している。

観音住持の特権は、「天道御山」を含む広大な木庭を保証されていたことにあったのである。

## 頻発する木庭相論

広大な山野の住持による掌握は、南北朝以来頻発していた木庭相論に端を発していたと考えられる（本田佳奈「内山村における中世山林相論と寛文検地帳の分析」参照）。

内山文書によれば、建武五年（一三三八）・正平九年（一三五四）の二度にわたって内山の木庭相論が繰り広げられていた。[49] 内山の木庭地を天道信仰の神座《かみくら》と主張する豆酘郡司と、木庭地への押領を続ける内山伊阿弥陀仏との相論であった。そのほか中世を通じて内山・豆酘・久根・久和周辺の木庭をめぐる争いが散見する。

また寛永年間には豆酘村と瀬村で境界の木庭地をめぐって相論が勃発している。[50] 正徳五年（一七一五）の豆酘村木庭相論は、四冊にのぼる膨大な裁許記録と絵図を残した。[51] 係争地となった垂木の木庭が公領であると主張する阿比留平介と百姓等との間で起こったもので、百姓側の敗訴に終わっている。

## 木庭と山手銭

広大な木庭地は、権現川沿いに開発されたわずかな水田以上に大きく実質的な用益の源であった可能性がある。

〔**史料8**〕「享保一七年（一七三二）分覚書」観音住持円喜坊（主藤寿文書）

一、久根之舎《イナカ》村より為山手銭壱貫文、但九拾六文義ニ而、是又一ヶ年間置ニ請取、……❶

一、同村・茅谷《カヤ》村より為山手蕎麦十合升にて壱斗六升一ヶ年置ニ請取候、……❷

一、同村樫実拾イ場所之義、府内道自下タをひろう、……❸

一、内山村山手之義、元之《モトノ》鉾《ホコ》ノ立熊道造仕候、故免之、……❹

一、内院村・瀬村・久根村・舎村ニ而際《サカイ》之印差ニ罷越候節、宮僧壱人社家人三人之古来より賄有格也、……❺

一、豆酘村社家人外ハ余間・表共ニ為山手家壱間より樫実貳貫貳斗宛請取候事、

但古来ハ十合升ニ而之処、余間・表之□ニ而出入有之、甲午年より今升ニ成事、……❻

一、金剛院被官半分之積りニ壱斗宛請取格也、……❼

一、油銭取としも、阿連村迄壱ヶ年間置ニ罷越之節ハ、古来より瀬村ニ而馬を取、村継ニ而罷越、夫より樫根村罷越シ肝煎方ニ致一宿、其節ハ村中之賄支度、朝者一宮藤馬殿方ニ而賄有之、尤藤馬殿方より蕎麦拾合升ニ而五升請取、村中自壱間より十合升ニ而壱升宛請取格也、某乗馬壱疋藤馬殿方自出之、宮僧乗り馬一疋村中より出之格也、夫より小茂田村罷越鈴木格左衛門殿方ニ而賄有之、蕎麦拾合升ニ而六升請取、夫より阿連村罷越、村中家壱桁より蕎麦拾合升壱升宛請取、肝煎方ニ致一宿、朝晩共ニ舎村肝煎賄也、翌朝濱之肝煎方ニ而立かわらけとし而中飯振舞有之、夫より小茂田罷帰、肝煎□□□賄有之、其節去村中自蕎麦十合升ニ而家一間ニ付壱升ツヽ請取、夫より椎根村ニ罷越ス、梅岳庵致一宿、年始ニ規式賄有之、夕飯ハ桐谷伊右衛門殿ニ而賄有之、相伴梅岳庵也、翌朝ハ村中自賄有之、相伴ハ梅岳庵・伊右衛門殿両人也、村中より壱間ニ付蕎麦十合升ニ而壱升ツヽ請取、伊右衛門殿方自ハ同六升出格也、夫より上槻村ニ罷越、勝山氏方ニ而賄有之、夫自村継ニ而罷帰也、(52)……❽

〔史料8〕は、主藤寿所蔵文書のなかの享保一七年(一七三二)「観音住持覚書」である。

その内容は、❶久根田舎村へ山手銭を二年で一貫文徴収すること、❷久根田舎村・茅谷村に対して山手蕎麦を二年で一斗六升徴収すること、❸樫実採集場の規定、❹内山村山手の制限、❺クゾウが境の「印差」のために内院・瀬・久根

浜・久根田舎へ下向し、各村で賄いを受けること、❻クゾウ以外の豆酘村への山手樫実の課役、❼金剛院被官の課徴軽減、❽佐須郡への油銭徴収など多岐にわたっている。これらはいずれも観音住持の山手料徴収に関する事項と考えられる。

特に❺では、クゾウ達は木庭境の「印差し」を行なっている。これは、タイプⒶの宗氏より安堵された木庭境の確定に関わるものと思われる。観音住持が領域内外の山手料の徴収に関する何らかの権限を有していたことは疑いないことと思われる。

### (7) 天道祭と二十一社詣

**慶長一〇年(一六〇五)「天道祭の役者の事」**

豆酘の主藤寿文書のなかに、「天道祭の役者の事」という史料がある。(53)

本史料は、慶長一〇(一六〇五)年二月一六日、「一代住持圓喜」が六六歳の時に書き記した天道祭に関する記録である。横長の紙一六丁を折紙にして、合計四四の一つ書き形式で書き留められている。

この史料は、なぜかこれまで豆酘や天道信仰の研究の中でまったく注目されることがなかった。事実上の新発見史料といえよう。慶長一〇年という年紀の古さに加え、タイトルの通り赤米神事以前の天道祭の古様を詳細に伝えるきわめて重要な史料だと思われる。

一九世紀初頭成立の〔史料1〕の『津島紀事』によれば、「天道祭」とは赤米の神俵を守る頭役の交替の神事であった。ところが、それを二〇〇年ほどさかのぼる「天道祭の役者の事」によって、中世にはこれとはまったく異なる「天道祭」が行なわれていたことが明らかになるのである。

## 天道祭の原像

「天道祭の役者の事」によれば、中世以来一七世紀まで続けられてきたと思われる天道祭とは、住持やクゾウを中心とする豆酘村の氏子から選ばれた役者が、飯籠（めこ、飯を入れた籠）に入れた❶御穀と❷万灯籠と❸幣束を携えて、「御山」や「しやうくう」といった天道信仰の聖地を巡礼する行事だったことがわかる。

しかも祭礼に使用する道具類は府中や対馬全島八郡がその準備の一端を担い、祭礼が滞りなく終わると厳原の対馬藩主へその無事を報告する義務があった。また祭礼の前後にはさまざまな細かい服忌令が定められていた。

天道祭に従事する役者たちは、Ⓐ御山とⒷ正宮へ向かう二つのグループからなり、それぞれ①先達、②筥持ち、③奉幣使、④幣持ち、⑤先の火灯し、⑥後の火灯し、⑦松担で構成されている。またⒷ正宮グループにだけ、⑧閼伽水、⑨叩き手、⑩吹かし手、⑪煎り手、⑫火焚きといった役者が加わっている。この年は、Ⓑ正宮グループの先達を観音住持の円喜が勤めていたことがわかる。

祭礼の準備や次第は〔表5〕の通りである。

この年の二月二四日に行なわれた参詣の儀礼所作は、◇1諸道具準備（万灯籠・御穀盛り・幣束）➡◇2精進屋入り➡◇3精進屋出立➡◇4堂を出立➡◇5法螺貝吹き➡◇6卒土内山（表八町角）の神棚作り➡◇7御山参詣➡◇8戻る➡◇9藩主に報告の手順で行なわれていた。

**表5　天道祭の次第**

| | |
|---|---|
| 正月22日 | 神の御穀を盛る |
| 正月23日 | 久根（洗面具）・久根浜の神太郎・八郷・府中（食器・調理具）より諸道具 |
| 2月1日 | 油すめ |
| 2月2日 | 升あほり |
| 2月4日 | 法螺し初め |
| 2月卯日 | 精進屋入り |
| 2月12日 | 卒土の前の道作り |
| 2月24日 | 参詣 |

こうの道（美女塚北方の塞神付近）

**表6　法螺貝を吹く場**

| 御　山 | 正　宮 |
|---|---|
| 1　御山の堂の庭 | 1　門（多久頭魂神社門ヵ） |
| 2　堀の端 | 2　鳥居元（多久頭魂神社鳥居ヵ） |
| 3　へ坂（現在の小字名） | 3　枇杷畠（豆酘小学校付近） |
| 4　けち畠わた（寛文検地帳） | 4　なひた |
| 5　くさつみ | 5　片のわた（堅田付近の海） |
| （『天道縁起』より内院飛坂付近） | 6　高木のわた |
| 6　一本松（貝吹き松ヵ・寛文検地帳） | 7　中瀬のわた（長瀬崎） |
| 7　二本松 | 8　境の隈（塞の神） |
| 8　カンカン石 | 9　おり立（浅藻のオリセヵ） |
| （神功皇后腰掛石、現存） | 10　卒土濱（奥浅藻の海浜） |
| 9　野田の隈（裏八町角付近） | 11　ふかのの口（奥浅藻付近） |
| 10　力石 | 12　山たきの隈 |
| 11　御前（裏八町角） | 13　標（表八町角ヵ） |
| 12　潮湯川（浅藻川） | 14　堂の元（地蔵堂ヵ） |
| 13　境端（塞の神） | 15　御前（奈伊良神社） |

「天道祭の役者の事」に登場する地名を現地比定しながら、その巡礼のルートを示してみよう。

史料中で「なひの道」とあるのは豆酘から内院に至る古道、「こうの道」は「国府の道」

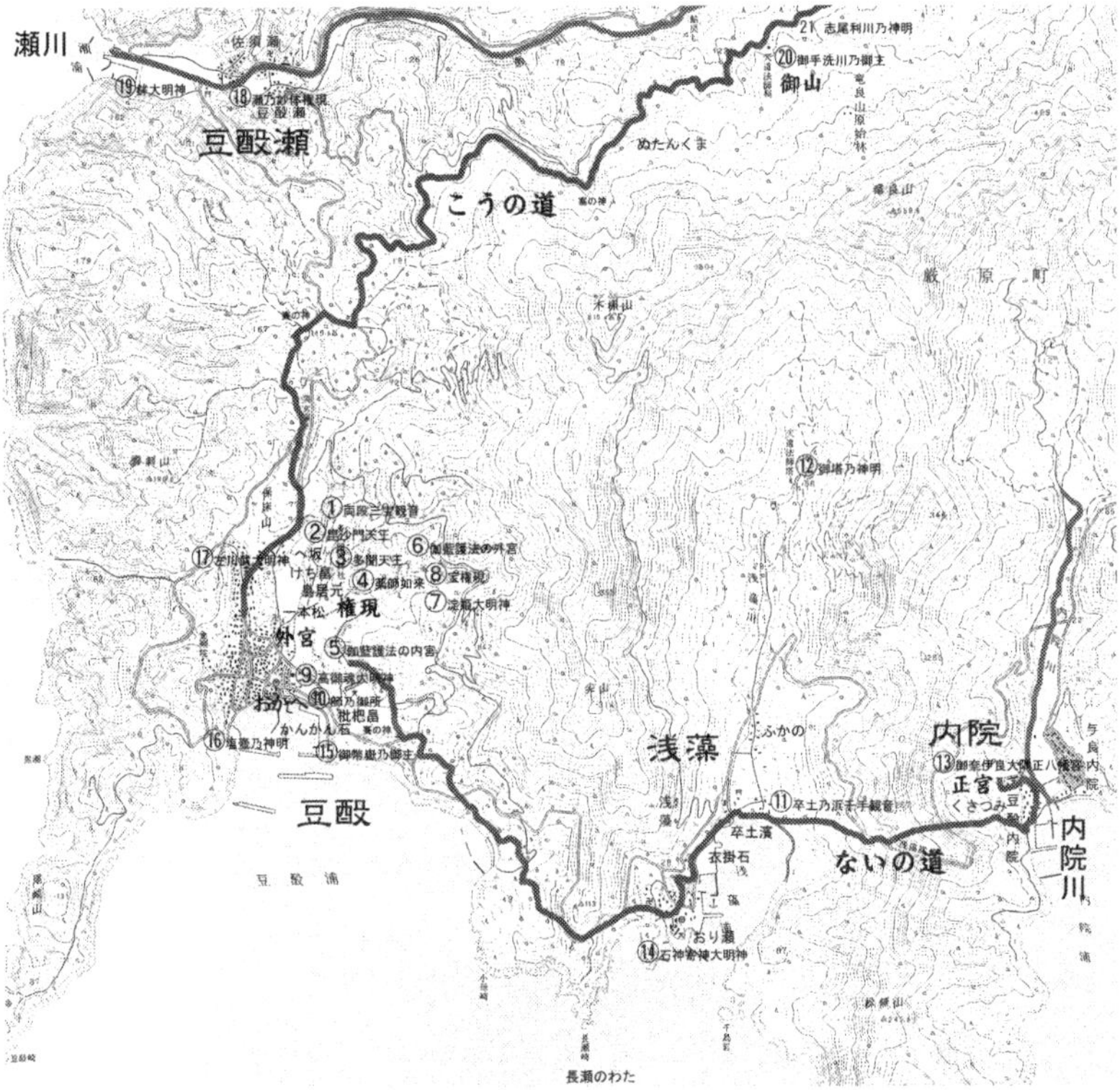


図3　天道祭・二十一社詣関係地名（国土地理院２万５千分の１「豆酘」）

と書いて裏八丁から内山へ出て久和越えをして厳原へ向かう古道だと思われる。巡礼の途次で法螺貝を吹くことが定められていた場所を〔表6〕にまとめた。これらは聞き取り調査によると〔図3〕のように現地比定できる。

役者たちが目指す五つの聖地をみてみよう。まず「御山」は裏八丁角とよばれる石塔であろう。また「しやうくう」は「正宮」と書いて内院の大隅正八幡宮、現在の奈伊良神社のことと思われる。[54] さらに「おかへ」は高御魂神社があった「宇賀伊（オゲーン）山」、「権現」は神住居神社、「外宮」は外宮神社と考えられる。

こうして史料中の地名を現地比定してみると、天道祭とは、どうやら豆酘内の神社や表八町角・裏八丁角・

浅藻の卒土濱

内院正八幡宮

現在のオゲーン山（ソロバル）

貝吹き松

内院正八幡宮といった天道菩薩の霊地を巡礼する儀礼であったようだ。この巡礼の範囲は、東を内院川、北を瀬川によって囲まれた豆酘郡域に相当することがわかる。この巡礼の領域こそが、中世以来、観音住持に保証された木庭の権益、つまり「天道御山」に重なり合うのである。

木庭境、すなわち「天道御山」の聖域を宗教的に確認する儀礼こそが天道祭だったのだ。

### 「天道御山」の空間構造

天道信仰の濫觴を記す天道縁起は、貞享・元禄年間頃に対馬藩の命を受けた豆酘観音住持や儒学者梅山玄常によって整備され、五点の『天道菩薩縁起』諸本が現存している。(55)

これらのうち、「天道御山」を中心とする信仰空間をもっともわかりやすく示しているのが〔史料9〕である。

〔史料9〕『醴豆郡寺社記』貞享二年(一六八六)成立(宗家文庫)

天道大菩薩御山之事

一、神崎自内院地蔵堂迄三里之余、内院自醴豆之間壱里之余、

右之内、ⓐ内院之しげハ、辰ノ方ニ向テ貳町程、横四拾間程、是ハ天道大菩薩誕生之所、ⓑ上山之しげ戌ノ方ニ向テ八町角、是ハ行を被成所、ⓒ卒土之内之しげハう午ノ方ニ向テ八町角、是ハ御入定所、右三所之しげハ人けつかいニ候、其外ハ人出入仕候、

右惣山立木ハ、樫椎楠其外雑木ニテ御座候、是者天道大菩薩由来自御立山也、就処ニ　義智様御代ニ長崎自御上様御渡り被成候時分、天道と言ハ如何様之仏かと有テ、天道領を地行ニテ仰附候、御立山卒土之内ハ、杉村伊織殿御拝領、其外之御立山ハ内山郷左衛門殿先祖拝領と承候処ニ、長崎之加ミ様御帰之後被召上候、如先例く天道菩薩山ニ御立有之旨ニ而、其上住持圓喜ニ御判仰付候処ニ、唯今内山郷左衛門殿地行之由ニテ、しほひ川迄内山之者ニ

被申附、切荒れ候事、
一、御立山ニ附頂戴仕候、御判九ッ
一、卒土之濱天道領之内ニ、千手観音と申家代御座候、身躰無御座候、古ハ朝鮮御引陣ニ肥後人盗取申候与申伝候、

〔史料9〕は、宗家文庫所収『醴豆郡寺社記』の「天道大菩薩延記」の一節である。

「天道大菩薩御山」の信仰空間は、天道大菩薩ゆかりの三つの茂地から構成されていたことがわかる。「しげ」＝茂地とは、対馬特有の天道信仰の聖地である(56)。すなわち、「内院のしげ」「上山のしげ」「卒土の内のしげ」からなる。

ⓐ「内院のしげ」は、内院正八幡宮・地蔵堂とその南方の鳥居橋の橋詰にあった南北朝期の大きな宝篋印塔を中心とする聖域で、天道法師誕生の地とされる。ⓑ「上山之しげ」は、現在の内山集落から瀬川を挟んで南側に「裏八丁角」という平石を埋高く積んだ築造物があり、天道大菩薩修行の地であったとされている。三つにはⓒ「卒土の内のしげ」で、奥浅藻集落を流れる浅藻川沿いに北へさかのぼると「表八丁角」と呼ばれる同様の石積が現存し、これは天道大菩薩入定の地という。

「天道御山」の西方には、クゾウが管理する豆酘村内の神社や豆

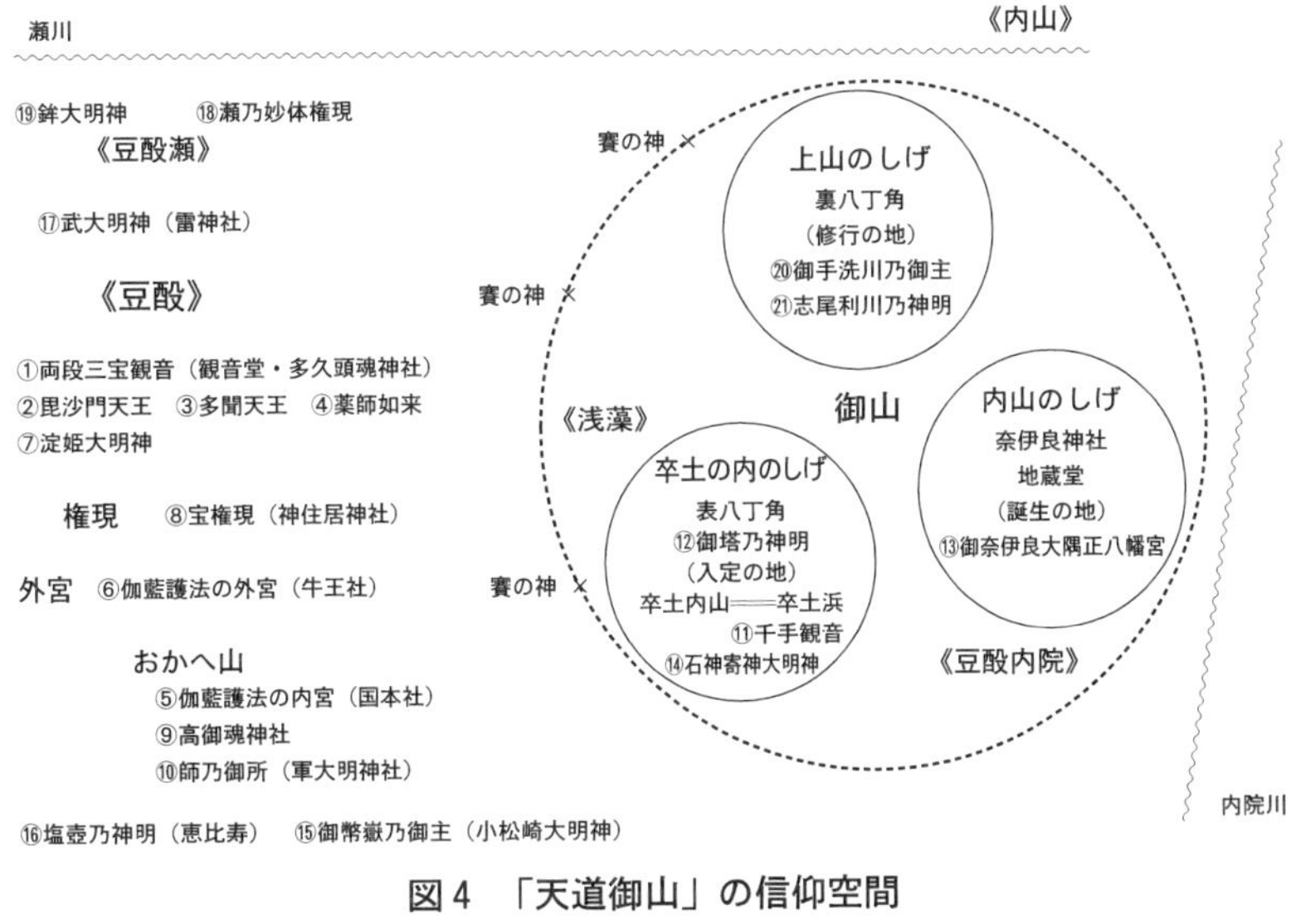


図4　「天道御山」の信仰空間

酘瀬の神社が点在している。

こうした天道信仰の信仰空間を図式化したのが〔図4〕である。

さらに、この信仰空間の外には佐護の多久頭魂神社と対馬島内の数多くの天道茂地がネットワークを結んでいたのである。

**〔史料10〕**『醴豆郡寺社記』貞享二年（一六八六）成立（宗家文庫）

霊亀弐丙辰歳、天道童子廿弐歳也、其歳帝王御悩有テ御占ニ、対馬之国ニ壱人之法師有候ヲ、召テ御祈ヲ為致給与奏門ス、然者、可被為仰附ト有テ、天道童子歳卅弐才之時、対州内院村ニ勅使来ル、右之趣勅定也、天道童子□之給テ、内院ヨリ飛給、其印ニ飛坂ト云、御跡七ツ之草津ミと云、則壱州小まき御飛候、夫ヨリ筑前之宝海嶽ニ御飛候、夫ヨリ京都へ上洛有テ、勅使ヲ待合参内有之也、御祈念之法力ニテ御煩平癒也、

ふたたび「天道大菩薩延記」を引けば、霊亀二年（七一六）、天道法師は、元明天皇の病気平癒祈祷のため、豆酘から内院飛坂・草ツミを経て壱岐小牧に飛び、さらに筑前「宝海嶽」から京都へ上洛したとされている。壱岐小牧には今も天道宮があり、「宝海嶽」は太宰府の後背にある宝満山で、天道信仰はこうした島外の聖地とも結び合っていたことが推測される。(57)

## 二十一社詣——神送りの現在

こうした聖地巡礼の儀式は、二十一社詣として今も豆酘に伝えられている。現在では大船頭とよばれる漁業関係者の行事になっているようだ。二十一社詣で巡礼する二一の社を示してみよう。

①両段三宝観音　②毘沙門天王　③多聞天王　④薬師如来　⑤伽藍護法の内宮（国本社）　⑥外宮（午王社）　⑦淀姫大明神　⑧宝権現（神住居社）　⑨高御魂大明神　⑩師乃御所（軍大明神）　⑪卒土乃浜　千手観音　⑫御搭乃神明

（表八町角）⑬御奈伊大隅正八幡宮　⑭石神寄神大明神　⑮御幣嶽乃御主（豆酘東海岸の恵比寿）　⑯塩壺乃神明
⑰左川　武大明神（雷社）　⑱瀬乃妙体権現　⑲鉾大明神（豆酘瀬の浜付近）　⑳御手洗川乃御主（裏八町角）　㉑志尾利川乃神明（裏八町角東方）

本石正久所蔵の二十一社祝詞によれば、豆酘多久頭魂神社を出発して豆酘内の神社を巡り、卒土浜から浅藻の表八丁角へ、さらに内院正八幡宮へ、ふたたび石神寄神明神を経て豆酘に戻り、今度は北上して豆酘瀬から裏八丁角まで行くことになっている。

現在、豆酘で行なわれている二十一社詣は、多久頭魂神社へお参りする漁師最大の行事である。正月二〇日以降の吉日に、クゾウを雇って船頭・船子が参加する。経費は船頭で負担するという。お供え物は、御神酒・塩・昆布・魚・蝋燭等である。二〇〇二年には正月二二日に行なわれ、漁師一〇人・その他一〇人程が参加した。今では朝六時から多久頭魂神社で一ヶ所に神寄せされているという。

ただし、参詣ルートには諸説がある。裏八丁角から龍良山を越えて表八丁角まで行くこともあったようである。あるいは車で裏八町まで行き、塞神↓八町角↓多久須頭神社↓浅藻川西↓オオトウノ千手観音↓豆

裏八丁角

表八丁角

酘東岸の金比羅・恵比寿・小松崎→西岸の恵比寿・塩壺神明→天神多久須頭神社・地蔵の順に廻る。あるいは、豆酘→裏八町角→表八町角→石神→豆酘の順路であったともいわれる。またあるいは、天道様→八丁郭→天道法師→浅藻を廻ったともされる。また雷・保床山・天神・石神様・大明神などの巡礼もあったという。内院は早くから巡礼ルートから省略されたという[58]。

実は、こうした二十一社詣によく似た聖地巡礼＝神送りの儀礼が、対馬島内の各地に残っている。たとえば、阿連の「オヒデリサマ」は、村人が大カナグラをはじめとする七五本のカナグラ幣をもって八龍神社を出発し、鉦・太鼓・貝を奏でて歩き、元山で御幣を立てる祭礼である。佐須村樫根で行なわれる天道祭もまた、法清寺から二〇町余離れた天道山へカナグラ幣を立てにゆく神送りの儀式である[59]。千尋藻の嶽大明神祭にも類似の所作をみて取ることができる[60]。

聖地に幣束を立てて巡礼する儀礼のかたちは、❸幣束を携えて巡礼する中世豆酘の天道祭に酷似している。中世豆酘の天道祭とは、こうした聖地巡礼＝神送りの源流をなす祝祭だったのである。

## 中世の天道祭――穀霊信仰の源流

天道祭は、中世にも断片的にその姿を垣間見ることができる。

〔史料11〕正平九年（一三五四）閏一〇月　日「豆酘神官しんはう申状案」

つつ《（豆酘）》のしんくわん《（神官）》しんはうかしこ《（畏）》まて申上候、

右件しさい《（子細）》ハ、うち《（内）》山□天たう《（道）》の御りやう《（領）》をあふりやう《（押領）》せられ候由のこと、はけしめおろし、ほこさかき《（鉾榊）》おたて《（立）》、御まつり《（祭）》きんし《（勤仕）》のところ《（処）》のしゆせんほん《（十千本）》のき《（木）》をきりやき《（焼）》はらい《（払）》、くわうや《（荒野）》となされ候ハヽ、御祭のさおい《（障）》となしと□、あるいハ大風ふき《（吹）》こうすい《（洪水）》いて《（出）》、くに《（国）》のわつらい《（煩）》となり候おこそ、かみ《（上）》に申さんとそんし《（存）》候ところ《（処）》にかさね《（重）》てらんほう（濫暴）をいだ（出）され候したい（次第）の事、むかし（昔）よりうち（内）山のしいかし（椎樫）をつよ（豆酘）りひろ（拾）い□事、たうねん（当年）ニかき（限）ら□候へとも御きんせい（禁制）のうち（内）はい（入）らす候、たとへうち（内）山おひろ（拾）い候とも、さかい（境）をこえ（越）すき（過）候は□しんニはらかりしかる（然）へく候ところニ、上くら（神座）の御まへ（前）・みたらいかわ（御手洗川）・やたて（矢立）のき（木）のもと（元）にせき（関）をすへ（据）、かし（河岸）をととめ（止）、ひけをとられ候へハ、おんなわらハ（女童）んちりゝゝはらゝゝになり、おらひさけ（号泣）ふこえ（声）なのめ（斜）ならす候、御たう（堂）の御前をきら（嫌）はす、うんき（雲気）ふしやう（不祥）ニならせ候事、そのかくれ（隠）なく候、せん（詮）するところ（処）はけしめお□□のところ（処）を御きんせい（禁制）候て、か（彼）のらんほう（濫暴）をとゝ（止）められ、御みたらいかわ（御手洗川）をきよ（清）められ□□にて、ことゆへ（故）なくか（彼）のてんたう（天道）の御まつり（祭）をきんし（勤仕）申へく候、それかなは（叶）す候ハゝゞさらへ申すましく候、このよし（由）よき（良）ように御ひろう（披露）あるへく候、

恐惶謹言

正平九年

閏十月　日[61]

〔史料11〕は、豆酘神官「しんはう」が、内山の天道御領の押領を停止するよう訴え出た文書である（本田佳奈「内山村における山林利用と木庭作について」参照）。一万本にも及ぶ大量の伐木と山野を焼いて荒野にする行為（焼畑ヵ）が、洪水や大風といった天候不順をもたらし、国の煩いを引き起こしているという。また「神座の御前」「御手洗川」「矢立の木の元」に設けられた関や河岸止めによって女や子どもたちは泣き叫び、不吉な天運をますます助長していると訴える。こうした濫暴行為によって、「てんたう（天道）の御まつり（祭）」の「きんし（勤仕）」に障害を来たしていたことが明記されている。とはいえ、ここでは「天道祭」が行なわれていたことは知れても、いかなる祭礼であったのかは不明である。

次の史料をみてみよう。

**〔史料12〕**文明六年（一四七四）二月九日「宗貞国書下」（主藤寿文書）

てんたう（天道）の御さいれい（祭礼）御こく（穀）の事、たうねん（当年）たう（当）国たこく（他国）ニおゐてくわいせん（廻船）まかりつかす候間、まつ（先）ちうち（住持）とし

てほんそう《奔走》いたし《致》候、よて《仍》御さいれい《祭礼》す《過》き候といふとも、まかり《罷》つき候する船二そう《艘》の事、いせん《以前》のまゝ御こく《穀》を申つけられ候へし、此分さた《定》めてくうし《公事》そんち《存知》しうけ《請》と《取》りわた《渡》すへし、恐々謹言、

文明六年

二月九日　　　　貞国（花押）

酘豆住持[62]

〔史料12〕によれば、当時天道の祭礼に用いられた御穀は、豆酘で収穫された自前の米ではなく、廻船によって島外（おそらく北部九州）からもたらされたものであったことがわかる。中世の豆酘は、対馬周回航路上の交易の拠点であり、対馬府中や九州・朝鮮との往き来も確認できる。[63]それにしても、島外からの輸入に頼ってまで祭礼の御穀にこだわったのはどうしてだろうか。

〔**史料13**〕『醴豆郡寺社記』貞享二年（一六八六）成立（宗家文庫）

一、国土頒ニハ天道祭リと云事有、本地楽卒山観音十一面是也、左右ニ毘沙門以ト薬師之相也、（中略）

御祭り之入目

一、白米七俵ハ御石ぶとかく拵、仏前ニ備物、

宮枡ニテ四斗貳升入

〔史料13〕より、一七世紀頃に天道祭に用いられた御穀は七俵、四斗二升の「白米」であったことがわかる。あくまで天道祭が、❶御穀を携えて巡礼する穀霊信仰の儀礼であった点を忘れてはならない。天道信仰の核心が太陽霊（日神）と穀霊という二つの性格にあったことは、既に和歌森太郎・永留久恵によって明らかにされている。[64]永留は、六月の「ヤクマ祭」という麦の収穫祭と一〇月の稲・粟の新嘗祭とを対比して、天道信仰の祭祀が稲と麦の収穫祭からなり、天道信仰の穀霊神としての性格に着目している。

中世豆酘の天道祭は、豆酘郡全域を聖地とする広大な木庭の信仰に裏打ちされつつも、こうした穀霊信仰の儀礼でもあり続けていたのである。

## 焼畑文化憧憬

以上のように、①かつて豆酘は「畑作の村」であり（第(5)節）、②中世観音住持の特権が広大な木庭の用益にあったこと（第(6)節）、③天道祭とは木庭境＝「天道御山」の聖域を宗教的に確認する儀礼であったこと（第(7)節）、さらに④天道祭が聖地巡礼＝神送りのかたちをとった穀霊信仰の儀礼であること（第(7)節）、などを述べてきた。

これらの事実から浮かび上がってくるのは、豆酘の村落景観と天道信仰の祝祭空間がいずれも木庭（焼畑）を舞台としていたという事実である。そして、そこで育まれてきた天道信仰もまた、木庭（焼畑）文化の信仰であった。それは、一九世紀以降にみられる水稲文化としての赤米神事ときわめて対照的である。

奇しくも水稲文化の儀礼とされてきた赤米神事の源流は、農耕文化の原風景たる木庭（焼畑）文化を象徴する天道祭にたどり着いた。

木庭の「御穀」から水田の赤米へ――。「天道祭」という祝祭は、木庭における穀霊の神送りから「寺田」における赤米の頭受け神事へと転換していたのである。それは、まるで焼畑文化から水稲文化へという日本の農耕文化の歴史の縮図である。

第一章(2)で述べたように、民俗学・農学・考古学といった諸成果は、稲作の起源が焼畑にあり、赤米が畑作文化の象徴であったことを指し示している。こうした諸見解を考え合わせれば、対馬豆酘における天道信仰の祝祭の変容を以下のように仮説することができるだろう。

中世の豆酘では、広大な木庭（焼畑）を舞台とする穀霊崇拝の信仰が厳然とあり、それは古代以来の焼畑文化世界の根幹にあった赤色食物＝赤米への崇敬として伝えられていた。けれども、水稲文化は畑作（焼畑）文化をしだいに凌駕しつつあった。一八世紀における赤米崇拝の高まりは、排除されゆく赤米を眼前にした畑作（焼畑）文化への憧憬の産物なのではあるまいか。

## おわりに

かつて対馬豆酘は「畑作の村」であった。中世以来、観音住持は豆酘郡域に及ぶ木庭（焼畑）に特権を有していた。「天道祭」とは、「天道御山」という信仰空間を中心とする木庭の領域を再確認する儀礼であり、焼畑文化の穀霊信仰に基づく聖地巡礼＝神送りの儀礼であった。

一八世紀末頃になると、排除・消滅の危機のなかで、赤米が天道信仰の仏供として強調され、赤米の神秘性が物語られるようになる。「観音堂」は「多久頭魂神社」へその名を改める。「寺田」を含む神田川下流域の「田井原」における水田開発が進んでゆく。こうした変化が、赤米崇拝を基調とする宮座組織による赤米頭受け神事を天道信仰の中核とする祝祭へ移行せしめていった。

木庭の信仰は後景に退き、祝祭は水稲の信仰へとそのかたちを変えていった。ただ古代以来の焼畑文化世界の根幹にあった赤米崇拝だけが伝えられていった。

それは、対馬豆酘における木庭（焼畑）文化から水稲文化への象徴儀礼の移行であった。

**注**

（1）その成果は、日本人文科学会編『人文』（1 特集 対馬調査 一九五三年）、九学会連合対馬共同調査委員会編『対馬

の自然と文化』（古今書院　一九五四年）にまとめられている。

（2）宮本常一「梶田富五郎翁」・「対馬にて」（『忘れられた日本人』岩波文庫　一九八四年、一九五八年）、同「対馬豆酘の村落構造」（『中世社会の残存』宮本常一著作集11　未来社　一九七二年、初出一九五九年）、同『海の民』（宮本常一著作集4　未来社　一九七三年）、同『日本の離島』第1集（宮本常一著作集20　未来社　一九七三年）参照。また最近、宮本の仕事を簡略に紹介したものとして、網野善彦『〈忘れられた日本人〉を読む』（岩波書店　二〇〇三年）がある。

（3）主なものに、宮本聲太郎「対馬豆酘の農業」（『民間伝承』24—3　一九六〇年）、長崎県教育委員会社会教育課『民族資料緊急調査報告書』長崎孔版社　一九六五年）、長崎県教育委員会編『長崎県の海女』長崎県文化財調査報告書42（一九七九年）、城田吉六『赤米伝承』（葦書房　一九八七年）、鈴木正崇「対馬における村落空間の社会史」（『玄海灘の島々』海と列島文化3　小学館　一九九〇年）、永留久恵『海童と天童』（大和書房　二〇〇一年）、本田佳奈『「楽郊紀聞」が活写する対馬の風土』（『季刊　河川 Review』118　二〇〇二年）がある。

（4）前掲注（1）『人文』の「対馬共同研究に関する座談会」。

（5）鈴木棠三編『対馬紀事』下（対馬叢書4　東京堂出版　一九七三年）。

（6）鈴木棠三校注『楽郊紀聞』（東洋文庫307・308　平凡社　一九七七年）。

（7）『醴豆寺社記』（宗家文庫—記録類Ⅰ—御郡奉行—F9）。『対州神社誌』（『神道大系』対馬・壱岐　神道大系刊行会　一九八七年）。

（8）ここに「米」ではなく「白米」と記載したのは、「一斗二升」を玄米ではなく精米の総量として規定したためと考えられる。但し、玄米・精米、あるいは赤米と白米を区別する記述は『醴豆郡寺社記』にみられないから、依然としてこの「白米」が赤米に対する白米の意味で用いられている可能性も残る。

(9) そのほか宮川修一「大唐米と低湿地開発」(『アジアの中の日本稲作文化』稲のアジア史3 小学館 一九八七年)、菊池勇夫「赤米と田碑」(『宮城学院女子大学研究論文集』77 一九九三年)、渡部忠世「宝満神社の赤米と踏耕」(『稲の大地』小学館 一九九三年)、大坂佳保里「日本に伝わる赤米について」(『川村短期大学研究紀要』16 一九九六年)、花田英雄「昔話『赤米の悲劇』の解読」(『國學院雑誌』100―6 一九九九年)、森弘子「種子島宝満神社の御田植え祭」(『山岳修験』32 二〇〇三年)参照。

(10) 坪井洋文『イモと日本人』(未来社 一九七九年)、同『稲を選んだ日本人』(未来社 一九八二年)。

(11) 野本寛一『焼畑民俗文化論』(雄山閣 一九八四年)。

(12) 佐々木高明の主要な著作を挙げると、『稲作以前』(NHKブックス 一九七一年)、同『日本農耕文化の源流』(日本放送出版協会 一九八三年)、『縄文文化と日本人』(講談社学術文庫 二〇〇一年 初出一九八六年)、『畑作文化の誕生』(日本放送出版協会 一九八八年)、『農耕の技術と文化』(集英社 一九九三年)。

(13) 佐藤洋一郎『森と田んぼの危機』(朝日選書 一九九九年)、同『縄文農耕の世界』(PHP研究所 二〇〇〇年)、同『稲の日本史』(角川選書三三七 二〇〇二年)。

(14) 古島敏雄「焼畑農業の歴史的性格とその耕作形態」(『古島敏雄著作集』3 東京大学出版会 一九七四年) 黒田日出男「中世の『畠』と『畑』」(『日本中世開発史の研究』校倉書房 一九八四年、初出一九八〇年)、木村茂光『古代・中世畠作史の研究』(校倉書房 一九九二年)、同『ハタケと日本人』(中公新書 一九九六年)、山本隆志「荘園公領制下の村落と地域社会」(『荘園制の展開と地域社会』刀水書房 一九九四年)、飯沼賢司「中世における『山』の開発と環境」(『大分県地方史』154 一九九四年) 新井孝重「中世の焼畑について」(『東大寺領黒田荘の研究』校倉書房 二〇〇一年)。

(15) 伊藤寿和「古代・中世の『野畠』に関する歴史地理学的研究」(『日本女子大学大学院文学研究科紀要』1 一九九五

年）、同「平安・鎌倉時代の『山畑（焼畑）』に関する歴史地理学的研究」（『日本女子大学紀要』文学部45　一九九六年）、同「紀伊国の『山畑（焼畑）』に関する歴史地理学的研究」（『史境』41　二〇〇〇年）。

(16) 畑井弘『律令・荘園体制と農民の研究』（吉川弘文館　一九八一年）、米家泰作『中・近山村の景観と構造』（校倉書房　二〇〇三年）など。

(17) 前掲注（3）城田吉六著書。

(18) 深谷克己 g論文。

(19) 前掲注（13）『稲の日本史』参照。

(20) 次表を参照。

| 宮本常一説 | | 城田吉六説（慶応四年『給人奉公帳』） | |
|---|---|---|---|
| 多久頭魂神社 | 観音住持主藤 | 多久頭魂神社 | 供僧観音住持（主藤寿・観音住持円久） |
| 下宮 | 主藤清太郎 | 下宮神社 | 供僧円智坊（主藤政和・宮僧主藤清位） |
| 天神社 | 本石応・本石伝次郎 | 天神社 | 供僧覚膳坊（本石覚・宮僧本石覚膳） |
| 権現神社 | 本石正久 | 神住居神社（雷神社・五王神社） | 供僧正膳坊（本石正久・宮僧本石正膳） |
| 午王神社 | 本石幸作・主藤徳次郎 | 伽藍社 | 供僧孝作（本石直己・宮僧本石周膳） |
| 神住居神社 | 本石二位 | 高御魂神社 | 供僧二位殿（本石久知・宮僧本石二位） |
| 軍大明神社 | 本石三次郎 | 高御魂神社・雷神社 | 供僧三位（本石一宰・宮僧本石三位） |
| 雷神社 | 岩佐・本石 | 雷神社 | 供僧岡山（本石健一郎・宮僧本石知須） |
| | | 国本神社 | 供僧円秀坊（主藤力・宮僧主藤円周） |

(21) 本石一宰文書。本書は元禄六年（一六九三）本を天保一一年（一八四〇）になって書写したものである。またほぼ同一内容のもう一冊の写本が伝存しており、これは天保二年（一八三一）の書写になる。内容からいずれも元禄六年本の写しと思われる。

(22) ①は東京大学史料編纂所写真帳・長崎県立図書館写真帳による。②・③・④は二〇〇三年六月九日に熟覧・写真撮影を行ったもの。なお④は東京大学史料編纂所写真帳にもよる。
(23) 主藤寿文書（長崎県立図書館写真帳）、年未詳「宗貞盛書下」にも「豆酘住持」の宛所があり、これが先行する可能性がある。
(24) 永留久恵『海神と天神』白水社　一九八八年。
(25) 「三位」の初見は大永三年（一五二三）八月六日「宗盛顕寄進状」、「下宮」の初見は大永三年（一五二三）一一月二六日「宗盛長書下写」である。『長崎県史』史料編1　長崎県　一九六三年参照。
(26) 厳原町編集委員会編『厳原町誌』厳原町版　一九九七年。
(27) 主藤寿文書（東京大学史料編纂所写真帳、長崎県立長崎図書館写真帳）。
(28) 第(7)節、資料編「天道信仰関係史料」参照。
(29) 主藤寿文書（長崎県立長崎図書館写真帳）。
(30) 前掲注（7）、(31)、年未詳『八郷寺社記』（宗家文庫—記録類Ⅱ—御郡奉行—F11）、宝永二年一〇月　日『八郡社領帳』（宗家文庫-記録類Ⅱ—御郡奉行—F寺社—12）、宝暦一〇年一二月　日『対馬国大小神社帳』（宗家文庫—記録類Ⅱ—寺社方—C2）、天明六年閏一〇月　日『対州社領間高帳』（宗家文庫—記録類Ⅱ—寺社方—D7(1)、戌日『八郷社領坪付渡帳』（宗家文庫—記録類Ⅱ—寺社方—D22）、年未詳『対馬州神社大帳』（宗家文庫—記録類Ⅱ—寺社方—C5）、『対馬国神社帳』（宗家文庫—記録類Ⅱ—表書札方—G①14）。
(31) 貞享二年二月一九日『八郡寺社記』（宗家文庫—記録類Ⅱ—御郡奉行—F10）。
(32) 前掲注（3）城田吉六著書。
(33) 主藤仁文書（東京大学史料編纂所写真帳）。
(34) 主藤仁文書（東京大学史料編纂所写真帳）。

(35) 主藤仁文書(東京大学史料編纂所写真帳、長崎県立図書館写真帳)。
(36) 寛文検地については、檜垣元吉「対馬藩寛文の改革について」(『史淵』62 一九五四年)、宮本又次「対馬藩村落の身分構成と土地制度」(『九州経済史研究』宮本又次著作集5 講談社 一九七八年)、前掲注(26)。そのほか中世では、黒田省三「中世対馬の知行形態と朝鮮貿易権」(『国士舘大学人文学会紀要』3 一九七一年)、近世では高野信治「藩政と地域社会」(『歴史学研究』733 二〇〇〇年)、泉澄一『対馬藩の研究』関西大学出版部 二〇〇二年などがある。
(37) そのほか元禄郷村帳によれば、豆酘には田・畠・木庭物成二七〇石余、家数一六七戸で、島内で最も大きい村とされている。
(38) 前掲注(36)宮本又次論文参照。
(39) 寛文二年段階で上々田・上田比率の高い地名は、「かまさか」などの権現川下流域のほかに、「かんた」「久保田」「つもしの原」「ゑの木た」があり、これらは神田川下流域に相当する。「つもしの原」「ゑの木た」は田井原の小地名と推測されるが、収納量などからこの時点では大規模な開発はなく、散在的に水田耕作が行われていたと考えられる。
(40) 坪井i論文。
(41) 「対馬島民の形質人類学的考察」(前掲注(1)『対馬の自然と文化』)。
(42) 金剛院は、「ヨジュウ」を壇頭として七人の被官がおり、門前に付近に集中していることがわかる。また現在も浜採東部落でのみ伊勢講やお日待ちなどが続けられている。二〇〇三年七月七日大沢泉報告「豆酘における金剛院と金剛院文書」(早稲田大学海老澤ゼミ)。
(43) 申叔舟著・田中健夫訳注『海東諸国紀』岩波文庫 一九九一年。
(44) 中近世の村落景観の復原研究は、今後は水田のみならず広大に存した畠地・畑地において行われてゆかねばならないだろう。日本農耕文化の起源のみならず、中近世の耕地開発を考える上でも、畑作（焼畑）・畠作の重要性が痛感される。けれども、本稿では、文書調査や現地聞き取り調査の成果を咀嚼し、豆酘の畑地景観の歴史的変容を復原・考察することが十分にできなかった。地理学・考古学・農学などの隣接分野の諸成果に学びながら、広大で不安定な耕地における生産活動と景観の歴史的変化を動態的にとらえてゆくために、帳簿・土地台帳といった文献資料の分析や現地調査に基づく新たな畠作史・畑作史の方法的開拓を今後の課題としたい。

(45)「つもし原」の現地比定は、今のところ不明である。ただし、『対馬島誌』の小地名が地理的に配列されているとすれば、ほぼ田井原付近に相当することになる。

(46) 上々・上田比率や木庭の収納量などにおいて他のクゾウの所領に大きく抜き出ていることがわかる。

(47) 主藤寿文書（東京大学史料編纂所写真帳、長崎県立図書館写真帳）と嶋雄成一文書、宗家文庫などによる。

(48) 佐々木高明「対馬の焼畑」（織田武雄先生退官記念事業会編『人文地理学論叢』柵原書店　一九七一年）。

(49) 前掲注（28）、〔史料11〕。

(50) 主藤寿文書（長崎県立図書館写真帳）。

(51) 九州大学九州文化史研究所所蔵謄写本。『豆酘村阿比留平介知行たる木山木庭一件府内田舎ニ而遂吟味候口上書之写し并ニ口書』（127）、『豆酘村阿比留平介知行たる木山木庭ニ公領入込居候段百姓中自申立候付而及公事御裁許之次第』（128）、『豆酘村地面之入組遂吟味候給人口上書之写し并ニ百姓中へ申聞セ候覚書』（129）、『豆酘村地面一件ニ付口上覚書』（130）、『対州豆酘村木庭境論地絵図』（244）（『九州文化史研究所所蔵古文書目録』2）。

(52) 主藤寿文書（長崎県立図書館写真帳）。

(53) 主藤寿文書（東京大学史料編纂所写真帳、長崎県立図書館写真帳）。

(54)『対州神社誌』に「右宮自十八間午方ン当テ大石塔有、天道母公之塚と云俗説有、無拠不可考」とある。聞き取り調査によれば、現在八幡宮前にある宝篋印塔は、かつては神社から南へ一キロメートルほど下った内院川にかかる鳥居橋付近にあったことを確認している。

(55)『天道法師縁起』諸本を挙げると、①『対州神社誌』(貞享三年　一六八六)、②『天道法師延記』(貞享二年　一六八四『醴豆郡寺社記』所収)、③梅山玄常撰『天道法師縁起』(元禄二年　一六八九)、④『天道菩薩由来記』(主藤寿文書所収)、⑤本石三位主『天道大菩薩咄伝覚』元禄~天保年間(本石一宰文書所収)がある。二〇〇三年七月一五日山本真紗美報告「対馬の天道菩薩縁起諸本の検討」(早稲田大学海老澤ゼミ)などによる。平泉澄『中世に於ける社寺と社会の関係』(至文堂　一九二四年)、三品彰英「対馬の天道伝説」(『三品彰英全集』4　初出一九四三年)、和歌森太郎「対馬の天道信仰」(『和歌森太郎全集』　初出一九五一年)、鈴木棠三『対馬の神道』(三一書房　一九七二年)、直弓常忠「対馬の天道と海神」(『日本古代祭祀と鉄』学生社　一九八一年)参照。

(56)前掲注(24)永留久恵著書。

(57)佐伯弘次「一六世紀における後期倭寇の活動と対馬宗氏」(中村質編『鎖国と国際関係』吉川弘文館　一九九七年)。

(58)聞き取り話者は、権藤悦教さん、本石直己さんである。

(59)三品彰英「対馬佐須村見聞記」(『三品彰英全集』4　初出一九四三年)。

(60)豊玉町誌編纂委員会編『豊玉町誌』豊玉町役場　一九九二年。

(61)内山文書(『南北朝遺文』九州編　三七四二号文書)、資料編参照。

(62)主藤寿文書(東京大学史料編纂所写真帳)。

(63)宗家文庫所収の応永一四年(一四〇七)四月七日「宗貞茂書下写」や大永二年(一五二二)五月五日「宗盛長書下写」によれば、「筒はま舟公事」の規定がある。中世対馬をめぐる対外関係史については、中村栄孝・田中健夫氏や荒木和憲・伊藤浩司・岡本健一郎・佐伯弘次・関周一・橋本雄・米谷均ら膨大な研究成果がある。

（64）和歌森太郎「対馬の天道信仰」（『和歌森太郎全集』初出一九五一年）、同「天道信仰について」（前掲注（1）『人文』）、前掲注（3）、（24）永留久恵著書。

# 対馬豆酘の耕地と集落

## ―明治地籍図による復原的研究―

堀　祥岳

### はじめに

対馬豆酘《つつ》（長崎県対馬市厳原町豆酘地区）は対馬の南西端に位置する集落である。(1) 周囲を山と海に囲まれ、陸上交通の不便さから「長い間島内の他の部落とは比較的孤立した僻遠の地」と評されてきた。(2) 一方、豆酘には、一四七一年に成立した『海東諸国紀』の「豆豆浦三処合わせて三百余戸」との記述などから、海を越えた交易に携わる人々によって早くから開かれた土地であったとの評価もある。(3)

これらの評価は、いずれも民俗調査や文献史料から導き出され、先行研究は、たしかに豆酘における村落社会の特性を明らかにしてきた。しかし、いまだに村落景観を視覚的に復原するまでには至っていない。そこで本稿では、主に明治地籍図による景観復原の成果を示し、豆酘の耕地と集落について検討を加えてみたい。(4)

## 一　景観復原の方法――地籍図について――

現地景観の復原的研究に欠かせない明治地籍図（以下、地籍図とする）は、土地一筆毎の地割が示され、各筆に地番・地目・地味・面積・所有者などが表記された大縮尺の地図である。(5) 今回の調査にあたって、地籍図は長崎地方法務局厳原支局において閲覧した。(6) 豆酘の場合、昭和二六年の国土調査法に基づく地籍調査が未着手であり、この地籍図が現行の公図として効力を有している。

周知のごとく地籍図は大きく四種類に分類されるが、豆酘の地籍図は明治地籍図のうち「地押調査更正地図」に相当すると思われる。(7)

一筆毎の記載内容は基本的に地番・地目・地味の三点である。中表紙の凡例に明治二一～三五年にかけての修正符号の凡例があることから、明治二〇年（一八八八）頃作成の可能性が高い。地籍図が付属する土地台帳の書式が「明治二二年七月大蔵省訓令第四九号」に準じたものであることからも、この地籍図が、地券制度廃止にともなって明治二二年四月一日から施行された「土地台帳規則」にあわせて作成・整備されたものであるといえる。

法務局での閲覧と同時に、厳原町役場豆酘出張所においても公図の閲覧を許された。こちらは、法務局の地籍図をトレースした上に地番・地目・面積・所有者の情報を記載したものである。平成七年に便宜上作成されたもので、現在の所有関係を反映している。法務局の地籍図には存在した地味の記載がない反面、一筆毎に面積の記載があるため、地籍図の一筆毎の面積を把握することが可能となった。これにより、明治二〇年段階における土地利用状況を具体的な面積で把握することができたのである。その成果が表1および図2である。

さらに、地籍図にみえる土地利用状況を地形図に落としていくことにより、明治期の土地利用図を作成することができる。ただし、小字毎に描かれる地籍図の地図としての精度は決して高くはなく、地形図との照合は容易でない。今回は集落中心部にかぎってこの作業を行ない、図3としてその成果の一部を掲げる。(8)

これらの図面を、現代の土地利用状況を如実に示す空中写真と比較することによって、近代から現代にかけての景観の変化のあり方を知ることができる。図1は昭和五二年（一九七七）撮影の空中写真であるが、明治二〇年前後からおよそ百年の間に大きな景観の変化があったことが読み取れる。以下で検討していきたい。

**図1　豆酘地区空中写真**（1977年国土地理院撮影のものを合成）

## 二　近代豆酘の耕地景観

現在の豆酘の景観は、図1にみえるように、豆酘湾に臨む集落域の周囲を山林が取り囲み、集落域の東を南流する神田川および権現川の流域に水田が広がる、といったものである（河川の位置は図3参照）。大きく区分すれば、①集落区域、②水田区域、③山林・海岸を含む周辺区域、となり、極めて明確な土地利用のあり方を示している。

## 表1　近代豆酘の耕地面積（地目毎に面積〔㎡・左〕と小字内の割合〔%・右〕を示している）

| 小字 | 総面積 | 田 | | 畑 | | 山 | | 宅 | | その他 | |
|---|---|---|---|---|---|---|---|---|---|---|---|
| 板ノ形 | 489712 | 16536 | 3.4 | 119922 | 24.5 | 353254 | 72.1 | 0 | 0.0 | 0 | 0.0 |
| 運津 | 161112 | 3177 | 2.0 | 119856 | 74.4 | 32713 | 20.3 | 0 | 0.0 | 5366 | 3.3 |
| タル木 | 233254 | 31237 | 13.4 | 134427 | 57.6 | 63169 | 27.1 | 0 | 0.0 | 4422 | 1.9 |
| 平山 | 261041 | 9415 | 3.6 | 146235 | 56.0 | 105390 | 40.4 | 0 | 0.0 | 0 | 0.0 |
| 神崎 | 183592 | 2717 | 1.5 | 175662 | 95.7 | 448 | 0.2 | 0 | 0.0 | 4765 | 2.6 |
| 堅田 | 225513 | 23347 | 10.4 | 193688 | 85.9 | 6149 | 2.7 | 0 | 0.0 | 2329 | 1.0 |
| 東神田 | 67789 | 18161 | 26.8 | 11386 | 16.8 | 13496 | 19.9 | 0 | 0.0 | 24745 | 36.5 |
| 釜原 | 55781 | 26635 | 47.7 | 16254 | 29.1 | 12823 | 23.0 | 0 | 0.0 | 69 | 0.1 |
| キザコ | 76761 | 0 | 0.0 | 75932 | 98.9 | 828 | 1.1 | 0 | 0.0 | 0 | 0.0 |
| 吹山 | 272203 | 38593 | 14.2 | 175168 | 64.4 | 57610 | 21.2 | 0 | 0.0 | 832 | 0.3 |
| 湯塚 | 210869 | 8622 | 4.1 | 13684 | 6.5 | 187413 | 88.9 | 0 | 0.0 | 1151 | 0.5 |
| 湯船 | 175721 | 9688 | 5.5 | 84310 | 48.0 | 81723 | 46.5 | 0 | 0.0 | 0 | 0.0 |
| へ坂 | 141295 | 2561 | 1.8 | 124427 | 88.1 | 14308 | 10.1 | 0 | 0.0 | 0 | 0.0 |
| 原ノ口 | 97419 | 6092 | 6.3 | 14248 | 14.6 | 72979 | 74.9 | 0 | 0.0 | 4100 | 4.2 |
| 中ウズ | 26114 | 25619 | 98.1 | 495 | 1.9 | 0 | 0.0 | 0 | 0.0 | 0 | 0.0 |
| シタタ | 139948 | 27521 | 19.7 | 4044 | 2.9 | 106369 | 76.0 | 0 | 0.0 | 2014 | 1.4 |
| 中隈 | 139837 | 10049 | 7.2 | 627 | 0.4 | 129116 | 92.3 | 0 | 0.0 | 46 | 0.0 |
| 大隈 | 234722 | 441 | 0.2 | 0 | 0.0 | 233290 | 99.4 | 0 | 0.0 | 991 | 0.4 |
| 水源川 | 147479 | 10049 | 6.8 | 0 | 0.0 | 137430 | 93.2 | 0 | 0.0 | 0 | 0.0 |
| 樫滝 | 92085 | 13438 | 14.6 | 27518 | 29.9 | 51129 | 55.5 | 0 | 0.0 | 0 | 0.0 |
| シワイ際 | 142251 | 6507 | 4.6 | 3628 | 2.6 | 132116 | 92.9 | 0 | 0.0 | 0 | 0.0 |
| 中ブヤ | 389738 | 0 | 0.0 | 0 | 0.0 | 389738 | 100.0 | 0 | 0.0 | 0 | 0.0 |
| 桑畑 | 188255 | 0 | 0.0 | 0 | 0.0 | 187958 | 99.8 | 0 | 0.0 | 297 | 0.2 |
| ニレ石 | 468532 | 2076 | 0.4 | 29862 | 6.4 | 436595 | 93.2 | 0 | 0.0 | 0 | 0.0 |
| 荷太 | 65061 | 4455 | 6.8 | 23937 | 36.8 | 36669 | 56.4 | 0 | 0.0 | 0 | 0.0 |
| 藍尾 | 313067 | 5185 | 1.7 | 117604 | 37.6 | 189617 | 60.6 | 0 | 0.0 | 660 | 0.2 |
| 東中綱 | 38229 | 327 | 0.9 | 33597 | 87.9 | 4239 | 11.1 | 0 | 0.0 | 66 | 0.2 |
| 西中綱 | 82925 | 71 | 0.1 | 72935 | 88.0 | 9459 | 11.4 | 0 | 0.0 | 461 | 0.6 |
| 源太窪 | 119093 | 0 | 0.0 | 34287 | 28.8 | 82099 | 68.9 | 0 | 0.0 | 2707 | 2.3 |
| 櫛山 | 369146 | 0 | 0.0 | 0 | 0.0 | 368585 | 99.8 | 0 | 0.0 | 561 | 0.2 |
| ニタビク | 157730 | 0 | 0.0 | 0 | 0.0 | 157730 | 100.0 | 0 | 0.0 | 0 | 0.0 |
| 西表 | 265677 | 8259 | 3.1 | 83554 | 31.4 | 163251 | 61.4 | 0 | 0.0 | 10613 | 4.0 |
| マワセ | 82337 | 2053 | 2.5 | 34408 | 41.8 | 44453 | 54.0 | 0 | 0.0 | 1422 | 1.7 |
| 乱川 | 165571 | 0 | 0.0 | 95550 | 57.7 | 67638 | 40.9 | 23 | 0.0 | 2360 | 1.4 |
| 西保床 | 114193 | 0 | 0.0 | 113463 | 99.4 | 0 | 0.0 | 0 | 0.0 | 729 | 0.6 |
| 東保床 | 44872 | 0 | 0.0 | 42435 | 94.6 | 2363 | 5.3 | 0 | 0.0 | 75 | 0.2 |
| 馬乗石 | 43141 | 33936 | 78.7 | 7795 | 18.1 | 66 | 0.2 | 0 | 0.0 | 1344 | 3.1 |
| 肥崎 | 99890 | 33445 | 33.5 | 58491 | 58.6 | 3601 | 3.6 | 0 | 0.0 | 4353 | 4.4 |
| ヲテカタ | 26781 | 0 | 0.0 | 26015 | 97.1 | 0 | 0.0 | 0 | 0.0 | 766 | 2.9 |
| 田井原 | 77255 | 74657 | 96.6 | 1841 | 2.4 | 0 | 0.0 | 0 | 0.0 | 756 | 1.0 |
| 寺門 | 98593 | 34978 | 35.5 | 31138 | 31.6 | 27012 | 27.4 | 0 | 0.0 | 5465 | 5.5 |
| 午王ノ原 | 17697 | 10816 | 61.1 | 4639 | 26.2 | 0 | 0.0 | 57 | 0.3 | 2185 | 12.3 |
| 西神田 | 25229 | 5813 | 23.0 | 10162 | 40.3 | 145 | 0.6 | 7894 | 31.3 | 1215 | 4.8 |
| 久保田 | 24367 | 0 | 0.0 | 10900 | 44.7 | 17 | 0.1 | 12581 | 51.6 | 870 | 3.6 |
| 天神隈 | 37019 | 0 | 0.0 | 26050 | 70.4 | 5154 | 13.9 | 0 | 0.0 | 5815 | 15.7 |
| 東井坂 | 46411 | 0 | 0.0 | 21544 | 46.4 | 772 | 1.7 | 14826 | 31.9 | 9269 | 20.0 |
| 西井坂 | 22861 | 0 | 0.0 | 8575 | 37.5 | 3076 | 13.5 | 9581 | 41.9 | 1629 | 7.1 |
| 隠ス山 | 41727 | 0 | 0.0 | 32058 | 76.8 | 0 | 0.0 | 707 | 1.7 | 8961 | 21.5 |
| 高野際 | 52552 | 0 | 0.0 | 29311 | 55.8 | 23156 | 44.1 | 0 | 0.0 | 85 | 0.2 |
| 西鶉原平 | 33662 | 0 | 0.0 | 26783 | 79.6 | 221 | 0.7 | 6295 | 18.7 | 363 | 1.1 |
| 西鶉原 | 33117 | 0 | 0.0 | 24886 | 75.1 | 1393 | 4.2 | 6308 | 19.0 | 530 | 1.6 |
| 東鶉原 | 26769 | 0 | 0.0 | 25138 | 93.9 | 0 | 0.0 | 1631 | 6.1 | 0 | 0.0 |
| 西ノ濱 | 8770 | 0 | 0.0 | 0 | 0.0 | 95 | 1.1 | 862 | 9.8 | 43 | 0.5 |
| 江ノ平 | 30743 | 0 | 0.0 | 23770 | 77.3 | 0 | 0.0 | 293 | 1.0 | 6679 | 21.7 |
| 火焚場 | 75438 | 0 | 0.0 | 73132 | 96.9 | 1823 | 2.4 | 0 | 0.0 | 483 | 0.6 |
| 加志河 | 58134 | 0 | 0.0 | 52630 | 90.5 | 4984 | 8.6 | 152 | 0.3 | 368 | 0.6 |
| 琴亦 | 92566 | 0 | 0.0 | 70991 | 76.7 | 10962 | 11.8 | 10379 | 11.2 | 234 | 0.3 |
| 平ノ平 | 79408 | 0 | 0.0 | 50290 | 63.3 | 29118 | 36.7 | 0 | 0.0 | 0 | 0.0 |
| 水タリ | 122507 | 0 | 0.0 | 0 | 0.0 | 122507 | 100.0 | 0 | 0.0 | 0 | 0.0 |
| 船越 | 119780 | 0 | 0.0 | 0 | 0.0 | 116480 | 97.2 | 0 | 0.0 | 3300 | 2.8 |
| 九通 | 132693 | 0 | 0.0 | 61529 | 46.4 | 70609 | 53.2 | 0 | 0.0 | 555 | 0.4 |
| 尾崎山 | 501511 | 0 | 0.0 | 6611 | 1.3 | 494900 | 98.7 | 0 | 0.0 | 0 | 0.0 |
| 総計 | 8367543 | 506475 | 6.1 | 2807423 | 33.6 | 4848239 | 57.9 | 71589 | 0.9 | 126049 | 1.5 |

**図２　近代豆酘の土地利用**（基図には国土地理院25,000分の1地形図「豆酘」を用いた）

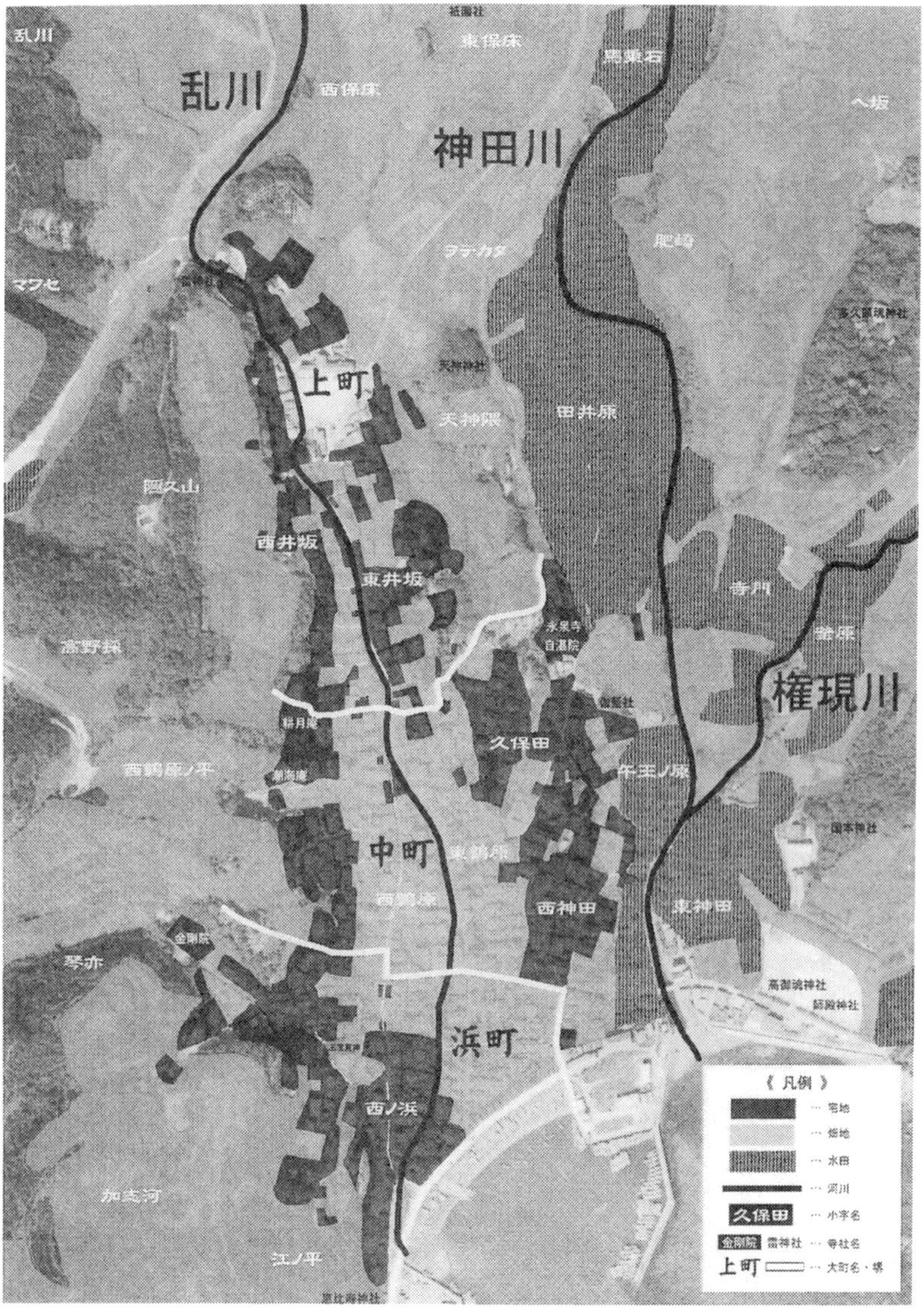


図 3　近代豆酘中心部の土地利用（背景には1977年国土地理院撮影の空中写真を用いた）

ところが、地籍図によって明治二〇年前後の豆酘の景観復原を試みた結果、①と③の区域において現在とは大きく異なる景観を呈していたことが明らかになった。

まず周辺区域では、現在では山林と化した区域における耕地開発の状況がはっきりと窺える。

現在の水田域は神田川とその支流の権現川にほぼ限られるが、図2をみると、北部では樫滝、東部では中隈・湯船・湯塚・吹山のような山間部にも広範に水田が広がっている。堅田の水田は専ら湿田であったと聞くが、いずれも傾斜地に棚田状に水田が存在していた。例えば湯船の山中には石垣で施された棚田の痕跡が残存しており、山林と化した現在との隔絶に驚くばかりである。

**表2　豆酘の戸数・人口**（＋は以上〔余〕、−は未満を示す）

| 年 | 西暦 | 戸数(戸) | 人口(人) | 典拠 |
|---|---|---|---|---|
| 文明３年 | 1471 | 300＋ | | 『海東諸国紀』 |
| 元禄16年 | 1703 | 167 | 625 | 『対州郷村帳』 |
| 文化６年 | 1809 | 130＋ | 790＋ | 『津島紀事』 |
| 明治７年 | 1874 | 199 | 1023 | 『郡村誌』 |
| 明治27年 | 1894 | 258 | 1034 | 九学会調査 |
| 大正15年 | 1926 | 324 | 1500− | 九学会調査 |
| 昭和25年 | 1950 | 404 | 1865 | 九学会調査 |
| 昭和38年 | 1963 | 443 | 2038 | 長崎県民俗調査 |
| 昭和43年 | 1968 | 461 | 1919 | 厳原町統計 |
| 昭和48年 | 1973 | 465 | 1827 | 厳原町統計 |
| 昭和53年 | 1978 | 487 | 1720 | 厳原町統計 |
| 昭和59年 | 1984 | 479 | 1600 | 厳原町統計 |
| 平成元年 | 1989 | 480 | 1449 | 厳原町統計 |
| 平成７年 | 1995 | 446 | 1287 | 厳原町統計 |
| 平成15年 | 2003 | 428 | 1090 | 厳原町統計 |

さて、特筆すべきは畑地の広がりである。北部・東部・南西部などには畑地が圧倒的に存在していた。畑ではサツマイモ・ソバ・ムギなどが栽培されていたという。豆酘をとりまく山地の傾斜が比較的緩やかだという地形条件にもよるが、高い森林率の中にあって耕地開発が相当進んでいた状況が図2から読み取れよう。

畑地を取り巻く山林地帯は、木庭《こば》地として焼畑が営まれていたほか、家畜の飼料や田畑の肥料となる牧草や様々な山林資源が採取され、豆酘の人々の生活を支えていた。山林地帯には今や獣道と化したが縦横無尽に山道が存在しており、特に集落西部の山林は、豆酘の人々の重要な漁場であった西海岸への通路として大いに活用されていた。

聞き取りによると、周辺地帯の継続的な開発は昭和四〇年代前半まで続けられていたようである。これは豆酘における人口動態とも深く関係しよう。表2は豆酘の戸数および人口の変化を示すものだが、人口増加を続ける豆酘で活発な耕地開発が継続的に展開したことはここからも明らかであろう。

畑地の広がりは周辺部のみならず、集落中心部にも及んでいた。次に集落景観について言及する。

## 三　近代豆酘の集落景観

現在の豆酘集落は、乱川下流域に宅地が密集して存在しており、行政機関や商店などが立地する中心部は東鶉原や西鶉原の低地に形成されている。ところが、明治二〇年前後の集落景観を復原すると、現在の中心部にあたる鶉原一帯が畑地であったことが明らかになる。

図3は、現代の空中写真上に明治期の宅地・畑地・水田域を投影したものである。集落周辺に圧倒的に畑地が広がっていたことはすでに言及したが、同様に乱川下流域の低地も一面の畑地だったのである。

宅地は、西ノ浜で低地帯に密集して立地しているのを除き、ほぼ微高地に列をなすように立地している。鶉原を取り巻く豆酘の集落内にはケヤキが林立していたことも聞き取りによって明らかになったが、近代豆酘の集落はおよそ現在の宅地密集からは想像もつかない現地景観を擁していたのであった。

図4は、屋号をもつ「本戸《ほんこ》」一九一戸を位置比定したものである。本戸は明治三九年の漁業権申請時に独立して家を持ち農地耕作に携わっていた家に相当し、分家および外来の寄留《きりゅう》と区別されてきた。そして、採藻など地先漁業を含む漁業権や浅藻地区の山林土地・厳原の郷宿などを排他的に共有している。明治以前の士族—農民（平民）といった身分関係を清算する一方で、外来者を排除する社会関係がこの時期に生じたわけである。

集落景観の観点から注目するならば、当然の事態ではあるが、地籍図の宅地分布と屋号をもつ本戸の分布はほぼ完全

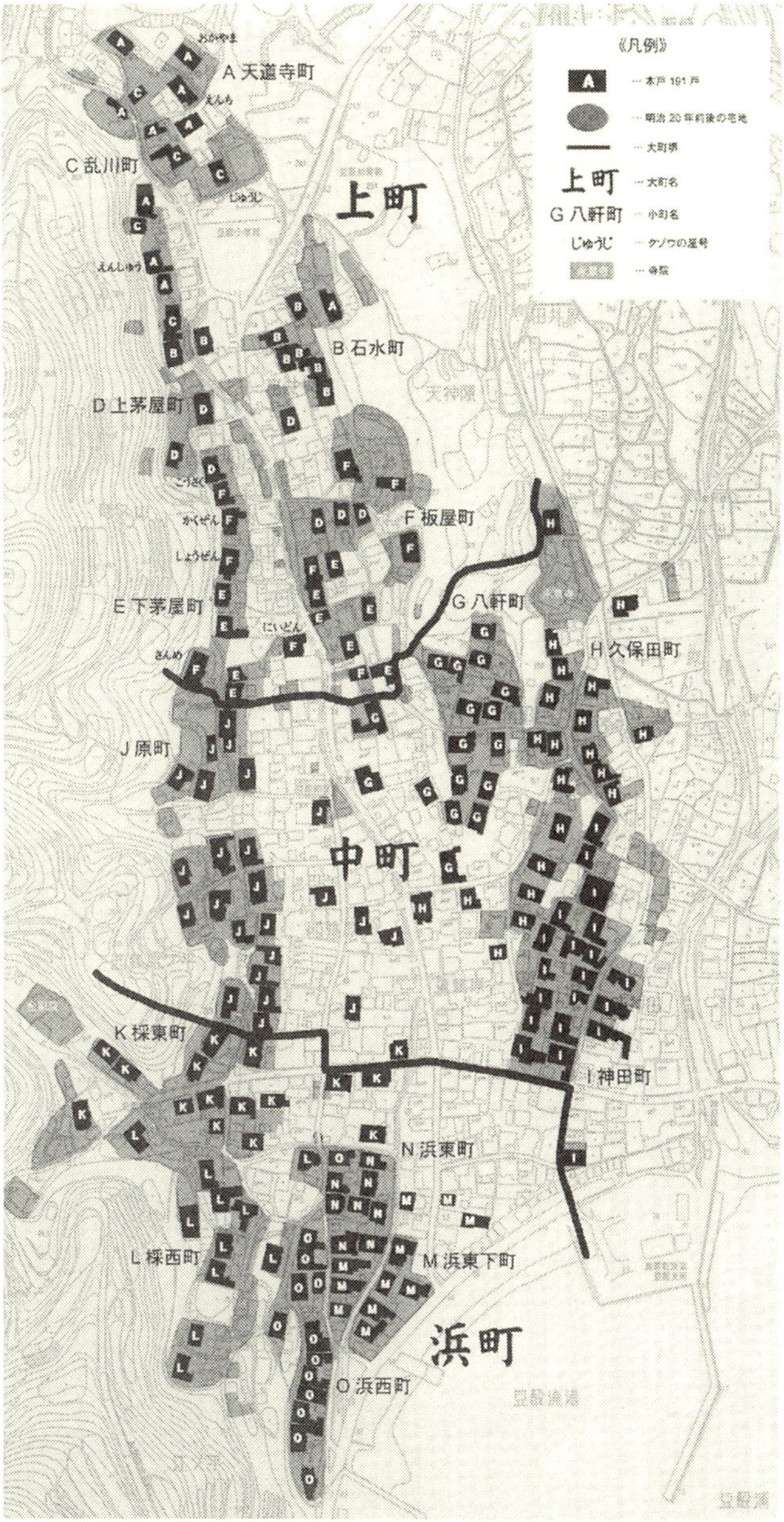


**図4　豆酘における「本戸」191戸の分布と大町・小町**
(基図には2,000分の1地形図〔早稲田大学水稲文化研究所作成〕を用いた)

に一致している。例外的に宅地分布から外れて立地している本戸は明治二〇年以降に移転した家である。

ところで豆酘には、大町《おおちょう》という地域区分がある。集落は上町・中町・浜町に三分され、その中に生活の最小単位である小町《こちょう》が存在していた。小町は伊勢講町とも呼ばれ共同で伊勢講を運営したほか、他の年中行事においても単位となる集団であった。また、葬礼における組も小町をもとに「シミツチョウ」と呼ばれる地域集団が形成され機能する。現在の行政上の単位となる班編成も小町に基づいている。

先行研究では、小町を専ら地縁集団と評価しているが、その評価は必ずしも適切ではない(9)。図4をみると、たしかに中町・浜町では小町が地縁的に形成されているが、上町については小町を構成する家の立地に錯綜が生じている。上町における小町形成の論理は、板屋町が士族のみで構成され身分的な編成によると考えられるほかは明らかにはならないが、上町の独自性を示す事象として捉えられよう。

大町は明治末年まで上町―下町の二区分であったが、現在の浜町の基礎となる区域の存在は近世初頭にまで遡りうると考えられている(10)。大町は身分や生業・信仰との関わりにおいて様々に評価されるが、その中で上町の独自性は天道信仰との関連で捉えるのが妥当であろう。

天道信仰とは、古代以来の焼畑文化における穀霊崇拝の信仰を根幹としつつも、一八世紀における赤米信仰の高まりに伴い水稲文化の象徴儀礼へと変容していった土着の信仰である(11)。天道信仰の祭祀は、観音住持を中心とするクゾウ(供僧)によって執り行われたが、クゾウが居を構え天道信仰の主体となったのが上町であった。このような共同体としての独自性が家々のつながり、すなわち大町・小町の形成に反映されているものと考えたい。上町と下町は、豆酘集落の東西をつなぐ主要な道(旧道)を堺としており、ここからも上町―下町の区分が明瞭だったことが窺える。

浜町の集落景観も、金剛院の門前および乱川河口付近の低地に宅地が密集するという点において特色がある。

以上のように、豆酘における上町・中町・浜町は集落景観の面からも明らかな地域区分といえるが、ここでの成果としては、浜町の一部をのぞき、豆酘の集落が面的ではなく微高地に列状に展開していたことを視覚的に呈示できた点であろう。

## 四　近世以前の景観復原

近代豆酘の景観は、地籍図の利用によって可視的に示すことができた。では、近世以前の景観復原は可能だろうか。豆酘には景観復原に資する全体的な絵図が残存していないため、文献史料が専らの手がかりとなる。そこで注目すべきは寛文二年（一六六二）に作成された「豆酘村検地帳」（以下、寛文検地帳とする）である。

寛文年間の対馬藩では大浦権太夫が登用され、藩政改革の一環として対馬全島にわたる検地が実施された。寛文検地帳では、田・畠・木庭の地味に対してそれぞれ上々・上・中・下の地味が付され、網羅的な検地が実現した。対馬では、面積の正確な把握が困難な木庭地が検地の対象として重視されたため、土地の生産力の実体を把握する方法として独特な方法が用いられた。これを間尺法および上畠廻しという(12)。

寛文検地帳は以後の年貢収取の基本台帳となっており、文化九年（一八一二）の検地帳においても耕作者の変更をのぞいて数値が踏襲されているのが確認できる。

さて、検地帳には一筆毎に位置を示す小地名が記されており当該地の現地比定の重要な手がかりとなるが、現地調査における地名聞き取りの成果が充分でなく、寛文年間の土地利用状況を網羅的に明らかにすることは困難であった。同時に明治地籍図との照合も難しく、これらについては今後の課題として残された。

ただし、検地帳末尾の地目・地味毎の総計をもとに地目別の耕地面積比を割り出すことは可能である（図5）。また、表1の総計に基づいて明治期の耕地面積比を示したのが図6である(13)。両者を比べると、田・畑（畠）・山（木庭）・宅

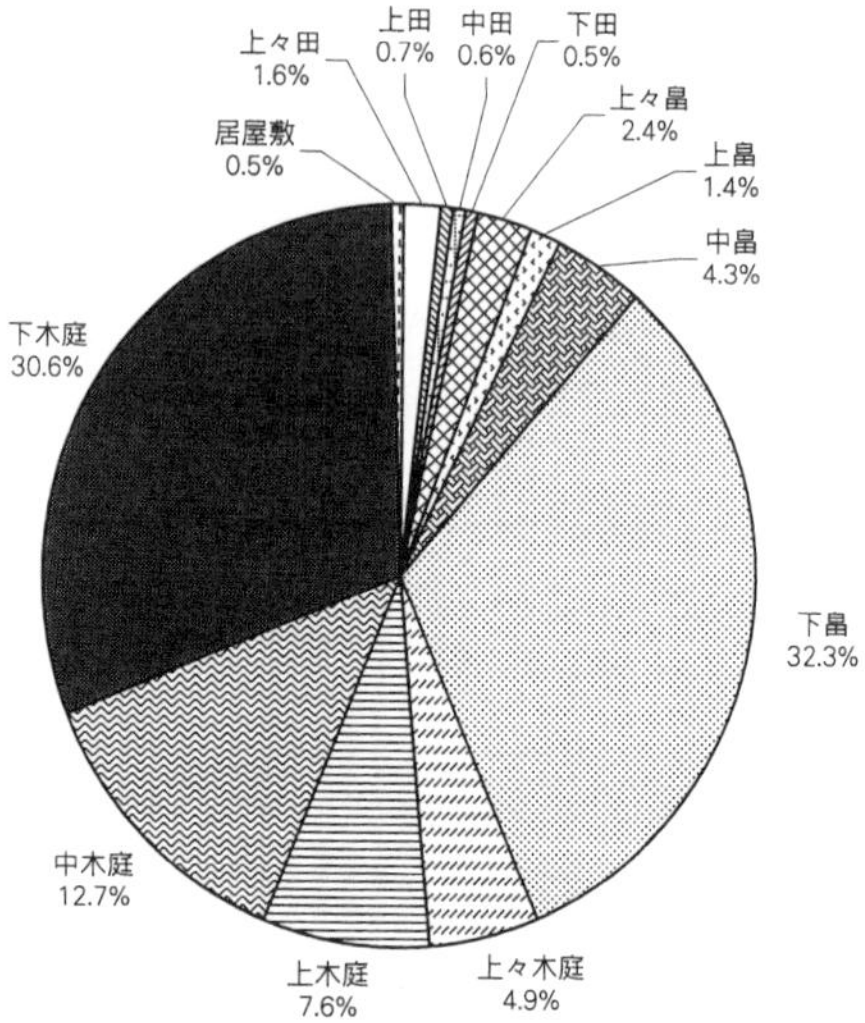


図５　近世豆酘の耕地面積比

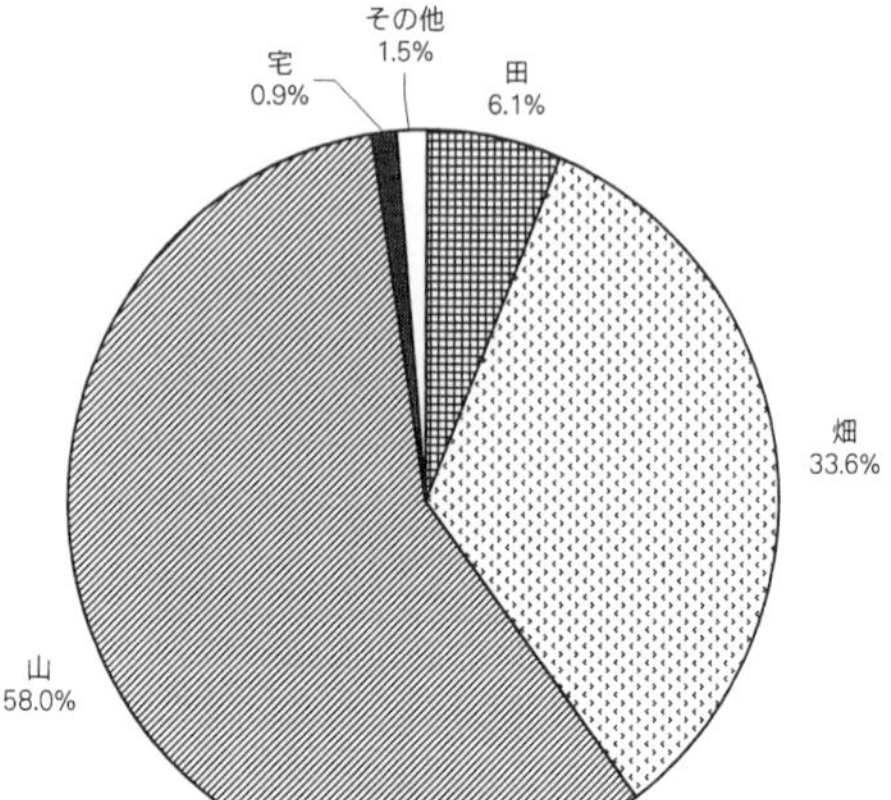


図６　近代豆酘の耕地面積比

（居屋敷）の比率がほぼ一致していることがわかる。つまり、山がちな地形に比して畑地の割合が高く、かつ焼畑などに利用される木庭（山）地の割合が過半数を占める、という土地利用のあり方が、一七世紀〜一九世紀を通じて変化していないことが推察できるのである。

さらに中世に遡って景観復原は可能だろうか。文献史料に豆酘の地名を博捜すると、権現下（寺門）・ホリイ（田井原）・吉田（肥崎）など神田川中〜下流域の地名が一四世紀にみえ、それにやや遅れて馬乗石・中ウズ・シタタなど神田川上流域の地名が一五世紀以降に散見される。集落に近接する神田川中下流域および権現川流域が比較的早く耕地開発されていたことが推測されよう。

再び人口動態に注目すれば（表2）、冒頭で引用した『海東諸国紀』は、豆酘の戸数を「三百余戸」と伝えている。

交易に携わる人々の移動（移入）人口の大きさがまず想定されるが、人口を維持するための耕地開発の必要性を考えれば、一七世紀にまで遡りうる豆酘の均衡する再生産構造を一五世紀まで遡及させることは可能なのかもしれない。(14)

## おわりに

今回は甚だ不十分な考察に終始したが、寛文検地帳をはじめとする近世文書の積極的活用によって更に緻密な検討が可能であろう。また、地層・地質の分析などの自然科学的な手法や発掘調査の成果を援用するなどして、なお復原研究の余地はある。今後の課題としたい。

人々の自然との関わりが高度経済成長を経て大きく変わってしまった今、土地に刻まれた歴史を風化させぬよう、人々の生活の痕跡を景観に読み、そして記録することには、たしかな意義があると考える。耕作放棄され荒れ果てた棚田の痕跡は、決して「美しい」景観ではないものの、人々の営みを今に伝える貴重な遺跡なのである。

### 注

（1）『対馬島誌』に「豆酘は本島稀に見るの耕地大に開け、南海に面するの農村自から別天地の観あり」とあるように、水田耕作地面の極めて少ない対馬において、まとまった規模で水田耕作が展開されている豆酘は、対馬の現地景観を考える上で特異な位置にあることは留意せねばなるまい。

（2）九学会連合対馬共同調査委員会編『対馬の自然と文化』（古今書院、一九四五）三七八頁。

（3）宮本常一「対馬豆酘の村落構造」（『宮本常一著作集11　中世社会の残存』未来社、一九七二、初出一九五九年）、鈴木正嵩「対馬における村落空間の社会史」（『海と列島文化3　玄海灘の島々』小学館、一九九〇）など。

（4）本稿は、海老澤衷研究代表による科学研究費「東アジアにおける水田形成および水稲文化の研究（日本を中心として）」と21世紀ＣＯＥプログラムによる対馬豆酘調査の成果に基づいている。特に、黒田智・徳永健太郎・本田佳奈の各氏らとともにおこなった共同調査・研究の成果に依拠するところが少なくない。なお、本稿の図版は全て筆者の作成にかかる。

（5）一般的な地籍図の作成経緯や歴史的意義については、佐藤甚次郎氏や桑原公徳氏らの先行研究に詳しい。例えば、佐藤甚次郎『明治期作成の地籍図』（古今書院、一九八六）、同『公図読図の基礎』（古今書院、一九九六）、桑原公徳『地籍図』（学生社、一九七六）、同『歴史景観の復原—地籍図利用の歴史地理—』（古今書院、一九九二）など参照。

（6）なお、表紙には「豆酘村　字地図　厳原税務署／長崎地方法務局豆酘出張所」とあり、以前は、現在の架蔵箇所とは異なる場所に保管されていたことがわかる。

（7）長崎県は更正地図を新調せず、地租改正絵図を補訂する形で地籍図を整備したようである。

（8）図3と同範囲の土地利用状況を網羅的に示した図版は、拙稿「対馬豆酘の景観復原—水利および地名を中心として—」（『科学研究費補助金　基礎研究(B)(2)研究成果報告書　東アジアにおける水田形成および水稲文化の研究（日本を中心として）』二〇〇四）および同報告書巻頭カラー頁にて紹介している。

（9）前掲注（3）宮本常一、鈴木正崇論文など。

（10）前掲注（2）九学会調査、前掲注（3）鈴木正崇論文。

（11）黒田智「対馬豆酘の村落景観と祝祭空間」（『科学研究費補助金　基礎研究(B)(2)研究成果報告書　東アジアにおける水田形成および水稲文化の研究（日本を中心として）』二〇〇四）。本書所収。

（12）間尺法・上畠廻しについては、宮本又次「対馬藩村落の身分構成と土地制度」（『宮本又次著作集5　九州経済史研究』講談社、一九七八）に詳しいほか、『対馬島誌』などの地誌や『厳原町誌』などの自治体史にも解説があるので参照されたい。

（13）図6の典拠とした寛文検地帳末尾の総計データは以下のものである（翻刻にあたって、漢数字表記を改めている）

「合上々畠一九石九升二合　上畠廻二五石四斗五升六合
合上畠九石一斗六升八合八夕　上畠廻則
合中畠二八石一斗九升三合五夕　上畠廻一六石一斗一升五夕七才
合下畠四二石一斗七升四合六夕　上畠廻八石四斗三升四合九夕二才
上々上中下畠　四口合上畠廻五九石一斗七升二夕九才
間ニテ二九間二尺三寸四分五毛八

合上々田六石八斗六合八夕　上畠廻一三石六斗一升三合六夕
合上田三石四升六合蒔　上畠廻四石六升一合三夕三才
合中田二石四斗六升二夕蒔　上畠廻則
合下田二石七升八合五夕蒔　上畠廻一石一斗八升七合七夕一才
上々上中下田　四口合上畠廻二一石三斗二升二合八夕四才
間ニテ一〇間二尺六寸四分五厘六毛八

合茶半斤上畠廻一升二合五夕　間ニテ二分五厘

合上々木庭三二石三斗一升蒔　上畠廻三石二斗三升一合

合上木庭四九石四斗五合蒔　上畠廻四石一斗一升七合八才
合中木庭八二石六斗一升六合蒔　上畠廻四石八斗五升九合七夕六才
合下木庭一九九石七斗四升一合蒔　上畠廻七石九斗八升九合七夕二才
上々上中下木庭　四口合木庭上畠廻二〇石一斗九升七合五夕六才
間ニテ一〇間三寸九分五厘四毛二

都合〈畠・田・茶・木庭〉上畠廻一〇〇石七斗三合一夕九才
内三斗三升一合八夕九才　立山
都合五〇間二尺一分一厘五毛八
内四二間四寸八厘八毛四八　御公領
同八間九寸三分八厘九毛五二　寺社領間
同六寸六分三厘七毛八　御立山分引前

已上」

(14) 集落立地の点においては『海東諸国紀』の「豆豆浦三処」がそのまま上町・中町・浜町に相当するという議論には、なお慎重にならざるを得ない。今後の検討課題としたい。

〔後記〕　本論文は『棚田学会誌』第六号（二〇〇五年）掲載の同名論文に、付表「豆酘一九一戸の屋号」を追加したものである。

**付表　豆酘191戸の屋号**

| 城田吉六『赤米神事』 | | | 聞き取り調査による補訂 | | | 備考 |
|---|---|---|---|---|---|---|
| 屋号 | 氏名 | 小町 | 字 | 番地 | 氏名 | |
| じゅうじ | 主藤寿 | 天道寺町 | 東井坂 | 2670 | 主藤寿貴、主藤寿 | 供僧家 |
| おかやま | 本石健一郎 | 天道寺町 | 東井坂 | 2677 | ―（該当者なし、以下同） | 供僧家 |
| えんち | 主藤政和 | 天道寺町 | 東井坂 | 2678 | 主藤政知、主藤円 | 供僧家 |
| さかい | 阿比留権次 | 天道寺町 | 東井坂 | 2680 | 阿比留剛史、阿比留初子 | |
| やまだ | 阿比留春枝 | 天道寺町 | 東井坂 | 2692 | ― | 現在は、木下平三宅 |
| ぶんさく | 阿比留秀雄 | 天道寺町 | 東井坂 | 2703 | 阿比留幸之助、阿比留秀雄、阿比留繁喜 | |
| きちのじゅう | 主藤虎夫 | 天道寺町 | 西井坂 | 2841 | 主藤郡太、主藤武司 | |
| えんしゅう | 主藤力 | 天道寺町 | 西井坂 | 2843 | 主藤力、主藤徳義 | 供僧家 |
| いわじろう | 主藤ツマ子 | 天道寺町 | 西井坂 | 2847 | 主藤キク、主藤繁明、主藤ツマ | |
| よじゅう | 阿比留修 | 天道寺町 | 西井坂 | 2851 | 阿比留修、阿比留祐、阿比留サツ | |
| やじゅう | 主藤次郎 | 石水町 | 東井坂 | 2701 | 主藤勝美 | |
| こうへー | 阿比留保 | 石水町 | 東井坂 | 2708 | 阿比留仁吉、阿比留功三 | |
| ぜんしろう | 権藤善一 | 石水町 | 東井坂 | 2710 | 権藤善一、権藤龍成 | |
| でんご | 権藤克也 | 石水町 | 東井坂 | 2711 | 権藤傳吾、阿比留チヨノ、権藤善幸、桐谷義夫 | |
| きちごろう | 小森勲 | 石水町 | 東井坂 | 2712 | 小森勲、小森敦子 | |
| そのう | 主藤善人 | 石水町 | 東井坂 | 2716 | 主藤善人、主藤順一 | |
| ぐんぞう | 阿比留郡蔵 | 石水町 | 東井坂 | 2724 | 阿比留郡蔵、阿比留充一 | |
| まつごろう | 犬束肇 | 石水町 | 西井坂 | 2837 | ― | |
| せんぞう | 太田茂 | 乱川町 | 東井坂 | 2694 | 太田長蔵、太田茂 | |
| はやおい | 主藤クウ | 乱川町 | 東井坂 | 2696 | 主藤権太、主藤たみ江 | |
| いどり | 阿比留肇 | 乱川町 | 西井坂 | 2839 | 阿比留肇、阿比留一幸 | |
| かみじん | 主藤太郎 | 乱川町 | 西井坂 | 2845 | 主藤クウ、主藤智都美、主藤輔泰 | |
| ほさ | 阿比留長左ェ門 | 乱川町 | 東井坂 | 2687 | ― | |
| こうぜー | 立花幸枝 | 上茅屋町 | 東井坂 | 2739 | 立花幸左ェ門、立花幸枝 | |
| しょうはち | 主藤長太郎 | 上茅屋町 | 東井坂 | 2752<br>2754 | 主藤長太郎、主藤ヤス | |
| どい | 土居伊吉 | 上茅屋町 | 東井坂 | 2753 | ― | |
| かめへー | 本石トミ | 上茅屋町 | 東井坂 | 2755 | 本石絹枝、本石トミ | |
| こうさく | 本石直己 | 上茅屋町 | 西井坂 | 2824 | 本石八五郎、本石直己 | 供僧家 |
| きちびょう | 阿比留ハツ | 上茅屋町 | 西井坂 | 2825 | ― | |
| おおた<br>（かむのおおた） | 太田多喜夫 | 上茅屋町 | 西井坂 | 2833 | 太田多喜夫、太田和雄 | |
| ちょうきち | 阿比留吉三郎 | 下茅屋町 | 東井坂 | 2759 | 阿比留長吉、阿比留保壽 | |
| まごじ | 古森千代子 | 下茅屋町 | 東井坂 | 2761 | 古森仁、古森千代子 | |
| はちい | 太田君枝 | 下茅屋町 | 東井坂 | 2770 | ― | |
| かめじ | 阿比留吾市 | 下茅屋町 | 東井坂 | 2774 | 阿比留五郎、阿比留吾市 | |
| よっせい | 本石健市 | 下茅屋町 | 東井坂 | 2776 | 本石好平、本石健一 | |
| だんごろう | 山城伝 | 下茅屋町 | 東井坂 | 2777 | 山城弾五郎、山城伝 | |
| かんしゅう | 権藤侃 | 下茅屋町 | 西井坂 | 2787 | 権藤侃 | |
| しろびよう | 小森一美 | 下茅屋町 | 西井坂 | 2788 | 小森一義、小森善次 | |
| うめの | 梅野又一 | 下茅屋町 | 西井坂 | 2799 | 梅野又一、梅野肇 | |
| うちやま | 内山兵衛 | 下茅屋町 | 西井坂 | 2804 | ― | |
| おか | 阿比留佐利 | 板屋町 | 東井坂 | 2744 | 阿比留佐利、阿比留ミネ、阿比留泰行、阿比留佐一郎 | |
| さくえむ | 主藤仁介 | 板屋町 | 東井坂 | 2758 | 主藤仁一 | |
| こもり | 小森賢之 | 板屋町 | 東井坂 | 2764 | ― | |
| いんずか | 犬束源次郎 | 板屋町 | 東井坂 | 2775 | 犬束亀次郎、犬束厳 | |
| たちばな | 立花総 | 板屋町 | 東井坂 | 2779 | 立花仁吉、立花聡 | |
| にいどん | 本石久知 | 板屋町 | 西井坂 | 2791 | 本石初枝、本石佐一、本石久知 | 供僧家 |
| さんめ | 本石一宰 | 板屋町 | 西井坂 | 2797 | 本石一宰、本石吉實 | 供僧家 |
| しょうぜん | 本石正久 | 板屋町 | 西井坂 | 2807 | 本石正久、本石雄三、本石千代 | 供僧家 |

| | | | | | | |
|---|---|---|---|---|---|---|
| かくぜん | 本石覚 | 板屋町 | 西井坂 | 2815 | 本石覚 | 供僧家 |
| げんだ | 太田勘治 | 板屋町 | 西井坂 | 2819 | 太田ウメ、太田康裕 | |
| いんた | 本石太一郎 | 八軒町 | 久保田 | 2591 | 本石憲司郎、本石太一郎、本石カツ | |
| だんきち | 倉成征雄 | 八軒町 | 久保田 | 2592 | 倉成善吉、倉成征雄 | |
| こやま | 山下清美 | 八軒町 | 久保田 | 2596 | 山下清美、山下成久、山下テルエ | |
| たいこう | 中村富安 | 八軒町 | 久保田 | 2598 | 中村富安 | |
| いいの | 飯野行生 | 八軒町 | 久保田 | 2601 | 飯野行生 | |
| やぜー | 日高一男 | 八軒町 | 久保田 | 2602 | 日高弥一郎 | |
| じすけどん | 本石弥 | 八軒町 | 久保田 | 2612 | 本石泰裕、本石洋人、本石弥、本石治助 | |
| ごひょう | 主藤弥吉 | 八軒町 | 久保田 | 2614 | 主藤吉五郎、主藤好夫 | |
| とりや | 鳥屋八助 | 八軒町 | 久保田 | 2615 | 鳥屋伝吉、鳥屋洋美、鳥屋八助 | |
| いぜー | 日高渉 | 八軒町 | 久保田 | 2620 | 日高市右ェ門、日高渉 | |
| しろーまた | 阿比留四郎 | 八軒町 | 久保田 | 2621 | 阿比留四郎、阿比留厚喜 | |
| よへー | 阿比留新 | 八軒町 | 久保田 | 2623 | — | 現在は、岩佐ヒサコ宅 |
| ぜんだ | 本石平次郎 | 八軒町 | 久保田 | 2624 | 本石元幸 | 現在、浜に移転し、屋号を「もとぞう」という。 |
| へーま(はしの) | 立花正記 | 八軒町 | 東鶉原 | 3070 | 立花林、立花正記 | |
| まんどん | 阿比留杉子 | 八軒町 | 東鶉原 | 3075 | 阿比留杉子、阿比留幸文、阿比留又左ェ門 | |
| しょうごろう | 本石平洋 | 八軒町 | 東鶉原 | 3077 | 本石安洋、本石敬二、本石末子 | |
| じんぜー | 内山七安 | 八軒町 | 東鶉原 | 3082 | — | |
| こうしち | 梶木義雄 | 久保田町 | 午王ノ原 | 2478 | 梶木義雄 | |
| きんねみ | 主藤ハツ | 久保田町 | 久保田 | 2565 | 主藤健二 | 現在は、勝井フナ宅 |
| またおいー | 権藤幸人 | 久保田町 | 久保田 | 2566 | 権藤イイ、権藤悦教 | |
| だんのう | 主藤道洋 | 久保田町 | 久保田 | 2570 | 主藤チヨ、主藤佐 | |
| とうの | 岩佐与助 | 久保田町 | 久保田 | 2576 | 岩佐与助 | |
| なかごろう | 本石仲五郎 | 久保田町 | 久保田 | 2573 | 本石仲五郎 | |
| ごんどう | 権藤善昭 | 久保田町 | 久保田 | 2572<br>2574 | 権藤善昭 | |
| しろーぜー | 権藤資郎 | 久保田町 | 久保田 | 2575 | 権藤丈次、権藤資朗 | |
| たぜー | 竹岡秀 | 久保田町 | 久保田 | 2582 | 竹岡太郎吉、竹岡幸洋 | |
| だんぞう | 日高厚 | 久保田町 | 久保田 | 2585 | 山下小次、日高厚 | |
| いちのじゅう | 権藤清太 | 久保田町 | 久保田 | 2586 | 権藤昭、権藤清敏、権藤清太 | |
| たいこう | 中村正 | 久保田町 | 久保田 | 2588 | 中村正 | |
| ちょうじろう | 主藤佐市 | 久保田町 | 久保田 | 2606 | 主藤仁喜平、主藤佐市 | |
| ふじはら | 藤原一明 | 久保田町 | 久保田 | 2607 | 藤原生明、藤原タツノ、藤原良子 | |
| ちゅうきち | 主藤仙太郎 | 久保田町 | 久保田 | 2608 | 主藤吉助、主藤仙太郎、主藤忠 | |
| ひだか | 日高仁喜男 | 久保田町 | 久保田 | 2609 | 日高仁喜男、日高とみ子 | |
| かじ | 本石弥一郎 | 久保田町 | 久保田 | 2628 | 本石ツル、本石弥一郎 | |
| しろーえみ | 山下マサエ | 久保田町 | 久保田 | 2632 | 山下ユキエ、山下任由 | |
| じんびょう | 主藤稔 | 久保田町 | 東鶉原 | 3087 | 権藤良輝 | |
| いわさ | 岩佐兵部 | 久保田町 | 東鶉原 | 3090 | 岩佐兵部 | |
| ぜんね | 本石善二郎 | 久保田町 | 東鶉原 | 3101 | — | |
| はちろうえ | 主藤兵衛 | 神田町 | 西神田 | 2517 | 主藤兵衛、主藤甚作 | |
| あさの | 本石力 | 神田町 | 西神田 | 2530 | 本石力、本石和吉、本石亀、本石亀吉 | |
| ぎすけ | 主藤源作 | 神田町 | 西神田 | 2531 | 主藤儀助、主藤源作、主藤元 | |
| すとう | 主藤甚次郎 | 神田町 | 西神田 | 2533 | 主藤朋作、主藤朋喜 | |
| きぜー | 小島一雄 | 神田町 | 西神田 | 2536 | 小島一雄、小島喜介 | |
| いちろく | 本石善一 | 神田町 | 西神田 | 2537 | 本石純彦 | |
| じんた | 本石幸春 | 神田町 | 西神田 | 2538 | 本石格次郎、本石幸治 | |
| いっちょう | 勝井竹夫 | 神田町 | 西神田 | 2539 | — | 現在は、本石マサ宅 |
| おおいし | 大石義和 | 神田町 | 西神田 | 2540 | 大石善和 | |
| ごんじろう | 勝井次郎 | 神田町 | 西神田 | 2541 | 勝井二朗、勝井商店、勝井俊博、勝井権吉 | |
| たっぴょう | 阿比留吉朗 | 神田町 | 西神田 | 2543 | 阿比留辰兵衛、阿比留辰夫 | |
| ほういし | 阿比留次太郎 | 神田町 | 西神田 | 2544 | 阿比留計利、阿比留與吉、阿比留次太郎 | |

| | | | | | | |
|---|---|---|---|---|---|---|
| げんぱち | 勝井亀 | 神田町 | 西神田 | 2545 | 勝井亀、勝井俊公 | |
| げんざ | 勝井優 | 神田町 | 西神田 | 2546 | 勝井優、勝井睦巳、勝井フナ | |
| やすけ | 桟原一吉 | 神田町 | 西神田 | 2548 | 桟原弥三郎、桟原一吉 | |
| やぞう | 桟原清一 | 神田町 | 西神田 | 2549 | 桟原靖 | |
| うさ | 権藤嘉洋 | 神田町 | 西神田 | 2550 | 権藤吉之助、権藤嘉洋 | |
| でんごぜー | 永尾伝 | 神田町 | 西神田 | 2552 | 永尾伝平 | |
| たけおか | 竹岡忠 | 神田町 | 西神田 | 2554 | 竹岡五郎左ェ門、竹岡忠之、竹岡マサェ | |
| やました | 山下小枝子 | 神田町 | 西神田 | 2555 | — | 現在は、安達誠宅 |
| せんろく | 小森弘己 | 原町 | 西鶉原平 | 2927 | 小森五郎、小森弘己 | |
| じんしち | 太田弥五郎 | 原町 | 西鶉原平 | 2928 | 太田弥五郎、太田吉雄、太田元 | |
| かんとう | 太田忠 | 原町 | 西鶉原平 | 2929 | 太田忠 | |
| みぞえ | 溝江弥市 | 原町 | 西鶉原平 | 2946 | 溝江犬太、溝江多一郎 | |
| ともえむ | 主藤豊 | 原町 | 西鶉原平 | 2947 | 主藤豊 | |
| さきち | 主藤長吉 | 原町 | 西鶉原平 | 2948 | 小森伊喜之助 | |
| さじきばら | 桟原文雄 | 原町 | 西鶉原平 | 2949 | 桟原靖重 | |
| かんた | 桐谷宗男 | 原町 | 西鶉原平 | 2950 | 桐谷宗幸 | |
| だいぞう | 平間岩夫 | 原町 | 西鶉原平 | 2958 | 平間サヨ、平間岩男 | |
| しか | 桟原佐一 | 原町 | 西鶉原 | 2999 | 桟原佐市、桟原馬佐敏 | |
| こうしろう | 立花幸男 | 原町 | 西鶉原 | 3004 | — | 現在は、小島一美宅 |
| せんまつ | 阿比留隆男 | 原町 | 西鶉原 | 3006 | 阿比留隆男、阿比留澄 | |
| げんしち | 主藤峰子 | 原町 | 西鶉原 | 3016 | 主藤仁、主藤ミネ | |
| さんねむ | 小島守臣 | 原町 | 西鶉原 | 3025 | 小島守臣 | |
| さんぺい | 権藤和行 | 原町 | 西鶉原 | 3039 | 竹本山四郎、権藤和行 | |
| さいとう | 斉藤忠徳 | 原町 | 西鶉原 | 3040 | 斉藤甚之助 | |
| ぶは | 小島八助 | 原町 | 西鶉原 | 3041 | 小島一馬 | |
| ちょうじゅう | 主藤善吉 | 原町 | 西鶉原 | 3043 | — | |
| ともきち | 桟原貞之 | 原町 | 西鶉原 | 3045 | 桟原貞之、桟原善照 | |
| おおば | 主藤信夫 | 原町 | 西鶉原 | 3047 | 主藤トメ、主藤公敏 | |
| げんろく | 永尾源 | 原町 | 西鶉原 | 3052 | 永尾源、永尾実 | |
| なおぜー | 太田尚行 | 原町 | 西鶉原 | 3055 | — | |
| かわべよま | 川辺源次郎 | 原町 | 西鶉原 | 3063 | 川辺源次郎、川辺繁 | |
| かわべ | 川辺甚吉 | 原町 | 西鶉原 | 3064 | 川辺義一 | |
| ちょうさく | 小島詮一 | 桜東町 | 西鶉原平 | 2959 | 小島善治 | |
| ぎんね | 小島智膳 | 桜東町 | 西鶉原平 | 2961 | 小島佐、小島宏 | |
| へーしま | 主藤弘 | 桜東町 | 西鶉原 | 2965 | 主藤弘、主藤浩毅 | |
| よぜー | 松本シオ | 桜東町 | 西鶉原 | 2978 | 主藤一行 | |
| やしい | 立花伝衛 | 桜東町 | 西鶉原 | 2980 | 立花伝衛 | |
| への | 権藤平八 | 桜東町 | 西鶉原 | 2981 | 権藤文次郎、権藤伸利 | |
| やまへー | 竹本平 | 桜東町 | 西鶉原 | 3155 | 竹本平、竹本忠義 | |
| こしい | 阿比留章 | 桜東町 | 西鶉原 | 2990 | 阿比留章 | |
| さえみ | 阿比留正造 | 桜東町 | 西鶉原 | 2994 | 阿比留正一、阿比留正造、阿比留ヨシ、阿比留佐太郎 | |
| かしごうやま | 桟原一幸 | 桜東町 | 西鶉原 | 3294 (2995) | 桟原一幸、大和屋建設 | |
| こじま | 小島行善 | 桜東町 | 琴亦 | 3296 | 小島左源治、小島行善 | |
| こた | 上原隆治 | 桜東町 | 琴亦 | 3326 | 上原隆治 | |
| やい | 阿比留与吉 | 桜東町 | 琴亦 | 3327 | 阿比留与吉、阿比留一礼 | |
| すけびょう | 主藤助満 | 桜東町 | 琴亦 | 3329 | 主藤助満、主藤ツル子 | |
| さんのじゅう | 桐谷元 | 桜東町 | 琴亦 | 3334 | 桐谷義寿、桐谷元 | |
| げんぞう | 桐谷源作 | 桜東町 | 琴亦 | 3335 | 桐谷源蔵、桐谷和美 | |
| みの | 木下ヨシ | 桜西町 | 琴亦 | 3301 | — | |
| ぼうだ | 竹本松治 | 桜西町 | 琴亦 | 3304 | 竹本善一 | |
| しまの | 吉田太郎 | 桜西町 | 琴亦 | 3305 | 吉田太郎、吉田博行 | |
| たくたろう | 竹岡太助 | 桜西町 | 琴亦 | 3306 | 竹岡勲、竹岡太助 | |
| かもぜ | 斉藤久男 | 桜西町 | 琴亦 | 3307 | 斉藤久男 | |

| | | | | | | |
|---|---|---|---|---|---|---|
| うえやま | 植山伝吉 | 採西町 | 琴亦 | 3309 | 植山元春 | |
| くろうすけ | 主藤和慶 | 採西町 | 琴亦 | 3310 | 主藤和慶、主藤公康 | |
| かじき | 梶木一郎 | 採西町 | 琴亦 | 3318 | 梶木清一郎、梶木市郎 | |
| ちよすけ | 桟原実 | 採西町 | 琴亦 | 3321 | 桟原オイ、桟原千幸 | |
| こが | 古賀一美 | 採西町 | 琴亦 | 3325 | — | |
| たんば | 永尾民夫 | 採西町 | 琴亦 | 3333 | 永尾民夫 | |
| さのへー | 太田勝 | 浜東下町 | 東鶉原 | 3136 | 太田勝 | |
| かもへー | 広幡佐一 | 浜東下町 | 東鶉原 | 3136 | 広幡安彦 | |
| ばんない | 小森治三郎 | 浜東下町 | 東鶉原 | 3143 | 小森勝博、小森治三郎 | |
| ながの | 永尾五助 | 浜東下町 | 西ノ濱 | 3145 | 永尾五助 | |
| やますけ | 竹本吉伸 | 浜東下町 | 西ノ濱 | 3146 | 竹本四郎、竹本吉伸 | |
| いちごろう | 山下貞男 | 浜東下町 | 西ノ濱 | 3147 | 山下又左ェ門、山下貞男 | |
| りもつ | 大石利和 | 浜東下町 | 西ノ濱 | 3148 | 大石利和 | |
| さいびょう | 阿比留吉人 | 浜東下町 | 西ノ濱 | 3149 | 阿比留吉人、阿比留恭孝 | |
| ちょうえむ | 城田吉六 | 浜東下町 | 西ノ濱 | 3150 | 桐谷誠 | |
| きんぜー | 松本次郎 | 浜東下町 | 西ノ濱 | 3151 | 松本吉吾、松本次郎、松本猛宏 | |
| ちいてら | 永尾数馬 | 浜東下町 | 西ノ濱 | 3152 | 永尾数馬、永尾リイ | 現在は、3160に居住 |
| ぜんごろう | 阿比留広一 | 浜東町 | 西ノ濱 | 3153 | — | |
| ぜんだ | 松本一善 | 浜東町 | 西ノ濱 | 3154 | 松本善雄、松本安子、松本チヨ | |
| さんぱ | 広幡好雄 | 浜東町 | 西ノ濱 | 3156 | 広幡好五郎、広幡行律、広幡キヨ | |
| ようえみ | 松本暦行 | 浜東町 | 西ノ濱 | 3157 | 松本暦幸 | |
| へいごろう | 桐谷好之助 | 浜東町 | 西ノ濱 | 3158 | 桐谷好五郎 | |
| ぜっぽう | 阿比留久雄 | 浜東町 | 西ノ濱 | 3160 | — | 現在は、永尾数馬宅 |
| せきち | 桟原清太郎 | 浜東町 | 西ノ濱 | 3161 | 桟原庄吉、桟原進 | |
| げば | 権藤マサ | 浜東町 | 西ノ濱 | 3162 | — | |
| こばん | 桐谷松夫 | 浜西町 | 西ノ濱 | 3159 | 桐谷治三郎、桐谷松雄 | |
| やご | 永尾賢一 | 浜西町 | 西ノ濱 | 3164 | 永尾賢一 | 現在は、有地勝公宅。永尾賢一宅は字ヲテカタに移転 |
| かつごろう | 阿比留勝次郎 | 浜西町 | 西ノ濱 | 3165 | 阿比留甚之助 | |
| うすけ | 主藤六重 | 浜西町 | 西ノ濱 | 3166 | 主藤六重、主藤トメ子 | |
| たけもと | 竹本仁之助 | 浜西町 | 西ノ濱 | 3168 | 竹本仁之祐 | |
| はせあい | 長谷合好洋 | 浜西町 | 西ノ濱 | 3169 | — | |
| かぜー | 永尾忠良 | 浜西町 | 西ノ濱 | 3170 | 永尾忠良 | |
| ぜんま | 阿比留充 | 浜西町 | 西ノ濱 | 3173 | 阿比留善麿、阿比留民枝、阿比留正 | |
| さいきち | 小森才之助 | 浜西町 | 西ノ濱 | 3175 | 小森才之助、小森午朗 | |
| やた | 小森種治 | 浜西町 | 西ノ濱 | 3176 | 小森喜右衛門、小森富幸、小森正 | |
| はちごろう | 立花八右ェ門 | 浜西町 | 西ノ濱 | 3177 | 立花寿、立花勝己、立花八ェ門、立花八五郎 | |
| ともにい | 広幡征俊 | 浜西町 | 西ノ濱 | 3178 | 広幡一宏、広幡仁俊 | |
| またぜー | 堀出一夫 | 浜西町 | 西ノ濱 | 3180 | 堀出一夫、堀出剛 | |

# 豆酘の赤米神事

本石正久

## 名　称

赤米神事は、地元では古くよりトウケ（頭受け）と云うのが一般的な俗称であり、トウケには「頭受」や「黨受」の字が当ててある。近年、関心を持つ調査研究者や郷土の研究者たちによって赤米神事《あかごめしんじ》と呼ばれるようになった。

## 地域の概況及び伝承・由来

対馬が大陸文化の移入の窓口であったことは多くの文物によって証明されているが、近年の発掘調査による出土品でも大陸や韓半島との交渉の歴史が明かになってきている。

対馬は朝鮮半島と九州本土との中間にあり、島の中央部で東経一二九度一五分、緯度では北端が北緯三四度四二分、南端が三四度〇五分に位置する。この南北八三キロメートル東西一八キロメートルの縦長い島が小さな堀切によって上島下島に分断されている。全島が山地形であり、標高五〇〇〜六〇〇メートルの山岳が南北へ分水嶺を呈し、山が直ちに海へ没するという典型的な沈降海岸をつくり、東側は急傾し西側はやや緩やかで僅かながらの農耕地が見られていて、近隣している平坦な壱岐島とは対象的な地勢を形成している。

魏志倭人伝に「土地は山険しく、深林多く、道路は禽鹿のみちの如し、（中略）良田なく、海物を食して自活し、船に乗りて南北に市糴す」とあり、当時の対馬の地勢や生活環境が的確に表現されている。

その最南端の豆酘は古代、大陸航路の要津であったとも考えられていて、多くの資料にその考証や考察がされている。又、豆酘は津々でなかったかともいわれるが、東南に壱岐や九州北西部が遠望でき、好天のとき北西に韓国南岸の巨済島などを見ることが出来る。

写真　近年の船舶が停泊する豆酘港

豆酘の「酘」と云う字は本居宣長も玉勝間で偽字ではないかと疑っているが、辞書の詳細な索引によって存することを述べていて、康永三年（一三四四）の豆酘寺観音堂の梵鐘の銘文には「醴豆」とあり、『海東諸国紀』（一四七一年・申叔舟著）には「豆豆浦」とある。又、永享三年（一四三一）の「宗家書下」や貞享三年（一六八六）の『醴豆郡寺社記』にも「醴豆」とある。どうして、この豆や酉偏の酘という字を当てるようになったかに諸説はあるが解明されない。対馬南端の神崎と豆酘崎に挟まれて南に口を開けた三角形状の港は水深もかなりに深い良港であり、近年も強い北風には多くの商船や漁船が停泊する港である。

日本書紀の顕宗天皇三年四月条に下県直《しもあがたのあたい》の侍《はべ》る高皇産霊神《たかみむすびのかみ》に十四町《とおあまりよところ》の水田献上の記述があり、高御魂神社鎮座地の周辺に神田《かんだ》という小字名の水田地帯がひろがっていて豆酘では良田地帯であり、赤米との関連を思わせるものがある。

対馬では本山送り、ヤクマ祭り、塞ノ神、嶽の神、天道祭り、など多くの祭り行事や、盆踊り、命婦舞などの芸能を今によく伝承している。

豆酘でも弥生期の遺構や七世紀の横穴式古墳も発掘調査されており、天道にまつわる史跡や地名も多く残されていて、特に国内にも珍しい亀卜神事や赤米神事が行われている。その他にも神功皇后の古式祭など継承されている。

赤米《あかごめ》神事とは豆酘に伝承される赤米行事で、頭仲間という集団によって赤米の植栽を行い、中世の祭祀習俗を保持するとされる供僧（宮僧）が、行事の都度、司祭し神事を行うことから赤米神事と呼ばれている。

赤米は、近年、国内の多くの人が知るようになったが、これが弥生期にあったことは定説といえよう、昭和二五年頃国内に残存したのは僅か二、三ヶ所であって、種子島の茎永を南方系、対馬の豆酘を北方系と云われるようになったが、これらのルーツは未だに解明されないところが多い。国内に栽培されていたインド型稲や日本型稲の赤米種も耕作の条件が良く収量の多い美味しい白米種に魅了されて、その陰を消そうとしていたのであろうが、祭り行事があったから国内の赤米は残存したのである。柳田国男はこれを儀式の米であり、祭りの米だとしている。この赤米神事が何時頃から始められたかについては、天道法師（天武天皇白鳳年）が足の指に挟んで大陸よりもたらしたとも伝説するが、『対州神社誌』（貞享三年（一六八六））には「観音ふく田之事」として、四頭あったことが記してあり、寛文検地帳（寛文二年（一六六二））に「寺田のうえ」とあって寺田という耕作田があったことは伺えるが、それ以前の確かな文献資料を今のところ探し当て得ない。

『海東諸国紀』に「豆豆浦三処合　三百余戸」とあるが、明治初頭以前は、四組の頭の構成があったことも楽郊紀聞（安政六年）に見え、寺田周辺の良田地帯も四区分されていたことが古老話者たちによって理解されている。この三百余戸の内の浜区を除いて、多数の本戸が何れかの仲間の構成に加入していたのであろうか。近年、住宅の新築に伴う本家の解体で床の間の天井に設置されていた吊り環が殆んどの家に存在することでも推測できるものがある。又、亀卜神事の直会もこの四組の構成で行われていたことが楽郊紀聞に記してあることから、この四組の構成が豆酘二地区内の氏子戸数（住民戸数）であったことが考察される。

## 実施場所

赤米神事は年間に行われる神事で巾広く至るところで行うが、主な場所は神社や寺田、受頭の家、払頭の家、海岸がある。

## 実施日

赤米の稲作儀礼に係わる一年一巡の行事で、行事は年間にまたがるが、その中心的行事は頭受けであり、旧正月一〇日の午後七時より翌朝七時頃までである。年間の行事日を次に記すことにしよう。

年間行事

○頭受け　旧暦正月一〇日
○三日祝い　旧暦正月一二日
○お田植え　新暦六月一〇日
○お吊り坐し　旧暦一〇月一七日

○初穂米　旧暦一〇月一八日
○斗瓶酒　旧暦一二月三日
○日の酒　旧暦一二月一九日
○餅つき　旧暦一二月二八日又は二九日
○初詣り　旧暦正月二日
○潮あび、家祓　旧暦正月五日

## 実施内容・行事次第

この赤米神事と関係する供僧や天道祭り、亀卜神事、町内制度などは紙面の都合で入稿できないと思うので、ここでは赤米神事の行事を記述することを趣意とし、中心行事である頭受け（正月一〇日）の行程を主として、そのほか年間の行事を記すことにしょう。

**〔頭受《とう》け〕　旧暦正月一〇日**

次の頭番へ遷される行事で深夜の行事である。

頭受けとは、広義では年間の行事全体を指し、狭義では一〇日の遷御や受け渡しを意味するが、昨年の頭番の家（払頭家）から新しい頭番の家（受頭家）へ遷される神事であり、厳粛に執り行われる行事である。

受頭の家では早い時期から屋根替え畳や襖の新装（近年住宅事情がよくなったが畳襖は新調される）などの準備がされ、松明やトコブシの採取、長男が受けると裃や和服の新調、馳走の準備、門松、注連縄や注連竹、吊り坐し縄、臼などの準備で忙しい。当日も朝から親戚や知人の加勢を受けながら準備に追われている。

夕方六時頃（古くは三時ころ）払頭のお亭坊は数珠を繰って御戸開きの神事を行い、お吊坐しされた天道様（赤米神俵）の下に酒宴盆二個と酒肴の準備を整えておく。七時になると案内を受けた緒役（五日の朝までに受頭主に頼まれた人）の守坐《もりまし》（神俵を背負う役）一人、相伴《しょうばん》二人、は袷に羽織で集まり敷居の外より天道様（吊り坐された赤米の神俵）に二拍一拝して天道様の下の座に着きお亭坊の指図で御酒を交わして酒宴が始められる。本行事に出る役の確認がされる。受頭家でも同じ時間に同じ行事であるが、受頭家では御戸開きはなく、役は使《つかい》（一〇日の夕方と朝方に払頭家に使いする役）と相伴二人である。

家の向きによって座位が異なる。住宅は北が上位の構造になっていて東向きの家と西向きの家では座席が逆になる。夜一〇時頃になると受頭家より払頭家へ使いが行く。裃を着けた使い役は先ず払頭家の勝手口より入り「めでたい今晩でございます。めでたいお道役を申しつけられまして、目出度いお頭を受けにまいりました。」と挨拶して一旦戸口へ出る。座敷口の戸を開き本座の敷居の外より二拝二拍手一拝深く頭をさげ「宜しい今日でございます。めでたいお頭（頭役番）を申しつけられまして、めでたいお頭（早く頭受けしたいので催促）を申し受けにまいりました。」と挨拶する。払頭家のお亭坊より働かれる時間（御動座される時間の凡そ一時半頃）が言い渡され、使は敷居の内に入れられて御神酒を頂戴したあと退下する。その旨を受頭家へ伝える。両家の諸役は両お亭坊の指示によって適当な時間に一応退下する。

一一日午前一時、お亭坊は紋付き袴、他は裃を付けて両家に集まる。まず両家ともに酒宴盆の席の手数をして、お働

頭受け神事における座列（渡御前）

き（動座）の準備にかかる。守坐は双方の脚立（高さ一・五メートルほどの踏み台）二個の中央に表むきに背を屈める。双方の踏み台の男が天道様（神俵）をすり降ろして守坐の背に負わせ吊りまし縄で肩から結わえて、注連縄を神俵から肩に掛け、その上に袢の上衣を掛けて露払いとする。

払頭主が、左手に蓑笠を右に家の中より持ち出した松明（必ず家の中から持出す）を持って先導し歌口の唄い出す出歌と共に一行が静々と縁側より出で立つとき、すべての人は万遍なく二拍して頭を畳にすりつけるように拝礼する。一瞬、後ろ髪が逆立ちするような異様な感慨に陥る。

〔払頭の歌口のうたう出歌〕

「さてはお発ちか、お名残惜しや　またもこの座でこの如く

是非に上様、お発ちとあれば　残しおかれよ　福の神」

松明を手にした払頭主、神俵を背負った守坐、手添二人、ユリを持った伴《とも》の列は静々と深夜の渡御の列を進める。路端に土下座して拝む拍手の音と松明の燃える音が甲高く聞こえる。受頭家に着くと注連縄をくぐり門松の間を通り抜け、受頭主が家の中より持ってきた迎火と払頭主の松明を合わせ家内へ収める。守坐は縁側に準備された臼に神俵を乗せ一時休息する。程頃を得て手添えに支えられた守坐は縁側を上り本座へ進む。親族や関係全員が何遍となく手を打ち頭を畳に擦り付けて拝礼する。守坐は本座の中央に表向きになり、脚立に立った二人は縄を解いて支えながら吊り環へ吊るし注連縄が掛

神とまつられた赤米

渡御の列

けられる。その間、招客は縁の間の上位の座布団に着き、茶が勧められる。手添え二人は別室で賄いされる。

新お亭坊は部屋を掃き清め、護身法ののち潮筒のネズミモを神俵の前面に差し、潮筒の潮を左右左と三度の清払いをおこない新しく入魂される。受頭主は敷居の内に入り扇子を八分開きにして頂くように拝む。他の者たちは敷居の外で近親者より順に拝礼される。招客は本座の上位に案内され下位にはお亭坊、相伴二人が座につく。一人の男がお膳に椀一個をのせ、別の男が硯蓋にブッショウ（小さく切って硯蓋に入れたスルメと昆布）を持って同時に入ってくる。一人の男は伴が払頭家より持ってきたユリの中の濁酒をクチツケで招客上座より注ぎ、次いで他の男が、手元に開いた白紙にブッショウを授ける。招客より相伴までが戴いて懐中しオノーレー（お直会）を終える。床の間である本座は女性の入室は全くなく役以外の男も入らない。この二人の男によって酒宴に出される持ち運びをするのである。

これより一二通りの料理膳が出されるが、ニシザカナ二つ（片方の椀にウラジロ、ユズリハを敷き大根の輪切り二個、一方にウラジロ、ユズリハのうえに大豆一握り、中央に大根の千切りの酢の物など）で三つ組みのお膳に一二通りの料理が度毎に取り替えられる。初めにゾウニ（一センチメートル程の角切り雑煮）、次にコナカケメシ（米粥の上に根つき小菜）、ニモチ、野菜の吸い物、カマボコ、肴の背切り、ヤマイモ、サザエのツボヤキで二段を終える。次は勝手より酒宴盆二個が運ばれ、お亭坊の指図でしばらく酒宴が始まる。

やがて和服の男一人が片手に酒一升、別手に大椀一個のせた膳を持って敷居の外から「盞がわりにまいりました。よろしくお願いします。」と入って来る。招客上座から大椀でなみなみと注ぐ。

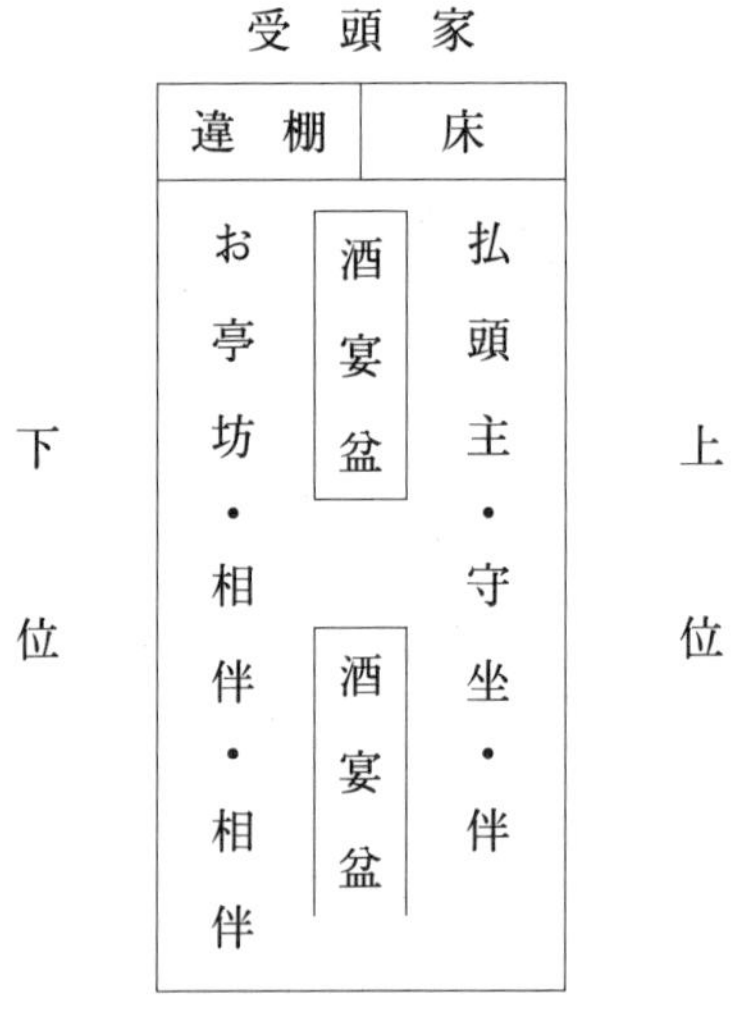


頭受け神事における座列（受け取り渡し）

男は招客に虚礼があってはならないので畏まる。男も盃をさすたびに返杯を頂戴する。注ぎ終わるころ一升で足りないことが多い。男はありがとう御座いましたと引き下がる。酒宴が足りないので盞を大きくしておもてなしをして招客のご機嫌良いところでお譲り頂こうとする意である。

午前三時頃にもなろうか、受頭主は裃を着けて、お膳に乗せた尾頭付き（炙った黒鯛）と酒一升を持って「受け取り渡しにまいりました。よろしくお願いたします。」と入って来る。本座の床前の下位に受頭主、上位に払頭主が対座して受頭主は「受け取り渡しにまいりました。お願いたします。」、払頭主は「昨年は一六俵出来ましたので今年は一八俵と出来増すようお引き渡しします。」と口上されるが、八十八が米に似ていることからよく使われた数だが盃を受ける数が多くなることから縁起の良い少ない数を選ぶようになってきている。払頭主は両腕を交差して前に出し右左に盃を持つが左右で一杯に数えられる。男一人が注ぎ手、一人が数をとる。払頭主は一八杯を頂くことになる。終わって受頭主が盃を受けることになる。受頭主はその倍の数を受けることになるが受頭主も負い切れないときは「上流の田甫は満水だ、下流の水田へ回す。」と云って下座の者に盃を譲る。ここで招客側と相伴側で自分側の頭主に余り飲ませまいと数のごまかし合いになる。

受け取り渡しは終わって、受頭主は尾頭付きを丁重に払頭主に渡し「ありがとう御座いました。」と引き下がる。ぼつぼつと夜も白むころ、招客も相伴も大分ご機嫌になっている。ここで和服を着けた男が大椀一個をお膳に乗せ酒一升を持って「引き盃に参りました。宜しくお願いたします。」と入って来る。招客より次々に注ぎまわり盞がわり同様に勧める。ここで五つ組の食膳が出されるが酒の威力余って受けるのみで食べず、御腰もなかなか上がらない。ようやく縁側より招客のお帰りである。招客三人が力を合わせて一対の門松を引き倒し、持って帰っている。大事な大事な神さまを年の初に渡した事で悔しく、その代わりに大事なものを持ち帰ると云うのである。帰る途中の道路端に放置してあり受頭家では明るくなってから集めて元どおり奇麗に建てられる。

少し明るくなるころ、裃姿の受頭主はユリにいれて来られた臼形の餅二重を苗代田の水口に埋めて今年の豊作を祈る。これをパイレという。一応頭受けはおわるが、これより三日祝いまでは物音立てず静にしている。

〔三日祝い〕　旧暦正月一二日

新しい頭役がお受けして三日目になり、集落の人たちを招いての大祝いがされる。受頭家では神（穀霊）を迎祭することで一〇日より物音一つさせる事なく静にしているが三日祝いの歌口より祝い始めて、古くより結婚式以上の大きな祝いであった。

受頭家では五時頃お亭坊は数珠を繰って御戸開きを行い酒宴盆の準備をしておく。七時頃になると一〇日の夜に諸役についた人たちは案内を受けて、袷羽織で襖の外から二拍して本座に入り酒宴盆の席に着く。集落一般の人たちも拝礼して本座の外の席に着く。お亭坊のすすめる神酒を少し戴いた頃、歌口の古老が呼吸を整えて歌い出す（アーーウオエーヤーウオ）。三番唄い終わると頭の座からも一般の座からも次々と歌や踊りが出て大祝いとなる。払頭も同じように祝いがされる。

歌口の歌（三日祝いの夜は歌口の歌い手の古老三人は払頭家で歌って受頭家に行くことが通例であった。）

払頭家にて

「千秋万来納まるところ、ここのお家に祝いを残す、又もこの座でこの如く」

受頭家にて

「年の始めに氏神さまを、お受け申してめでたさよ、庭に門松、御門を飾る、ここのお家に金飾る」

案内を受けた村人達は個々別々に本座敷居の外より拝礼してから宴席についた。近年、式は残しているが経費の節減につとめ祝いは縮小されてきている。

〔寺田様植《てらださまうえ》〕　新暦六月一〇日

赤米のお田植えである。古くは雨季が来ると寺田の赤米が集落の最初に植え付けされて一般農家の田植えが始められると云う習いがあった。一般農家の稲作が早稲系に移行するようになって赤米の植え付けが特別遅れたことで、昭和五五年頃に旧暦五月二日に行われていた赤米の田植えを村一番にと晩稲の赤米を繰り上げて新暦六月一〇日に改め定められたが、いまでは又、白米種の植え付けが早くなり、赤米の田植えが集落農家の最後に植え付けされている。

田植えは赤米田の水路の上流側と下流側に注連竹が立てられ注連縄が張られる。左右の注連竹に竹筒をさげて海水が入れられてネズミ藻（学名ウミトラノオ）が掛けられる。朝八時の時報と共に頭仲間の各戸より男一人女一人がでてくる。塩筒の海水に指をいれ潮を嘗め体を清める所作をして、注連縄の下をくぐり抜け作業に取りかかる。仏の座といわれる一面は男手によって植え付け、管理、刈り取りがされ、この水田で採れた赤米がお吊りましの神俵に入れられる。仲間が植付している間に、お亭坊は氏神さまで読経し豊作を祈願して、赤米田へもどる。水田の水口に萱と蓬を束ねて立て、お神酒、赤米熟饌、梅干、昆布など供えて田神を祭り干害病害虫害のないことを祈願する。丁度、植付けも終了し仲間の人も、それぞれ田神に手を合わせてから、お神酒や赤米の熟饌と副食のホヤノリと大根の千切りの酢の物（ホヤノリは天草に良く似た海藻で、この酢の物が古くより赤米熟饌の副食としてつけられた）をいただいて田植えは終了し、場所を改めて直会が行われる。

**〔御吊坐《おつりまし》〕　旧暦一〇月一七日**

今年の初穂を精選して新しい俵にいれ、床の間の天上に吊るして神格化する神事である。

今年収穫した赤米を二人の老女（こしき婆）が芒を縦杵で叩いておとし箕

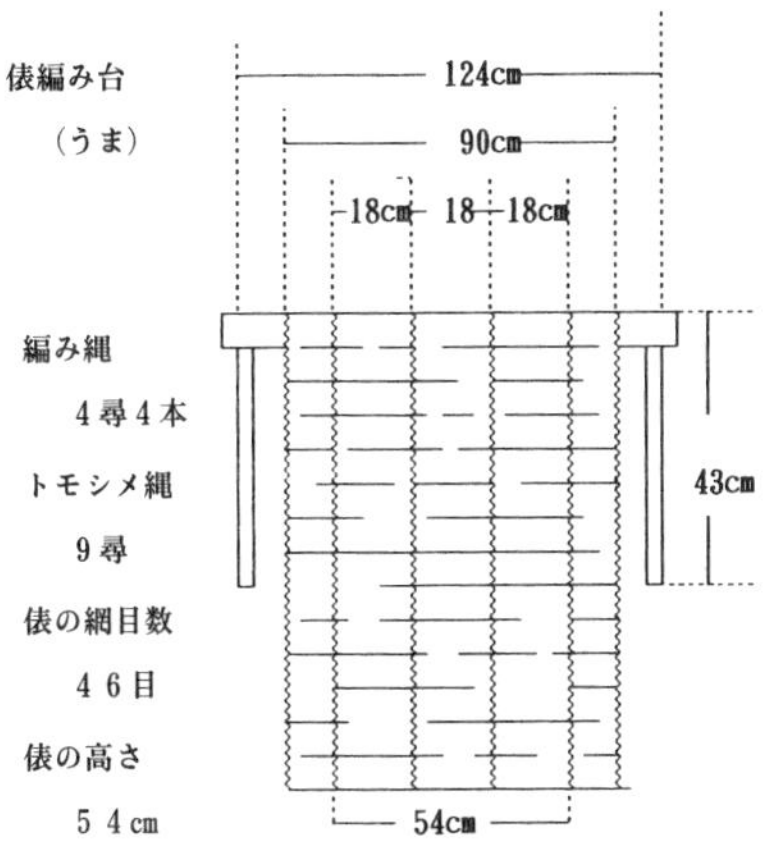

赤米俵（展開図）

で精選する。編み手、綯い手の二人の男は早朝より藁で俵や吊りまし縄シメ縄などをつくる。お昼過ぎ頃、精選された赤米は真新しい俵に五斗五升ほど入れられる。赤米俵は奥座敷中央に吊るされ注連縄がかけられる。お亭坊は改まって正装し俵の正面中央にネズミ藻をかけ塩筒の潮を三三九度かけて清め、霊入れ《みたまい》（神格化される）の行事を執り行う。頭主を始め家族や関係者が柏手を打って拝礼する。お吊りましをされた神様の下で酒宴盆の支度が出来て、本日参加した人たちが座につく。

〔初穂米《はつほごめ》〕　旧暦一〇月一八日

今年とれた赤米の熟饌を天道であり、氏神である多久頭魂神社へ先ずお供えする行事で、夕方五時ころ仲間の各戸より一人以上が氏神様多久頭魂神社へお詣りする。

釜で蓋を開けずに炊き上げた赤米飯を、お亭坊が数珠を繰って蓋をあけ、飯器と一〇合桝に移し、酒（濁酒）と共にお供えして、お亭坊は真言密教の秘法ののち小中臣祓、心経、錫杖経を読経し秘法の九字を切る。祭り終わって下陣へ頭仲間全員が相向かって座をつくり、お下げした酒、お仏食、ホヤノリと大根の千切りの副食をその場で戴いて（食べて）帰る。古くは大椀に山盛にして戴いて帰り家族がそれを拝戴して食べたが今はない。

この日より、親戚や知人に少量ずつ分譲して食することになる

〔斗瓶酒《とがめざけ》〕　旧暦一二月三日

今年の初穂で造られる酒を醸造する過程で斗瓶で発酵中の若酒をお供えする行事であり、夕方五時頃、頭仲間が氏神さまへお詣りする。前記の初穂米とまつり行事は同じであるが、初穂米は今年収穫された赤米の熟饌を初めて、お供えするのが祭りの主旨であり、斗瓶酒は酒を供えるのが主旨である。古くは三時ころより神事されていたが仲間の仕事の都合で五時以後に行われるようになっている。

〔日《ひ》の酒《さけ》〕　旧暦一二月一九日

醸造の過程での成酒をお供えする神事であり、夕方五時ころ全員が詣る。祭り行事は斗瓶酒と同じである。お仏食と酒（濁酒）を神前へ供え供僧が読経した後お下げし、参詣した全員が座をつくり拝戴する。

**〔餅つき〕　旧暦一二月二八日**

今年の赤米初穂で臼型の餅を搗く。旧暦の一二月が三〇日まであるときは二九日に行い、二九日までのときは二八日に行われる。頭受の家で午後五時ころ（古くは三時ころ）より全員集まり、お亭坊の御戸開きに始まり、お吊坐しされている下に敷物を敷いて餅取り台をおき米糠を振り撒いて待つ。縁側に臼をおき、勝手で米の蒸揚がりを待って蒸し揚がった赤米は縁側の臼に運び入れられる。双方より縦杵を使って搗かれる。完全な餅でなく粒が粘りつく程度に搗かれた餅は本座の台に運ばれお亭坊を始め四、五人で臼型の餅を大小とつくられる。このようにして三釜程で大四〇個、小四〇個が出来上がる。明治末期頃は大小三〇〇個宛とあり、大正八年には六五〇個と記録されている。つくられた餅は正月二日と五日の祭の用に分けられ「もろ蓋」に収められる。

次に［米計り］がおこなわれる。元々一二月一八日に行われていた米計りが、この日に行われるようになった。行事用の米を引きのこして精米された赤米を仲間に配分されるのである。近年は二日の朝のお仏食用三升と五日の朝のお仏食用三升をのこして、豊作のときで一戸あたり一～二升程度を仲間に配分されている。終わって酒宴盆が準備され、お神酒を頂き適宜退下する。

**〔二日の朝詣り〕　旧暦正月二日**

二日の朝八時、氏神さまへ頭仲間全員が年始のお詣りする。お亭坊はお仏食、酒（濁酒）に餅つきで造られた餅を折敷（椎木の生木を長さ一八センチ程度に切り、なるべく薄く割ったもの）に紙を敷き二重（大を下にその上に小を一個重ねたもの二組）を四カ所に供え、供僧全員が護身法ののち中臣小祓、二一社の神寄、吉祥経、千手経、志加法意などのオコネ経を長時間の読経してお供えしたものを下げる、頭仲間は相対して座席をつくり、お神酒とお仏食を頂き、お下げされた餅を紙に包んで戴き持ち帰り、各家の床にかざられている歳徳神へ供えられる。

**〔五日の潮浴び、家払い〕　旧暦正月五日**

初詣りに同じく朝八時、頭仲間が氏神さまへお詣りする。供僧は初詣りと同じくお供えし吉祥経、千手経、志加法意を読経し終わってそのまま待つ。

**〔潮あび〕**

今年の新しい受頭主は朝七時頃、海岸の岬で海中に身体を浸かり潔斎をする。裃を着けて氏神様へ参進する。頭仲間が相対して正座するところの正面上位へ正座する。お亭坊は神前へ供えていた印肉のついた神印を、内陣にて供僧へ授ける。供僧は半紙を二つ折りにして胸高で受け包み込むように懐中する。次に外陣にて受頭主の頭上より左右左と授ける。受頭主は扇子を八分に開いて頭を深く下げ扇子に畳み込むように閉じて懐中する。他の仲間は両手を開き高く翳して御朱印を拝戴し、それぞれ懐中する。お下げされた熟饌の御仏食とお神酒などのお供えものを頂いて皆が下社する。

**〔家祓い〕**

この日、お亭坊によって、今年の受頭となる家の家祓が行われる。台所にマメの小枝と潮筒を備え読経して、まず水口を清め、火を清め、奥座敷、玄関、各部屋と定められた順序で清祓される。頭受けの行事前に家祓を終えて清浄にして一〇日の頭受日を待つのである。

頭受中には毎月の月頭にお亭坊によって家払いされる。

## 実施組織

赤米神事は頭仲間と云う構成でおこなわれるが、楽郊紀聞や対州神社誌にも伝える四組で構成する赤米耕作田は五斗三升蒔と記述されている。伝えるところ、上流側より、一の坪、宮座、仲座、ちょん座と云われ、生存古老たちが口にしていたことは確かな記憶であり、この四頭の耕作していた水田面積は田井原の一般農家が所持する田地の面積とは大差がある。一頭になった由縁は時代の趨勢もさることながら明治初期の社格制度の資金徴達とも深く係わるように考察される。

現在、継承している一組の構成は宮座のようで主に祭祀を重んじる供僧九戸が皆この構成に加入していて祭祀の厳修を継承するに相応しい構成であったと思われる。他の仲間には、司祭、管理をするためのお亭坊が一年一人の派遣をしていたように考えられている。頭受けの順番は本廻りと云う年令順の廻りであるが、受頭主が若少になるとき、竈廻りという片廻りを一巡する決まりがあり、頭仲間に加入すると、その年に受頭をする仕来りである。受頭が回ってきても行事をするに必要な経済力のない人は折角の加入権を返上し仲間を辞退しなければならなかった。

明治三〇年代の天道講連名帳に二四名の記名が見える。

昭和一八年には一八戸になっているが昭和三〇年頃には食料事情も正常し、離農したり転居する人も増えて構成戸数も減少し、平成八年には九戸となった。数年前より四〇才代と五〇才代の人達三戸が意欲的に継承していて意志は堅い。

明治三八年一二月の「天道講連名帳」に記されている頭仲間の構成を転記してみよう。

旧十二月起

| | | | |
|---|---|---|---|
| 主藤辰五郎 | 本石甚吉 | 主藤助吉 | 本石治助 |
| 本石應 | 本石三次郎 | 主藤惣次郎 | 阿比留郡藏 |
| 本石伝次郎 | 梶木孝左衛門 | 本石八五郎 | 主藤勝藏 |
| 犬束松五郎 | 本石格藏 | 本石亀平 | 飯野与吉 |
| 本石好平 | 本石庄五郎 | 本石次三郎 | 本石善作 |

権藤いよ　本石市六　小森五郎　本石仲五郎

昭和一八年の構成を次にあげよう。

本石八五郎　内山七郎　主藤吉之助　竹岡五郎八
本石伝次郎　主藤信　本石又蔵　権藤吉之助
本石惣作　本石健　主藤清太郎　桟原文雄
本石正次郎　小森勲　太田正志　主藤定
本石甚之助　主藤徳次郎

平成八年の構成名簿

本石直己　主藤公敏　権藤嘉洋　本石健一郎
本石仲五郎　主藤力　主藤和也　本石久知
本石正久

## その他の特徴

**［深夜の渡御］**

一〇日の夜の神渡りは深夜の行事である。古代より神霊が動座するのは丑三ツ時ときくが、日照時や月照時を避けて自然や万物の動向が寸時静止すると云われるこの時間帯に霊魂は移動すると考えられていたようで、遷御、渡御がこの時間に執り行われる由縁であろう。赤米神事の旧暦正月一〇日の夜は午前一時ころ、入り月が山の端に掛かるころで月影になってから遷御されるが、二時ころになると一番鶏が鳴き夜明を告げるので、その間を旨く渡御するようしなければならない。その年々で入月の時刻に多少の差異がありお亭坊はこの時間帯をよく掌握して神渡りの時間を決定し、受頭家からの使いに伝えるのである。丁度この渡御の時間は風も止まり静になると云われている。

［招客《しょうきゃく》］

招客とは一〇日の夜、払頭家よりの渡御に加わる諸役三人（払頭主、守坐、伴の三人で手添え二人を除く）を受頭側からの呼称であるが、年の初に神をお譲りすることもあり権威がもたれていて欠礼があると罰杯と云って大椀から強要される。また自座を離れるときは裃の上衣を脱ぎ自席にたたみ置いて離れる仕来りがある。

［お吊りましの本座］

住宅の構造は藩制により士族と農家は別々の定めがあり、お吊りましをされる本座は何処の家でも一番奥の部屋であり、最も大事な床つきの部屋である。士族は八畳であるのに農家は六畳である、普段でもこの部屋はみだりに使用せず家族はもとより来客なども、この部屋には泊めない、受頭中は行事以外絶対開けない。行事のときはお亭坊が御戸の大事を行い数珠を繰って開扉されるが一〇日当日も諸役の男だけの入室となり、他の者は入室しないので、用件のときは手を打って呼び、敷居の外より手渡すことになる。

［祝辞礼《しゅうじれい》と近年の行事］

緒役は仲間内に限ると明治期に記録されているが、頭仲間の構成人員が多かったとき、役に付かない人は翌朝七時頃、祝辞礼といって遷座された新たな神霊を礼拝に集まる。一〇日夕方、子供二人が、仲間全員を戸別に「うちかなー（戸内より返事するまで）何某（受け頭主名）申します。明朝、祝辞礼致します。時分にして進ぜましょう。おいでなさいませ。」とウチカナの使いをする。

一一日朝六時半頃、この二人が時分の使いをする。「うちかなー。何某申します。時分でございます。おいでなさいませ。」

回りおわって七時ころになると個々別々に拝礼される。行事が終わって仕替えられた宴台について酒肴の馳走になり適当に引き下がるが、昭和四〇年頃までは七時になっても行事が終わらず祝辞礼の間に合わないことが多かった。近年経費の節減もあり午前四時頃は行事を終えるようにしているが、お亭坊の指示によっては時間差が出てくる。近頃、頭仲間が少なくなって祝辞礼の必要もなくなって行われていない。

**［守坐《もりまし》］**

守坐とは渡御の時、神俵を背負う役で、後部双方より手添えが二人付く。守坐は背負うと会話してはならない仕来りがあり、手添えが力を入れすぎると前に倒れそうになる。力を抜くと後に、添えている手添の指を摘まんで合図する。守坐は力がはいり足がすべることが多いので足袋底を濡らして下駄を履くことが多い。供僧は守坐役は受けず供僧外の仲間が守坐し役を受け持つ仕来りがある。

**「ネズミモ」**

学名で「ウミトラノヲ」とあるが、海草の中で最も浅い所に生え、褐色の単茎海藻であり、長いものは四〇〜五〇センチもあろう。ネズミの尻尾によく似ていることからネズミモと別名されるが、祭り行事によく使用されている。赤米神事の御霊入れでは神俵の表に差し、お亭坊の潮筒に差し毎月の家祓に使用する。お田植では注連竹の竹筒にもかけられる。漁業者は昭和初期の泥鰌餌《ドジョウエ》のかわりに一〇センチほどに切り疑似餌に使用したとも聞く。正月舟祝いには船霊さまにも供えていた。亀卜神事も桃の小枝に掛けて持ち帰る。ネズミモの使用には諸説を持つが、修祓行事には海水をもって祓具とされることは多いが、潮を表現するため最も浅瀬で取れる海草を使用して清浄を祈念したのではないかと考察される。

## 赤米田の形成と赤米植栽

一九五〇年頃、国内に残存していた茎永の赤米も豆酘の赤米も共にジャポニカ系種とされるが、しばらくして残存が確認された岡山県総社市の赤米も共にジャポニカ系種といわれている。純真女子短期大学助教授であった城田吉六氏は下記表のように対比している。

総社の赤米は茎が約一・二メートル、芒は四〜五センチ、籾は茶黄色である。国内に在来していたインディカやジャポニカの赤米種についても、嵐嘉一氏他の調査研究や庄崎豊一氏の系種別の分布図などもあり、一九四〇年頃以前の稲作の状況も理解される。神田や民俗行事と関連した赤米栽培は全く日本型赤米種が用いられて早くから日本型赤米種が栽培されたことが指摘されている。

対馬の西岸の僅かな耕地に二毛作田の乾田が見られる。また水利の良い渓谷に沿って帯状の棚田や自然出水を利用した小規模水田が中腹にも点々としていて、一部の集落を除くすべての農家が一戸あたり、三反歩から五畝歩程度の自給型農業である。裏作に畜糞を敷きその上に種を撒き麦作をしていた。土壌は頁岩の砂礫土からなり一部をのぞく外は保水力に乏しく、増して十分な水を供給できる河川も少なく、水田としての適地は狭小である。

| | 豆酘の赤米 | 茎永の赤米 |
|---|---|---|
| 種　別 | ジャポニカ粳 | ジャポニカ粳 |
| 茎の長さ | 約１メートル | 約1.3メートル |
| 芒の長さ | ６〜８センチ | ４〜６センチ |
| 籾の色 | 茶褐色 | 黄色 |
| 玄米の色 | 赤褐色 | 赤褐色（赤みが強い） |
| 籾の計測 | 長さ 6.5 ミリ<br>幅　3.25ミリ<br>厚さ 2.12ミリ | 長さ 6.9 ミリ<br>幅　3.27ミリ<br>厚さ 2.14ミリ |
| 精米の色 | 赤い縦筋がのこる | 赤みが多くのこる |
| 飯の色 | 赤飯色が少し薄い | 赤飯 |
| 飯の粘り | バサバサして<br>粘りがない | バサバサして<br>粘りがない |
| 飯の匂い | カバシカの<br>匂いがする | 香はない |
| 用　途 | 神事用の餅飯<br>受頭家の食用 | 神事用の飯のみ |

**豆酘・茎永の赤米比較（城田吉六氏による）**

　このような稲作を補うため山間の頂上近くまで焼き畑の木庭作が営まれ、藩政期以後まで続いていた。昭和二五年に奥地原始林の包蔵する水量目当てに奥地開墾が進められ、政府の認証する組合員が三〇町歩の水田を開拓し、当時の食糧危機に貢献している。近年漁業技術が盛んに導入され漁業主体の半農半漁が多くなり、奥地田地は荒廃している。平野部の稲作も他産業の関わりや台風の影響などにより一括型農業として早稲系に移行してきている。

　豆酘の赤米田は神仏習合時代の遺名として寺田と呼ばれるが、この一帯は小字名を田井原とも呼ばれ、頁岩よりなる砂壌土で形成されているとされるが表土は深く粘質が強い上に地力も高く日射条件も優れ、水は中温で、水量もこの周辺では豊富な所であって、豆酘集落では上田地帯である。

　この田井原に四〇余戸の農家が戸当たり一反歩～五畝歩程度の田地を所有し、一本の水路を共有している。水不足となると数戸割りの時間配水となるが、時間配水のときでも寺田は、夕日が落ちて陰るころより翌朝の日の出まで給水する水利の特権を与えられた。配水要領を決定したり、指示するのは寺田の頭主であった。

　寺田は不定形の水田六枚と、飛び地に三枚で併せて総面積は一反七畝六歩と土地台帳に記載されている。下図に示すように、寺田の最も上流側の一面を「仏の座」と云われて、この水田で採れる赤米が神俵に詰められ翌春の種籾となる、農業改良普及所などの指導もあって、他の品種と交配する可能性があるので畦傍より二株ぐらい残して籾種として刈り取るよう云われたこともあるが、一～二メートルのところに白米種の水田があっても交配

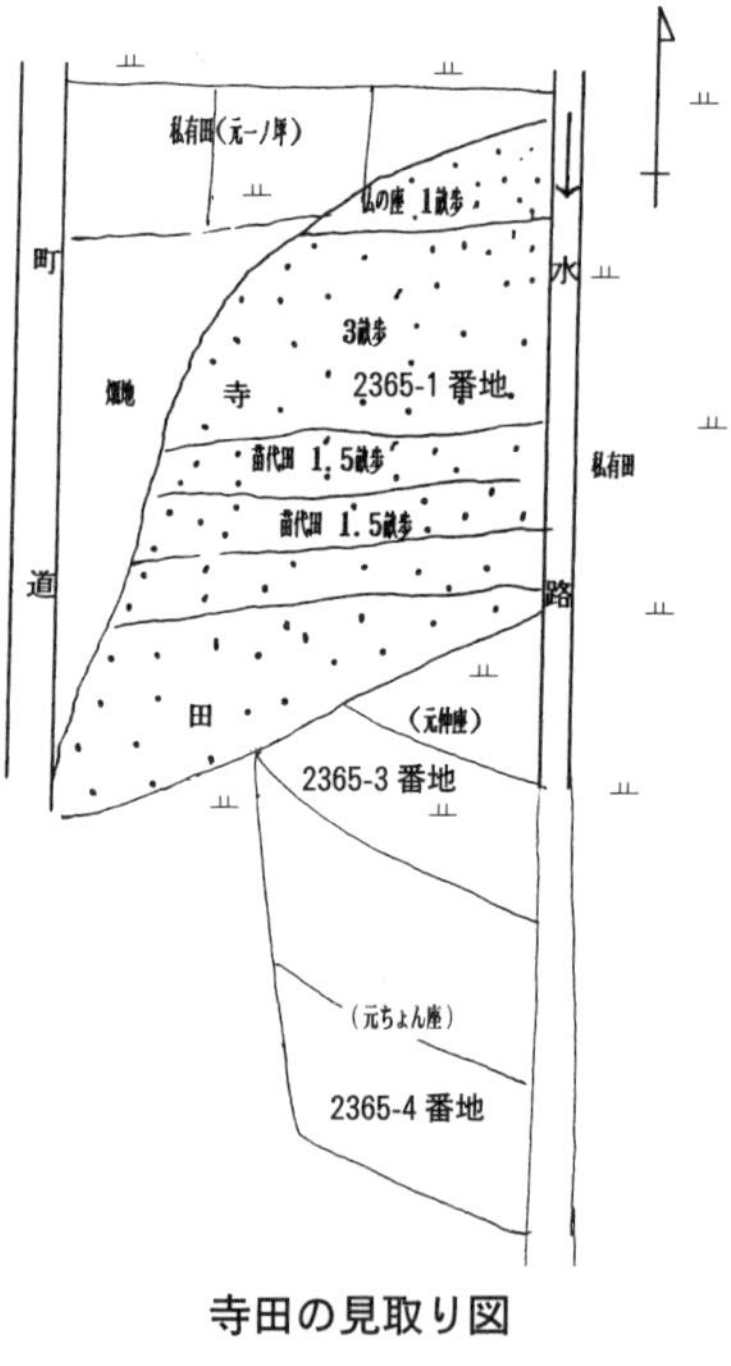


寺田の見取り図

の兆しは見受けられない。中央の二枚の水田が苗代田であって一年交替に苗代が作られていたが、今は白米の苗代も作るため二枚共に苗代田として使用されている。

寺田では信仰上の仕来りがあり糞尿は使用しない。そのため緑肥を春田に鋤き込まれたが、いまでも基肥、追肥などの施肥をすると背丈はのびるが、何時迄も青く稔りが遅くなり、また、玄米の表皮が青みを帯びるので施肥は控えめにしている。受頭家の床の間に吊り坐しされている神俵は田植え日の六月一〇日から逆算して四〇日程前の大安吉日に降ろされる。種籾は海水や淡水に浸されて水面に浮く軽い籾はすくい取られる。真水に浸して七日程で発芽する。苗代直播きのころ四五日苗を植え付けされていたが、一〇年程前より箱苗となって三二日または三三日苗が植え付けされるようになった。

苗代は耕耘機で撹拌し二日程のちに排水して一・二メートル程の掻き上げ畝をつくり、木灰を撒いてコテで均し、少し堅くなった所に浸水して籾種を蒔いた。今は箱苗になったので掻き上げ畝に箱を横に並べている。この箱苗を抜き取って手植えにしている。また、田ならしも耕運機やトラクターなどの機械化が進んでいる。

稲の背丈は白米種に比べると高いが、茎は細く堅くて病虫害の影響を受け難い。九月一二日前後に出穂するが、芒が覗いて二日間程は、とても鮮やかなピンク色をしていて赤米種のなかでも見事な特徴をもっている。

背丈も近年、幾分伸びて一一〇～一二〇センチメートルであり、一株一八～二三本ぐらいで白米種に比べると分蘖は少なく、一穂の粒数も五〇～六〇粒で白米種の半数ほどである。

稔りは白米種にくらべて一週間以上も遅れるが農作業の関係で白米種と同時期刈り取りしないよう努めている。収穫時の籾は茶褐色で玄米は飴色しているが時がたつにしたがって色濃くなってゆく。精米すると色が薄くなり炊飯するとポロポロとして美味しくない。香ばしくて好きな人もいる。カロリーは確かに低く満腹するよう食べても直きに空腹になる。

この寺田の近くに二〇〇二年と二〇〇三年の両年に長崎県文化課の発掘調査で弥生期の柱根跡が確認されている。

## 供僧と供僧の司祭

供僧（宮僧、社僧）は律令制当時の所産するものでないかとも云われるが、真言の密教として中世風の特殊な経文や秘法、祭文を保持していることからも中世の祭祀習俗を継承していることが伺える。元禄五年（一六九二）には対馬藩で神道復古を進めたとき「豆酘の供僧はこの限りにあらず」として旧慣を温存している。

豆酘の供僧は豆酘集落の上町に居住し、世襲する九戸の社僧であり、長男をもって子々孫々と継承して来ている。一見するに主藤姓が三戸、本石姓が六戸である。豆酘では「お坊さま」とも呼ばれるが豆酘郷の公祭私祭を司祭して、豆酘寺観音堂で執り行う全ての祭り事、赤米神事は申すに及ばず、天道祭り、講上祭り、亀卜神事、カンカン祭り、各節句祭り、権現祭り、お経の紐解き、厄の餅、月待ち、日待ち、正月塩幣子家祓、上棟祭など限りなく、年間多くの祭祀を供僧共同で、又、個別に執り行われてきている。

これらの祭りに読経される経文は祭りと場所で変わるが経名を挙げてみよう。

小中臣祓　心経　錫杖経　観音経　観音経秘鍵　六根清浄　十句観音経　祓の真言　不浄の祓　三礼

その他天道法師が元正天皇のご病気を7日7夜祈祷して治癒したと伝える　吉祥教化　千手教化　志賀法意等があり、別名オコネ経とも云う。

供僧の資格を取得するには、「坊主なり」と云う修行を得なければならない。師匠は回りで決められるが現任のお坊に師事し正月二日より海浜で毎朝禊斎し社参して自宅本座にて師匠を前に秘伝の所作、諸法を習い、写経して一週間が成就するとき初めて奉製する御幣を母が生存してあれば母へ、ない時は妻へ渡して俗世を断ちて神に仕える坊主成の儀式を行う。この日から一切、不浄に触れてはならず、弔問は愚か肉親が他界しても近付いてはならない。供僧家の長男に生まれると幼少から不浄に触れぬよう死道町の駕籠担きもせず、下肥にも触れてはならない。厳しい禁忌を守らねばならない。

豆酘には、集落の全戸に門名があり、家を尋ねるとき氏名を尋ねるより門名が早く捜し当てる事ができる。門名に坊を付けて円知坊、円州坊などと呼ばれる。これらの九戸は皆、各社の社僧として奉職され、各社の知行として、これに付せられた坪付帳が存していたもので、寛文年にこの社領も給地と改められたことが解る。

| | | | |
|---|---|---|---|
| 観音堂 | （多久頭魂神社） | 住持 | 主藤壽 |
| 大明神 | （高御魂神社） | 仁位 | 本石久知 |
| 権現 | （神住居神社） | 正膳 | 本石正久 |
| 伽藍牛王 | （五王神社） | 幸作 | 本石直己 |
| 天神 | （天神神社） | 格膳 | 本石覚 |
| 宇貝 | （国本神社） | 円州 | 主藤徳義 |
| 嶽明神 | （雷神社） | 岡山 | 本石健一郎 |
| 師神 | （師殿神社） | 三位 | 本石一宰 |
| 下宮 | （下宮神社） | 円知 | 主藤和也 |

現に世襲も崩壊し、職業も多様化して供僧を継承する人も減じて三人が供僧として地区内の古式祭の祭典に努めている。

渡御を終えて受頭家の天井に吊される神体の米俵（頭受け神事）

# 対馬における芸能と村落

和田　修

長崎県の対馬（上県郡・下県郡）には、多様な芸能が行われてきた。本稿は、その中で、現在まで伝承されている、いわゆる盆踊を中心に取り上げる。対馬の現行の盆踊は、芸能史的には各種の風流《ふりゅう》系芸能が混然として伝えられており、これを盆踊と呼ぶのは適切ではないが、近世中期から盆踊という記述がみられるので、(1)便宜的に現在まで伝えられた芸能の総体をさす場合には盆踊とし、細部に言及するときは芸能史的にふさわしい名称を用いることとする。

また、筆者は芸能史的研究に関心を寄せており、水稲文化儀礼としての対馬の芸能の把握、盆の習俗の水稲文化的な研究については、いまだ報告をまとめる状況にない。本稿は、在地の盆習俗のうえに都市伝来の風流系芸能が招来され、定着、変容を遂げてゆく過程を、いくつかの事例によって検証するものとなる。

なお、各集落の盆踊の詳細については、『対馬　厳原の盆踊』(2)および「対馬北部の盆踊」(3)にまとめてある。本稿はその繰り返しになるところもあるが、新たな調査結果をふまえ、総合的な観点から対馬の盆踊をとらえ直すことを試みたい。

# 一　対馬の盆踊の現状

対馬では、例年八月一五日前後の旧盆の期間に集落ごとに盆踊が行われている。以前は旧暦で行っていたが、昭和四〇年代ごろに新暦に移行したという。盆踊をおこなう集落は年々減少しており、一九九三〜九六年には一四箇所で行われているのを確認した（年によって不開催の集落もあった）が、二〇〇三年には一〇箇所に留まったようである。対馬市内（二〇〇四年三月に合併）旧六町の内訳は、上対馬町が一箇所、上県町〇箇所、峰町三箇所、豊玉町一箇所、美津島町〇箇所、厳原町五箇所であり、最南端で近世に藩主宗氏の居城がおかれた厳原町が最も多い。この他に、「対馬島郷土芸能発表大会」などのイベントに踊りを披露する保存会が五つほど活動している。

盆踊の期間は、厳原町阿連《あれ》で八月一五〜一七日の三日間、厳原町久根浜《くねはま》で八月一四日と一六日の二日間行われているように、かつては多くの集落で複数日にわたっていたが、現在（一九九三〜二〇〇三年）ではこの二集落の他は一日で終了している。

盆踊というと、一般に老若男女を問わず多くの人々が円陣を組み、いくつかの動作の組み合わせによって長時間踊り続けるものを思い浮かべやすい。対馬島内でも一箇所、豊玉町水崎ではこのような踊りを踊っている（聞き取り調査のみ）が、この集落は広島・山口周辺から移住してきた人々によっ

対馬盆踊伝承地図

て形成されたので、内地の踊りを持ち込み、そのまま伝承していると判断される。その他の集落には、不特定多数の人々が円陣で踊り続けるものはなく、一〇名前後の青年たちが約一箇月にわたる稽古を積んで踊るもので、隊型も多くが二列縦隊を基本としている。

各集落の踊りは一箇所で行われるのではなく、初盆（新盆）の家々や、寺社、町の辻などを回って踊られる。内容的にも踊りの場を清めるための儀式的な曲と、さまざまな要素を含んだ娯楽的な曲に分かれている。移動とそれにともなう儀式的な曲が存在することは、御霊信仰に淵源をもつ風流系芸能では一般的であるが、対馬の場合、芸能史的に異なった分類に属する踊りが、一つの集落の踊りの構成の中に混在しており、多年にわたって各種風流系芸能を摂取し、構成を整えていったことが窺われる。

## 二　踊りの構成と分類

対馬の盆踊を構成する曲を分類すると、以下のようになる。(4)

①移動・入退場

前述のように、踊りの場所が数箇所あり、その間を移動して踊って行くのは、風流系芸能の特徴であるが、対馬でも、移動中の道行にあたる部分や入場・退場（入端・出端）に関わる曲を持つところが多い。厳原町阿連では道行部分に名称はないが、鉦・太鼓・法螺貝で囃して移動し、踊り始めと終わりに「出歌」「引歌」がある。同町久根浜では道行を「ミチヅレ」といい、鉦・太鼓・法螺貝・笛で囃す。踊りの場所の前で行列を止めることを「渡り込み」という。同町内院《ないいん》では移動中は楽器をならさないが、踊りの場への入退場を「吹き込み」「吹き出し」と呼び、太鼓と法螺貝で囃す。

②清め

踊りを始める前にその場を清めるための曲。対馬ではツエの打ち合わせがこれに相当するところが多い。北部の上対馬町五根緒《ごねお》、峰町青海《おうみ》、同木坂、同吉田、豊玉町曽《そ》、同卯麦《うむぎ》などで行われており、厳原町では久根浜のみにみられる。また道行や入場から引き続いて太鼓打ちのある場合が多い。太鼓の打ち手と持ち手が一組になり、打ち手が所作をしながら太鼓を打つもので、「渡り」「渡り打ち」と称するところが多く、かつてはほぼ全島的に行われていたが、現在では北部の地域に多く残る。毛槍・傘・挟箱など大名行列の奴振りに類した所作を行うところも多い。

道行からツエ・太鼓打ち・奴振りなどの一連の次第は、宗氏のもとで行われた盆行事である御卯卵塔風流《おらんとうふりゅう》（後述）の影響を受けたものと考えられる。

③魂迎え・魂送り

風流系芸能では傘鉾などが魂を憑りつかせる機能を担うことが多いが、対馬では笹竹に色紙や括り猿の飾りなどをつけたものをエヅリ（エンヅリ・エツリ）と呼び、盆行事のシンボルとしている。

エヅリを囲んで踊る曲のあるところが多く、峰町吉田では踊りの終わりに、エツリを取り囲んだ踊り手たちがいっせいに葉を引き抜き、裸になった竹竿を宙に投げ上げ、これをねらって鉄砲で打つという変わった次第がある。同町青海では「納めの歌」にあわせて鉦と太鼓がエンヅリの周囲を回り、歌が終わるとエンヅリを海に投げ込む。美津島町雞知《けち》と厳原町久和《くわ》ではエヅリを勢いよく振る「エヅリ指し」がある。雞知では別名を「渡り打ち」といい、太鼓・鉦に合わせてエツリを振り、枝先から落ちた色紙を見物客が拾い集めて家に持ち帰り、「玄関先や敷居の上につり下げ、厄払いの神としてまつり、一年間の無病息災を祈願した」（第四回対馬島郷土芸能発表大会プログラム）という。久和では「エヅリに先祖の霊が乗るので重くなる」と言い伝えており、盆の祖霊を招き寄せ、送り返す役割を果たしていると考えられる。残念なことに両集落とも現在は行っていない。

④祝言

各集落に「祝言」と呼ばれる曲があるが、対馬独特の三雲《みつぐも》模様の扇または日の丸扇を持って荘重に踊る扇子踊をさす場合が多い。これらは風流踊一般の庭誉め・館誉めに類すると思われる。「祝言」という名称は、宗氏の城下である府中（厳原町中心部）で御用商人の子弟らが踊ったとされる六十人躍（後述）で行われていたのに由来するのだろう。藩主に踊りを捧げ、太平を寿ぐ意図であろうか。扇子踊と手踊を組み合わせて「祝言三番」と称するところもあり、必ず初めに踊るべきものとしている集落が多い。神楽の式舞などにあたるものと考えてよい。

⑤手踊

いわゆる盆踊は、何も持たない手踊が一般的だが、対馬の場合、基本は扇子を持った「祝言」で、手踊はその扇子を置いた短い踊りであることが多く、あまり重要視されていない。

⑥採《と》り物《もの》踊

ふさのついた綾竹を持って踊る綾踊は、ほぼすべての地区に見られる。その他、傘、長刀、杖、四つ竹など種々の採り物を持って踊る曲も少なくない。峰町青海の「笠踊」、同木坂の「馬踊」、豊玉町曽の「杖踊」、厳原町内院の「傘踊」など、特色のあるものが多い。ただし、同じ長刀や傘を持った踊りでも、次項の仕組踊のように扮装をするものとは区別が必要である。

⑦仕組踊《しぐみおどり》

長い物語の口説《くどき》にあわせた手踊（いわゆる踊り口説）は西日本各地に分布するが、老若男女が浴衣掛けなどで円陣を組んで踊るところが多く、歌われる物語の内容を劇的に表現することはない。対馬では、物語の内容にあわせ、一人ないし二人の踊り手が登場し、女役は振袖を着て、鬘をかぶったり化粧をしたりし、男役もそれらしい扮装をして、太刀打ちの場面では長刀と刀を打ち合わせるなど、芝居がかった振りがつけられている。ただし踊り手がせりふを言うことはなく、振りも類型の域を出ていないので、踊り口説の発達したものととらえることができる。

表　各集落の盆踊の構成

| | ①移動 | ②清め | ③魂迎え・魂送り | ④祝言 | ⑤手踊 | ⑥採り物踊 | ⑦仕組踊 |
|---|---|---|---|---|---|---|---|
| 上対馬町五根緒 | | 棒突き | | 扇子踊「花は折りたし」「君の御用」「春の初めの」 | | 綾踊「こちの隣」 | |
| 峰町木坂 | 行列 | ヤッコ<br>ドウギ入レ（杖）<br>飛び太鼓 | 終了後エヅリの竹を海に投げ込む。 | 扇子踊「松が根」<br>手踊「門は一五三」<br>扇子踊「松が根」 | 「御代は目出度や」「伊勢の若衆」「君を思わで」 | 杖踊「大江山」<br>杖踊「武蔵鐙」<br>馬踊「五十三次」<br>馬踊「川にゃザンザラ」 | |
| 峰町三根上里 | （道行あり） | 坪回り（杖・鉄砲・ハタ・ハグマ・短冊・鉦・太鼓）<br>打切り太鼓 | 終了後鉄砲を撃ってハタ（青竹）を橋から川へ投げ込む。 | 扇子踊「しろたえ」「世の中」 | 「かど」「君の恩賞」「四季」「あべ」「網すきい」「いつも」「あさのむつ」 | | 「国は備前」 |
| 豊玉町曽 | （道行あり） | 先踊（杖）<br>リンリンコ<br>ワラ<br>カジメ | | 扇子踊「春は花」<br>手踊「出雲より」<br>扇子踊「春は花」 | 「奈良ば濡れ里」「牛島どんの」「薩摩のや」 | 杖踊「木曽が山から」<br>太刀踊「江戸の両国橋」<br>杖踊「木曽が山から」 | |
| 厳原町阿連 | （道行あり） | 出歌<br>坪入り<br>渡り<br>引歌 | | 扇子踊「いざなぎ山」 | | 綾踊「鈴木主水」 | シコミ踊「石童丸」「家中」「吉実」 |
| 厳原町久根浜 | ミチヅレ | シオゴー<br>ツエ（口上あり）<br>太鼓踊 | バンバ踊（エヅリの周囲を回る） | 前踊<br>扇子踊「御代永き」 | （踊り口説）「いろは口説」「牡丹長者」 | 綾踊「一つとさ」「ひよどりひばり」 | |

上記のような分類に各集落における事例をあてはめると表のようになる。順序は他と合わせるために前後させた場合もあるが、ほぼ現行の次第に従っている。

ここに掲げた以外の集落（厳原町で聞き取り調査をした廃絶地を含む）の伝承曲も含めて考えると、豊玉町・峰町以北に扇子踊と採り物踊を中心とした曲が多く、美津島町・厳原町では仕組踊に重点を置いた娯楽性の強い踊りが多く残されたといえよう。

いずれも対馬独特の振りであるが、芸能史的な位置づけを考えたときに重要となるのは、①の行列・ツエ・太鼓打ち・奴振りなどの移動・入退場に関わる曲、⑥の採り物踊、⑦の仕組踊であると思う。

以下、この三種に注目しながら、現行の盆踊の伝来と意義を検討してみたい。

## 三　宗氏周辺の盆芸能

明治になって廃絶したが、対馬藩主宗氏のもとでは、盆に二種の芸能が行われていた。一つは藩士による御卯卯塔風流であり、いま一つは城下で六十人衆と呼ばれた御用商人の子弟らによる町躍《まちおどり》（六十人躍）である[5]。

御卯卯塔風流（盂蘭塔風流などとも）は、藩士などが行列をして、宗氏菩提寺の万松院《ばんしょういん》をはじめ、厳原八幡宮、長寿院、醴泉院《れいせんいん》、国分寺などを回り、各所で「猩々」「百万」の謡の一節をうたうものだったという。『宗氏家譜略』記載の伝承では、文明一八年（一四八六）に第一一代宗貞国の夫人が七つの卵を出産して死に、その祟りを鎮めるために土用祭・御卯卯塔風流が始まったとし、『対秘見聞録』では、一六代宗晴康の時に「猩々」「百万」の小謡に改めたという[6]。行列風流の一種であろうが、謡の一節をうたったことと、移動時に鉦・大太鼓・締め太鼓・笛などで「渡り拍子」を囃したということ以外、どのような芸態であったのか明確ではない。

明治期に成立した内野対琴著『反故廼裏見《ほごのうらみ》』（巻二）には、上県町鹿見《ししみ》で盆踊に付随して行われた殿様行列の次第が詳しく記されている。長くなるので引用は省くが、士族の少年の扮する「若ぅ様」が行列を上覧する形を取り、毛槍・台傘・立傘などの行列を鉦・太鼓で囃し、座に着くと杖や弓の者の礼、挟箱持の「歩み振り」、毛槍振りなどがあり、胸につけた太鼓を打つ所作もあったことがわかる。鹿見ほど大規模ではないにせよ、各集落に類似の種目が残ることから、逆に宗氏の御卯卵塔風流にも同種の芸能があったと推定できるのではないだろうか。各集落の盆踊の行列およびツエ・太鼓打ち・奴振りなどは、藩主上覧のもとで行われた御卯卵風流を縮小して再現したものであり、長年の間に民俗化されて変容をみたと考えてよいだろう。

いっぽう、六十人躍は、『反故廼裏見』（追加一）に載せられた嘉永四年（一八五一）の記録によれば、七月一二日と一六日に宗氏の屋敷の庭に畳を敷いて舞台とし、祝言を三番、「中老躍」を五〜七番踊っており、一五日には万松院でも踊ったようである。時と所によって踊った曲が異なっているが、すべての曲目をあげると次の通りである。

祝　言　君が代　心もすめる　ゑい〳〵〳〵〳〵神の代　流れもたへぬ　花ざかり

中老躍　四季に咲花　八景　御代は常盤　長刀　手拭　伊勢の津　傘　関の小まん　猩々酒　川口説

『反故廼裏見』にはこの時の詞章も掲載されているが、嘉永四年のものであるにも関わらず、宝永元年（一七〇四）刊行の歌謡集『落葉集』所収歌と一致する曲がみられる。さらに、嘉永四年の六十人躍歌謡に、集落の盆踊として伝えられた歌と一致する曲もある（第六節参照）。

また、渡辺伸夫による表書札方『毎日記』の調査によると、(7) 元禄二・四・六・七・九・一〇・一一年の七年間に踊られた曲は、次に掲げる延べ三三番に及ぶ。

祝言　月の松　禿　手代石突　ざい躍　母衣躍　唐人躍　籬　花笠　花車　阿屋　団扇　楽遊　伽羅留馬柄杓　軒のあやめ　械おとり　五尺手拭　芦分船丸躍　長阿屋　笠躍　一行躍　かま躍　竹馬躍　道具躍　見くに　江戸船

鑓躍　長刀躍　太平躍　万世　伊勢躍

詞章は記されていないので明確ではないが、「笠躍」「竹馬躍」などの曲名は現行の採り物踊との関連を思わせる。

このような歌謡の類似から、集落の盆踊の中心部分をなす、④祝言以下の踊りは、城下の六十人躍を手本に仰いで成立したとみることができる。

先にも述べたように、御卯卵塔風流と六十人躍は、宗氏の周辺で行われた盆の芸能であるが、本来は性格も担い手も異なるものである。しかし、各集落はこれを一体のものとして受容し、集落内の郷士（士族）を藩主に見立てつつ、一般の百姓たちの盆行事として定着させたといえよう。

もう少し詳細に比較すると、祝言・手踊については全島的に類歌を見出すことができるが、『反故廼裏見』に「中老躍」(8)と注記された歌は、豊玉町以北にみられる採り物の詞章と合致するものが多い。対馬北部の盆踊は元禄頃の六十人躍の様子を、ある程度今日まで伝えていると考えてよさそうである。

## 四　踊り口説と団七踊

これに対して、⑦の仕組踊は、近世後期から近代にかけて生み出されたものである。

仕組踊という名称は私に与えた仮称だが、特別に趣向を凝らした踊りの意の芸能用語であり、郡司正勝に詳論がある。(9)また、『反故廼裏見』に「仕組踊」と記されており、厳原町阿連でも「シコミ踊」の呼称があったことから、対馬の場合も「仕組踊」と呼んでさしつかえないと考えている。

風流踊には中世から物語歌の系譜があったが、近世に入って新たに踊り口説が生まれた。資料で確認できるのは万治三年（一六六〇）刊『万歳躍』（友甫流躍くどき）が早いが、この時期のものは物尽し的な歌謡であったのに対し、貞享～元禄初年（一六八四～九〇）頃になるとストーリー性のある語り物の要素を濃くし、内容的にも心中、殺人、人気役者の死など、衝撃的事件を取り扱うようになる。歌舞伎の舞台や祇園など遊里の盆踊でも歌い踊られて多くの曲が作られ、主に西日本の盆踊として展開していった。

瀬戸内海に浮かぶ白石島（岡山県笠岡市）の盆踊は、寛文～元禄頃（一六六〇～一七〇三）の歌舞伎・遊里の踊りを描いた画証そのままといえるような芸態を残している。その他の伝承地を含め、踊り口説の振りの特色は、歌謡の内容とは無関係に、近世盆踊や歌舞伎舞踊にしばしばみられる「ナンバ」と呼ばれる踊り方の基本を繰り返すという点にある。つまり、ストーリーのある歌謡であるにも関わらず、登場人物の役に扮して内容を演劇的に再現することがないのである。

ところが、近世後期に「団七踊」が生み出されて新たな展開が生じた。奥州白石村で代官志賀団七に父を殺された姉妹が艱難辛苦して敵を討つという内容で、浄瑠璃「碁太平記白石噺」にも取り上げられてよく知られた物語である。踊り口説としては常套的な内容だが、この曲に限って、父親・代官・姉妹などの役にふさわしい扮装をし、太刀打ちを基本とした振りが付けられて、ある程度物語の内容を視覚化することに成功し、とくに「団七踊」と呼ばれるようになった。この新機軸が人気を呼んで急速に広まり、西日本はもちろん、従来ほとんど踊り口説が行われていなかった東日本にも伝えられた。しかし、他の口説の曲まで同じような形で演劇的に振り付けることはあまりなされなかった。

対馬でもすでに踊り口説が行われていた基盤の上に[10]、後から「団七踊」が伝えられたと考えられる。一般の「団七踊」は何組かの踊り手が出て円陣を組んで踊るのだが、対馬では一人立ちから四人立ち程度の少人数の踊りとして、観客を意識した舞台向けの振付を施し、次々と同趣の曲を作って、仕組踊と呼ぶにふさわしいジャンルを形成するに至った。その成立には、近世中期から各集落で行われていた地芝居の影響があったとみられる[11]。

仕組踊は峰町三根上里でも踊られており（表1参照）、歌本や『反故廼裏見』の記録によって、かつてはその他の北部集落でも行われていたことがわかるが、圧倒的に南部で人気があった。ところが前述の嘉永四年の六十人躍の記録には、元禄〜享保頃の踊り口説に類歌を持つ、物尽し風の口説が載せられてはいるものの、仕組踊にふさわしい物語的な口説は見出されない。近世後期には古格を重んじるようになっていた六十人躍は、新たな流行の仕組踊を受け入れなかったと考えてよいだろう。

各集落の盆踊は、宗家の御卯卵塔風流と六十人躍をモデルとして成立したのだが、その後内地からもたらされた「団七踊」や新工夫の仕組踊を独自に摂取していった。港があり経済的にも発展していた城下町の府中が流行の中心地であり、その周辺では次第に従来の採り物踊が廃れてしまった。北部でも新流行を受け入れていったが、なお採り物踊も保持して古格を残したのである。

対馬の盆踊が、各種の風流系芸能を重層的に蓄積したものであることは確認できたと思う。その起源は奈辺にあるのか、次節以下では少し視野を広げて考えてみたい。

## 五　行列風流の伝播

各集落の盆踊にみられる杖の打ち合いや太鼓打ち、毛槍・傘・挟箱などを用いた奴振りが、おそらく宗氏の御卯卵塔風流にも備わっていたであろうことは先にも述べたが、さらに同種の芸能を対馬の周辺、九州北西部の島々にみることができる。長崎県平戸市大島村、同鷹島町（未見）、同度島《たくしま》町、同生月《いきつき》町館浦《たちうら》などの須《す》古踊《こおどり》と称される芸能である。須古踊は有明海に近い肥前国須古邑（現・佐賀県杵島郡白石町）が発祥の地とされているが(12)、現在佐賀県内で行っているところはなく、長崎県の大村市や上記の島々で伝承されている。踊りそのものは円陣を組んで扇を持って踊るものであり、歌は中世後期から近世初期風の短詩型歌謡が多い。この踊りが対馬盆踊の祝言に影響を与えた可能性は否定できないが、隊型や歌謡が異なっているので、いま少し検証を要する。しかし、踊りに伴う行列には、明らかな類似が認められる。

詳しくは『対馬　厳原の盆踊』第四章で述べたので繰り返さないが、たとえば大島村的山《あづち》の須古踊では、区長・須古頭（モッショガシラ）・先払い（棒曳）・槍持・幟持・太鼓打ち・太鼓持ち・鉦打ち・笛・踊り手が行列に加わって集落内を回り、踊りの場では、花杖と称する子供の杖の打ち合いに始まり、刀・鎌などを用いた組み手が行われる。これは芸能ではなく、「流儀」と呼ばれる本格的な武術で、天下新無双流、大山引大流、真刀流に分かれており(13)、須古踊に随行して武術の一端を披露するのである。平戸市獅子の須古踊では、現在は行われていないが、町総代・ゴヘ差・棒つき（六尺竹）・幟さし・オカチ組・鳥毛の槍・枠ふり・杖つかい・棒つき・高い山（子供の踊り手）・モッショ方・はやし方・太鼓（打ち方・掛け方に分かれた二組）・鉦打・笛など総勢百三十六人に及ぶ行列があった(14)。対馬盆踊の行列と共通する役名もあり、芸態も類似していたらしい。

また、獅子の須古踊では、モッショ方の一人は青年が高島田の花嫁姿となり、竹のササに七色紙を吊したものをかついだという。生月町館浦の須古踊でも、「アビヤ児《こ》」と呼ばれる子供が色紙をつけた笹竹を担いで行列し、踊りの輪にも加わる。いずれも竹に特別な名称はないようだが、対馬のエヅリと関連があるだろう。

このような須古踊は、佐賀県・長崎県の広汎な地域に多数分布している浮立《ふりゅう》と呼ばれる芸能の影響を受けた部分があるとみられる。長崎県松浦市田ノ平の浮立には長い毛槍を振る芸が含まれているのをはじめ、浮立の芸能には行列風流の要素を多く持つものがある。しかし、浮立と須古踊とは本来別種の芸能で、歌謡を伴う須古踊の方が後の成立であろう。

また、須古踊の分布圏と一部重なりながら、平戸市や五島列島にはジャンガラ・チャンココ・オーモンデーなどと呼ばれる念仏拍物《はやしもの》が広く分布している。鉦に合わせて、腰につけた太鼓を打ちながら跳躍して踊るジャンガラ等は、芸態的に直接対馬の盆踊に影響を与えた痕跡はないが、時期としては盆に行われるものであり、盆の供養を拍物によって行うという基盤は共通するところがある。

福岡県筑後地方には、八女郡黒木町の田代風流、筑後市水田の稚児風流など、「風流」(15)の名で呼ばれる芸能が分布しているが、これらは行列風流と稚児による太鼓風流を組み合わせたものである。佐賀・長崎にも天衝舞《てんつくまい》浮立《ふりゅう》などの太鼓浮立があり、いずれも対馬の太鼓打ちとの関連が想定される。

拍物風流は、村落の中に潜伏している疫神や害虫などを、賑やかに楽器で囃し立てて趣向を凝らした造り物に憑りつかせ、村落の外へと送り出すという機能を有している。短い囃子詞を伴うことが多く、太鼓・鼓・ササラ(ビ

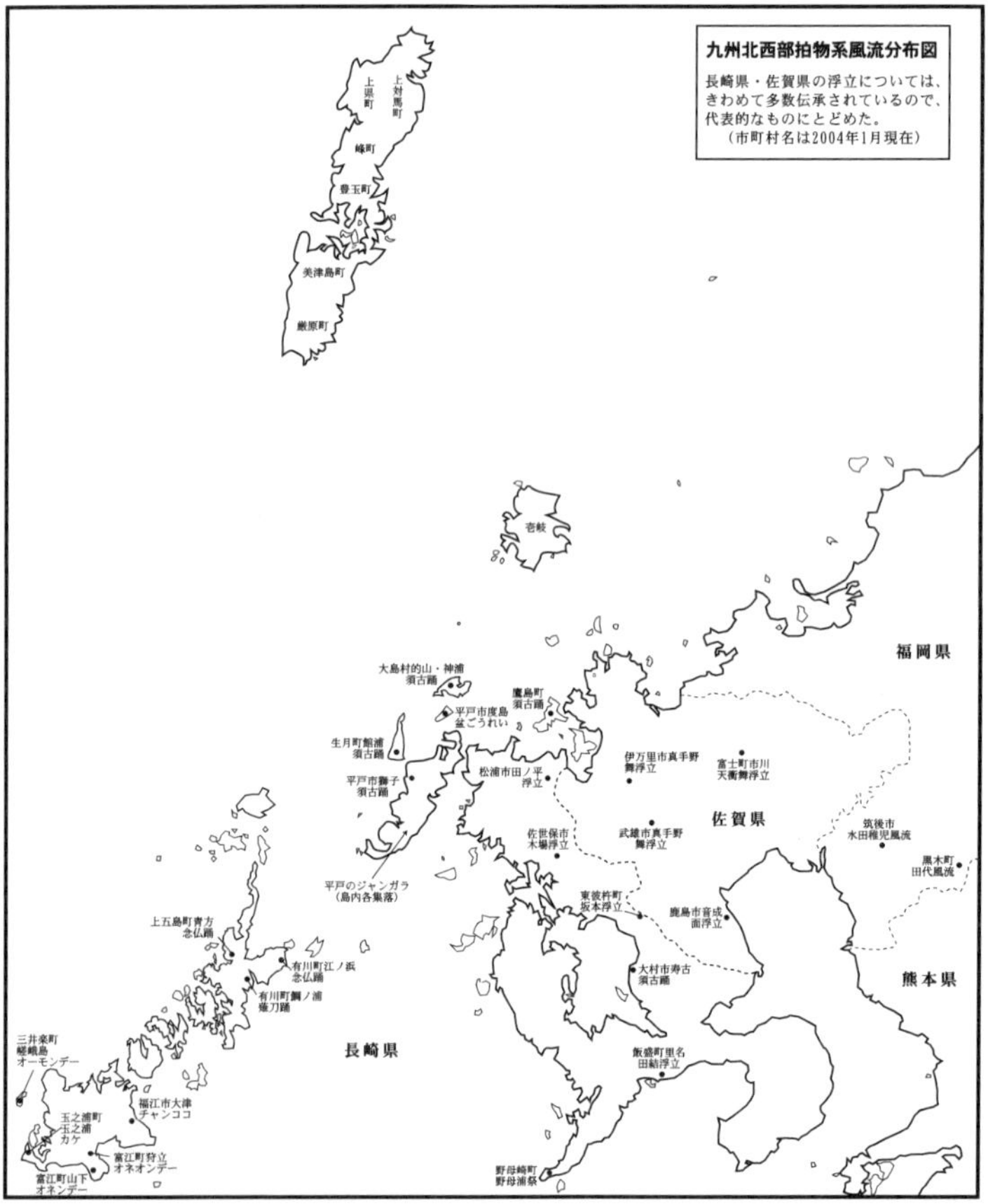

ンザサラ・擦りササラ）・鉦などの楽器を身につけ、これを打ち囃しながら隊型を変えて踊るのが特徴である。(16) 京都のヤスライ花や祇園会の隠し太鼓、琵琶湖周辺のサンヤレ・ケンケトなどが典型とされるが、早くから地方にも伝播して、東北では剣舞《けんばい》・鶏舞《けいばい》となり、九州北西部ではジャンガラや風流・浮立を生み、さらに九州南部ではさまざまなバリエーションの太鼓踊に展開したのである。

何分にも文献資料の残らない芸能のことで、伝播の時期や経路を明らかにするのは難しいが、対馬の盆踊の儀礼的な基層部分をなしているエヅリ・ツエ・太鼓打ち・奴振りなどが、九州北西部における中世後期から近世初期にかけての拍物文化圏の中で形成されてきたことは、ほぼ確実と思われる。

## 六　元禄期の踊歌

最後に、対馬盆踊の採り物踊について、その芸能史的な位置づけを確認してみたい。

風流踊は、単調な囃子詞と楽器による拍物風流に始まり、次第に歌謡を豊かにして、短詩型の小歌を組歌にした小歌系風流踊を成立させた。近世の町躍では、再び小歌組歌が解体されて短詩型小歌の羅列になる場合と、新たに生まれた踊り口説を用いる場合とがあり、近世後期までいわゆる盆踊の二大潮流となった。

小歌組歌の風流踊からは、舞台向けに特化したややこ踊が生まれ、さらに出雲お国らによるかぶき踊の誕生をみたことはよく知られている。かぶき踊誕生期の歌謡は、基本的に小歌組歌であり、女歌舞伎でも若衆歌舞伎でも、若く美しい男女が踊っていた。しかし、いわゆる野郎歌舞伎の時代、寛文～延宝頃（一六六〇～八〇）になると、立役系の踊りもみられるようになる。当時、巷間では奴風俗が流行っており、歌舞伎でも六方言葉、丹前（六方）の振り出しなど、奴風俗の影響を受けた立役の芸が人気を集めた。この頃から元禄～宝永頃（一六八八～一七一〇）にかけて、どのような踊りが歌舞伎の舞台で行われていたのであろうか。踊り口説が流行したことは先にも述べたとおりで、口説に合わせて一座の役者総出演の総踊がフィナーレを飾っていた。そのいっぽうで、『落葉集』（宝永元年刊）などの歌謡書には、奴踊風の踊歌が多数掲載されているが、その曲調や踊り姿は従来明らかでなかった。

享保期（一七一六～一七三五）には上方歌が江戸で独自の展開を遂げて江戸長唄が成立し、今日に至る歌舞伎舞踊の基礎が築かれた。長唄舞踊の初期は女方や若衆方が中心であり、詞章も小歌踊の羅列といった趣きであった。奴踊系の立役の踊りは、志賀山流に伝えられた「馬場先踊」のような稀曲を除くと、「大原女・国入奴」「供奴」など後期の変化舞踊の中などに面影を残すのみとなる。

しかし、先にもふれたように、対馬の六十人躍や現行の採り物踊の詞章には、『落葉集』などに収められた踊歌と一致するものがみられるのである。『対馬　厳原の盆踊』二一四頁以下に対照表を掲げたが、その中から『落葉集』・六十人躍・現行の踊りの三者が揃った一例をあげる。

○『落葉集』竹馬踊

五十三次に隠れない男、よゝをこめたる竹馬を、さて〳〵見事に飾りたて、手綱かいくりしつしどう〳〵、とゞんどどつこいせと、どつこいせ、朝の出がけにや小室節、出がけにや朝の、朝の出がけにや小室節、一こゑ二ふし三蔵や、いうたりつん〳〵つれだち、さあ〳〵行くべい〳〵、轡と鈴がりん〳〵がら〳〵りんがらが〳〵はいどう〳〵はい〳〵はい〳〵はいどうし〳〵あつぱれ御馬は上手が上手と、乗つたか乗つたぞ、それそれ揃うたえ（巻四、四十四）

○六十人躍（内野対琴『反故廼裏見』嘉永四年記録）

五十三次にかくれないおの子（コノヨ、ヲコメタル竹馬ノ）扨〳〵見事にかさり立　手綱かいくりおむろ　そんれはぶし（コノ一声二節三ゾヲ四）二人つん〳〵連立ちさあ〳〵行くべい　さあ行くべい（コノクツワトスヾガ）りん〳〵カラ〳〵〳〵〳〵とゝんとつこい〳〵せ（ム、トツコイセヘ）さりとは無類なお江戸入（ヤツレヲシヤア）上手と〳〵が乗たる名馬か〳〵それ〳〵そろふたへ

○「馬踊り」峰町木坂

ごじうさんつげに隠れない者は、このおよよこめたる竹馬を、アサさてさて見事に飾り立て、手綱かいふしアーインインイン、アーンーシードウドウドドンドトドッコイセ、アア、ウウドッコイセ、今朝の出がきにこのろうが、こんてにウーウーウーウーン、アア一こえ二ふしに三揃え、アサ、ツツンツン爪立ちハアサア行くえサア行くえ、アサくつわとすずわはリンリンガラガラ、リンリンリンイヤハイハイハイドウン、アサ乗ったる名馬じゃ名馬じゃ、ソレソレ揃ろたえ

次の例は、『反故廼裏見』所収の六十人躍歌には類歌がないが、前記報告書以降に判明した三根上里の詞章を加えることができるものである。

○『落葉集』福助買初踊

かどは一五三、飾り藁下げて、物申、どれ〳〵〳〵どっこい、どれ〳〵どっこいどれ、当年の恵方より、福介が買初はは目出度いな、蔵開き棚卸し、皮の財布を肩にひっかけて、古金買を、唐金買を、文の上書き起請の下書き、買いましよよい〳〵、伽羅のたきがら買をやれ買を、おふ買を、心中のよいよね達を、千年も万年も、万々年も正月買いと祝ふた（巻四、二十九）

○「門は七五三」（手踊）峰町木坂

門は一五三に　飾りなわさげて　物申（ものせ）の　どれどれどすこい　どれどれどすこい　どうれ　当年（とね）の恵方（いほ）よに　福助（ふうくぞげえ）が　かあいぞけ　めでたな　蔵開き　たな下し　皮の財布を　肩に引つかけて　あつさ古金（ふるがね）　さつさ唐金（からかね）かあお　しんじよの良うい　嫁たちは　千年も万年

も　あつさ　万々年も　正月かいよ　祝うた

○「かど」峰町三根上里

かーどは、一五三に飾り縄さげてもの　あっさどれどれどっこい　どれどれどっこい　ひとおしへ　よい　おとめの　えー　ふうちょうに　ふうふとや　えなさいとや　めでたいな　船開き　棚卸し　花のさあえ　分銅　肩に引っ掛けて　えっさ　ふるがねか　あら　から金か　あお　あおせんじょの祝うにめでたしが　千年も　万年も　あっさ　万々年も　正月だいとう　祝うさえ

ところが、意外なことに、鹿児島県十島村悪石島（トカラ列島）の盆踊でこの類歌に出会うことができた。

○「財布踊」悪石島(17)

浪花お家のゆわいな踊り　この正月初に倉おろし　このかなおろし　かなの財布をかたにでかけて　おおふるかねか　おうからかね　おうきしょう　おわがき　ふみの下書き　かえましょう　かなのたしから　かおおやおかお

そら千年も　そら万年も　正月こえといおた

かどは七五三　かざいのわさいたる　このおしきせ男の子わさ　そらまるまるまる　こうていおたい

悪石島の盆踊は、多数の男性が円陣を組んで踊るものであり、その点では対馬と異なっている。しかし、現行の踊りはかなり衰退していて本来の振りを知ることが難しくなっているとはいうものの、ナンバを基礎にした内地の盆踊とは異なった印象を受ける。心なしか曲調も対馬と似たところがあるように感じられる。

歌謡は、踊りをともなわずに詞章のみが伝播することも多いので、対馬と悪石島の類似をもって、寛文〜元禄期の歌舞伎における立役系の踊りの具体像に結びつけることはできないが、京・大坂からはるかに隔たった九州の北と南の離島に、内地風の盆踊とは異なった振りで元禄歌謡が伝承されていることは注目に値する。

初期歌舞伎の研究に際しては、小歌系風流踊や猿若の芸脈など、民俗芸能から歌舞伎の芸態を明らかにする研究方法

が、本田安次・郡司正勝以後、一般に認められている。しかし、歌舞伎が舞台芸能として固定した野郎歌舞伎以降になると、荒事を除けば、民俗芸能に目を向けることは少なかったように思う。対馬の採り物踊は、見過ごされてきた歌舞伎舞踊の一系譜に光をあてる、重要な芸能史の資料といってよい。

## 七　対馬の村落と盆踊

盆の風流系芸能が民俗的習俗と不即不離の関係で発達したことは、あらためていうまでもなく、対馬も例外ではない。しかし、対馬の村落における盆踊の芸能面に関しては、在地の民俗的な習俗儀礼にもとづく要素は少なく、宗家で行われた御卯卯塔風流と六十人躍を模したものであった。その御卯卯塔風流は、さらに九州北西部の拍物風流文化圏内に位置づけられるべきものであり、六十人躍は須古踊と若干の関連を有しながら、都市の歌舞伎舞踊や遊里の踊りと深いつながりを持つものであることを確認してきた。

対馬周辺の須古踊やジャンガラ・浮立などは、近世後期の芸能の影響を若干受けている場合もあるが（舞浮立における地芝居の影響など）、基本的に中世から近世初期の様式を留めているのに対し、もっとも内地から遠い対馬の盆踊は、近世後期の「団七踊」や新工夫の仕組踊まで、次々と新しい芸能を受け入れている。経済的な流通経路、参勤交代、朝鮮通信使など、いくつかの要因が考えられるであろうが、娯楽の少ない離島の人々の、内地の芸能への強い憧れが、旺盛な芸能摂取の最大の原動力だったのかもしれない。

民俗的信仰は芸能の受皿にすぎず、人々の関心は、上は藩主から下は百姓まで、より都会的でより新しい芸能にあったといえよう。芸能を希求する村落の熱意が、芸能史研究に重要な資料を残してくれたということもできるだろう。

## 注

（1）御郡奉行『毎日記』享保九年（一七二四）七月二八日条（長崎県立対馬歴史民俗博物館蔵）に以下のような記録がある（渡辺伸夫調査）。

○与良郷之内七ヶ村以前より氏神祭りとて躍仕来り候ニ付盆躍之外一日宛躍申度由願出候ニ付去ル七日御郡御支配江申上候処ニ被仰付候ハ去年被仰渡候通十四日十五日両日内躍候而も可相済候併重キ差支も有之候ハヽ吟味仕申登候様ニ役方ヘ申下候様去七日於　御屋敷古川図書殿より被仰付候付其段申下候処ニ神祭り之義ニ候間以御了簡被差免被下候様ニ右七ヶ村よりも又々願出右之外大船越濃部村之義も同様ニ願出候由奉役大山杢之充申出候付去ル廿四日御郡御支配江以手紙伺候処ニ願之通被仰付候付御郡御支配より御渡し被成候御書付左ニ記之

与良郷

小船越村

蘆　浦

大山村

雞知村

洲藻村

黒瀬村

竹敷村

右之村々之儀以前より氏神祭として躍仕来り候処去年申渡候通十四日十五日之内一両日躍候而も可相済義ニ候併重キ差支之義も候哉吟味仕候様ニ申渡候付則被申渡候処其後如何様共田舎より不申登候然処右七ヶ村躍候義相止候様ニ佐々木半兵衛申付候得共以前より神祭り之躍仕来りたる事ニ候間前々之通ニ御免被成候様ニと村人共願出候由ニ而

委曲以書付被申出候趣承届候神祭り之儀と申以前より仕来り之儀故願之通一日躍候義被差免候且又大船越村濃部村躍之儀も右同前ニ被仰付候間可被申渡候以上

七月廿八日

吉川図書
平田隼人

御郡役衆中

右之通被仰付候ニ付御書付写与良郷奉役方へ差下ス

（2）『対馬　厳原の盆踊』、厳原町教育委員会発行、一九九九年。
（3）「対馬北部の盆踊」『演劇研究』二三号、二〇〇〇年三月。
（4）『対馬　厳原の盆踊』四七頁にもとづき、その後の知見と本稿のテーマにより加除を加えた。
（5）六十人衆は、永享五年（一四三三）に宗氏が九州の領土を失って対馬に本拠を移した際、旧領地から移住した家臣団を特権商人として処遇したのに始まるとされるが、町躍は一般に近世に入ってから各地の城下町で行われるようになったとみられるので、対馬の場合も一六世紀に遡ることはないと思われる。
（6）渡辺伸夫「対馬の芸能環境」『対馬　厳原の盆踊』四〇頁。
（7）『対馬　厳原の盆踊』二一七頁。
（8）過疎化により原則どおりではなくなっているが、現在でも盆踊に携わるのは集落の青年とされている。人口の多かった昭和前期までは、さらに年齢層により二つのグループに分けることがあり、年長者を中老組、年少者を子供組などと呼んでいた。嘉永四年の記録には中老組に関する記述のみがみられる。
（9）郡司正勝「琉球の『組踊』とかぶきの『仕組踊』」『郡司正勝刪定集』第四巻、白水社、一九九一年。
（10）厳原町久根浜の手踊「いろは口説」「牡丹長者」などが、本来の踊り口説を伝えるものであろう。

(11) 地芝居の記録上の初出は寛政一一年(一七九九)。渡辺伸夫「対馬の芸能環境」四三頁による。
(12) 米倉利昭「流転の芸能—須古踊考」『佐賀民俗学』四号による。
(13) 『大島の須古踊』、大島村教育委員会発行、一九七五年。
(14) 『獅子の須古踊り』、平戸市教育委員会発行、一九八三年。
(15) 山路興造「浮立・風流・楽踊り—九州地方の風流系芸能について—」『芸能』五六号、一九七五年。
(16) 『近江のケンケト祭り・長刀振り二』第四章(青盛透・植木行宣)、滋賀県教育委員会、一九八八年。
(17) 『十島村誌』、十島村発行、一九九五年。

# 第二部　宗氏の支配と対馬史料群

# 中世対馬の課役と所領

関　周一

## はじめに

玄界灘に浮かぶ対馬は、朝鮮との国境に位置する。日本の畿内からみれば、辺境に位置づけられるが、対馬島民は、朝鮮半島や半島南部の多島海までを行動範囲にしていた。また対馬島の約九割は山林が占めていて平地が少なく、海岸線は急峻な山々がそそり立っているという特性も持っている。

本章は、中世の対馬の特質を、課役と所領の上から概観しようとするものである。対馬には荘園は成立していない。だが中世文書をみていくと、課役や所領表記などに、荘園公領制の影響を見出すことができる。本章では、まず朝鮮王朝からみた対馬のイメージを述べた上で、宗氏と家臣（給人）との関係を示す文書を中心に検討し、課役の内容や、設定された所領の表記などを提示し、それらを通じて対馬における多様な生業の一端についても述べたい。また最後に、耕地の特色についても言及したい。

対馬の中世文書に関しては、〔豊玉町教育委員会　一九九五〕「解説」（小松勝助氏執筆）が、対馬市豊玉町内に現存する中世文書の様式を整理している。それによれば、⑴書下、⑵安堵状、⑶遵行状、⑷書状、⑸寄進状、⑹禁制、⑺官途状、⑻加冠状〔木下　二〇〇八〕、⑼坪付、⑽売券である。ただし、例えば⑶の中に「坪付」の記載がある例があるように、複数の様式を含む文書もある。

尚、本章は、二〇〇二年一一月二日に開催されたシンポジウム「対馬の歴史と民俗」における筆者の報告「中世対馬の所領表記について」の趣旨を補訂したものである。ただし、筆者は本研究の現地調査に参加していない。主として刊本史料を見ていく中で、気づいた点を指摘するのに留まる。そのような限界はあるものの、他の章を理解する上での一助となれば、幸いである。

## 一　対馬のイメージ

⑴朝鮮使節の観察

中世の対馬は、どのような場として認識されていたのだろうか。朝鮮王朝の対馬に対する認識は、申叔舟の著書『海東諸国紀』（一四七一年成立）の日本国紀に端的に表現されている。彼自身も、一四四三年に通信使の書状官として来日している。

〔**史料1**〕『海東諸国紀』日本国紀

　対馬島

　郡八、人戸皆沿海浦而、居凡八十二浦、南北三日程、東西或一日、或半日程、四面皆石山、土瘠民貧、以煮塩・捕魚・販売為生、（下略）

八郡は、豊崎・豆酘・伊奈・仁位・与良・三根・佐護・佐須の各郡を指す。〔史料1〕は、対馬島の四面は皆石山ばかりで、土は痩せて民は貧しく、島民は、製塩・漁業・交易を生業としていたことを述べている。

このようなイメージは、朝鮮王朝が対馬に派遣した使節の帰朝報告（復命書や、国王との問答で報告）〔関 一九九九〕に、しばしばみることができる。高橋公明氏は、〔史料1〕の記述は「陸から見た海」の見方であり、対馬の人々は「豊富な海産物があり、北にも南にも交易する人々がおり、たとえ土地が痩せていてもここで楽しく暮らしていける」というように考えていたのではないかとされる。そして海域世界という見方を提案する〔大石・高良・高橋 二〇〇一、二七九〜二八〇頁〕。筆者も、このような視点から中世の対馬を考えているが、本書で明らかにされるように、田・畠・木庭（焼畑）を開発して耕作を行っていたことも事実である。

応永の外寇（一四一九年）の翌年に来日した回礼使宋希璟の漢詩文集『老松堂日本行録』には、対馬の農業に触れた箇所がある。日本への往路で詠んだもので、同年二月、対馬の東海岸側を航行している際に詠んだ「舟中雑詠五首」〔三六節〕の中の詩である。

**〔史料2〕**『老松堂日本行録』

人居

縁涯得見両三家、片々山田麦発華、那識朝鮮千万里、春風処々富桑麻、

前半が船から見た対馬の光景であり、海に面した縁涯に人家が二・三軒あり、崖の斜面を利用した片々とした「山田」に麦が華《はな》を発《ひら》いている様子を詠んでいる。この情景と、朝鮮の春に桑・麻が豊かに実っている様子を対比させている。

また長享元年（一四八七）に対馬を訪れた鄭誠謹は、〔史料1〕と同じような対馬のイメージを持ちながら、次のように農業に関しても記述している〔佐伯 一九九〇、二六三頁〕。

**〔史料3〕**朝鮮『成宗実録』巻二〇四、一八年（一四八七）六月戊寅（一〇日）条

且其土性甚薄、又無水田、皆資山田以食、而彼人禁伐山林、使不得耕食、或採葛根・蕨根、或取海魚煮食、人多飢色、前此専以剽窃我辺境、以延其生、而島主之禁防太厳、故彼人等反以為怨曰、使吾輩以就飢死、

土性が甚だ薄く、水田はなく、皆山田（山間にある畠・畑）を耕作して食料を得ていることを述べている。また山林を伐ることを禁じ、耕作して食料を得させないようにしているという。この記述通りだとすれば、当時、木庭（焼畑）の開発は禁止されていたことになる。

(2)朝鮮米の輸入

一四世紀末～一六世紀初頭、朝鮮王朝は、倭寇を禁圧できる領主たちの使節、例えば、室町幕府の使節（日本国王使）や九州探題今川了俊・大内氏・宗氏などの使節を迎え入れた。さらに朝鮮王朝は、倭人懐柔策の一環として、倭寇であった人々も平和的な通交者であれば受け入れた。その結果、多様な階層の使節が朝鮮王朝に派遣された。このような使節を、朝鮮王朝は使送倭人とよぶ。

特に対馬からは、数多くの使船が派遣された。最大の通交者は、対馬守護・対馬島主（朝鮮王朝側の呼称。研究史上では、対馬の実質的支配者の意味でも使われる）である宗氏である。宗氏は、〔史料4〕のように、朝鮮王朝から回賜品として米・豆を与えられている。尚、一五世紀の朝鮮の一斗は、日本の京枡では四升八合五勺余に相当し、日本の五割弱であった〔長 二〇〇二、二三二頁〕。

〔**史料4**〕朝鮮『太宗実録』巻二、元年（一四〇一）一〇月丙辰（一日）条

対馬島太守宗貞茂・一岐島守護志宗使人還、賜貞茂虎豹皮各二領・席子二十張・米豆各二十石、志宗虎豹皮各一領・席子十張・白苧黒麻布各十匹、皆授其使而送之、

嘉吉三年（一四四三）、宗貞盛は、朝鮮王朝との間に癸亥約条を結び、歳遣船五〇隻を派遣することを許され、さら

に歳賜米二〇〇石を与えられることになった（一六世紀に結んだ壬申約条などで、歳遣船は減少する）。

また上記の使船とは別に、興利倭船とよばれる船が朝鮮半島南岸の港に来航した。興利倭船は、魚・塩を朝鮮に持ち込み、米穀と交換する船で、一四一〇年代（太宗朝）には倭寇が掠奪した中国商品も持ち込んでいた。興利倭船に乗船していた興利倭人の大半は、対馬島の漁民であった〔長 二〇〇二〕。対馬で生産された塩や周辺海域での漁獲物は、朝鮮にも交易品として移出されていたのである。さらに三浦に居住する恒居倭も出現し、その居住者数や繁栄ぶりは、宗氏の守護館がある府中（現、対馬市厳原町）をもしのぐものであった〔中村 一九六五、村井 一九九三、長 二〇〇二、関 二〇〇二・二〇〇六ａｂ〕。

朝鮮に渡航した使船の乗員に対して、朝鮮王朝は、過海料や滞在期間中与えられる留浦料（給料）として米を支給した。過海料の支給にあたり、使節の出発地に応じた基準の渡航日数を定めている。その規定は成宗二年（一四七一）に改定され、『海東諸国紀』の「朝聘応接紀」によれば、対馬島は五日、壱岐島は一五日、九州は二〇日、日本本国（畿内・山陰道・山陽道）と琉球国使は二〇日とある。支給人数は、成宗二年の時点では、大船四〇人・中船三〇人・小船二〇人で算出し（『成宗実録』巻一〇、二年四月己酉〔七日〕条）、過海料・留浦料は一日米二升であり、留浦料は、一人について一日に二度、米を各一升支給した（『海東諸国紀』「朝聘応接紀」）。長節子氏は、成宗一三年（一四八二）、朝鮮王朝に大蔵経を求めた「夷千島王」の使者が、朝鮮に長期にわたって滞在した理由として、留浦料の獲得を挙げている〔長 二〇〇二〕。

以上述べたような経緯によって、朝鮮米が輸入された。だがその米が、島内でどのように分配され、消費されていったのかという点は、明らかではない。その手がかりとなる二つの史料を挙げておく。

享徳四年（一四五五）二月日の満茂書下写（『馬廻御判物帳』）〔長崎県史編纂委員会 一九六三、七一四頁〕には、宗彦三郎にあてて、冒頭に「一、朝鮮米十五石之事」を記しており、次いで「一、天満宮まつり不可惰之事」「一、当家の守護可為専一事」などを心得るように伝えている。朝鮮米十五石の意味は明かではないが、冒頭の記載なので朝鮮米の支給を約束したものなのかもしれない。また天満宮の祭りとの関連もあるのだろうか。

また仁位家文書（対馬市豊玉町仁位　仁位信輝氏所蔵）には、次のような文書がある。

〔**史料5**〕唐坊盛房証状〔豊玉町教育委員会　一九九五、三八〜三九頁〕一五〇六年

「しょもん」《端裏書》

かうらい《高麗》のたいもく《題目》之事、しゆうそ《愁訴》なり申候ハヽ、米の事ハその方の御一しやうらいの間、はんふん《半分》わたし申へく候、すこも《し脱カ》此まゐふさた《無沙汰》あるましく候、仍為後日状如件、

唐坊治部小輔

永正三年ひのへとら二月卅日　　盛房（花押）（黒印）

宗右馬允殿参人々中

意味の取りにくい文書だが、次のように解釈しておきたい。当時、対馬守護・島主の宗盛順（惣領家）は、歳遣船など多数の朝鮮への使船（偽使を含む）を管理・経営していた。その中のある使船（歳遣船のうちの一船か）に関する権利を有していた宗右馬允（仁位宗氏）が、朝鮮渡航の際の「題目」に関して愁訴した。それに対し、（惣領家の家臣である）唐坊盛房が（朝鮮）米を将来にわたり半分渡し申すことを約したものが、〔史料5〕である。対馬島主の派遣した使船に一定の権利を有していた諸氏に対して、朝鮮米半分を支給するシステムがあったという想定が可能である。尚、宗家文庫蔵の「小番帳写」の冒頭に収められた永正五年（一五〇八）の「定壱昼夜番之事」の六番に「唐坊肥前守」がみえる。一昼夜番とは、島主（守護）館の一昼夜警固と考えられる〔佐伯　二〇〇一、四〜五頁〕。

## 二　大山小田文書にみる課役と生業
### ――鎌倉時代末期〜南北朝時代前期――

次に「大山《おやま》小田文書」を素材として、対馬における領主支配について概観してみよう。

大山小田文書は、対馬の与良郷大山村（現、対馬市美津島町大山）の給人小田家に伝来した文書であり、現在は長崎県立対馬歴史民俗資料館の所蔵となっている。同文書は、最近佐伯弘次・有川宜博両氏によって、編年のかたちで紹介された〔佐伯・有川　二〇〇二〕（以下、文書番号は同紹介に拠る）。大山村は浅茅湾の東側に面する集落である。大山氏または大山伴田氏と称し、室町時代初期に小田氏を称するようになる。大山氏（小田氏）は、海の領主として知られている。佐伯弘次氏が本文書を使用して丹念に検討され〔佐伯　一九九〇・一九九八〕、前述した史料紹介においてもその要点が解説されている（佐伯氏執筆）〔佐伯・有川　二〇〇二〕。

大山小田文書は、鎌倉時代末期から戦国時代までの文書を含んでおり、海事史料として豊かな内容をもっている。対馬独自の課役を知ることができるほか、対馬守護宗氏らによって、荘園公領制の論理が持ち込まれている様子も窺える。以下では佐伯氏の研究に導かれながら、伝来した大山小田文書を年代順にみていくことで気づいた点を述べておきたい。

鎌倉時代後期〜南北朝時代前期は、少弐氏が対馬守護であり、対馬島の地頭をつとめていた。同文書のうち六通は、少弐氏による支配が直接及んでいた時期のものである。

まず鎌倉末期の三通の文書から、大山氏が負担していた課役を確認しておこう。

第一に年貢であり、大山氏は年貢として塩の徴収を命じられている。

〔史料6〕少弐貞経書状（一号）一三一九年

対馬「島」《（補筆）》のしほや《（塩屋）》の事、注文をあいそへて、かしあけ《（借上）》のかたにわたさるゝほか、今年はしめてたつるところのしほかま《（塩竈）》をは、けんさい《（現在）》にまかせて、くない《（宮内）》入道のさた《（沙汰）》として、ねんく《（年貢）》をさた《（沙汰）》ししん《（進）》すへきよし、「先」日「おほせ」《（仰）》られをハ《（畢）》ぬ、「そんふ」《（存分）》んをくない入道にくハしく《（詳）》おほせ《（仰）》ふくめ《（含）》らるへく候、謹言、

元応元

十一月廿九日　　貞経《（少弐）》（花押）

西郷入道殿

八田六郎殿

少弐貞経は、「対馬島の塩屋は借上のかたに渡し、今年初めて立てる塩釜は宮内入道の沙汰として年貢を進上せよ」と指示している。塩屋は、鹹水を煮て塩を作る建物、すなわち製塩施設を指す。〔史料6〕において塩屋は借上に渡され、それ以外の新立の塩竈（釜）を基準に、少弐氏は宮内入道に塩年貢を負担させている。塩年貢の賦課の単位が、塩屋ないし塩竈（釜）であることと、大山宮内入道がこれらを経営していたことがわかる。そして少弐貞経は、借上に塩屋を渡し、宮内入道が新立の塩竈（釜）から徴収することを指示していた。宮内入道は、塩年貢徴収の役人と考えられ〔佐伯　一九九八、一一七頁〕、借上の存在から、かなりの規模で塩が流通していたことを窺わせる。

網野善彦氏によれば、浦々の平民百姓的海民の共同体による比較的小規模な製塩に対して、荘園・公領の支配者による賦課の仕方は、国によってさまざまであったという。伊予国弓削島荘などの瀬戸内海の島嶼では、塩浜が百姓名に結われ、米麦との交易で塩年貢を納めた。若狭国の浦々では山手塩を負担し、能登国の浦々では塩釜が正式の検注の対象になっていた。佐渡では塩釜、越後・肥後では塩屋、豊後では塩浜が領主の譲与の対象になっているのも、賦課方式の違いと関係があるものだという。肥前国五島の浦部島（中通島）に根拠を置く青方氏とその支流白魚氏の所領は、田畠・

山野・牧・網・塩屋から成り立っており、元徳三年（一三三一）八月一五日付の深堀時清（カ）和与状案（肥前深堀家文書、『鎌倉遺文』四〇巻三一四九二号）でも塩屋が和与の対象になっている〔網野 二〇〇一〕。対馬においても、このような荘園公領制の下での塩の徴収と、本質的には変わりはない。だが〔史料6〕には、塩屋・塩竈（釜）双方がみえる点に、他地域との相違点がみえる。

第二の課役は「網の用途」であり、漁業への賦課である。

**〔史料7〕**□房・祐円連署書状（二号）一三二七年

とし〱《年々》のあミ《網》のようとう《用途》ハ弐拾貫文そのさた《沙汰》候へとも、いまハあミ一てう《帖》のほかハさたなきあひた、拾貫のほかハなんち《難治》たるへきよし、なけき《嘆》申るゝうへハ、いま一てうふんのようとうの事、あミをひか《曳》さるうへハ、御めん《免》あるへきよし候也、一てうふんハけたい《懈怠》なくさた《沙汰》したしんせ《進》らるへきよし候、そんち《存知》せらるへく候、恐々謹言、

嘉暦二

正月十日　祐円（花押）

□房（花押）

大山伴田次郎殿

大山伴田次郎は、年々の網の用途として毎年二〇貫文（網二帖分）を少弐氏に納入していたが、現在は網一帖分は曳いていない（操業していない）ので、一帖分の一〇貫文は納入しがたいと訴えた。その主張が認められ、網一帖分の用途が免除された。この網は、大山氏が所有していたものと思われ、その網を使用して後述する網人（すなわち海民）が魚を捕獲していた。漁獲物は交易されて銭に換えられ、少弐氏は、その網一帖につき一〇貫文の税を賦課していた。佐伯氏は、当時の対馬の網漁は、一帖につき年間一〇貫文以上に相当する漁獲があったものと推定されている〔佐伯 一九九八、一二一～一二二頁〕。

「網の用途」の語を記した鎌倉時代の文書は少なく、鎌倉時代の伊予国弓削島荘において二通確認できる程度である。元亨元年（一三二一）六月一五日付の弓削島荘網用途支配状（「東寺百号文書」マ・白河本東寺百号文書、『鎌倉遺文』三六巻二七八〇五号）に「弓削島網〈元亨元年〉用途支配」、元亨三年六月四日付の弓削島荘網用途支配状（「東寺百合文書」マ、『鎌倉遺文』三七巻二八四二三号）に「あミ《網》の用途」がみえる。

第三に公事である。〔史料7〕と同年の次の文書をみよう。

**〔史料8〕**少弐貞経書下（三号）一三二七年

大山宮内左衛門入道跡事、子息伴田次郎無相違令相続、有限御公事者、任先例可令勤仕候由、所被仰也、可令存知其旨給之状如件、

嘉暦二

十二月廿八日　　妙恵《少弐貞経》（花押）

宗馬弥次郎《盛国》入道殿

妙恵（少弐貞経）が、宗馬弥次郎入道（宗盛国）に対して、大山宮内左衛門入道の遺跡を子息伴田次郎が相続することを承認した旨を伝えるように命じたものである。その際、伴田次郎は限りある公事を先例に任せて務めるように命じられている。公事の具体的な内容は明らかではないが、後の時代の公事から類推すれば、交易に賦課されたものだろうか。年貢として納める塩とは、別個のものと思われる。

以上みてきたように、鎌倉時代末期、少弐氏は、大山氏に対して、年貢（塩）・網の用途（銭）・公事の三つを賦課していた。このことは、大山氏が掌握していた百姓が、製塩・漁業（・交易）を生業としている海民であったことを示している。またその課役は、荘園公領制のもとでの海民に対する課役とは、基本的に変わるところはない。

次に南北朝前期の文書をみると、大山氏の違乱行為や、「年貢用途」の未進が問題にされている。

〔史料9〕西郷顕景・輔恵連署書下（四号）一三四五年

対馬島塩屋百姓源藤六・源八男等申船木事、大山小次郎左衛門尉或運取之、或致違乱云々、太無謂、早且糺返件木於本主、且可被止向後違乱之状如件、

康永四

二月一日

輔恵（花押）

（西郷）顕景（花押）

大山宮内允殿

この文書から「塩屋百姓」、すなわち塩屋で働く百姓である源藤六・源八男の名がわかる。大山小次郎左衛門尉は、彼らの船木を運び取ってしまった。源藤六らは少弐氏に訴えたため、少弐氏の被官西郷顕景・輔恵は、船木を本主に返すように大山宮内允に命じている。塩屋百姓は、船木、すなわち造船用の木材を所持しており、したがって彼らは生産手段としての船を所有していたことがわかる〔佐伯　一九九八、一一〇頁〕。この塩屋は大山氏の管理下にあったことが推測されるが、大山氏が百姓の船木を運び取ることは違乱行為であると、少弐氏が認定したのである。

五・六号文書では、「年貢用途」の未進が問題にされている。

〔史料10〕西郷顕景・輔恵連署書下（五号）一三四五年

毎年沙汰御年貢用途未進由事、不日遂結解、可被弁済慶寿寺雑掌之状如件、

康永四

八月廿四日

輔恵（花押）

（西郷）顕景（花押）

大山宮内允殿

大山宮内允が、毎年、雑掌である慶寿寺に弁済すべき「御年貢用途」を未進していることがわかる。〔史料6〕〔史料7〕に即して読めば、年貢塩と網の用途の二つを未進していることになり、この二つが依然大山氏に賦課されていることがわかる。年未詳二月一二日付の西郷顕景・氏賢連署書状（六号）によれば、大山伴田宮内丞は、（網の）用途の去年分一〇貫文・今年分一〇貫文を慶寿寺に未進している。

## 三　大山小田文書にみる課役・生業と所領
### ――南北朝時代前期〜戦国時代初期――

南北朝後期以降、少弐氏に代わって、宗氏による対馬の知行が展開していく。長節子氏によれば、宗氏は、対馬在庁官人惟宗氏が、武士化したものである。惟宗氏は少弐氏の被官になり、対馬の地頭代を兼ねた。少弐氏とは異なり、島内に基盤を持っていたため、島政の実権を掌握し、武士的活動の領域では、宗氏を称するようになった。南北朝後期〜室町時代は、宗氏の一族内でも、惣領家と庶流の仁位中村宗氏との間で、守護職や朝鮮通交権をめぐる抗争が展開した。永和四年（一三七八）以前の段階で、宗澄茂は、室町幕府から対馬国守護職に任じられている。宗澄茂は仁位中村宗氏で、惣領の座を奪い取ったのである。また少弐氏との主従関係は継続しており、少弐氏を助けて九州へしばしば出兵している〔長節子　一九八七〕。

以上のような島内の政治情勢の変化に伴い、大山小田文書では南北朝後期以降は、宗氏の発給文書が大半を占めるようになる。以下では、⑴一四世紀後期、⑵一五世紀前半、⑶一五世紀後半、⑷一六世紀前半に分けて検討していく。

#### ⑴一四世紀後期　網人と公事

一四世紀後期において、前述した少弐氏の知行時期との相違点を、次の二通の文書から指摘しておこう。

第一に、漁業に関わる網人（百姓、海民）の人数や名を掌握しようというものである。

〔**史料11**〕宗経茂書状（七号）一三六六年

いま五たう《今五島》のへんさいし《弁財使》并ニあミ《網》人ら

一人　さう五郎

一人　又五郎

一人　四郎

一人　けん二郎

一人　ミやハう

一人　ふくらたゆふ

一人　へい三郎

一人　むまの太郎

一人　すけ二郎

一人　三郎大郎

あつけ《預》まいらせ候、恐々謹言、

貞治五

十月十一日　　宗慶《宗経茂》（花押）

大山くないさへもん《宮内左衛門》尉殿

佐伯氏によれば、この文書は大山小田氏の漁業経営における人的基盤を明らかにしたもので、この時大山氏は、漁業組織の長である弁済使と、実際に網漁に従事する網人の計一〇名を、宗慶（宗経茂）から預けられたとされる。大山氏の漁業経営は、網を所有し、弁済使・網人という専業的海民をかかえてのものであった〔佐伯　一九九八、一二二〜一二三頁〕。このような経営は、鎌倉時代末期から継続していたものであろう。

少弐氏知行期と異なる点は、一〇人の名を具体的に書き上げている点である。おそらく実態としては、彼ら一〇人は既に大山氏が抱えており、宗経茂がそれを承認した上で、形式的に大山氏に預ける形をとったのであろう。宗氏は、大山氏を通じて、課役の賦課対象である海民＝百姓の名・人数まで掌握しようとしたのである。

第二に、公事の内容が明示されることである。

〔**史料12**〕宗経茂書下（八号）一三六九年

かうらいわたり《（高麗渡）》の大山ふね《（船）》二そう《（艘）》のくうし《（公事）》の事、さしをき申所如件、

正平廿四

七月五日　　　　宗慶《（宗経茂）》（花押）

大山宮内さへもん《（左衛門）》殿

この文書では、大山宮内左衛門は、高麗渡りの大山船二艘の公事が免除されている。

仁位中村宗氏の澄茂の代では、逆に高麗公事の沙汰を命じられている。年未詳一一月七日付の宗澄茂書状（一〇号）において、「つしま（対馬）の島の八かい（海）のかうらい（高麗）くうし（公事）」を事書の旨を守り、来る午年まで沙汰することを命じられ、康応元年（一三八九）九月一七日付の宗澄茂書下（一二号）においては、「つしま（対馬）のかうらい（高麗）御公事」の沙汰を命じられている。

高麗公事の初見は、貞治四年（一三六五）一一月一三日付の宗慶（宗経茂）書下写（『宗家御判物写　與良郷下』鶏

知村、『南北朝遺文』九州編四巻四六〇三号）（長崎県史編纂委員会 一九六三、六三二頁）で、峰の沙汰人中に対して「下人のこうらいくうし」を免除したものである（李 一九九九）。ところで高麗公事（黒田 一九七一）の解釈については、（ア）宗氏が倭寇からとりたてた公事とする見解（中村 一九六五・李 一九九九）と、（イ）宗氏が島民の高麗貿易に対して賦課した課税という見解（田中 一九七五・長 二〇〇二）がある。前期倭寇が隆盛した時期であることから、佐伯氏は解釈を留保されている（佐伯・有川 二〇〇二）。だがこの時期においても宗氏の遣使は行われ、恭愍王一七年（一三六八）一一月、宗宗慶は使節を高麗に派遣して米一千石を支給されている（『高麗史』巻四一、恭愍王一七年一一月丙午（九日）条・『高麗史節要』巻二八、恭愍王一七年一一月条）。また巨済県・南海県において倭人（対馬島民か）の居住が認められ、向化倭として扱われている（『高麗史』巻四一、恭愍王一八年（一三六九）七月辛丑（九日）条）。高麗公事は、倭寇が沈静化した一五世紀も賦課されている（後述）。したがって高麗公事は（イ）説で理解すべきで、対馬から朝鮮に渡海して交易をする船に課されたものと考えられる。

上記二点に加えて目につくのは、所領＝土地が宗氏によって安堵され、その所領に基づいて公事が賦課されることである。

宗澄茂は、次のように和多浦の恒例の公事が給分として、大山左衛門五郎に宛行われている。

〔**史料13**〕宗澄茂遵行状（九号）一三七六年

つしま《対馬島》のしまわた《和多》の浦のこうれい《恒例》の御くうし《公事》の事、きうふん《給分》としてあて《宛》給るところ也、御かき《書》下のむねニまかせて、

ちきやう《知行》すへき状如件、

永和二

十月十六日　澄《宗》茂（花押）

大山さへもん《左衛門》五郎殿

また年未詳一一月七日付の宗澄茂書下（一一号）では、大山左衛門五郎は麻生（浅茅）内島山の代官職を預け置かれ、公事の進上を命じられている。大山氏は、宗氏への公事負担を命じられていたことがわかる。宗氏は、その際に代官職に任じたり、浦という所領単位（土地）を基準に公事負担分を給分として与えるようになっている。この点に荘園公領制下の収取体系の影響をみることができる。

⑵一四世紀末～一五世紀前半　所領の宛行・百姓の公事負担

一四世紀末、宗貞茂が仁位中村宗氏から対馬島主の地位を奪還した。宗貞茂と次の宗貞盛の時期は、宗氏による島内支配の基盤を固めていく時期である。

まず宗貞茂の代になると、所領が給分として宛行われている。

〔**史料14**〕宗貞茂書下（一四号）一四〇一年

対馬島内和多浦・志麻《島》山・今五島事、「由」所地之間、為給分所宛行也、任先例可致沙汰状如件、

応永八

十二月十三日　　　　貞《宗》茂（花押）

大山宮内左衛門尉殿

和多浦・島山・今五島は、浅茅湾内の地域と考えられる〔佐伯・有川 二〇〇二〕。宗氏が、浦や山などの所領＝土地を宛行うことで、島内の家臣（給人）を編成していく様子が窺える。このことは、年未詳六月二四日付の宗貞茂書状（一六号）において、一層はっきり示されている。宗貞茂は、小田宮内左衛門尉の由緒地について、先年の宗経茂・宗澄茂の成敗の旨に任させて安堵を成すことを、宗中務入道に命じている。

ついで宗貞茂のもとでの公事・年貢の負担や免除についてみていこう。

応永九年（一四〇二）卯月（四月）二一日付の宗貞茂書下（一五号）では、大山小田宮内左衛門尉は大山宮内左衛門入道跡を相続するにあたって限りある公事の勤仕を命じられている。また年未詳四月一〇日付の宗貞茂（カ）書状（一七号）によれば、仁位郡について「カミ《(上)》のねんく《(年貢)》」（宗氏に納めるものか）と「わたくし《(私)》のとくふん《(得分)》」（大山氏の得分）の沙汰を、大山宮内左衛門が命じられている。大山小田文書において、年貢の記載はこの文書が最後である。さらに、次の文書をみよう。

〔**史料15**〕宗貞茂書下（一八号）一四〇四年

大山宮内入道知行分の事、先々のまゝ諸事お御めん《(免)》ある所也、此旨可被存知状如件、

応永十一

十二月十五日　　正永《(宗貞茂)》（花押）

大山宮内入道殿

この文書では、大山宮内入道の知行分につき、諸事が免除されている。何らかの功績によって諸事（公事。年貢を含むか）の免除を獲得したものと思われる〔佐伯・有川 二〇〇二〕。

また同時に大山氏は、宗貞茂から八海の大物が立つ時には、その取り沙汰が命じられている。このことは、応永一一年（一四〇四）一二月二〇日付の宗貞茂書下（一九・二〇号）にみえる。このうち二〇号文書を、次に掲げる。

〔**史料16**〕宗貞茂書下（二〇号）一四〇四年

いるかのうら《(浦)》のものゝ事、十こん《(喉)》ニ五こんハくはう《(公方カ)》物たるへく候、かたくさいそく《(催促)》あるへく候、

八かい《(海)》の大もの《(物)》ゝ事、かたくさいそくあるへき条、

一所　のふ《(濃部)》

一所　かもせ《(鴨居瀬)》
一所　たけ《(竹)》の浦
一所　わた《(和多)》の浦
の事、せんく《(先々)》の法のまゝさた《(沙汰)》あるへく候、もしふさた《(無沙汰)》のともから《(輩)》におゐてハ、さいくわ《(罪科)》あるへき状如件、
応永十一
十二月廿日　　正永《(宗貞茂)》（花押）
大山宮内入道殿

八海とは対馬八郡、対馬全島の海域を意味し、「大物」とは海豚《いるか》や鮪などの大型の海中生物と考えられる。そして海豚については、一〇喉に五喉は公方物とある。公方物は島主宗氏への上納物と思われ、漁獲高の五割は島主宗氏に上納していた。すなわち大型漁獲物の半分は、宗氏に上納するという原則があり、大山氏は宗氏の代官としてその任にあたっていたものと考えられる〔佐伯　一九九八、佐伯・有川　二〇〇二〕。

さらに注目したいのは、所領（知行地）の沙汰も命じられている点である。一九号文書では、「二のこほり」（仁位郡）、さか《(嵯峨)》・かいふな《(貝鮒)》・大いし《(石)》における沙汰が命じられている。〔史料16〕（二〇号）では上述のように、一所として、濃部・鴨居瀬・竹の浦・和多の浦という浅茅湾の東側の地域の地名が書き上られ、その沙汰を命じられている。〔史料16〕で示された地は、大山氏が宗氏から与えられた知行地と思われる。漁業に従事していた百姓（海民）からの徴収とは別個に、知行地の沙汰も命じられるようになったのである。尚、和田浦・志麻（島）山・今五島は、応永二七年（一四二〇）一二月六日付の宗貞盛書下（二二号）により、大山宮内左衛門尉に宛行われている。宗貞盛の代始安堵といえるだろう。

それでは、知行地の沙汰とはどういうことだろうか。大山氏の知行地からは、八海の大物とは別に、宗氏に対して公事を納めることになっていた。その場合、公事が賦課される対象は、百姓である。年未詳四月一六日付の宗貞澄書下

（二一号）には、「御ちきやう《知行》分百しやう《姓》所々に候」とあり、知行分の百姓が位置づけられている。さらに、次の文書をみよう。

〔**史料17**〕浄秀・祐覚連署書下（二三号）一四四三年

ひる《昼》の浦の百しやう《姓》の事、けんちう《検注》申へきよし《由》申候、しかるへく候、よてりんし《臨時》の御くうし《公事》いけ《以下》の事ハありつき候するほとハ、くはう《公方》ニ御申、さしをくへく候、もと《元》のことく《如》かへり《還》、いかてしたい《次第》ニのこり《残》候百しやう《姓》をもめしわ《召渡》たし、ほん〱《本々カ》の御くうし《公事》をいたし候へき之状如件、

嘉吉三

十一月廿四日　祐覚（花押）

浄秀（花押）

ひる《昼》の浦

けこしの所

昼の浦（現、対馬市美津島町昼ケ浦）の百姓の検注を指示したが、臨時の御公事を公方（宗貞盛か）に申し上げ免除すること、それと引き替えに百姓が還住して、残りの百姓についても召し渡し、恒例の公事を納めることを命じている。

大山氏が掌握しているのは、漁業や交易などを生業としている百姓たちである。彼らは、移動生活を主とし、その行動範囲は朝鮮の三浦（乃而浦〔薺浦〕・富山浦〔釜山浦〕・塩浦）にまで及ぶ。

〔**史料18**〕宗成職書下（二八号）

ふさんかい《富山浦》にて候二人のひやくしやう《百姓》共、宮内さへもん《左衛門》ニくうし《公事》物あけ候へ、むつかしく申ニよて、はん《判》のいたす、

「小田」宮内さへもん

「霜」月十五日　成《宗》職（花押）

この文書の途中からは追筆で、意図的に宗成職の判物に改変しようとした形跡があり、扱う上で注意が必要である。前半の記述は興味深く、富山浦における百姓（恒居倭）二人から宮内左衛門が公事物を徴収していたことを示すものである。この文書について、長節子氏は、「小山（小田）宮内左衛門なる者が、富山浦恒居倭の二人の百姓の出す税を島主から宛行われていたが、百姓らが小山に税を納めないので、島主成職に訴えて裁許をうけたもので、これにより恒居倭は島主の裁判権に服していたことがわかる」とされている〔長 二〇〇二、九頁、（ ）は筆者注〕。宗氏は、三浦の恒居倭に対する検断権・課税権（営業税の徴収権）を持っていた〔村井 一九九三・関 二〇〇二〕。

このように宗氏は、給人大山氏を通じて、百姓（海民としての性格が強い）一人一人を賦課の対象としていたのである。ここで想起されるのは、宗貞盛らが、応永の外寇時に朝鮮側の捕虜にされた対馬島民や、朝鮮に逃来した島民の送還を、朝鮮王朝に要請したことである〔関 二〇〇二〕。例えば、世宗一九年（一四三七）、宗貞盛は、百姓馬三郎等二六名の「本島逃来人」の送還を求めている（朝鮮『世宗実録』巻七六、一九年三月癸巳〔三日〕条）。このように名を特定して送還要請をしているのであり、上述してきた百姓の掌握とも深く関わる事例であろう。

### (3) 一五世紀後半　公事の多様化

一五世紀後半の対馬守護・島主である宗成職の発給文書で目立つのは、多様な公事が設定されていることである。対馬独自の公事が、大山氏に対して賦課ないし免除されている。享徳三年（一四五四）二月五日付の宗成職書下〔二六・二七号〕では、大山宮内左衛門尉は高麗の諸公事の他、六つの諸公事が免許（免除）されている。

〔**史料19**〕宗成職書下（二七号）一四五四年

一、たう（当）国高麗のしよ（諸）公事等の事、

一、しほ（塩）判

一、おうせん判
一、六ち（地）の一へう（俵）物
一、人の売口かいくち（買口）
一、船の売口かいくち（買口）
一、山手
　此前の諸公事等、免許いたす所也、仍この旨存知あるへき状如件、
　　享徳三
　　　二月五日　　　　　成（宗）職（花押）
　　太（大）山宮内左衛門尉殿

　これらの公事については、竹内理三・黒田省三・長節子・佐伯弘次各氏らにより解釈され、論者によって解釈の異なるものがある〔竹内 一九五一、黒田 一九七一、長 一九八七・一九九〇・二〇〇二、佐伯 一九九〇・一九九八〕。次に、その解釈を列挙しておこう。


「塩判」　塩を朝鮮・本土に搬出することを許可する島主宗氏の証明書（長）。

　　　朝鮮に渡航する商船の積む塩（商品）に対する課税（黒田・佐伯）。

「おふせん判」　対馬から孤草島（巨文島）に出漁（釣魚）の時、対馬宗氏から発給される文引（長）。

　　　孤草島出漁の漁船に対する税（佐伯）。

「六地之一俵物」　九州（対馬では、「六地」・「陸地」と表記される）へ赴く商船の従量課税（黒田）。

「人之売口買口」　人身売買に関する課税（黒田）。

　　　人身売買にたずさわることを許可したもの（長）。

「船之売口買口」　対馬在籍船の渡航権の売買に対する課税（黒田）。
船による対馬島内沿岸での交易活動を許可したもの（竹内・長）。

「山手」　島内各浦に寄港する船舶が使用する薪・材木などに課した運上（黒田）。
山の用益にたいする税。製塩の燃料として山の木を利用することにたいして、塩を現物納した（佐伯）。

「塩判」・「おふ（う）せん判」は、その用語を文引などの文書と解するか、税＝公事として解するかの相違があるが、文書の発給には手数料（代価）が必要であるから、実態としては大きな相違はない。もっとも解釈の異なるものは、「船之売口買口」である。「六地之一俵物」が別にあることを踏まえて、長説のように対馬島内沿岸での交易活動を認めたものと解釈したい。交易のうち人身売買については、「人之売口買口」が別途に設定されたものであろう。そしてそれらの交易で得た利益に対して賦課したのであろう。

ここで確認しておきたいのは、守護宗氏は、公事を課役の中心に据え、家臣（給人）を通じて百姓から多様な名目の公事を徴収していたことである。この点に、宗氏の島内支配秩序が固まってきたことが窺える。

これらの公事の内、「おふせん判」について若干の説明を加えておこう。嘉吉元年（一四四一）、宗貞盛は、朝鮮王朝との間に孤草島釣魚禁約を結び、孤草島に出漁する対馬漁民に文引を与える権限を得た。長氏は、その文引を「おふせん判」と解している。宗氏は、文引の発給権を得ることにより、対馬島外での島民の出漁を、その管理下においたのである。長氏は、孤草島を現在の大韓民国全羅南道の巨文島に比定している〔長 二〇〇二〕。大山氏配下の百姓（海民）は、孤草島海域まで出漁していたことになる〔佐伯・有川 二〇〇二〕。

また前節でみたように、大山氏の下で百姓らによる製塩が行われていたが、上記の「塩判」の解釈双方ともに朝鮮との交易を想定している。これは、一節で触れた興利倭船を意味する。また「六地の一俵物」から、大山氏は九州との交易にも従事していたことが推定される。佐伯弘次氏の指摘されるように、中世の大山は、朝鮮―対馬―九州を結ぶ交易の拠点であり、ここを押さえる大山氏はこのルート上で交易に従事していたと考えられる〔佐伯・有川 二〇〇二〕。尚、山手は、荘園史の用語としては、山手銭の略で、山に立ち入る人間に課された使用料と理解されている。特に室町時代には、山中・陸路に設けられた関所で通行人・貨物に課したもので、一種の関銭の性格をもっている。

これに関連して述べておくと、康永三年（一三四四）七月二〇日付の少弐頼尚書下写（『宗家御判物写 與良郡上』黒瀬村）〔長崎県史編纂委員会 一九六三、五九三頁〕によれば、頼尚は、「黒瀬権大夫入道々教申候塩木切開所々木場等事」につき、甲乙人の押領を停止するように、宗右馬入道に対して命じている。塩木とは、製塩に使用する燃料用の木材とみられる。この相論から製塩のために山々の木の伐採が進み、伐採した場所が木場＝木庭（焼畑）として耕地になるという開発の過程を窺うことができる〔佐伯 一九九八、一一〇頁〕。

次に、宗貞国の発給文書をみると、従来と同様に公事に関する記載が多い。小田豊前守は、文明六年（一四七四）二月五日付の宗貞国書下（二九号）において二六・二七号文書とほぼ同文で諸公事が免許されている。また年未詳八月二二日付の宗貞国書下（三一号）では、限りある公事について先規を守って勤仕すること、年未詳八月二二日付の宗貞国書下（三二号）では「八海の大物」は代々御成敗の旨に任せるよう催促されている。公事や八海の大物を小田氏が負担することは、従来と変更はない。

新たに目につくのは、屋敷地などの土地が安堵されていることである。文明六年（一四七四）閏五月九日付の宗貞国書下（三〇号）では、「めうゆう《妙祐》かいやしき《居屋敷》一ヶ所」と「ひさけのかわちの内ひへたかつくり《作》の分」の両所が小田将監に扶持されている。後者については、長享二年（一四八八）四月二七日付の国次寄進状（三四号）によれば、「おうやま《大山》れいせん□《いん》」に寄進されている。

## (4) 一六世紀前半　公事と坪付

一六世紀になると、従来の漁業・交易に関する公事の免許と、田地・居屋敷への賦課の両方がみられるようになる。このことは、守護代宗国親発給の四通の文書から知ることができる。

守護宗材盛の意を受けた二通の遵行状は、前者を免許したものである。文亀四年（一五〇四）六月一六日付の宗国親遵行状（三七号）では大山地下における「舟のうりくち《売口》かい《買》口」が小田宮内大輔（盛永）・同親類に免許されている。永正六年（一五〇九）八月二二日付の宗国親遵行状（三八号）では、小田左馬助の「御しうそ《愁訴》」によって「塩　御はん《判》の公事物」と「六地の一俵物」とが扶持に加えられている。

永正一二年（一五一五）には、次の二通の宗国親書下が、小田宮内大輔盛永あてに発給されている。

**〔史料20〕**宗国親書下（三九号）一五一五年

大「この」瀬内浜より上の「田」ふちニいたつてもろひら共ニ、ならひニつきの木のさへワミをとして、大山之御寄合中ニ被渡遣候者也、

一、大山之内妙祐かいやしき《居屋敷》之事、毎「年」加地子弐百文、可有奔走之由申定候、聊不可有御無沙汰候、仍為後日之状如件、

永正十二乙亥

八月廿六日　　宗摂津守

国親（花押）

小田宮内大輔《盛永》殿

**〔史料21〕**宗国親書下（四〇号）

御親父譲分のつほ《坪》付

一所　ふきはたけ

一所　たけのよりあいはたけ

一所　梅の木はたけ
一所　くさ島
一所　しからき
一所　大このせのうちつきの木さゑ
一所　犬つか田
一所　又二郎きようたい（兄弟）のいやしき（居屋敷）
右、かの所々之事、親父の譲のまゝ、無相違御知行あるへき者也、仍状如件、
永正十二乙亥
九月一日　　国親（宗）（花押）
小田宮内大輔（盛永）殿

〔史料20〕の前半では大山寄合中の知行地を承認し、後半では妙祐の居屋敷に対して毎年加地子二〇〇文の「奔走」が命じられている。〔史料21〕は、大山小田文書の中で唯一、坪付を示したものであるが、小田盛永が畠・島・田・居屋敷を親父から相続することを承認されている。

このように一六世紀になると、坪付のような詳細な土地に関する文書が含まれている。宗氏の島内支配が安定するにつれて、海の領主大山氏も、土地を介して宗氏の給人としての地位を確認していくようになるのである。

## 四　島内各地の所領表記事例と公事

二・三節では、大山小田文書の記載内容の変化を通じて、課役や所領などについて考察してきた。ここでは、他の文

書群から、所領・耕地に関して気づいた諸点を述べておきたい。

(1)耕地に関する諸職の設定

耕地に関して、諸職が設定された事例がいくつかある。

長岡家文書（対馬市豊玉町仁位　長岡豊明氏所蔵）には、次のような文書がある。

〔**史料22**〕宗宗慶書下〔豊玉町教育委員会　一九九五、一二五～一二六頁〕一三三九年

（追筆）「そうけい」

（宗宗慶）（花押）

つしま（対馬）にい（仁位）のこをり（郡）の内宗まさ入道へあとの畠地等事、
右の畠地の下作しき（職）いけ（以下）、五郎太郎かてつき（手継）の状にまかせて、宮師房かくけいにあて（宛）給ところなり、はやくかうさ（耕作）くをいたして、地子いけ（以下）の御公事をまた（全）くつとめるへき状如件、

暦応二年八月廿三日

宗宗慶が、宗まさ入道の跡の畠地を、宮師房かくけいに宛行ったものである。宛行ったものは、畠地の下作職以下であり、地子以下を公事として勤めることを命じている。ここでは、畠地に対する下作職が設定され、また地子が公事として賦課されている。

次の文書では、下知職（下地職）が見える。

〔**史料23**〕宗成職安堵書下写（『給人百姓御判物写帖』古里村）〔長崎県史編纂委員会　一九六三、八四頁〕一四五九年

買地相伝之さい（在）所之事、

一所、田くろの麻畠、

一所、家のさや并くわう野、
一所、田、
その外相かゝへ《（抱）》候田畠等之事、給人の公事をハ、堅つとめられ候て、下知職之事ハ、たとへ違乱仕候給人候共、かのおり《（折）》紙をたい《（帯）》し候上ハ、ちきやう《（知行）》相違あるへからさる状如件、

長禄三　六月一日　　成《（宗）》職（花押影）

薗田帯刀殿

宗成職が、給人薗田帯刀の買地（田の畔の麻畠や田など）を安堵したものだが、給人としての公事を堅く勤めるよう命じている。薗田帯刀が、安堵された所領の下知職（下地職）を持っていることを記した折紙を持っていることから、その知行を保障している。尚、その後、宗貞国（年未詳八月二三日付　宗貞国安堵書下写）・宗晴康（天文二一年（一五五二）一一月一〇日付　宗晴康安堵書下写）によって、〔史料23〕の所領の下地職が安堵されている（『給人百姓御判物写帖』古里村）〔長崎県史編纂委員会　一九六三、八四～八五頁〕。

次の文書では、宗貞国が、如意庵香梅老禅師に対して下地職を安堵している。田畠等の公事を給人に納めることを命じているが、「くわんのなかひらの茶ゑん（薗）」には公事は課されていない。

〔**史料24**〕宗貞国安堵書下写（『三根郷御代々御判物写』吉田村　善光寺）〔長崎県史編纂委員会　一九六三、三七三頁〕

一四七五年

対馬国峯郡朽木村之内如意庵香梅老僧御持之田畠等之事、
一所、いたひらのほかの居屋敷、茶薗、善光寺之庫裏の跡ともに、
一所、とひのすの畠合三人分、
一所、淵畠女子三人分、

一所、ひらくすの田并浜田、小もち田、
一所、田口之奥のこは《(木庭)》、うきつのこは、
一所、くろ隈のこは、
一所、とはたのゆの木のわミのうへのこは、
一所、くわんのなかひらの茶ゑん《(薗)》、これハ公事なしに、そのほか所々の田畠等之事、給人の所へ公事の事、以前より相定候まゝ、まい《(毎)》年御成候て、下地職之事、堅固ニ可有知行候、仍此旨不可有相違之状如件、

文明七年

十二月八日　　貞《(宗)》国（花押影）

如意庵香梅老禅師

### (2)所領の表記

本章「はじめに」において、対馬の中世文書の様式を挙げておいた。そのうち所領を具体的に書き上げているものは、安堵状・遵行状・寄進状などだが、特に坪付の内容は詳細である。〔長崎県史編纂委員会　一九六三〕所収の『宗家判物写』を通覧すると、一五世紀以降、所領の記載が詳細になり、坪付が頻出するようになるのは一六世紀である。このことは、宗氏の島内支配の中で、土地への知行が深化してきたことの現れといえるだろう。

所領となる耕地の記載は、畠が圧倒的に多く、木庭も目につく。対馬市豊玉町の場合、〔豊玉町教育委員会　一九九五〕所収の文書をみる限りでは、この傾向が顕著である（一部、対馬市峰町域の畠地なども記載がある）。

その所領表記の記載様式には、いくつかの型式がある。比較的多いのは、〔史料16・21・23・24〕のように、一所を書き上げたものである。〔史料23・24〕は、「坪付」の記載こそないが、文書様式でいえば坪付と読んでも差し支えない

であろう。この型式では、個々には、面積の記載はない。

また、次のように田地・畠地を貫文で表記している場合もある。

**〔史料25〕** 宗貞茂知行宛行状（対馬番家〔小宮家〕文書）〔岩城・小島 一九九二、一九四頁〕一三九九年

対馬島井な《（伊奈）》郡さいちやう地内二反井な崎五百文、同郡仁田田地分一貫五百文、同村畠地五百文、此所之間之事、為給分所宛行也、任先例可被沙汰状如件、

応永六

十二月八日　　貞茂（花押）

小宮六郎殿

さらに「斗」「升」が表記されている場合がある。

対馬市厳原町豆酘の金剛院は、かつて事俣大師堂とよばれていた。宗氏歴代から、同寺に対して寄進状や安堵状が発給されている。金剛院文書（『豆酘郡御判物写　永泉寺・金剛院・耕月庵分』〔長崎県史編纂委員会 一九六三、七〇三～七〇八頁〕）をみていくと、応永一七年（一四一〇）八月六日付の宗貞茂寄進状によって、「対馬島豆酘郡事俣之大師堂作分畠地等、壱斗五升作分事、同水たり《（垂）》」の畠地が、大師堂方丈あてに寄進された。宝徳二年（一四五〇）二月二三日付の宗貞盛書下（金剛院に現存）において、初めて宛所に金剛院がみえる（以下の文書も宛所は金剛院）が、末代に至るまで「万雑御公事等」が免許されている。宝徳三年（一四五一）一〇月一七日付の宗貞盛寄進状（現存）には、寄進された「畠一斗五升作、同うりな之畠一斗五升作、又水たれ《（垂）》之畠一斗之作」を安堵している。以下の文書においても、大師堂畠地やうりなの畠は一斗五升（作）、また水垂の畠は一斗（作）と表記されている。

寛正三年（一四六二）二月六日付　宗茂世書下（大師堂畠地の記載のみ、現存）

寛正三年（一四六二）六月二九日付　宗成職寄進状（現存）

永正一六年（一五一九）一〇月三日付　宗義盛寄進状（現存）

永正一六年（一五一九）一〇月三日付の宗義盛書下（現存）は、豆酘郡内の「かめのくひの畠」と「舟越畠三斗作」に対する金剛院の知行を安堵している。

年次は下るが、天正一〇年（一五八二）八月二七日付の上津八幡宮神領坪付注文（長岡家文書、対馬市豊玉町仁位長岡豊明氏所蔵）〔豊玉町教育委員会 一九九五、三三頁〕には、次のような記載がある。

〔**史料26**〕上津八幡宮神領坪付注文　一五八二年

木坂之村之神所之次第

天正拾年壬午八月廿六日注文

上津八幡宮御神領之坪付之注文

一、山参拾参蔵狩之事、

一、浦浜玖浦之所之事、

一、伊津捌丁之事、

一、木坂陸丁之事、

右、此内相抱之人数次第不同

一所、みたらいの畠二丁半、嶋居勢兵衛尉持留、

一所、やりのさへの畠壱丁、同前、

一所、ひとつかのさへのこは一斗五升蒔、同前、

一所、しひるの木庭、四斗蒔、同前、（下略）

山の蔵狩（狩蔵）や浦浜などが書き上げられた後、畠・木庭の記載が続く。ほとんどが畠や木庭・木庭畠であり、畠は

「丁」でその面積が示され、木庭については「斗蒔」「升・斗蒔」が付されている。

この点に関して注目されるのは、鈴木哲雄氏による常総地域の「ほまち」史料の考察である〔鈴木 二〇〇一〕。鈴木氏は、山口常助・古島敏雄・永原慶二・根本（斎藤）茂各氏らの諸研究を出発点として、下総国の香取文書や常陸国の史料から「ほまち」史料を収集された。鈴木氏は、ほまちは常総地域において中世を通じて存在した耕地であり、例外的な存在とみることができないとされる。次に鈴木氏の結論の一部をあげてみよう。

①ほまちとは、低湿地や谷田などの湿田に作付けされた稲作耕地である。また、ほつくは田畠の両方があり、田地の場合にはその多くが湿田に作付けされ、畠地の場合は屋敷の際などに作られたものであり、ほつくこそは、実際の耕作民の生活に密着した開発地であった。

②ほまちやほつくには、「小規模」なものが多かったが、中には二斗蒔や一斗五升蒔など、換算すればほぼ一段一二〇歩や一段にあたるほまちも存在していた。

③ほまちの丈量方法として重要なことは、「一枚・一所・一」と表記されたことよりも、斗蒔や升蒔などという播種量によって表示されたことに意味があり、ほまちとは湿田における直播耕地の一形態であった可能性がたかい。また、ほまちは畠地における播種法と密接にかかわるため、ほまちと畠地と一括される場合もあった。

本章との関わりからいえば、③が重要であり、常総地域のほまち・ほつくと対馬の畠・木庭（焼畑）との間の共通性を見出すことができる。対馬では、直播耕地である畠・木庭（焼畑）は、「一所」や播種量で表示されるケースが多く、しかもそれらが主要な耕地であったのである。

# おわりに

最後に本章で述べたことを簡単に要約しておこう。

一節では、朝鮮人の見た対馬のイメージや朝鮮米の輸入について述べた。

二・三節は、大山小田文書の検討を通じて、課役の内容とそこから窺える百姓の生業や、所領について論じた。海の領主大山（小田）氏は、製塩や漁業・交易に従事する百姓を掌握して、鎌倉時代末期、少弐氏に対して年貢（塩）・網の用途（銭）・公事を納入した。これらの課役は、荘園公領制のもとでの海民に対する課役と、基本的には変わるところはない。一四世紀後半、宗氏による対馬支配が本格化すると、宗氏は、大山氏を通じて網人ら百姓の掌握をはかり、また高麗との交易船に賦課する高麗公事を、大山氏に対して免除している。また荘園公領制下の所領設定の影響を受けて、大山氏の所領が安堵され、そのことは一五世紀前半に本格化する。一五世紀前半は、宗氏は大山（小田）氏に対して、百姓からの公事の徴収を徹底させ、また大山氏に大型の漁獲物を上納させた。一五世紀後半、公事は多様化するが、大山氏は多くの公事を免許（免除）される特権を得ている。一六世紀前半、小田氏は、従来の漁業・交易に対する公事が免除される一方、坪付が作成されて、細かく知行地が安堵されるようになった。

四節では、下作職・下地職が設定されている例を紹介した。また所領表記の類型として、「一所」表記・貫文表記や「斗」「升」表記があることを指摘した。「斗」「升」表記については、常総地域の「ほまち」との共通性を見通した。

本章全体としては中世文書の紹介という側面が強く、特に第四節の内容には十分に踏み込めなかった。今後は、他の文書群を広く渉猟し、本報告書の成果とつきあわせていくことを課題としたい。

## 引用・参考文献

網野善彦　二〇〇一　『中世民衆の生業と技術』東京大学出版会
荒木和憲　二〇〇二　「対馬島主宗貞茂の政治的動向と朝鮮通交」『日本歴史』第六五三号
――――　二〇〇三　「対馬島主宗貞盛の政治的動向と朝鮮通交」『朝鮮学報』第一八九輯
――――　二〇〇五a　「一五世紀対馬宗氏の権力形成と朝鮮通交権」『年報中世史研究』第三〇号
――――　二〇〇五b　「中世対馬の朝鮮貿易と領国経済」『韓国研究センター年報』第五号
李　領　一九九九　『倭寇と日麗関係史』東京大学出版会
大石直正・高良倉吉・高橋公明　二〇〇一　『日本の歴史14　周縁から見た中世日本』講談社
長　節子　一九八七　『中世日朝関係と対馬』吉川弘文館
――――　一九九〇　「孤草島釣魚禁約」網野善彦他編『海と列島文化3　玄海灘の島々』小学館
――――　二〇〇二　『中世　国境海域の倭と朝鮮』吉川弘文館
木下　聡　二〇〇六　「対馬宗氏の官途状・加冠状・名字状」『東京大学日本史学研究室紀要』第一〇号
黒田省三　一九六九　「対馬古文書保存についての私見」『国士舘大学人文学会紀要』第一号
――――　一九七一　「中世対馬の知行形態と朝鮮貿易権―『宗家判物写』の研究―」『国士舘大学人文学会紀要』第三号
佐伯弘次　一九九〇　「国境の中世交渉史」網野善彦他編『海と列島文化3　玄海灘の島々』小学館
――――　一九九八　「中世対馬海民の動向」秋道智彌編著『海人の世界』同文舘出版
――――　二〇〇〇　「宗家文庫の中世史料」『九州文化史研究所紀要』第四四号
後、増補して佐伯弘次編　二〇〇一　『宗家文庫資料の総合的研究』文部省科学研究費補助金報告書
に再録（本稿の引用は、同書による）。

――　二〇〇三　「海峡論Ⅱ　対馬・朝鮮海峡」赤坂憲雄他編『いくつもの日本Ⅲ　人とモノと道と』岩波書店
鈴木哲雄　二〇〇一　「常総地域の『ほまち』史料について」同『中世日本の開発と百姓』岩田書院
関　周一　一九九五　「朝鮮半島との交流　対馬」網野善彦・石井進編『中世の風景を読む7　東シナ海を囲む中世世界』新人物往来社
――　一九九九　「朝鮮王朝官人の日本観察」『歴史評論』第五九二号
――　二〇〇二　『中世日朝海域史の研究』吉川弘文館
――　二〇〇四　「中世対馬の物流」『史境』第四九号
――　二〇〇六ａ「朝鮮三浦と対馬の倭人」小野正敏・五味文彦・萩原三雄編『中世の対外交流―場・ひと・技術―』高志書院
――　二〇〇六ｂ「対馬・三浦の倭人と東アジア海域」『史潮』新六〇号
中世海事史料研究会編（網野善彦監修）二〇〇三　『鎌倉時代水界史料目録』東京堂出版
竹内理三　一九五一　「対馬の古文書―慶長以前の御判物―」『九州文化史研究所紀要』第一号
田中健夫　一九五九　『中世海外交渉史の研究』東京大学出版会
――　一九七五　『中世対外関係史』東京大学出版会
――　一九八二　『対外関係と文化交流』思文閣出版
中村栄孝　一九六五　『日鮮関係史の研究』上巻、吉川弘文館
村井章介　一九九三　『中世倭人伝』岩波書店
山口隼正　一九八九　『南北朝期九州守護の研究』文献出版

## 史料

日本側史料
岩城卓二・小島道裕　一九九二　「資料紹介　対馬番家（小宮家）文書」『国立歴史民俗博物館研究報告』第三九集
佐伯弘次・有川宜博　二〇〇二　「大山小田文書」『九州史学』第一三二号
豊玉町教育委員会　一九九五　『豊玉町の古文書（中世文書）』
長崎県史編纂委員会編　一九六三　『長崎県史』史料編第一、吉川弘文館

朝鮮側史料
『高麗史』（活字　一～三、索引）　一九七七　国書刊行会（影印本　上・中・下）一九七二　亜細亜文化社〔ソウル〕
『高麗史節要』（影印本）　一九六〇　学習院大学東洋文化研究所
『朝鮮王朝実録』（影印本）　一九五三～六七　学習院大学東洋文化研究所（全五六冊）一九五五～六三　韓国国史編纂委員会（全四九冊〔索引一冊を含む〕）（日本史料編纂会編　一九七六～九五　『中国・朝鮮の史籍における日本史料集成』李朝実録之部（一）～（一二）、国書刊行会）
宋希璟（村井章介校注）　一九八七　『老松堂日本行録』岩波書店
申叔舟（田中健夫校注）　一九九一　『海東諸国紀』岩波書店

（付記）『科研基盤B報告書水稲文化』の刊行後、白水智氏からご教示を受け、〔史料6〕の解釈を一部改めた。

# 内山村における中世山林相論と寛文検地帳の分析

本田佳奈

## はじめに

対馬の地形図を辿っていくとおおよそ百近い集落がある。そのほとんどが海村であり農林漁業の混合形態をもって生業としている。そのなかで、海岸線を持たない山村は二十ヶ所ほど数えることができる。これら山村は主として農林業が生産基盤となる。しかし対馬は田畑の耕地面積が島全体のわずか三パーセントを満たさず、山林が全土を覆っている。山林は急勾配の上土壌が痩せており、耕地形成に適さない自然環境にあった。したがって木庭作（焼畑式農業）が全島に渡って行なわれてきた。山林の人々はこのような条件のもと生活の糧を得る日々を積み重ねてきたのである。本論に登場する内山村（現在の対馬市厳原町大字内山）は、島南部において最高峰である矢立山系（六四九メートル）と竜良山系（五三九メートル）に囲まれた盆地に位置し、平成十五年現在の人口は一四二人、五十世帯の集落である。終戦直後に至るまで、内山村も他の地域同様に広く木庭作を作ってきた。内山村の旧家内山家所蔵の中世文書には、木庭作に関する史料が残っている。その中から室町期に起こった山林相論の史料を二点紹介したい。当時の木庭作の様子とともに、隣村豆酘（現在の厳原町大字豆酘）の天道信仰の様子を外界の視点から捉えた興味深い史料である。同時に島主宗氏一族の傍流とされる内山氏がその根拠とした史料群の一翼を担う史料でもある。

また、二章では寛文二年内山村検地帳について述べたい。内山家文書には中世の山林の様子を語る史料があるものの、田畑・木庭作の耕地状況を語る史料に欠ける。検地帳はそれを総合的に伝えてくれる最も古い史料である。寛文二年の内山村の耕地状況を現地調査による地名比定を加えながら考察していきたい。

# 一　中世における内山と豆酘の山林相論

## （一）建武五年の竜良山神領相論

建武五年、豆酘郡司は与良郡内山村の伊阿弥陀仏と郡村境である竜良山をめぐり相論した。以下史料を読み解きながらその具体的な内容を追っていきたい。

**史料1**　建武五年豆酘郡司満房等請文(1)

(端裏書)
「うちやまのこはの事つゝ在庁以下請文」

「うちやまのいあみたふ《内山の伊阿弥陀仏》申され候うちやまのこは《木庭》の事によてお□せ下され候こん月八日御かきくたし《書下》同十日かしこまてうけ給候ぬ

①かのところハせんき《先規》さいちやう《在庁》のところにて候をいや二らうさへもん入道《弥二郎左衛門入道》殿の御時はいとく《買得》御さうてん《相伝》候てくわのさへもん入道《久和の左衛門入道》殿御せんそ《先祖》御もち候あいたいま《今》いあみたふ《伊阿弥陀仏》うちやまにきよちう《居住》の事をつゝ《豆酘》よりいたみ申事ハ候ハす候

②たゝしこんほん《根本》のこは《木庭》をうちこし《越》て御はけをおろし候しんりやう《神領》おあたらし《新》くこは《木庭》にきら《伐》れ

**地図１　豆酘村と内山村**（1:25000地形図「豆酘」国土地理院より作成）

候事をこそしんりよ《神慮・深慮》はかりかたく候あいたなけき《嘆》申事ニて候　へつき《別儀》③にこの事により候てうちやま《内山》にむけ《向》候てかなくら《神座》をかきほこさかき《鉾榊》おたて候よしの事これ又なき事にて候あいたきやうこう《向後》もあるましく候このむねおもて《旨を以て》御披露あるへく候けうくわう《恐惶》つしんて《謹ん》申候

建武五年十月十日

つつのくんしみつふさ《豆酘の郡司満房》（花押）
ちやうつかい《上使》
みやし《宮司》　りんそう《行事》（花押）
つゝのさいちやう《豆酘の在庁》の中　大きやうし（花押）」

端裏書に「請文」と記されており豆酘郡司満房等は傍線部①については認めているものの、傍線部②に関しては不承諾とし不服を申し立てている。順を追って説明したい。

まず傍線部①「彼の処は先規在庁にて候を弥次郎左衛門入道の御時買得御相伝候て、久和左衛門入道御先祖御持ち候間、今い阿弥陀仏内山に居住の事を豆酘よりいたみ申しは候はず候」について。内山村はもともと豆酘在庁の領地であったが、弥次郎左衛門入道が買得し相伝した。そして久和左衛門入道の先祖が内山村を「御持ち（領有して）」いたので、伊阿弥陀仏が内山村に居住することについて納得する、と解釈できよう。内山村売却を示す唯一の史料は弘長三年のなたゐの尼浦山売券案である。なたゐの尼なる女性が地頭右馬に対し、重代相伝の地内山村と久和村を十六貫四百文で売却している。(2) この二つの史料を照合すると、在庁が売却した当時の売主はなたゐの尼であり、買い主の弥次郎左衛門入道とは地頭或いは地頭代官と考えられる。久和左衛門入道とは内山伊阿弥陀仏の父である。(3) 伊阿弥陀仏は父や兄弟とともに内山村で木庭を作り、(4) 正当な継承者として内山村を譲り受けた。

問題はその伊阿弥陀仏の振る舞いであった。傍線部②にあるように彼は「根本の木庭を打ち越し、御はけを下ろし候神領を新しく木庭に伐」るという行為に及んだ。地図1を見れば分かるように、内山村と豆酘村は天道山と異名を持つ竜良山を境としている。『海東諸国紀』の「南北に高山有り、皆な天神と名づく。南は子神と称し（著者注・竜良山に比定されている）、北は戊辰と称す。俗、神を尚び、家家素饌を以て之を祭る。山の草木・禽獣は人敢て犯す者無し。罪人神堂に走れば即ち亦敢て追捕せず」の一文は、中世の天道信仰のアジール性と禁忌を語る史料として見出され、竜良山北麓の裏八町郭（地図1のⒶ。天道法師の修行場、あるいはその母の墓所）と南麓浅藻の表八町郭（地図1のⒷ天道法師の入定地）の伝説とともに、文字通り金字塔（ピラミッド）として語り継がれてきた。[5]天道信仰とは対馬で育まれた独特のものである。山岳や太陽、穀霊への信仰が混じり合い平安時代以降対馬神道として形作られ、真言密教もその信仰形態に組み込まれていった。社殿を設けずある特別な領域に岩座や神籬を築き聖地とするのが基本である。聖地は人や家畜の立ち入りを拒み、その禁を犯すと厳しい神罰が下る。表八丁郭のある浅藻は卒土浜と呼ばれ聖地オソロシドコロとされた。十三世紀後半から十四世紀中期の対馬起請文の結語は「…殊には当島の鎮守八幡、豆酘の天道、同余所二百八十、総じては日本□六十余所の大小の神祇明道の御罰を（後略）」「…殊には当島の鎮守両八幡三所大菩薩、二百八十余所の大小神、別しては天道の御罰を蒙るべく候」となっている。この頃の島内の在郷武士にとって、天道が畏怖せしめる神であったにもかかわらず、伊阿弥陀仏はその天道神領竜良山の樹木を伐採し、火を入れたのである。[6]

**御はけ（オハケ）・金座（カナクラ）・鉾榊（ホコサカキ）**

傍線②中には「御はけをおろし候神領」という言葉が出てくる。この〝オハケをおろす〟とは何か。また、在庁と宮司は伊阿弥陀仏の越境行為と木庭造作に対抗した傍線部③「別儀にこの事に依り候て内山に向けかなくらをかきほこさかきをたて候」という行動は何か。オハケとは現在も残存する奉斎の姿である。実に多彩な事例があり伊勢信仰や氏神信仰の事例など複雑であるため、その語源や原始的な形態を探ることが難しい。しかし応永三十四年（一四二七）『二所参詣行事』に「オハケトハ御廟ナリ」という記述がある。(7)豆酘在庁と宮司がおこなった「おはけをおろす」という奉斎を明確にすることは出来ないが、当時の天道山内の〝ある場所〟には〝天道神の拠り代となるもの〟が築かれ、天道神領神を明示していたと考えられる。次に「かなくら」については一般的には金座或いは金倉という字が当てられている。島内には高い山頂にカナクラダン、神社境内ではカナクラバなどと呼ばれる聖地が点在する。『津島紀事』『対州神社誌』に「神躰社無之」とある金倉神が六〜九座見える。(8)続く「鉾榊（ホコサカキ）」とは神前に捧げる鉾の形をした榊のことである。(9)文化年間（一八〇四〜一八）の『津島記事』にも竜良山について「神籬ヲ立テ磐境ヲ定メ鏡鈴ヲ於神《おが》魂《たま》ノ木ニ挂《か》ケ社前ニ矛戟ヲ立テ」とある。また阿連のオヒデリ様の祭礼元山送りでは大カナグラ幣をはじめとする七十五本の御幣を捧げる（黒田智「対馬豆酘の村落空間と祝祭空間」）。鉾榊はカナグラ幣とよく似た性格をもつ捧げ物であったと考えられる。

傍線部③は「(豆酘側は) 別儀にこの事（＝神領での木庭作）が原因で、内山に対してカナクラの四至を区切って神域であることを明示し、更に鉾榊を作って神前に捧げた。これも又（木庭作同様に）前例のない出来事であるから、今後もあってはならない」と読める。このカナクラはどこに設けられたのだろうか。この地域で先ず候補に上げられるのは旧豆酘観音堂（現在の多久頭魂神社境内）の石積みの聖地カナクラバである（地図1のⒸ）。しかしここは地図で見れば分かるように豆酘の集落内に位置している。内山を意識した祭礼を執り行うには山中の村境から遠すぎる場所である。「内山に向け候て」という文言から次にその場所を想起させるのは、裏八町郭である。この聖地は木斛山東隣の山頂と竜良山の鞍部を北へ下ったあたりに築かれている（地図1のⒶ）。またこの地は内山村から豆酘村へ向かう旧道（通称豆酘道。地図1のⒹ）がちょうど竜良山に差し掛かるあたり、つまり竜良山の山の口に当たる。このような地理的情況を考えてみてもカナクラは裏八丁郭の可能性が高いとみてよいだろう。この竜良山の神領相論の顛末を語る史料はこの請文一通のみである。しかし十六年後の正平九年（一三五四）、再び神領竜良山をめぐる豆酘と内山の相論が起こった。

## (二) 正平九年の竜良山神領相論

**史料2**　豆酘神官しんハう申状⑽

「つゝのしんくわん《豆酘の神官》しんはうかしこまて《畏まって》申上候

右件しさい《仔細》ハうち山殿《内山殿》天たうの御りやう《天道の御領》をあふりやう《押領》せられ候由のこと、①はけしめおろしほこさかきおたて《鉾榊を立て》御まつりきんし《勤仕》のところのしゆせんほんのき《十千本の木》をきりやきはらい《伐り焼き払い》くわうや《荒野》となされ候ハ御祭のさおい《相違》とならせ給あるいハ大風ふき《吹き》こうすいいて《洪水出で》くにのわつらい《国の煩い》となり候おこそかみ《上》に申さんとそんし候ところにかさねてらんはう《濫妨・乱暴》をいたされ候したいの事　②むかしよりうち山《内山》のしいかし《椎樫》をつゝ《豆酘》よりひろい《拾い》候事たうねん《当年》ニかきらす候へとも御きんせい《禁制》のうちはいらす《入らず》候　③たとへうち山おひろい《内山を拾い》候ともさかいをこえすき《境を越え過ぎ》候はゝしんニはらかりしかるへく候ところニ上くら《神座》の御まへみたらいかわ《御手洗川》やたてのきのもと《矢立の木の下》にせき《関》をすへかし《樫》をとゝめ《止め》ひけをとられ候へハおんな《女》わらハ《童》んちり〳〵はら〳〵になりおらひさけふこえ《おらび叫ぶ声》なのめならす候　御たうの御まへをきらはすうんき《雲気・運気》ふしやう《不祥》ニならせ候事そのかくれなく候

④せんするところ《詮ずる処》はけしめおろし候のところを御きんせい《禁制》候てかのらんはう《濫妨・乱暴》をとゝめ《止め》られみたらいかわ《御手洗川》をもきよめられまいらせ候てことゆえなくかのてんたう《天道》の御まつりをきんし申へく候　それかな《叶》はす候ハヾさらへ申すましく候　このよしよきやうに御ひろう《披露》あるへく候、

恐惶謹言

正平九

閏十月　日　」

## 伊阿弥陀仏がおこなった二つの押領

神官しんはうは伊阿弥陀仏が行った二つの押領行為を訴えている。まず一つ目は傍線部①「はけしめ下ろし鉾榊を立て御祭勤仕の処の十千本の木を伐り焼払い荒野となされ候はば、御祭の相違となし、或は大風吹き洪水出で、国の煩いとなり候こそ上に申さんと存じ候に、重ねて濫妨（乱暴）を致され候次第の事」である。前回に引き続き、未だに伊阿弥陀仏は神領内で木庭作を行っている。「はけしめ下ろし」とは前回のオハケと同義で「天道神が座す」という意味合いにとれる。つまり、天道神が座し、鉾榊を捧げて奉斎する地の一万本もの木々（＝山）を伐って焼払い荒野としたため、奉斎の差し障りとなった。どうかすると激しい風が吹き荒れ、洪水も起こり、国を悩ます問題となることをお上に訴えようとしたが、それでも重ねて乱暴をしたい放題である、と嘆いている。この一文は竜良山に広々とした荒野が出現した、というイメージを読み手に想起させる。山林が切り開かれたことによって風向きまで荒くなるのだろうか。木庭を開け過ぎたために山の土砂が流れ落ちて川床が上がり、河川が流動した形が事例は『木庭停止論』にも報告されている(11)。

二つ目の押領の被害者は豆酘村の女性や子供たちだった。傍線部②「昔より内山の椎樫を豆酘より拾い候事当年に限らず候へども、御禁制の内は入らず候。」とあるように、豆酘村の人々は慣習として内山村の山林で椎や樫の実を拾っていたが禁制地（神領）へは入り込むことはなかったという。山深く耕地形成の難しい対馬にあって、椎・樫の実の食用は淘汰されることなく近現代まで続いた。『津島記事』土産考のイチイガシの項によれば、当時の対馬の山において最も樫木か多かった。樫木四種の実のうち三種が食用できた。実を取り出して粉砕し、麻布をひいた竹籠に盛り、渓流の傍らに置く。竿を架して竹籠に水を注ぎこむ。これによって実の強いアクを抜き、乾燥させて下処理の完成である。桶に粉砕した実の粉を入れて水を満たし、桶底の小さな穴から水を少しずつ漏らす方法もあった。手間と時間をかけて出来上がった粉は、練って団子にして煮たり焼いたりした。粥に混ぜることもあった(12)。『老農類語』には「栗樫ヲ植フルニ及ハス、有リ来タリタル樫ニテ凶年ノ備ヘアルハ豆酘郷ノミナリ」と見える。[13] 植林が奨励された近隣地域に比べ、近世豆酘郷の樫木は抜きん出て豊富にあり、[14] 豆酘村の各戸では通常二つのホナを備えていた。ホナとは渓流の傍らを二間角に掘って石を築き廻らせた貯蔵穴である。二石近い樫の実の貯蔵が可能であった。一つに去年に収集した分を貯え、今一つには今年新たに収集した分を貯えた。ホナは暮らし向きの良し悪しを示し、多い家では三つのホナを所有していた。[15] ホナは現在も旧豆酘観音堂（現在の多久頭魂神社）付近に残っている。『海東諸国紀』に「豆豆浦　三所合三百戸」ともいわれた人口密度の高い中世の豆酘村において、樫の実収集は田畑や木庭で農作物を育てることと同じように生活のなかに組み込まれていたのだろう。傍線部③を見ていくと「たとへ内山を拾い候とも境を越え過ぎ候へば、真に腹かり然るべく候処に、上くらの御前、御手洗川、矢立の木の本に関を据え樫を留め、ひけを取られ候へば女童ちり〳〵ばら〳〵になりおらび叫ぶ声なのめならず候」とある。内山村と豆酘村との境界を遥かに越えてまで採集すれば内山村の心証を損ねるのは当然であるが（つまり、そこまでの越境行為をおこなっていないのにも関わらず）、上くらの御前、御手洗川、矢立の木の下に関を勝手に設け、樫の実を没収されてしまった、という。

## 上倉の御前・御手洗川・矢立の木の関所

さて、ここで関を設けた場所の名が出てくる。「上くら（カミクラ）の御前」とは史料一に出てくるカナクラと同義と見られ、現在の表八丁郭の前のことと考えられる。御手洗川は地図1のⒹにある水量の少ない小川の名であることを現地調査で確認した。では矢立の木とはどこか。内山村と北隣である久根村（現在の大字久根田舎・久根浜）の境は矢立山という。ここは島南部で標高が最も高く、与良と佐須の郡境ともなっている（地図1のⒻ）。しかしこの文中の「矢立の木の下」とは位置が遠すぎる。また「木の下」という意味合いからもこの地は除外されるだろう。柳田國男「矢立杉の伝説」によれば、「矢立杉」という呼称を持つ神木や（松などの場合もある）、軍勢を従えて行軍する武将が道中の木に矢を射ったという伝説は日本各地にあった。[16] これらの事例を参考としてみると、「内山村から豆酘村へ向かう旧道の途中に築かれたカナクラ（現在の表八町郭）、カナクラの前を過ぎたすぐそこを流れる御手洗川、そして川の傍らに立つ神木」という光景が浮かんでくる。柳田は矢を地表に突き立てることで境界を傍示するとも述べている。御手洗川の傍らに立つ神木「矢立の木」は豆酘村の強い境界意識の象徴であったことが推測できる。[17]

おそらく、子供たちを連れて豆酘村を出た女たちは現在の旧道を往き、カナクラの前を通り、内山村へ入った。そして境を越えすぎない程度に山林を歩き回り椎や樫の実を拾い集め、帰途についた。するとカナクラの前にはいつの間にか内山村の男たちが待ち構えており、聖地であるにもかかわらず彼女たちがせっかく集めたドングリを奪ってしまった。家族のための大切な樫の実である。女性たちの嘆きは深い。[18] 対馬の中世文書には「椎樫のこと」或いは「椎樫の山手のこと」についての史料が多数存在するが、ここでの場合、力ずくで取り上げられてしまったのである。[19]

傍線部④「詮ずる処はけしめお給い候処をご禁制候て彼の乱暴を止められ、御手洗川をも清められ候にて事故なく彼の天道の御祭を勤仕申すべく候。それ叶わず候はば更に申すましく候。」とあるように、このような乱暴行為をやめ、もとのように禁制地とし、御手洗川をも清めるようにと訴える。聖域を犯したことによって清純な川を汚されたという精神的な意味合いの他にも、木庭作によって山の土砂が流れ落ち、御手洗川の水が濁り汚れてしまったという現実的な被害があったことがわかる。

## 小括

以上二つの相論史料を読み解き、建武から正平年間の天道神領竜良山をめぐる豆酘村と内山村の人々の姿を掘り起こしてみた。ここで今一度、文言中のキーワードを幾つか確認したい。

一つはおはけ、神座、鉾榊といった言葉によって象徴される天道の御祭について。当時の具体的な祭礼についてはこれ以上の手がかりは見出せないが、慶長年間の天道祭は聖地を巡礼する行事であった。聖地巡礼と豆酘村の山林境界・山林用益権の顕示は同義であった（黒田智「対馬豆酘の村落空間と祝祭空間」）。このような豆酘側の境界意識を内包する祭礼は建武・正平年間にも現れている。ということは、史料中1文中の「内山に向け候て金座をかき鉾榊を立て候事これ又無き事にて候」とは、古い時代に築いたという伝承を持つ金座を、内山を意識して新たに祭礼を執り行い顕在化させたのか。或いはまったく新しいカナグラを築いたのか。後者の場合、史料一、二は現在の裏八町郭の縁起を語る史料でもある。

建武年間のカナクラの復興（あるいは誕生）は、二つめのキーワードである内山伊阿弥陀仏が原因である。史料一では郡司、上使、観音堂宮司、在庁の大行司、といった豆酘郡の重鎮たちが名を連ねて伊阿弥陀仏の押領を非難している。なたゐの尼の文言にある「地頭右馬」の血筋を引く伊阿弥陀仏は、彼らにひけをとらぬ存在であったという印象を与える。加えて彼の居住する内山村は佐須、豆酘、与良の郡境であり、村内の東方には対馬南部の大動脈である往還道が尾根筋沿いを走り、アアナギ坂にて三郡へと分岐する。この分岐のすぐ下にある内山村が要衝地だったことは間違いない。現在、アアナギ坂より下って内山村へはいる手前の路傍には、宗重尚を祭神とする木武古葉《きむこば》神社という社がある。ここもかつてはシゲチであり、終戦直後までは社の周囲にはキンコバという木庭が広がっていた[20]。重尚は島主宗氏の始祖とされ、寛元四年（一二四六）に豆酘浜より上陸し在庁官人阿比留一族を討ち、以後六百年に渡る統治の第一歩を踏み出したとされる。重尚は後年内山村へ息子を連れて隠居し、その息子より宗家傍流としての歴史が始まったとされる。しかし重尚自身の発給文書や入島の経緯を立証しうる根本史料はこれまで見つからず、近世における島主の家譜作成の際に潤色がなされた説話であるとの見方が強い。しかし十二世紀後半から十四世紀初めにかけて、対馬国地頭少弐氏の代官であり島内における幕府系の最高責任者であった宗氏が、幕府在庁官人阿比留氏の勢力を凌駕しつつあったことも事実である[21]。そしてここに紹介した内山家文書の弘長三年なたゐの尼の売券案や建武五年請文（史料一）、正平九年申状

（史料二）もこの政権交代時期に合致する。一回目の豆酘との相論の後、伊阿弥陀仏は久根とも相論し、地頭代宗盛国（妙意御房）の庇護のもと、久根郡界であるみなぞえ木庭の利権保有に成功した（建武二～暦応四年）。[22]伊阿弥陀仏は盛国の安堵によって権益を護ってきたことがわかるが、内山家文書において宗氏を明確に名乗る人物は正平二十五年九月十二日付の伊阿弥陀仏譲状の「そうやさふろうとの」が初見である（宗弥三郎殿。譲り受けたみつあいの幼名）。ちなみに同日伊阿弥陀仏は三郎という人物へも譲状を作成し、十六日後にはこれむね（惟宗）の二郎という人物が譲状を作成している。[23]それより以前の宗氏一族の証明は弘長三年の「地頭右馬殿」ただ一つであり、その右馬が重尚或いは他の人物であったのかを示す根本史料がない。つまり宗氏傍流とされる内山氏の一族を立証しうるには、内山家文書、往還道と郡境の要衝地という内山村の地理的条件、そして往還道の傍らにある氏神社（木武古葉社）の存在、という三要素が非常に近い点まで近づきつつも結合にいたらないというのが現実である。しかしなたゐの尼売券は近世にいたっても他の給人家の御判物と同じ効力を発揮した。当時の内山家当主類右衛門は、片時も身辺から離せない大切な文書であると訴え、わざわざ御判物改めの場に同席するほどであった。養子であった類右衛門にとって、この文書を紛失することはあってはならない最悪の失態であった。[24]

三つめのキーワードは「木庭」である。木庭作は適正な伐り明け方法を守ることによって循環的な山林活用が可能である。単に麦・蕎麦・雑穀類の生産物を確保できるだけでなく、木を伐採すれば仕立てて用材とすることができた。当時盛んに行なわれていた製塩の釜炊きの燃料ともなり、対馬の交通・流通に不可欠である船舶の材料ともなった。しかし対馬の木庭の伐り明け平均は二～四年であり、内山の場合は二、三年が限度であったという。[25]山林が多ければ多いほど休閑と耕作の循環率が高くなる。目と鼻の先にある神領は伊阿弥陀仏にとって魅力的な山であったに違いない。加えて豆酘の村人から椎樫の実を山手として没収したことも侵犯の利益となった。

それにしても伊阿弥陀仏という男は島内一の神威を誇る豆酘天道神をどのようにとらえていたのか。木庭作では山神に伐採と焼払の許しを請う儀式を執り行うのが慣わしである。内山村の男たちはどのような祈りを捧げて神領内に斧を入れたのか。天道の神罰への畏怖を越えさせた大義名分とは如何なるものだったのか。それを明確に解き明かすことはできないが、豆酘の尼より得た「地頭右馬」という言質と、当時もおそらく持っていたであろう宗氏一族としての意識が豆酘在庁と対峙する際の強い楯となったではないだろうか。

内山村の人々は木庭焼き後に雨が降ると「そら、蕎麦俵が降ってきたぞ！」と言い蕎麦の種蒔きに行った。内山蕎麦の味の良さは評判高く、秋になると厳原商人が買い付けに訪れた。当時の竜良山は官山であり、民間人の立ち入りが厳しく制限されていた。彼らは「元を辿れば俺たちの山なのに、おかしい」と不満を持っていたという。ちょうど終戦直後、内山に綿々と続いた木庭作の最後のエピソードである。(26)室町期の内山伊阿弥陀仏と昭和の村人との間には六百年もの時間があるわけだが、その間、内山村の人々は毎年木庭を作り続けた。季節や天候を的確に見定め、焼払の火加減を調節して生産性の高い木庭作を開き、害獣や人から山中の作物を守る。そのための技能と集団協力、そして天道や山の神に対する山林用益の強い意思が、彼らの基層として受け継がれていったと言えるのではないだろうか。

## 二　寛文検地帳の分析

次に寛文二年の検地帳から内山村の田畠、木庭の耕地状況を見てみることにする。この寛文検地は全島八郷に渡って行なわれ、間高法によって各村落の耕地状況の把握が初めて完全に行なわれた検地である。内山村でも田・畠・木庭が検地されているものの、田地の総面積は何故か記載されていない。畠は「合上々畠参石五斗四升五合三夕（上畠廻四石七斗弐升七合六才六毛）、合上畠八斗四升四合一夕（上畠廻則内五斗四升八合四夕　居屋敷）、合中畠壱石六斗五升六合（上畠廻九斗四升六合弐夕八才五）、合下畠弐石参斗壱升五合（上畠廻四斗六升三合）」であり、間高は弐尺三寸四分三

厘七毛五。木庭は「合上々木庭弐升蒔（上畠廻弐升）、合上木庭弐石参斗弐升蒔（上畠廻壱斗九升三合三夕三才三）、合中木庭四拾弐石壱斗四升蒔（上畠廻　弐石四斗七升八合八夕二才三）、合下木庭壱百八拾石八斗六升蒔（上畠廻七石弐斗三升四合四夕）、上□（々）上中下四口合木庭上畠廻九石九斗弐升六合五夕六毛」であり、間高は四間参尺八寸五分三厘一毛一弐。畠・木庭あわせて上畠廻弐拾石壱斗九升一合六夕九才の石盛、間高は拾間参寸八分三厘三毛八となっている。

（1）耕作者

耕作者は「○×（人名）知行」あるいは「請人○×（人名）知行」と二種類ある。個人所有者は内山郷左衛門、内山市左衛門、多田源右衛門、内山伝左衛門、内山勝介の五名の給人である。彼らはそれぞれに耕作者を所有していた。内山郷左衛門は作人が二一名と最も多く、その中には知行地を有する内山市左衛門や内山勝介が含まれている。二一名の作人の内、与左衛門・少左衛門・八左衛門・善松院・又右衛門・四郎右衛門の六名は郷左衛門知行の屋敷を与えられている。次に多田源衛門は耕作者四名でそのうち伝左衛門と源兵衛が源右衛門知行の屋敷を与えられている。内山市左衛門の作人は三人だが、みな屋敷を与えられていない。市左衛門知行の屋敷を持つのは九左衛門と勝介の二名である。伝左衛門の耕作者が松右衛門の一名のみである。

（2）田地名の現地比定

グラフ1「田の各耕作地面積」を見ればわかるように、検地帳の田地名は一七である。このうち現在の地名に比定可能なのは次の一〇個所である。

・2喜太郎＝現在の小字喜太郎（集落から最も遠い山林）。一石一斗八升蒔と最も多いが「荒地ニ付高入セズ」とあり、耕作放棄の状態となっている。
・4けんの作り＝小字在家の山にはゲンノツクリという木庭地名がある。山腹に開かれた棚田だったと考えられる。
・5しんかい＝小字前原にシンビラキ（新開）と呼ばれる田地がある。

・7すみく田＝小字上原にジミクタ・ズナクタと呼ばれる田地がある。

・8田木庭＝小字上原にタコバとよばれる田地（一町歩）がある。田木庭は一九〇〇坪あり、一七の耕作地のなかで最大面積。

・9段の上＝前原のダンノウエ

・12つはん作り・13つはん作り次郎殿田＝小字前原にジロウタという田地あり。従って12、13ともに前原と考えられる。

・14ふけ＝前原にフケ田とよばれる湿田がある。

・15丸くま＝小字丸隈

このうち小字前原とわかるものがしんかい（上田九〇坪、中田三一五坪）、段ノ上（中田四〇二坪）、つはん作り（上田五五八坪、中田二三七坪、下田二一坪）、つはん作り次郎殿田（中田八四坪）、四ヶ所である。小字上原はすみく田（上田六〇坪、中田一五〇坪、下田一二〇坪）、田木庭（上田九〇坪、中田一二八七坪、下田一二〇坪）、ふけ（下田二一〇坪）の三ヶ所が確認される。小字下原に比定しうる耕地名が無いことから、当時はまだ下原は未発達な田地、もしくは畑地であったことが考えられる。これは下原より上流にある上原の田木庭やフケが現在まで湿田であったことからも推測することができる。上原面積は上田六四八坪、中田一〇

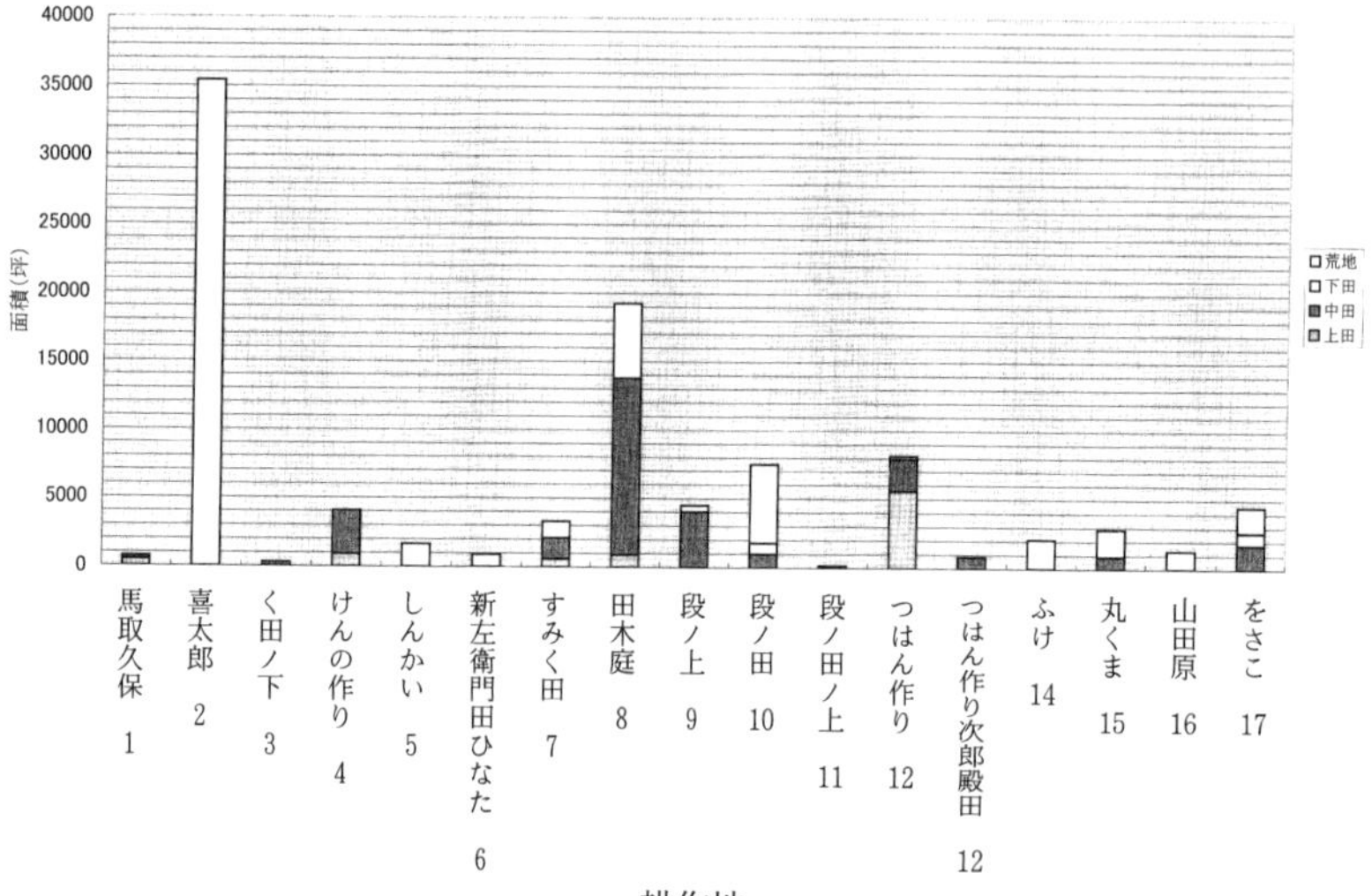


グラフ1　田の各耕作地面積

三八坪、下田二一坪、計一七〇七坪。前原面積は上田一五〇坪、中田一四三七坪、下田四五〇坪、計一九四七坪となる。小字上原と前原の田地を比較すると、面積は上原のほうが大きいが、上田面積は前原のほうが約四倍広い数値を示している。内山の主力田地は小字前原・上原であり、前原は内山全体の上田六〇％を占める優良田であった。

（3）畠地名の現地比定

検地帳には五三の畠地名がある（グラフ2「畠の各耕作地面積」参照）。畠地名をみていくと、〝屋敷〟とつく地名が六ヶ所あり、（9内山屋敷ノ内、11うんとう院古屋敷、27けんちう屋敷、32さんくわん屋敷、41古屋敷、49屋敷はた）、このうち四つが現地比定できる。内山集落の世帯は小字在家（通称カミ）と小字下大段（シモ）に集中し、カミ・シモどちらとも畠にかこまれているが、まず9内山屋敷とは在家にあって然るべき名であるし、11うんとう院古屋敷はカミにある雲洞庵（寺）のことである。41古屋敷はやはりカミにある宗重尚隠居地の通称地名である。32さんくわん屋敷（上畠一二〇坪、中畠二〇〇坪、下畠九〇坪計四一〇坪）はシモにあるサンカン（現在田、三畝）と地名が一致する。またこれら屋敷地名の畠地はすべて郷左衛門知行地となっている。カミにはこの他に1□□在家畠（上々畠二一六坪）29在家畠（上々五〇坪）、40寺前（中田二〇坪＝雲洞庵付近にテラバタ、テラダ地名あり）がある。また43前原とは田地でもあげた小字前原である。53の畠地のうちで上々畠面積が最も広い（一〇四二坪）。46道ノ上、47道ノ上ひなた、48道ノ下は小字前原の道ノ上、道ノ下（両方共に現在田地）と地名が一致する。50山口もまた小字前原のヤマグチ（現在田地）と地名が一致する。現在小字前原はすべて田地であるが、寛文当時上々〜中畠の良好な畠地が数多くあった。

（4）木庭地名の比定

グラフ3、4「木庭耕作地の面積（1）（2）」を見ればわかるように、86の木庭地名が見られる。

内山集落の北境となる矢立山稜線から集落にかけてのなだらかな山腹には、次の木庭耕地の比定が可能である。

・1、あかさか（下一九〇坪）＝小字丸隈の内山分校下にアカサカと呼ばれる畠あり。

・2、石わり作り（中木庭五六〇坪、下木庭八〇〇坪）＝大鳥毛・小鳥毛山の稜線よりやや下にイシワリヅクリという木庭地名がある。
・3、扇なり（下木庭二〇坪）＝大鳥毛山頂上よりやや下にオウギヅクリという木庭地名がある。
・10、おさきおおたんひなた、11、おさきくれいいし、12、おさきれの川地＝小字在家奥より内山川にそそぐ川は尾崎川とよばれ右岸にコウウジという木庭があった。したがって10～12は尾崎川近辺の木庭と考えられる。
・13、おふたに、14、おふたにひなた＝現在の小字大谷に比定。
・22、きたらう＝現在の小字喜太郎比定。
・73、まるくま山＝現在の小字丸隈に比定。
・79、桃ノ木木庭＝現在の小字桃ノ木に比定。
また東堺となる舞石壇山の稜線から山腹にかけて、以下の木庭地名比定が可能である。
・8、おおひらかけ＝検地帳記載の堺である〝大平のそね〟が舞石壇山の南隣にあることから、舞石壇山稜線に比定。
・24、きんこはかけ＝小字前原より約一〇〇メートル上の山腹にキンコバ（木庭地名）あり。

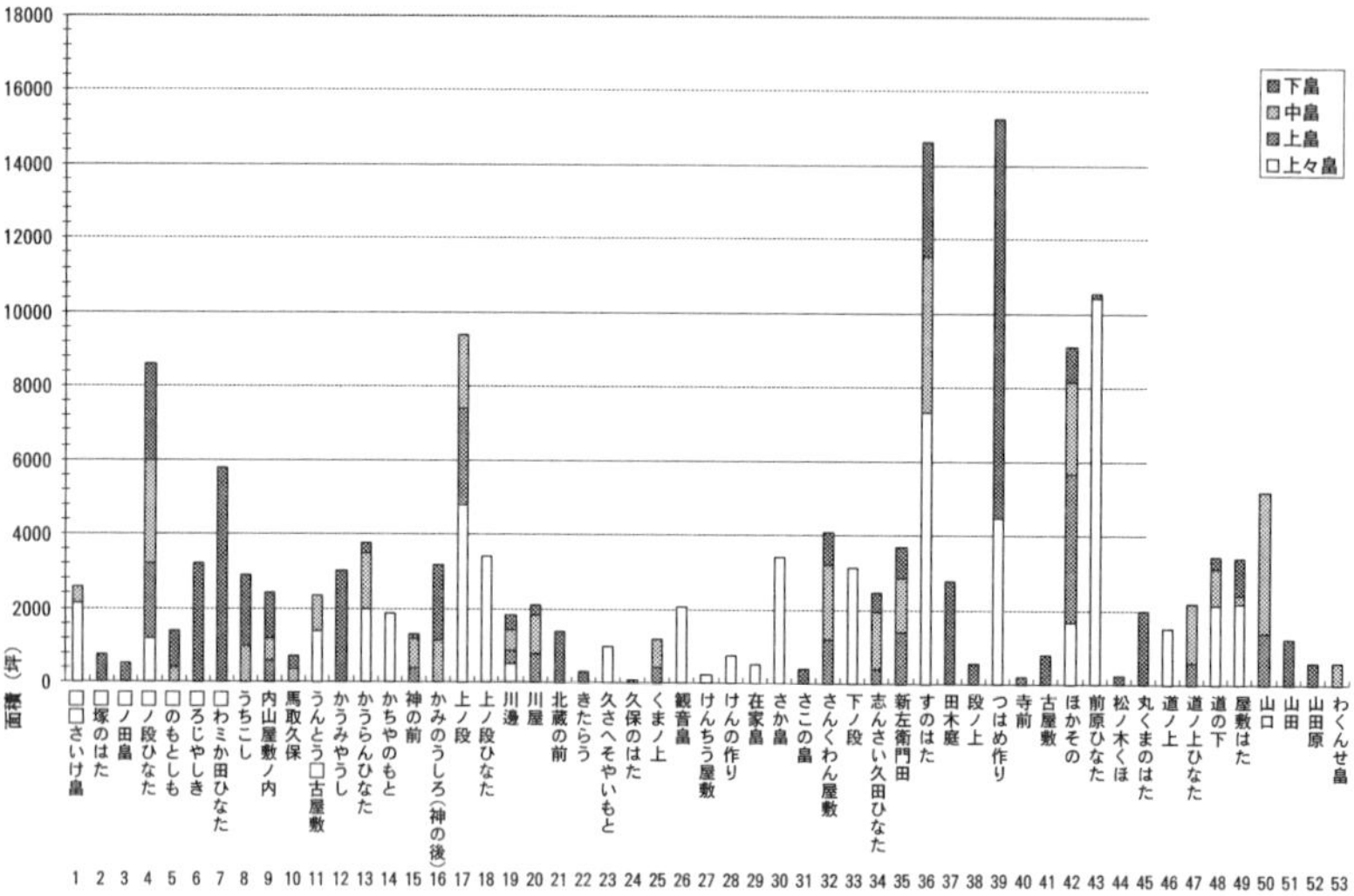


グラフ2　畠の各耕作地面積

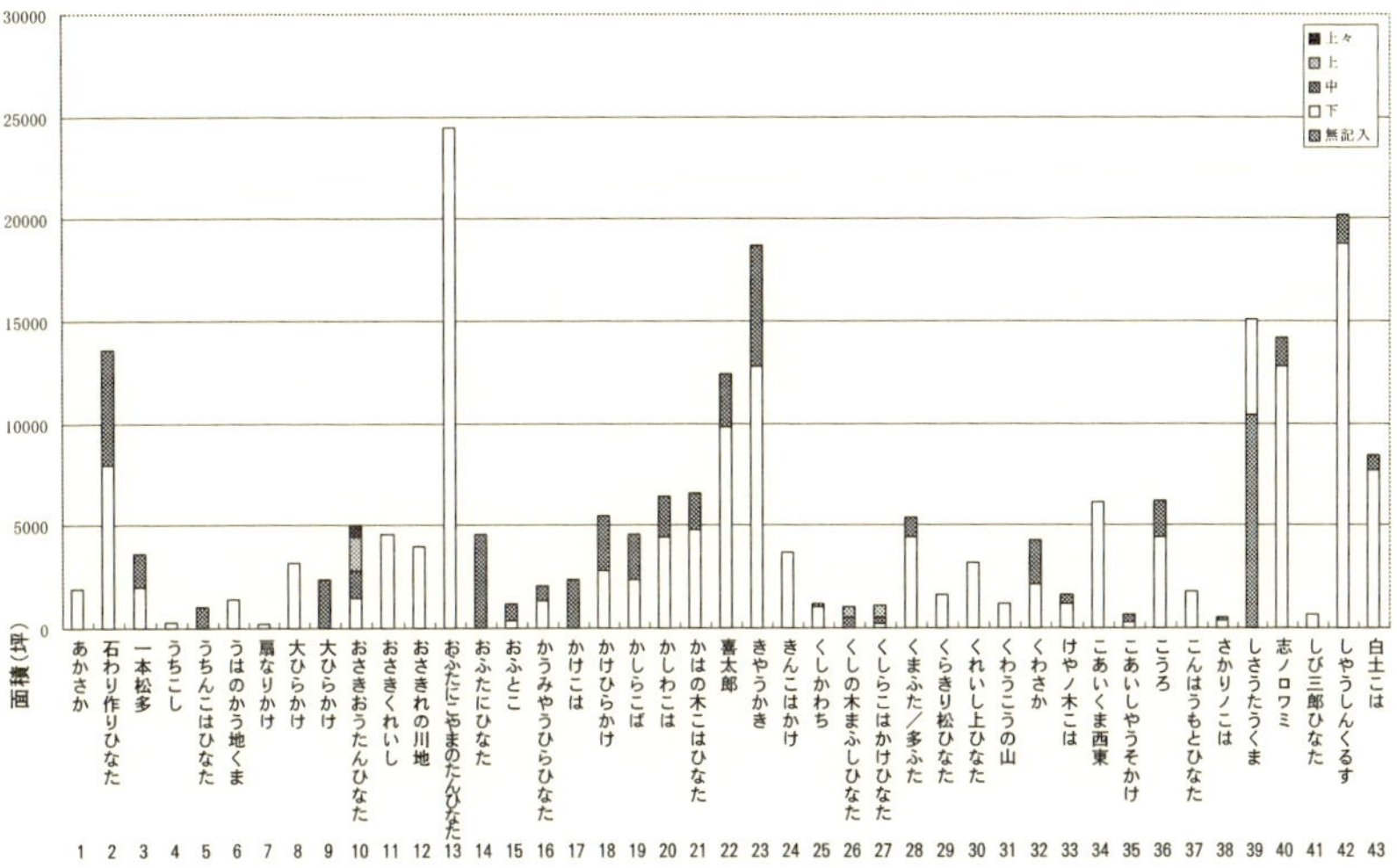


**グラフ３　木庭耕作地の面積（1）**

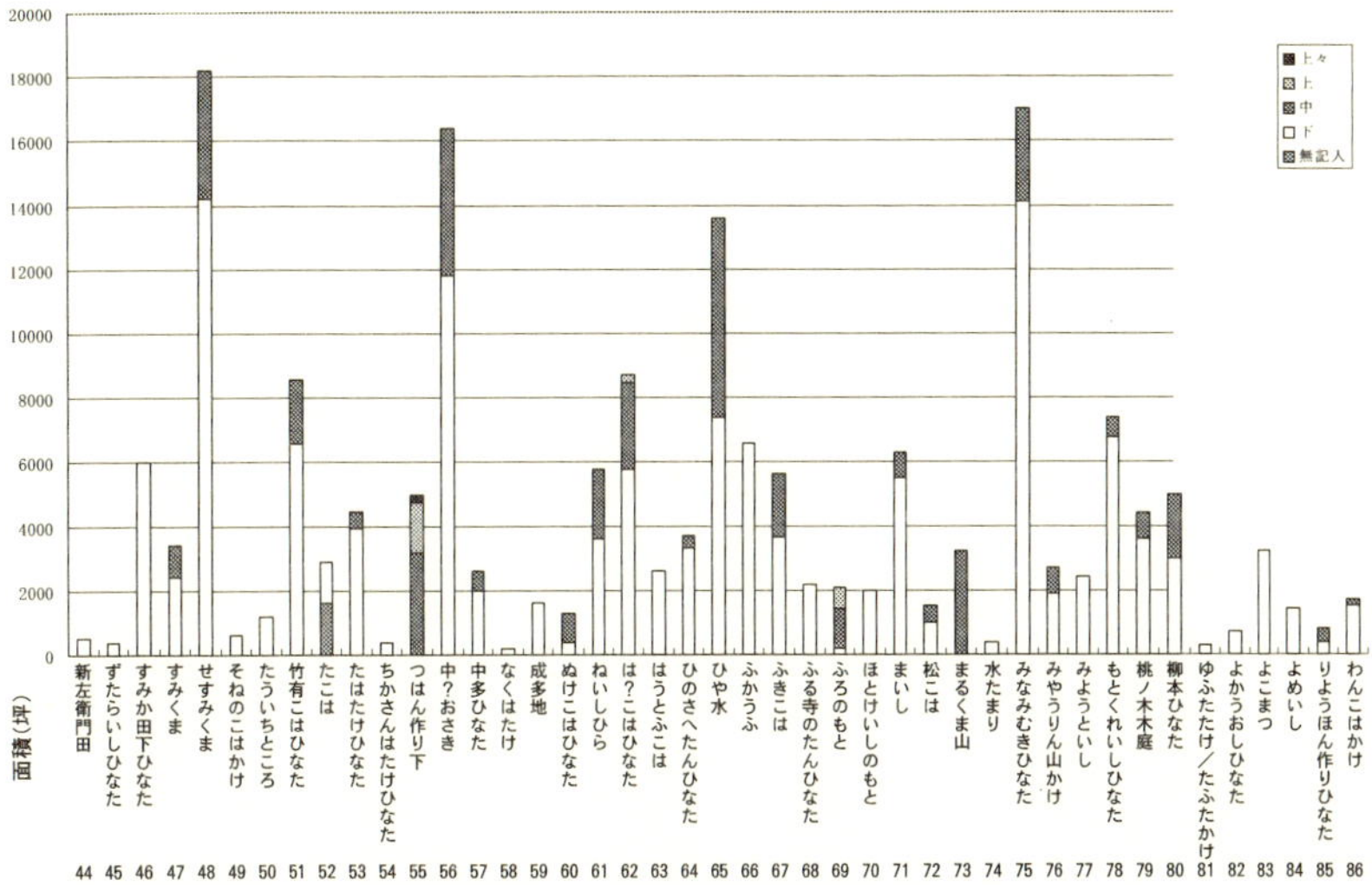


**グラフ４　木庭耕作地の面積（2）**

・60、ぬけこはひなた＝キンコバの隣にヌケンクボ（木庭地名）あり。
・61、ねいしひら＝ヌケンクボよりやや上にネイシャマ（木庭地名）あり。
・71、まいし＝舞石壇山に比定。
南堺となる萱場山稜線から山腹には以下の耕地名の比定が可能である。
・76、みやうりん山かけ＝大平そねより萱場山への稜線のややしたにミョウレン（木庭地名）あり。
・18、かけひらかけ＝ミヨウレンの付近にカゲヒラと呼ばれる木庭地名あり。
・38、さかりノこは＝カゲヒラ付近にサガリノコバと呼ばれる木庭地名あり。
・34、こあいくま西東、35、こあいしやうそかけ＝検地帳記載の南堺に〝こあいの隈曽根〟あり。
このような稜線部や山腹だけでなく、平地にも木庭はある。たとえば39、しそうたうくま（下木庭四七〇〇坪、無記入一〇四〇〇坪）とは小字下原の地蔵堂付近の隈（山）、つまり下原の一部と現在通称ムカイヤマと呼ばれる国有林天道山との境界の山にあたると考えられる。また田地にあげた小字上原の田木庭にも同様に木庭（下木庭一三〇〇坪）があった。これは現在の老人の「タコバには田んぼ（八反弱）と山裾まで木庭があった」という話と一致している。つまり山すそまで木庭があったということは、田木庭（田地）と山すその中間にある小字下原は当然木庭があったと考えられる。当時下原は木庭と畠の多い耕地で、寛文以降に水田化されたと考えられる。また田木庭とともに田地面積の広い小字前原のつはん作りにも同様に木庭があった。木庭はどこの耕作地も等級は低く、中木庭・下木庭がほとんどである。上々木庭・上木庭は平地に近い10〜12、尾崎（小字在家）や55、つはん作り下（小字前原）にある程度で、山腹や稜線部の木庭にはあまり見られない。

## まとめ

漁業権や海岸の地先権をもたない内山村は、山林を有効活用することによって村の産業を維持しなければならなかった。より広範囲の山林領有を求めた在地領主内山い阿弥陀仏は豆酘在庁の神領天道山を争った。この相論から当時すでにシイカシは重要食糧であり山手がかけられていたこと、山林資源の争奪は特異な天道信仰を形作る要因のひとつとなっていたことがわかる。また寛文検地帳記載の地名と現地で聞いた通称地名を照合し、いくつかを現地比定することができた。これによって中世文書には見られない田畠の耕地状況が明らかにすることができた。現在の田地は小字上原・下原が主力生産地となっているが、寛文年間にはまだ下原に田地の形成は見られず、上原よりひとつ谷奥となる小字前原と上

**現在の内山**（国土地理院作成1:25000「豆酘」「厳原」「小茂田」より作成）※地図中の( )は現在の小字

原が主力生産地となっている。当時の前原には田畠両方の耕地があり、ともに上々〜中の等級が集積している。内山は谷の東である在家（屋敷地と畠）と前原（田畠）を中心として出発し、徐々に西の低地である下原へと開発が進んだと考えられる。また木庭にかんしては、中腹から平地周辺の木庭のほうが等級がよい。山の稜線は下木庭がほとんどだが、各耕地二〇〇〇〜五〇〇〇坪程度の面積は見込まれる。平地・山腹よりも労働量は大きくなるものの、相論するに十分価値あったと考えられる。

**注**

（1）九州大学九州文化史研究所所蔵影写本内山家文書・南北朝遺文一二六三。
（2）なたゐの尼浦山売券案　九州文化史研究所所蔵影写本内山家文書・鎌倉遺文八九六二号。
（3）某譲状（年月日不明・断簡）に「内山のい阿弥陀仏申さるる山は親父久和の左衛門入道めうもん重代相伝の処たるに依て、い阿弥陀仏に譲り与へらるる処也」（同上・南北朝遺文二二六六四号）とある。また建武二年九月一日永志書状（同上・南北朝遺文二九四号）では内山のい阿弥陀仏に対し「久和の左衛門入道殿の跡並びに内山の事、地頭殿の御書下の旨に任せて知行相違あるべからず候」と述べている。
（4）嘉暦元年某書下（同上・鎌倉遺文二九六六七号）・同三年十二月三日宗盛国（？）書下（同上・同三〇四六九号）では久和親子の内山村の木庭への加地子差し置きが命じられている。
（5）申叔舟著田中健夫訳注『海東諸国紀』岩波文庫　平成三年・平泉澄『中世に於ける社寺と社会の関係』国史研究叢書第二編　至文堂　大正十五年。
（6）弘安二年八月十一日　きやうふ太郎等連署起請文（島居岩男家文書・南北朝遺文四三八四号）正平九年□（十）一月五日　なりミつ等連署起請文案（同上・南北朝遺文七〇七五号）。

（7）原田敏明「オハケ奉斎の形式と変遷」『村の祭と聖なるもの』中央公論社　昭和五十五年二一一頁・福田アジオ他編『民俗大辞典』下巻　吉川弘文館　平成十三年。原田氏はオハケ最古史料を文中の応永三十四（一四二七）「二所参詣行事」とされているが、史料一は更に八十年ほど遡ってオハケ奉斎の事実を確認しうる史料である。
（8）永留久恵『古代史の鍵・対馬』大和書房　昭和六十年　二〇九頁。
（9）厳原町教育委員会編『厳原町誌』平成九年　一一四六頁。
（10）九州大学九州文化史研究所所蔵影写本内山家文書・南北朝遺文三七四二号。
（11）「廿年ホト以前ヨリ木庭ヲ明過シ、郷子淵の深サ、昔ハ九尋ナリシニ今ハ五尋ニ成リ、志多内川ノ昔ハ直クナリシニ、其後ニ段段ト北ノ岸ヲ洗ヒ崩シ、曲レル川ニ成リ、上畠ノ多ク流レ下リ、沙石ノ淵に積リ、川中ニ積レル故ナリト答へ…」とある。陶山訥庵著　月川雅夫訳注『木庭停止論』日本農書全集六十四　開発と保全　農山漁村文化協会　平成七年　三六一頁。
（12）平山棐著　鈴木棠三編『津島紀事』下巻　巻之十一土産考　対馬叢書四　東京堂出版　一七二頁。
（13）陶山訥庵著　山田龍雄訳注『老農類語』日本農書全集三十二　農山漁村文化協会　平成十年　二三二頁。
（14）厳原府中では宝永二年（一七〇五）より十八年計画で七万六千四百四十八本もの樫木が植林された。佐須郡内十六ヶ所では正徳二年（一七一二）より十年計画で植林された。『厳原町誌』八二三頁。
（15）中川延良著鈴木棠校注『楽郊紀聞』二　対馬夜話　東洋文庫三〇二　平凡社　昭和五十二年　一一五頁。
（16）「矢立杉の話」「木想石語」『定本　柳田國男集』筑摩書房　昭和三十七年　福田アジオ他編『民俗大辞典』下　吉川弘文館　平成十三年。
（17）この矢立の木の痕跡について現地調査では確認できなかった。しかし城田吉六氏によれば、この付近には宮路松という巨木が昭和十年頃まであった。原始林の樹木と比べても少しも遜色しない大きさだった。城田によればその樹皮は幼児の夜泣き止めに効き、舐めれば背が伸びるという伝説があり、豆酘の子供たちは宮路松まではるばる出かけては木にへばりつき樹皮を舐め上げていた、という自身の少年時代を回顧している矢立の木と宮路松は直接の関係こそ見出されないが、中世の天道のカナクラに近い場所で、豆酘の子供たちへ恩恵を授ける巨木が後年育っていたことは興味深い事例である。（城田吉六『赤米伝承　対馬豆酘村の民俗』葦書房　昭和六十二年　二三二頁）。

(18)帰路に採集した山の産物を咎められるのは、後年の官山時代も同様であった。内山村の人がこっそり竜良山に立ち入り、薪拾いをしたが、帰り道に官山の役人が待ち構えており罰金を科された（本田佳奈『対馬トポフィリア　二〇〇三年村落調査報告書』十頁）。

(19)黒田省三「對馬古文書保存についての私見」第二次對馬古文書採訪調査報告書』国士舘大学　昭和四十三年　　頁。

(20)『楽郊紀聞』二、八六頁。

(21)長節子『中世日朝関係と対馬』吉川弘文館　昭和六十二年　十一頁。

(22)すべて九州文化史所蔵影写本内山家文書。建武二年九月一日　宗妙意書下案（南北朝遺文六九五一）・暦応三年九月五日　宗妙意書下案（同一五七五）・暦応四年七月七日　御代永志書下（同一六八二・一六八三）・同四年八月八日久濔こうた請文（同一六九二）同四年九月三十日・宗妙意書下（同一七一一）・同年月日　永志書下（同一七一二号）。

(23)すべて九州文化史影写本内山家文書。正平二十五年九月十二日　伊阿弥陀仏譲状（同四八三六・八四三七・四八三八・四八三八）正平二十五年九月二十八日　惟宗二郎譲状（同四八三九）。

(24)『楽郊記聞』一、二〇二頁。

(25)佐々木高明「対馬の焼畑」『日本の焼畑　その地域比較研究』古今書院　昭和四十七年・内山の木庭については現地調査より、内山在住の内山末吉氏より聞き取り。

(26)『対馬トポフィリア　二〇〇三年村落調査報告書』十頁。

# 朝鮮通信使による対馬紀行文集

米谷　均

## はじめに

一四世紀末以降、高麗王朝や朝鮮王朝は、多数の使節を日本へ派遣し、帰国した使節から見聞報告（復命書）を聴取した。(1) 使節の多くは日本滞在中に漢詩文を作成し、後世編纂された彼らの詩文集のなかに上記の紀行詩文が掲載されることもあった。(2) 鄭夢周（一三七七年来日）の『圃隠集』や、申叔舟（一四四三年来日）の『保閑斎集』等がその代表例である。しかし紀行詩文集がまとまった形で現存している事例は極めて少なく、宋希璟（一四二〇年来日）『老松堂日本行録』(3) を唯一の例外とすれば、金誠一（一五九〇年来日）『海槎録』まで、かかる紀行詩文集は遺っていないものとされてきた。

しかし筆者は最近、一四七九年に通信使団員として来日した金訢の文集『顔楽堂集』(4) のなかに、「扶桑紀行録」と銘打たれた紀行詩文集が掲載されていることに気付いた。この使節は、様々な事情によって結局対馬から引き返したため、当詩文集も事実上「対馬紀行録」に留まってしまっているのであるが、それでもなお、多数の紀行詩文を収録し、なかにはこの当時の対馬の社会風俗を巧みに詠み込んだ作品も見られる点において、十分注目に値する。本稿は、この未完に終わった通信使による対馬紀行詩文集を初めて紹介し、併せて『顔楽堂集』に収められた関連史料の吟味も行い、簡潔な検討を試みたい。なお史料原文は本稿末尾に掲載し、これを典拠として行論する場合は、史料番号（【 】）にて適宜明示したい。

## 一　一四七九年次通信使について

紀行録の記主である金訢（一四四八〜九二）は、字は君節、号を顔楽堂といい、家系は延安金氏に属した。嶺南学派の巨頭である金宗直（一四三一〜九二）の門人となった後、一四七一年に及第し、以後、成均館・承文院・芸文館・春秋館等の職を歴任・兼任した。弘文館校理に在任中、一四七九年に通信使書状官に任命されて日本へ派遣され、翌一四八〇年には赴京使質正官として明に赴いた。一四八六年に工曹参議に任命された頃、体調を崩して退官を乞うようになり、各地で療養生活を送った後、一四九二年に逝去した。(5)

一四七九年次通信使は、金訢にとっては初の異国体験を得た使行であると同時に、成宗時代（一四六九〜九四）の対日外交において、大きな期待を担って派遣された使節でもあった。(6)というのも、前回派遣された一四六〇年次通信使が、釜山沖の海難事故によって使行を中断したため、一四四三年次通信使以降、朝鮮使節が日本本土を実地踏査したことがなかったからである。この使節の日本派遣は、一四七五年前後から朝廷で提議されていたが、日本から来朝する諸使節が伝える応仁の乱（一四六七〜七七）情報により、航路の危険性が憂慮され、何度も計画が中断・延期された。一四七七年に、朝鮮前期を通じて最も精緻な通信使派遣計画が立案されるが、対馬島主宗貞国の警告によって再三延期となり、一四七九年に貞国から使行安全の通報が出されたのを受けて、ようやく派遣が実現した。派遣に先立ち、成宗は一四四三年次通信使団員の李仁畦を引見して往事の日本国情を下問し、今次使節に対しても日本情報の探索と報告を下命するなど、現地調査による国情把握に大きな期待を寄せた。なお使節団員として、正使には李亨元、副使に李季仝、書状官に金訢、軍官に趙之瑞・曺伸・朴季幹、押物官に羅嗣宗が任命され、これほか役職不明であるが朴宗元・具詮・李瓊仝らも同行したようである【18・21】。

成宗一〇年〈一四七九〉四月一日、通信使一行は成宗の引見を受けた後、四月四日に漢城を出発した(7)。以後、「扶桑紀行録」の記述によれば、咸陽（慶尚南道）・機張（同）・熊川（同）各地を経由したことが分かるが、咸陽や機張は、通常の南下ルートとはかなり離れた地にあり、どうしてこのような行路を取ったのか不明である。また金訢の年譜【28】によれば、六月七日に巨済島の知世浦から出帆して同日中に対馬の佐須奈に入港し、六月一八日、宗貞国の在所である国府（府中）に到着したという。ところが通信使を迎えた宗貞国は、彼らに対して不恭の態度をしばしば示し、「南路兵乱」を理由に「北路」をもって京へ行くよう勧告したことから、事態紛糾して使節一行は対馬に足止めされることとなった(8)。また正使の李亨元が発病したため、副使の李季仝は羅嗣宗を急遽本国へ帰還させ、上記の事情を報告させた。七月一四日、この馳啓を受けた朝廷では、使行中止論や対馬島主問責論など、様々な意見が出されたが、結局翌一五日、通信使の使行中止と漢城帰還を、李亨元に対して下命することに決した(9)。七月二五日になると、宗貞国の使者源茂崎が来朝し、畠山氏による畿内兵乱と、安芸における兵乱発生の通報がなされ(10)、九月一四日には、帰還中の李亨元が巨済島で死亡した旨が漢城に届いた(11)。なお対馬に残留していた使節団員は、九月一七日に釜山へ帰還したようで【28】、一〇月一五日には成宗の引見を受け、李季仝と金訢が帰朝報告を行った(12)。このように、成宗の強い意向と期待を受けて派遣された当通信使は、結局のところ、道半ばにして対馬から引き返し、謎の多い日本国内の情報収集という念願を果たせぬまま、不完全な形で終了することとなったのである。以後、歴代の朝廷では通信使の日本派遣の提案が何度かなされたが、具体的な立案に至る前に全て却下され、朝鮮通信使の日本派遣は、一五九〇年まで実現することはなかった。

## 二　「扶桑紀行録」について

次に「扶桑紀行録」の概要を簡単に紹介してみよう。

『顔楽堂集』巻一に収録された本詩集は、漢城から南下する途上の咸陽【1】から記載が始まり、機張【3】・熊川【4】等における詩作が続いている。対馬渡航以降は、西泊【6】・船越（小船越）【8】・久田と南室【14】・小船越の梅林寺【16】・泉【19】・鰐浦【23】・豊崎【25】などの地を踏んだことが記され、最後に対馬北端の山に登って朝鮮南部の峯々を眺望して詠んだ詩【26】をもって、紀行録を閉じている。詩の収録数は四九首を数える。またその末尾には、金訢の師である金宗直、ならびに金克倹（一四三九～一四九九）の跋文【27】が添付され、読後の感想と短評が各々記されている。

道中にて金訢と詩文を贈呈ないしは和韻酬和した人物は、「克己」「家兄」「安監司」「伯符」「叔度」「子俊」「玉如」「朴経歴宗元」「具君詮」等である。このうち「克己」は金訢の同門である兪好仁（一四四五～一四九四）を、「家兄」は金訢の兄（金諶？）を、「安監司」は慶尚道観察使の安某を指し、いずれも金訢が朝鮮国内南下中に詩を贈った者たちである。これに対して「伯符」以下は通信使団員として金訢と同行した者たちで、「伯符」は軍官の趙之瑞（？～一五〇四）、「玉如」は李瓊仝、「叔度」は恐らく軍官の曺伸[13]、「子俊」は副使の李季仝（一四五〇～一五〇六）、「朴経歴宗元」は朴宗元、「具君詮」は具詮を指す。なお詩文応酬者の中には、対馬側の人間らしき人物はおらず、金克倹の跋文【27】②にも「惜しむ也。対馬島中、未だ嘗て一具眼者の従《よ》って唱酬し、以って君節〔＊金訢〕の癢《はがゆき》を尽くすこと有らざる也」と評されている。当時、対馬には詩文に長けた外交僧である仰之梵高《きょうしぼんこう》（一四一三～一四九四）[14]がいたはずであるので、日朝詩文唱和がこの時なされなかったことは、まことに残念であると言わざるをえない。もっとも「其《そ》れ劒を按《な》でて相視《み》ること為さざれば也。また幸いならん」（【27】②）と金克倹が憶測しているように、当時、通信使側と対馬側との間にギスギスした感情的対立が生じていたのであれば、詩文を応酬すべき雰囲気がそもそも無かったとも考えられよう。

さてここで、金訢が道中にて詠んだ詩をいくつか取り上げてみたい。次にあげる詩は、金訢が対馬豊崎郡の西泊にて詠んだものである。

尼神都麻里《にしどまり》浦にて風に阻《はば》まる　浦は対馬島に在り（【6】）
颶颱《ぐたい》は偏《ひと》えに客を留め　舟を維《つな》ぎて意《こころ》迷わんと欲す
孤臣は滄海の外　故国は夕陽の西《にしのかた》にあり
地は坼《さ》けて東維《とうい》に闊《ひろ》く　天は垂《た》れて四面に低し
此の間《かん》奇絶の処なれば　醯鶏《けいけい》を与説し難し

先述したように、通信使一行が知世浦を発して対馬の佐須奈に着いたのは六月七日であり、丁度台風シーズンに遭遇したらしい。詞書にもある通り、金訢たちは大風のため西泊で足止めされた模様である。初めて目の当たりにした異国、しかも「滄海の外」にある孤島・対馬に到って、早くも故国を思う心細さが、この詩から滲み出ているようである。

金訢一行は、対馬の東海岸の浦々を経由して、島主の居す府中を目指して南下したのであろう。次の詩は、対馬中部に位置する小船越にて詠み、同行者の趙之瑞に与えた作品である。

訓羅串《ふなこし》に在りて趙伯符に示す（【8】①）

独り酌して憂物を忘れ　頽然と蓬底に迷う
胸中に八九を呑み　眼底は東西を混ず
水は関山を隔つこと杳《ふか》く　雲は島嶼と和して低《た》る
君に約す故国に還り　邀迓《ようが》して黄鶏を殺すを

小船越は、浅茅湾航路と東海岸航路を結ぶ交通の要衝であり、多数の船が行き交って殷賑を極めた港湾であった。「水は関山を隔つこと杳《ふか》く」という句は、小船越の土地柄を上手く描写している。しかしそうした光景も、金訢の心を慰めるには足らぬのか、ひとり酒を飲んで旅愁を晴らしていたようである。

旅中のつれづれをかこつ一方、金訢は李季仝の詩を次韻して、趙之瑞を揶揄するような戯れ歌を詠んでいる。

子俊の韻に次し、戯れに伯符に呈す（【11】②）

愁《うれい》来たれば一夕も当たるを禁じず
新月唯《た》だ応《まさ》に両郷を照らすべし
歌舞千場　供するに侠少なり
任《さもあらばあれ》他　羈客自《おの》ずから悲傷す

自註、岐城〔＊巨済〕の妓、名は新月、伯符甚だ寵す。

第二句の「新月になれば月光が朝鮮と対馬の両方を照らすこととなろう」と詠まれた「新月」とは、月の新月（八月一五日の十五夜の月か）と、新月という名の妓生《キーセン》を懸けたものである。注記にもある通り、この「新月」は巨済島の妓生で、趙之瑞の熱愛を受けていたようである。恐らく彼女は、一行の知世浦出帆の時に、慰労のため、あでやかな舞を披露したのであろう。しかし異郷の旅客となった現在においては、彼女の歌舞を見ることもあたわず、ただ「自《おの》ずから悲傷」するのみであった。

旅中において金訢は、旅の愁いのみならず、彼より前に日本の地を踏んだ大先輩たちの業績に対しても、強く意識していたようである。

八月十二日夜、林亭に散歩すの口號、叔度に示す（【12】①）

帆を扶桑の一問津に挂《か》け
多情唯《た》だ月の人に随う有り
行吟《こうぎん》すれば恰《あたか》も風の面《おもて》に吹くを受け
散歩すれば従《あとよ》り露をして巾を墊《お》らしむ
華国の文章は多く鄭に謝《しゃ》し
済時《せいじ》の勲業は已《すで》に中に輸《いた》す
往来屑屑《せっせつ》として何事か成さん
嬴《か》ち得《え》たり　秋光鬢《びん》に入りて新たなり

鄭文忠夢周・申文忠叔舟、倶に日本に使いす。故に云えり。

第五句の「国威を高めた文章の多くは鄭氏の御陰であり」の「鄭」とは鄭夢周（一三三七～九二）を、第六句の「時世を救った勲業はすでに申氏が勝ち得ている」の「申」とは申叔舟（一四一七〜七五）を指す。鄭夢周は一三七七年の報聘使正使として、申叔舟は一四四三年の通信使書状官として、いずれも来日した経験があった。金訢は、彼らの功績の大きさを讃える一方、「道中の忙事にかまけて、一体自分は何を成し遂げることができよう」と、詠嘆していることが読みとれる。

本国から帰還命令を受けた金訢一行は、府中の外港である久田を出帆して北上するが、帰帆時も台風に遭遇したようで、乗船を破損しながら八月二三日に南室へ避難した【14】。南室出港後の帰路の途上、小船越の梅林寺を遊覧した際に詠んだと思われる句が一首ある。

梅林寺に遊ぶの次韻【16】

間《しず》かに木上座《ぼくじょうざ》を携え　重ねて波羅門《ばらもん》を訪《おとな》う

竹は迸《ほとばし》りて新籜《しんたく》を添え　潮は生じて旧痕を漲《みなぎ》らす

雲霞は仏殿を蔵《かく》し　煙火は漁村を隔つ

暫く蒲団を借りて臥せば　蕭然《しょうぜん》として濁昏を洗えり

上記の詩は、金訢が杖（木上座）を衝きながら梅林寺を来訪し、住僧（波羅門）を訪問したという設定である。「重訪」とあるところから、往路においても彼の住僧のもとを訪れたのであろうか。寺域に竹林が生い茂っている有様や、「雲は仏殿を覆い、煙火が漁村に立つ」という対比描写は、いかにも美しい。

この後、金訢らは対馬の北端鰐浦《わにうら》に至るが、ここで思わぬ悲報に接し、哀悼の詩を作ることとなる。

正使を哭す　九月初五日、完于羅浦《わにうら》に在して訃を聞く。正使は疾に因り先に還るも道に卒す。（【23】）

碧天　際《きわ》無く暮雲の愁
衰草　蕭蕭《しょうしょう》として水国の秋
客子　長吟するも正に奈《いかん》ともする無く
此の時　凶訃　孤舟に到る

正使の李亨元は、対馬で発病して金訢らに先だって本国へ帰還していた。彼が客死した地は巨済島であるため、その訃報が九月五日に鰐浦へ届いたことを勘案すれば、恐らく九月初旬に病没したのであろう。
李亨元の訃報に接した後も、金訢らは対馬に滞在し、九月九日の重陽節を迎えた。菊の節句である。この日は高い丘に登って菊酒を呑むのが習わしであるが、金訢も船を下りて丘に登った。

九日　舟を舎《す》て前峯に登り、西《にしのかた》　東萊・熊川・巨済の諸峯を望む。歴歴数うべし。（【26】①）

愁辺奈《いかん》ともする無し　菊花の枝
三《み》たび清香を嗅げば一卮《いっし》に当たらん
客と作《な》りて堪《た》えざるまま令節に逢い
高きに憑《よ》れば逾《いよいよ》覚ゆ　遐陲《かすい》に在るを
蕭蕭《しょうしょう》たる草木　窮秋の後
渺渺《びょうびょう》たる煙波　薄暮の時
迢逓《ちょうてい》なり　故山登眺の処

遥知せり　欠我酔吟の詩を

注記の「前峯」がどの山であるか不明であるが、【26】の直前にある詩（【25】②）に、「菊花の時節、豊崎に泊す」と詠まれているところから、鰐浦近辺の山であろうか。(15) 晩秋の時期に、対馬から東萊・熊川・巨済島などの山影が眺望できたというのが本当であれば、極めて僥倖に恵まれたと言えよう。しかしそうした光景も彼の心を晴らすものにはならず、却って「遐陲《かすい》（地の果て）」に居る我が身を自覚し、過飲にまかせて酔いつぶれたようである。先述した通り、彼が念願の故郷帰還を果たしたのは、更に後の九月一七日のことであった。

以上、対馬逗留の経路に従い、紀行詩文を鑑賞してみた。次は、対馬の風土習慣を題材として、金訢が総括的に吟じた長詩を、分割して紹介してみたいと思う。

対馬島を詠む（【17】）

跨海は有天を別《わか》ち　環島は自ずから成聚す
民物は漁人多く　村居は半ば塩戸なり
児童も亦《ま》た佩刀し　婦女は揺艫を解《さと》る
茅《かや》を蔭《おお》いて陶瓦に代え　竹を剖《わ》りて弓弩を作る
竹籬に螃蟹《ぼうかい》を閙《さわ》がし　石田に粳稌少なし

上記は冒頭の一〇句分である。金訢はまず、島民の多くが漁業と製塩業に従事していることを描写し、児童すら刀を帯びて婦女が船の操縦に長けていることを述べる。また、家屋は瓦を乗せずに茅で葺かれており、竹で弓を作っていることに触れる。竹製の弓を奇異に感じたのは、朝鮮では水牛角を剥いで弓身を作るためであろう。第一〇句の「石がゴロゴロした痩せた田には収穫が少ない」という描写は、対馬を訪れた朝鮮官人が共通して得た印象であり、副使李季仝の帰朝報告においても同様の指摘がなされている。すなわち「島内は豊作であるか」との成宗の下問に対し、李季仝は「土地は痩せていて草木が密集しており、（島民は）蕨根を採って食用にしております」と答えている。(16)

羹臛《こうかく》に葛根を煮《に》　矢房《しぼう》に鶏羽を挿す
蚌蛤《ぼうこう》は粻糧を充《み》たし　椒荈《しょうせん》は商賈を資《たす》く
艾《もぐさ》を炷《た》きて疾病を医《いや》し　骨を灼《や》きて風雨を占う
檀施《だんせ》して浮屠《ふと》を奉い　逋逃《ほとう》して祠宇に萃《あつ》まる

「葛根を煮て吸い物を作る」「矢羽に鶏羽を用いた矢を矢房（えびら）に入れる」「ハマグリを食糧とし」「ハジカミを商売品とす」、以上の四句は、対馬の貧しさを印象づける句である。鷹の羽でなく、鶏の羽を代用した矢羽は、金訢の目から見てもいかにも貧弱に映ったことであろう。また「骨を焼いて風雨を占う」というのは、豆酘の亀卜神事を指すのであろうか。さらに「供物を献じて浮屠（仏教）を敬う」島民の姿は、朱子学を奉じる朝鮮官人から見れば異端の偶像崇拝に映ったであろうし、「刑罰を逃れるため祠に集まる」というアジール慣行は―恐らく豆酘の天道山信仰を指しているのであろうが(17)―、金訢の理解の域を超えた奇風に受け取られたであろう。

履《はきもの》を脱ぎて長を敬うを知るも
席《しきもの》を同じうして父を避けず

椎髻《ついけい》して歯に染《そめもの》多く　合掌して背は微《かす》かに傴《かが》む
睚眦《がいさい》して忿狼を生じ　慓悍にして軽がるしく殺掠す
語を発して毋吺吺《ものの》といい　相力《あいつと》めて喜び躍躍す

上記は対馬島民の仕草を評した部分である。始めの二句は、「目上の人間を敬う慣行はあるようだが、父と同席して平然とする有様はどうしたことか」という意味合いであろう。「髪を一房垂らしてお歯黒をしている」という句は、成人女性の姿を描写したもので、ここでいう「椎髻」とは髢《かもじ》を指すのであろう。李季仝の復命のなかに「(倭女は)多く髢を用います。その大きさは(まるで)脚のようです」(18)と述べている。また「目を怒らして憤激し」「すばしっこくて簡単に殺人し」「口を開けば『ものの、ものの』と言いまくり」「やたらと飛び跳ねながら歓喜する」、という仕草の描写は特に面白い。このうち『ものの』なる言葉については、後注に「倭訓「毋吺吺《ものの》」は発語の辞なり。躍躍して力声に用う」と説明がなされ、日本人が感激興奮した時に用いる発音を写したものらしい。

酬酢すれば異礼を嗤《わら》い　杯盤すれば詭作に驚く
山肴に橘柚を堆《つ》み　海錯《かいさく》に蛟鰐《こうがく》を斫《き》る
酔舌は鳥の南喃たり　歌吹は蛙《かわず》の閣閣たり
身に繚《まと》いて白刃を舞い　面を仮りて彩幞に出づ
主人は殊《こと》に繾綣《けんけん》なれば　旅客は頗る歓謔す

上記の部分は、あるいは島主宗貞国の館における接待の状況を描写したものであろうか。金訢の目には、酒を酌み交わしても、料理を供されても、異様な作法、偽りごとに見えたようだ。というのも、酒に酔った対馬人の言葉は、鳥のさえずりのように意味不明で、謡曲をうなればカエルの合唱のように思えたからである。そしてやおら剣を持って舞うかと思えば、仮面を被って幕間から登場する、とあるが、これは恐らく猿楽を催したことを指すのであろう。「(宴席の)主人は厚いもてなしを施し」「(我ら)客の側もすこぶる喜び戯れる」と続くが、本音ではいささか辟易としていたことは、締めの句に以下の如く吐露している。

遠遊　蔗を啖《くら》うが如く　　風味　甜苦を雑《まじ》う
行《ゆ》け　早く帰来せん　　信美　我土に非ざればなり

「(このたびの)遠遊はサトウキビを食んだようで、甘みと苦みが相こもごもであった。ああ早く故郷に帰ろう。(この島の人間が持つ)信美の感覚は、我が国とは異なっているのだから…」。この詩もやはり、帰去来の思いをもって終結しているのであった。

対馬における金訢の詩は、旅中の憂鬱を吟じたものがほとんどで、対馬の風光そのものを題材としたものは少ない。特に対馬の社会風俗を詠み込んだ作品は、【17】が唯一であると言ってよい。しかし【17】の詩は、やや固定観念化した対馬観を基盤としている傾向があるものの、彼の心中に映った対馬の社会像を巧みに詠み込んだ作品として、非常に興味深いものがある。

## 三　「遺行」について

さて「扶桑紀行録」を通読して不審に思うことは、金訢の府中滞在を明記した記述が全く欠けていることである。ところが『顔楽堂集』巻三所収の「年譜」【28】には、彼が府中に到着した年月等が記され、巻四の「遺行」【29】には、その府中滞在中の言動が詳しく記されている。そして「遺行」の本文中には、典拠として「扶桑録に出ず」との注記が施されているが（【29】⑧）、現在の「扶桑紀行録」には、それに該当する記述を見出すことができない。これらを総合して勘案すれば、『顔楽堂集』巻一所収の「扶桑紀行録」以外に、金訢が道中でしたた生の紀行録（「原扶桑紀行録」）が別途存在し、金安老が父の文集を編纂する過程にて、「原扶桑紀行録」を節略したものが、現在ある「扶桑紀行録」なのではなかろうか。いずれにせよ、金訢の対馬における動向を知るためには、「遺行」の記述を参照することが不可欠なのである。

『顔楽堂集』巻四所収の「遺行」は、金訢の言行を再現するため、恐らく金安老が様々な史料や遺老の証言を集めて、それをもとに記述したものである。よって筆者による加工や潤色が混じっている可能性が捨て切れないが、おおよその状況を知る参考史料として取り扱えば、なおも一定の価値を有している。「遺行」のうち、一四七九年次通信使に関する部分（【29】①～⑧）の一部を取り上げ、論考してみよう。

【29】①は、府中において宗貞国から通信使の航路を変更するよう勧告がなされ、その可否をめぐって紛糾した経緯を述べている。すなわち対馬から日本本土へ至る経路は、壱岐・博多を経由する「南路」と、石見へ直行する「北路」があるが、通常ルートの「南路」は海賊が横行しているため、「北路」に変更して欲しい、との要望である。換言すれば、「南路」とは瀬戸内海を経て京へ至るルートであり、「北路」は日本海を経由して京に至るルートを指している。こ

の記述は、対馬―石見直行航路がこの時期存在していたことを明記した、数少ない証言として注目に値する。[19] もっとも対馬がこの提案を突如出したのは、通信使を本土に赴かせないための詭弁であった可能性が高い。[20] というのも、前年の一四七八年に、宗貞国と大内政弘との間で和議が成立し、少なくとも対馬―博多ルートは安全が保たれていたからである。①の注記にも「北路難険にして昔より通じず。我が国使价みな南より達す。島人詭言、故にこれを詰す」と記されており、通信使側も貞国の真意を疑っていた。また、「南路」の経由地を支配する諸大名への贈呈品をあらかじめ携行した通信使にとっては、安易に経路を変えれば国命違犯になる恐れがあり、了承し難い勧告であった。結局、正使発病の報を受けた朝廷から本国帰還命令が出されて、「北路」による日本本土渡航は実現せずにすんだ。なお帰還命令に接した通信使団員は、喜びの余り雷鳴の如き歓声を発したという。

【29】②には、通信使の従者が対馬の女性と密通した事件が記されている。金訢はこの従者を杖罪に処したところ、島民が集まって見物し、「(この男は)わざわざ遠方からやって来たのだから、ここまですることは無いでしょう」と口々に述べたという。それに対して金訢は、「(かかる)いたずら事は私が処罰しなければならぬ」と返答し、厳罰を施すことによって再犯を防いだとある。仮にこの女性が港町の遊女だとすれば、朝鮮側官人がどうしてそこまで目くじらを立てるのか、対馬の人間には理解できなかったであろう。

【29】⑦の注記によれば、金訢の同行者である曺伸も、道中の見聞をしたためていたようである。残念ながらこの見聞録を収録した史料は、現在伝わっていない。

【29】⑧には、対馬島人が抱いた金訢の印象が記されている。すなわち金訢の挙措厳重なる有様を見た島民が、「朝鮮が我が島を攻略する議があれば、必ず重臣を遣わして情勢を探ると聞いている。書状官がどうして低い官職であろうか。貴殿は必ずや(密命を)帯びているに違いない。我々を欺くつもりか」と述べたという。ここから通信使の来訪が対馬では余り歓迎されていないこと、あまつさえ情勢探査の密命を帯びて来ているのではないかと大いに疑われていた

ことが、読みとれる。

なお通信使の対馬滞在中、通交者に対する朝鮮側の対応に抗議する者がいたようで、副使李季仝は、帰国後、左馬大夫なる人物の発言を朝廷に報告している。それによれば、左馬大夫は「貴国の老臣は、我が島を厚遇すべきである（と考えているが）、若手の連中〔＊「新進之徒」〕は『日本の有象無象の連中は恐れるに足りぬ。どうして通好する必要があろうか』などと申しているという。この発言は本当か。我が島の不逞の輩は、この発言を信じて惑わされている。……もしもこうした（発言が）止まず、貴国の若手の連中の意見を、（国王）殿下がお聞き入れになるのであれば、我が島の不逞（の輩による）所業は、島主でも禁じることができませぬぞ」[21]と、やや脅迫めいた抗議をしたという。恐らく対馬側では、この通信使の本土派遣を契機に、朝鮮側が通交権益の整理削減に着手するのではないかという危惧を感じて、必要以上に警戒していたのであろう。

## むすびにかえて

一四七九年次通信使は、日本の玄関口をわずかに覗くに留まったまま、本国へ帰還した。もしこの使行が、日本本土にまで遂行されれば、金訢の「扶桑紀行録」は単なる対馬紀行録に留まらず、応仁の乱後の日本国内状勢を生々しく語った超一級の史料となったことであろう。それを思うと、使行の中断は返す返すも残念でならない。もっとも本土渡航が決行されれば、想像を絶する苦難の旅路となり、最悪の場合は団員の大半が異邦の土（ないしは魚肉）と化したことであろう。しかし万が一、彼らが無事に京にたどり着いて帰国する僥倖に恵まれた場合は、以後の日朝通交を大きく変える契機を与えた可能性が高い。というのも、当時、対馬を初めとする朝鮮通交者によって営々と築かれつつあった偽使派遣[22]のカラクリが、通信使の本土踏査を通じて暴露されたかもしれないためである。そうした偽りの日本像を保持するためにも、対馬は通信使の使行遂行を陰に陽に妨害し、結局それが成功を収めたのが、この一四七九年次通信使の中途帰国なのであった。偽使派遣勢力によって朝鮮向けに描き出された架空の通交者像が、全て虚妄であったことが判明するのは、金訢らが対馬から引き返してから実に百年後、一五九〇年に通信使が京に達した時であった。

金訢が、もしもこのとき本土の実情を見聞していたならば、果たしてどのような紀行録をしたためたことであろうか。

## 注

(1) 関周一「朝鮮王朝官人の日本観察」(『歴史評論』五九二。一九九九年)

(2) 村井章介『東アジア往還』(朝日新聞社。一九九五年)一三七〜一四八頁、米谷均「史料紹介　東大史料編纂所架蔵『日本関係朝鮮史料』」(『古文書研究』四八。一九九八年)

(3) 村井章介校注『老松堂日本行録』(岩波文庫。一九八七年)。

(4)『顔楽堂集』は、金訢の死後、子の金安老によって家蔵の草稿をもとに編纂され、一五一六年に権五紀によって慶尚道栄川で木版刊行された。本稿では、上記の初刊本の影印を収めた『影印標点　韓国文集叢刊』一五(韓国、民族文化推進会)のテキストを用いる。

(5)『顔楽堂集』巻三「年譜」。

(6) 以下、一四七九年次通信使に関しては、三宅英利『近世日朝関係史の研究』(文献出版。一九八六年)一〇九〜一一六頁を参照。

(7)『成宗実録』巻一〇三、成宗一〇年四月丁亥条・庚寅条。

(8)『成宗実録』巻一〇六、成宗一〇年七月戊辰条。

(9)『成宗実録』巻一〇六、成宗一〇年七月己巳条。

(10)『成宗実録』巻一〇六、成宗一〇年七月己卯条。

(11)『成宗実録』巻一〇八、成宗一〇年九月乙丑条。

(12)『成宗実録』巻一〇九、成宗一〇年一〇月丁酉条。金訢は「臣等我が土に還泊の日、三浦倭人皆な出迎す。釜山節制使は則ち曽て出見せず。臣等の来去を知らざるに似たり」と、苦情を込めた復命をしている。また一〇月二八日の成宗夕講においても、「臣、日本に往く時、船隻牢実なるもの蓋し寡し。是れ国家昇平の致す所に狃れ、不虞有るが如し。将に何ぞ以てこれを用いん」と、苦言を呈している。同月庚戌条。

(13)当時「叔度」の字《あざな》を持つ人物としては李則がいるが、この人物は一四七五年に計画された通信使副使に任命された後、病気を理由に辞退してしまい、かつ上記の使行自体が中止となったため、一四七九年次使節の団員となった可能性は低い。いっぽう金宗直が曺伸に与えた送別詩(『佔畢斎集』詩集巻一四「送曺伸得本字」)には「叔度吾婦弟」とあり、実際に金宗直の妻は曺伸の姉妹であったことを考慮すれば、この「叔度」は曺伸を指すこととなる。また【29】を見る限り、金訢と道中最も親しくしているのは曺伸であるため、「扶桑紀行録」に見える「叔度」も曺伸と考えるのが一番自然である。ただし曺伸の字は「叔度」ではなく「叔奮」であるため、この「叔度」を曺伸であると確定するには、なおも検討を要する。

(14)この当時の対馬の外交僧に関しては、伊藤幸司「中世後期における対馬宗氏の外交僧」(『年報　朝鮮学』八。二〇〇二年)を参照されたい。

(15)あるいは鰐浦後方にある高麗山であろうか。

(16)注(12)史料。このころ対馬を来訪した朝鮮官人の対馬観については、佐伯弘次「国境の中世交渉史」(宮田登代表『玄界灘の島々』小学館。一九九〇年)二六二～二六七頁、ならびに注(1)関論文を参照されたい。

(17)申叔舟『海東諸国紀』に「南北に高山有り。皆な天神と名づく。……罪人神堂に走入すれば則ち亦敢て追捕せず」と

ある。田中健夫訳注本（岩波文庫。一九九一年）一九五頁。

(18) 注(12)史料。

(19) なお一四七六年に対馬を訪れた宣慰使の金自貞は、同地で会った三甫郎太郎なる壱岐の受職人から、〈壱岐―若狭―今津―坂本―京〉の日本海・琵琶湖ルートを紹介されている（『成宗実録』巻六九、成宗七年七月丁卯条）。対馬―石見ルートに関しては、関周一「十五世紀における山陰地方と朝鮮の交流―石見国周布氏―」（『史境』二〇。一九九〇年〔同『中世日朝海域史の研究』吉川弘文館。二〇〇二年。第四章〕）を参照されよ。

(20) 橋本雄「中世日朝関係における王城大臣使の偽使問題」（『史学雑誌』一〇六―一。一九九七年）六八頁〔同『中世日本の国際関係』吉川弘文館。二〇〇五年。五八頁〕。

(21)『成宗実録』巻一〇九、成宗一〇年一〇月己酉条。

(22) 長節子『中世国境海域の倭と朝鮮』（吉川弘文館。二〇〇二年）二七八～三〇〇頁によれば、対馬による深処倭（島外通交者）名義の朝鮮通交権の入手は、宗成職・貞国の時期に進行したという。

## 「扶桑紀行録」原文

〔典拠〕金訢『顔樂堂集』巻一所収。

〔凡例〕地名・人名等には傍線を施し、必要に応じて注釈〔＊　〕を付した。また原文割注箇所は、小文字をもって表示した。

【1】己亥四月十八日、到咸陽、留別克己〔＊兪好仁〕文、兼東館中諸友 以下出扶桑紀行録

①浮査方丈三韓外、繋馬扶桑太古枝、畢竟茲遊最奇絶、人生到此是男児、

②五更孤枕酒初醒、耿耿殘燈一點明、夢裏不知身已遠、清遊多是在蓬瀛、

③要看咸池浴日輪、揮鞭上馬別佳人、丈夫行止非無意、兒女徒勞挽袖頻、

④管弦聲急日偏遲、玉手傳杯百不辭、寄語館中年少者、此行須及未衰時、

【2】奉寄家兄〔＊金諶カ〕

①此身許國即忘家、縹緲鴒原望眼賖、等間遊遍湖南路、辜負春風棣蕚華、

②孤舘夢初驚、殘燈滅又明、丈夫四方志、不獨為功名、

【3】機張路上口号

竹林深處獨家村、老臥衡門長子孫、應笑征夫懷靡及、謾勞持節向河源、

【4】熊川偶吟

千里行装酒一卮、旅愁郷思入支頤、等間應被江山笑、踰嶺而南無一詩、

【5】次安監司韻

客中偏覺物華催、照眼榴花一半開、羈愁我自都忘了、苦被笛聲吹出來、

【6】尼神都麻里浦〔＊西泊〕阻風 浦在對馬島

颶颱偏留客、維舟意欲迷、孤臣滄海外、故國夕陽西、地坼東維闊、天垂四面低、此間奇絶處、難與説醯鷄、

【7】復用前韻口號

①舟楫濟川器、烈風行不迷、望高瞻斗北、勇絶冠山西、浪似新詩湧、潮迎強弩低、羣雄盡龍虎、誰敢効鳴鷄、

②興本憑詩遣、詩成興轉迷、寄身滄海上、回首白雲西、潮帶晩風急、山啣殘照低、舟人偏尚鬼、蕭鼓賽豚鷄、

【8】在訓羅串〔＊船越〕示趙伯符〔＊趙之瑞〕

①獨酌忘憂物、頽然蓬底迷、胸中呑八九、眼底混東西、水隔關山杳、雲和島嶼低、約君還故國、邀迓殺黄鷄、

②我本龍鍾甚、煩君為指迷、風生孤島外、雲逗故國西、勲業何嫌晩、才名不厭低、典衣聊復樂、酩酊到晨鷄、

③夢繞丹墀下、分明路不迷、翠華雙闕北、銀燭五門西、鍾鼓春風轉、旌旗曉月低、欠伸却非是、恨殺一聲鷄、

【9】舟中夜雨、次叔度〔＊曺仲カ〕韻

①蕭蕭浙浙夜深聽、亂打蓬窻點滴聲、獨掩塵編愁不寐、孤燈影裏旅魂驚、

②獨倚孤蓬歴歴聽、和風蕭颯作秋聲、遙知今夜空閨裏、滴破佳人夢自驚、

【10】變體效梅聖兪、七月十八日夜、舟中作

節序易晼晩、七月月既望、夜久獨不寐、颶起較健壯、怒浪四面湧、迫隘宇宙妨、造物似戲劇、少頃異候狀、萬頃復鏡静、月影忽滉瀁、俯仰共一色、徹下復徹上、我本倜儻者、夙志始一償、嘯傲擊桂楫、逸興頗軼宕、莽蒼碧海外、付我自主張、若木若固畔、一葦亦可抗、局促赤壁賦、未免在甕盎、

【11】次子俊〔＊李季仝〕韻、戲呈伯符〔＊趙之瑞〕

①筆掃千人孰敢當、飄飄逸氣盖鑾郷、枉將大手裁長句、寄與佳人空自傷、

②愁來一夕不禁當、新月唯應照兩郷、歌舞千場供俠少、任他覊客自悲傷、自註、岐城妓、名新月、伯符甚寵、

③脱憤狂吟肩聳山、文章曹植富波瀾、搖毫擲簡誰能供、百賦千篇不澁艱、

④世途険巇千仞山、宦海狂奔萬丈瀾、回首東溟平似拭、憑君莫賦行路難、

【12】八月十二日夜、散歩林亭口號、示叔度〔＊曺伸カ〕

①帆挂扶桑一問津、多情唯有月隨人、行吟恰受風吹面、散歩從教露墊巾、華國文章多謝鄭、濟時勳業已輸申、往來屑屑成何事、贏得秋光入鬢新、鄭文忠夢周・申文忠叔舟、俱使日本、故云、

②渺渺煙波不見津、是間始可着騷人、千山月照初聞笛、萬里風來方岸巾、意適真成遊廣漠、居間聊復學夭申、故人刮目廳相待、須信先生眼界新、

【13】次子俊〔＊李季仝〕韻

鯨海千層浪、龍驤萬斛船、共看天遠大、幾見月連娟、揮麈瀾飜口、垂珠山聳肩、知君棟梁具、構廈豈容捐、

【14】發久多浦〔＊久田浦〕、遇大風雨、檣傾楫摧、幾不測、間關泊那無頼浦〔＊南室浦〕、宿僧舎、八月二十三日、

舟中宿客夜獨興、星月掩映雲崚嶒、五更風色漸晦冥、八月瘴氣猶鬱蒸、船開棹進出浦口、波濤四面初生稜、天呉紫鳳來翩躚、魚龍噴薄更憑陵、颶毋轟豗挾雨師、張皇聲勢相因仍、三山屓贔駕巨鼇、萬里扶搖搏大鵬、有如武安屋瓦振、又似昆陽虎豹騰、周郎列炬焚赤壁、凶奴萬騎圍白登、却憂飜動地軸折、直恐軒簸天維崩、風檣欹倒猶力争、千指紛紛將何能、性命咫尺輕鴻毛、身世漂浮危九層、天公薄相豈起予、艱難險阻要折肱、恨我見道苦遲暮、安危憂樂飜相乘、十生九死傍前岸、繫纜絶磴纔可憑、夜投佛舎如鷄棲、博山一炷香煙凝、問津四海滔滔者、漸愧安閑物外僧、更深相對如夢寐、茅茨明滅搖青燈、題詩三嘆記茲遊、無忘在莒嘗服膺、

【15】次叔度〔＊曺伸カ〕韻

曉天抹漆忽異色、舟中之人鼻下黒、頑雲蔽空雨紛霏、疾風怒號巻海吹、蒿師平昔若履地、此日倉卒翻憂疑、波浪四立蕩鼇極、三十六策無一得、鴻毛性命真咫尺、造物猜人不容惜、平生壯志久自許、忠義佩服前脩語、陽侯一努不足驚、濟川之材試此擧、晩泊沙汀幸無事、買魚前村會邾莒、夜借僧床一燈明、茶鐺時作松風聲、辛苦得此足歡

喜、時拈禿筆字欹傾、

【16】遊梅林寺次韻

間携木上座、重訪波羅門、竹迸添新籜、潮生漲舊痕、雲霞蔵佛殿、煙火隔漁村、暫借蒲團臥、蕭然洗濁昏、

【17】詠對馬島

跨海別有天、環島自成聚、民物多漁人、村居半塩戸、兒童亦佩刀、婦女解搖艫、蔭茅代陶瓦、剖竹作弓弩、竹籬鬧螃蟹、石田少粳稌、羹臛煮葛根、矢房挿鷄羽、蚌蛤充糇糧、椒荈資商賈、炷艾醫疾病、灼骨占風雨、檀施奉浮屠、逋逃萃祠宇、脱履知敬長、同席不避父、椎髻齒多染、合掌背微傴、睚眦生忿狼、慓悍輕殺掠、發語毋吸吸、相力喜躍躍、酬酢嗤異禮、杯盤驚詭作、山肴堆橘柚、海錯斫蛟鰐、醉舌鳥南喃、歌吹蛙閣閣、縈身舞白刃、假面出彩幞、主人殊繾綣、旅客頗歡謔、遠遊如啖蔗、風味雜甜苦、行矣早歸來、信美非我土、倭訓毋吸吸、發語辭、躍躍用力聲、

【18】次玉如〔＊李瓊仝〕韻、贈朴經歴宗元

孤舟駕長風、萬里客殊邦、胷中不平處、磊磈何由降、白鷗似相欺、時有飛來雙、典衣買村酒、共酌堆甖缸、我輩豈匏瓜、一笑倚蓬窻、

【19】舟中夜坐 泊時古里浦〔＊泉浦〕

①秋到天涯分外愁、西風無頼滞孤舟、魂驚易破還家夢、不管濤聲來枕頭、

②一天秋色海迢迢、萬里歸心遂去潮、半夜西風吹客老、韶顔明日定全消、

③獨掲孤蓬枕不安、西風一夕晩潮寒、海天秋色尋無處、却向潘郎鬢上看、

【20】次叔度〔＊曺伸カ〕韻

①蝶夢遽遽輒自驚、海濤吹枕殷雷聲、倚蓬覓句支頤處、也是丹青畫不成、

②少年奇志寄天游、老去無成恐謬悠、可是此行不牢落、龍驤萬斛駕鰲頭、
③日射蓬窻潑眼明、芋魁初熟薦香羹、秋風攪我催新句、隔岸漁歌時一聲、

【21】沙汀晩歩二首、具君詮求詩、書以與之

①鏡面微風漾碧漪、自撐短艇出尋詩、釣魚人去孤村晩、時見白煙横竹籬、
②徐歩芳洲倚短筇、碧波瀲灎醮晴峯、傍山喬木蔵村塢、閃閃寒鴉帶晩春、

【22】復用前韻

①小村脩竹浸清漪、寒碧交加自要詩、剩買濁醪拚一醉、菊花佳興迫東籬、
②盡収東海入吟筇、思在蓬萊第幾峯、一洗軟紅塵土迹、臥聞鯨浪日相舂、

【23】哭正使〔＊李亨元〕九月初五日、在完于羅浦〔＊鰐浦〕、聞訃、正使因疾先還、道卒

碧天無際暮雲愁、衰草蕭蕭水國秋、客子長吟正無奈、此時凶訃到孤舟、

【24】即時

獨立西風首重回、飄零又見菊花開、地饒炎瘴霜全薄、天入滄溟鴈不來、萬里光陰歸兩鬢、十年心事到三盃、不須苦道留連惡、多少新詩取次裁、

【25】又

①天寒萬里歴嶇崎、風打船頭却倒吹、海闊莫能窮世界、不知此外幾須彌、
②菊花時節泊豊崎、不奈西風破帽吹、思郷莫作登高望、望極還應意益彌、

【26】九日 舎舟登前峯、西望東萊・熊川・巨濟諸峯、歴歴可數

①愁邊無奈菊花枝、三嗅清香當一卮、作客不堪逢令節、憑高逾覺在遐陲、蕭蕭草木窮秋後、渺渺煙波薄暮時、迢遞故山登眺處、遙知欠我醉吟詩、

②試登絶頂作重陽、旋買前村濁酒觴、佳節偏驚孤客意、寒花只作故園香、明年何處逢今夕、此日扁舟滯異鄉、不見長安渾欲老、孤雲落照共蒼茫、

③旅懷悽斷更西風、把酒休辭盞底空、留滯頻驚鄉國異、招邀猶喜歳時同、一年秋色寒花裏、千里容華曉鏡中、獨倚枯笻無限恨、滄波老木海天東、

④扶藜獨上最高峯、金蘂多情不負儂、獨酒三杯浮瀲灔、高歌一曲唱玲瓏、羈懷併作秋客淡、鄉思都隨醉眼濃、粗報國恩便歸去、故山何日著疎慵、

⑤萬里崎嶇已飽更、登高更覺膽峥嶸、清秋只為黄花地、遠客空添白髮莖、報答年華詩有債、破除愁思酒為兵、故山可望腸還斷、却付孤雲寄遠情、

【27】跋扶桑紀行録後

①余〔＊金宗直〕嘗讀圃隠〔＊鄭夢周〕覇家臺〔＊博多〕之詩、以為斯作不過記風土、叙陰晴而已、其志節恢恢落落、有非恒人所易窺測、然而他日經綸之業、亦因是以求其彷彿、噫達可〔＊鄭夢周〕誠天下之士也、今觀吾友君節氏〔＊金訢〕對馬諸作、夫豈多讓於彼哉、其在舟中也、波濤崩蹙、舟航傾側、阽於危急者不一再、而泊然嘯咏、若據枯梧於明窻之下、其胷中烏可量已、達可〔＊鄭夢周〕之後、吾見是人矣、

季昷〔＊金宗直〕題

②君節〔＊金訢〕之作、精白似其心、典雅似其面、蘊藉似其言、豪俊似其氣、雖雜置羣帙中、使僕記認、百不失一、或使不識其面者讀之、亦可以想像其風致矣、惜也、對馬島中、未嘗有一具眼者從而唱酬、以盡君節〔＊金訢〕之癢也、其不為按劒相視也、亦幸矣、

士廉〔＊金克儉〕

## 参考史料原文（その１）

【28】（『顔樂堂集』巻三所収「年譜」）

成化十五年己亥〔＊一四七九年〕四月、國家通信日本、以副提學李亨元為使、行大護軍李季仝為副、差公〔＊金訢〕書状官以遣、六月初七日黎明、發船于巨濟縣知世浦、日昃、泊對馬州沙愁羅浦〔＊佐須奈〕、十八日、抵古于〔＊国府〕古于、即島主所居也、上个〔＊李亨元〕疾作、不能行、書聞、命還、九月十七日、還泊東萊縣釜山浦、使還、命陞級、冬、加奉直、

## 参考史料原文（その2）

【29】（『顔樂堂集』巻四所収「遺行」）

①國家通信日本、為使者、皆憂危欲免、臨發、書状官有故、薦公〔＊金訢〕以代、公欣然就道、略無難色、至對馬島、宣旨既、將啓棹、島主〔＊宗貞国〕難之曰「自島抵本國、有兩路、北路越海十餘日、直泊石見州在日本北、南路渡一岐〔＊壱岐〕・博多二海、又沿海三十餘日而至焉、今使臣之行、弊島為之嚮導、由北則往返便速、由南則必淹數月、非徒島貧行齎之難、海寇充斥、固不可達」、論詰未已、北路難險、自昔不通、我國使价、皆由南達、島人詭言、故詰之、於是一行聚議、趙之瑞以従事官赴焉等曰「南路賊熾、豈可達耶」、公曰「由北乎」、曰「連天大洋、浹旬浮海、自前不由之路、今豈可輕冒其險」、公笑曰「然則南北皆難、欲止此行乎、況南路所歴、皆有書幣、烏得擅達」、公獨確執、議遂定已、而使〔＊李亨元〕疾革、不能行、將書稟、皆欲以道梗為辭、公曰「諉以浪語、奉命不達、豈使節乎」、即草奏、但言使病、待朝命、當從南道」云云、一行皆曰「稟辭如此、必易他使、吾儕此行、難乎免乎」、及命還書至、一行驚躍、喜聲如雷、公獨怡然、謂曹伸曰「與爾誦蘇詩未了、可恨」、初留島中、約與伸誦東坡日三十紙、伸誦、則公背之、公所誦、亦令伸背、故云、

②在島、伸〔＊曹伸〕中暍幾殆、公〔＊金訢〕親為調藥、伸起戲曰「伸若不幸、公如何」、公曰「予亦無如之何、但為汝一哭奠耳」、船卒有溺死者、公親作文祭之、又有傔從、通倭女、公覺之、命杖、島夷環視如墻、皆曰「方臨遠

程、何必乃爾」、公曰「奸由我不戢、何以令後」、公撫視同行、下至輿卒、一以誠悃、逮有犯、不貳類此、

③公〔＊金訢〕初在巨濟縣、家奴還京宅、作書付之、且勅奴曰「我來似聞祈禱、歸語爾主、以我行遠、乃違吾教耶、婢輩有是、宜禁絶之」、丁寧戒囑、

④舟還、西風峭緊、中道遇風、而返者屢矣、或船觸于碕、或檣帆飄斷、毎至危阽、舟人無不失氣顛仆、公〔＊金訢〕獨整襟端坐、了無色動、毎夕維舟、輒呼伸坐柂樓、張燈讀書、夜至分酌、罷七八觥、乃寝以為常、

⑤自馬島回、佔畢斎〔＊金宗直〕為善州、傾意待公〔＊金訢〕令伸〔＊曺伸〕侑酒、苛勸至醉、佔畢斎笑曰「汝今至京、望君節〔＊金訢〕於玉堂、如在天上、纔同險苦、有此款狎」、公平居、静默端嚴、如不可干、遇酒所、笑語歡然、和氣靄如、

⑥成化年間、山谷集不多見、秘府有一本、公〔＊金訢〕出一巻、傳抄書既、又出一巻、患註繁費力、令伸〔＊曺伸〕刪其易知、公又檃括、倩一時名書、遂成一帙、令在家蔵、

⑦成廟〔＊成宗〕病山谷詩多難辭、命公〔＊金訢〕譯以諺註、俾學者易曉、公在讀書堂、精究入解、功将就、因事不果訖、

自國家通信、至此數事、得之於司譯院正曹伸、孤之編此、以曹嘗從先府君〔＊金訢〕甚熟、且隨日本之行、訪其所耳目者、曹略録還如右、且復以書曰「伸陪侍先公〔＊金訢〕、仰聞謦欬最久、而歳遠多忘、追記所録、不切於事、事雖不切、槩可見公之一端矣」云云、

⑧島夷見公〔＊金訢〕容止端凝嚴重、相謂曰「似聞朝鮮将有兵我之議、必遣重臣、以覘虚實、書状官豈在下僚者、是必貴官今帶、烏居下、誑我也」、出扶桑録

# 対馬豆酘郡主の系譜

黒田　智

## 一　宗氏領国支配と豆酘郡主

古来、豆酘は九州と朝鮮を結ぶ航路の寄港地であり、早く『和名抄』にその名がみえる。集落北部の保床山には五〜七世紀の横穴式石室墓の古墳があり、古代対馬の南部の中心地であったと推測されている。また『日本書紀』顕宗天皇三年（四八七）四月五日条に、日神の乞によって「高皇産霊神」に磐余の田一四町が献ぜられ、対馬下県直が祠り仕えたとあって、延喜式の式内社である「高皇産霊神」＝高御魂神社を中心に発展していったと考えられている。さらに、現在は多久頭魂神社となっている観音堂の梵鐘は、寛弘五年（一〇〇五）の「豆酘御寺」の前壇越である権掾阿比留宿弥良家によって奉懸されて以来、仁平三年（一一五三）・康永三年（一三四四）の改鋳を経て今に伝えられている。

一四世紀末になると、太宰府官人惟宗氏の流れをくむ宗氏が地頭代、やがては守護として対馬に定住し、島主を中心に宗氏一族が島内各地に拠点をめぐらせ領国支配を推し進めてゆく。宗氏領国下における豆酘もまた、対馬国衙在庁・

豆酘郡司の手を離れて、豆酘郡主宗貞澄・盛世流の手に託されることになる。

中世の豆酘関係文書はのべ二三〇通余り残されている（徳永健太郎「対馬中世文書の現在と豆酘関係史料」）。このうち宗氏の発給文書の初見は、応永初年頃と思われる五月二五日「宗貞茂書下写」である。この文書は「所々代官」に対して「豆酘天道御本堂」の勧進を命じ、村伝えに勧進物を運搬するよう下達したものである。(1) 続く応永一七年（一四一〇）一二月　日の「宗貞茂書下写」は、金剛院への田畠寄進状である。(2)

このように一五世紀初頭の宗氏島主の対馬定着後まもなく、島主が豆酘の寺社に対する保護政策を次々と打ち出していたことがうかがえる。(3) 以下にいくつか挙げてみよう。

まず第一に、金剛院への宝物施入である。宗貞茂による大般若経、貞盛の「佛菩薩唐絵」、貞国の「十六善神唐絵」の施入がなされたといわれている。(4) 第二には、金剛院宝殿の建立である。金剛院には、「建立し奉る大師堂金剛院御宝殿　宝徳二年（一四五〇）戊辰十一月廿八日　願主平朝官形部少輔貞盛　金剛院現住　肥前生　覚仙」という棟札の写しが残っている。(5) 第三に、観音堂高麗版一切経の寄進である。現在も多久頭魂神社に残る一切経は、貞享二年（一六八六）成立の『醴豆郡寺社記』によれば、「一、大般若経　一部　右者　貞盛様自御寄進」と伝えられていた。

島主の定着によって領国支配が確立すると、対馬各郡に郡主を配置する、いわゆる郡主体制が確立した。最初に豆酘を支配した郡主宗貞澄は、島主貞茂の弟であり、次の郡主盛世は貞茂の息子で次代の島主貞盛の弟にあたりる。豆酘郡主家は、佐賀や府中にいた島主と強い結びつきをもった一族だったようだ。系図を示しておこう。

豆酘郡主は、豆酘郡内の内政に積極的に関わっていた様子がうかがわれる。現存する文書だけからでも、代替わりごとに豆酘郡内の諸階層に対して所領安堵の書下を発給していたことがわかる。これらは、「貞澄・盛世任御形之旨、茂世御判形在之」・「同前任三代坪付之儘」(6)や「義盛・盛長・盛顕任判形旨」(7)とあるように、宗氏領国体制草創期の宗貞澄・盛世の治世を先例とし、あるいは前代の島主の命を履行するものであった。

〔系図〕豆酘郡主宗盛世流

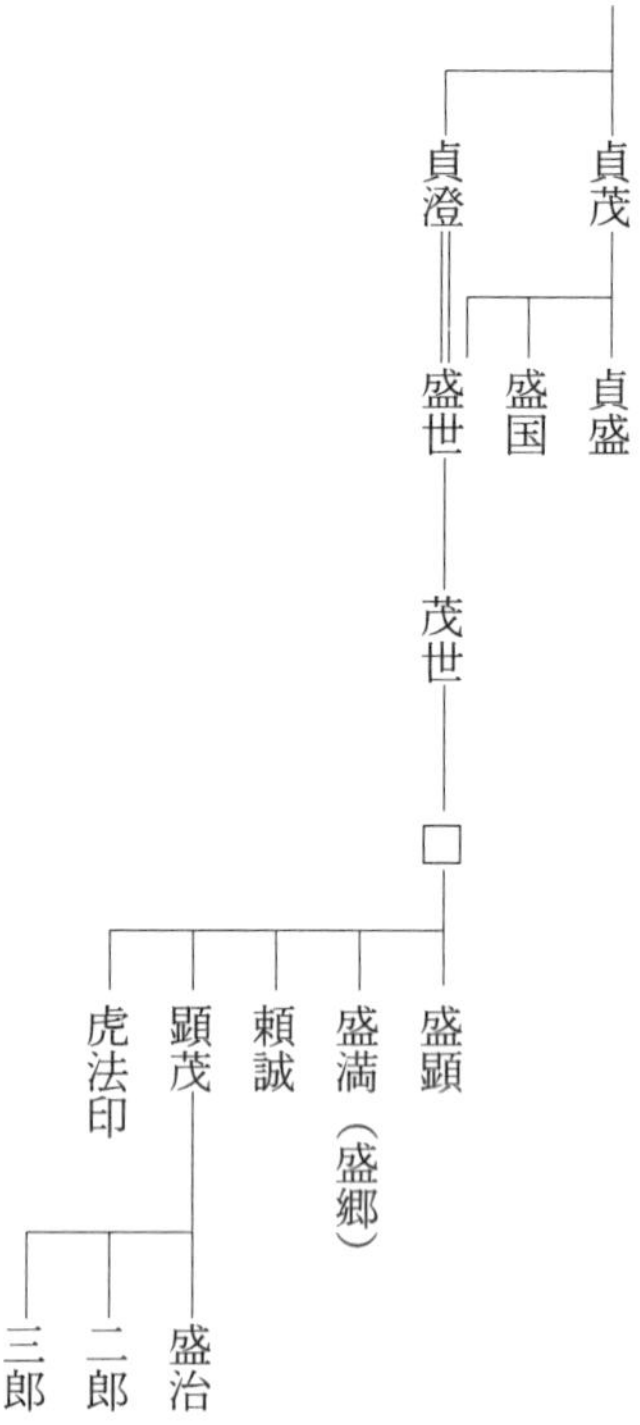


またいわゆる「少弐・宗体制」のもとで、豆酘郡主は宗氏による北部九州支配の一翼を担っていた。(8) すなわち、ⓐ筑前守護代代官として宗貞澄の名がみえる。(9) またⓑ宗茂世は、九州侍所職に補任されている。さらにⓒ宗茂世による三前（筑前・豊前・肥前）への進出の様相をみることもできる。たとえば、①筑前三笠郡の知行、②宗茂世の金剛院領押領（粥田荘史料）、③宗重与の宇佐宮領横領（到津文書）などが確認できる。文明元年（一四六九）八月九日「宗茂與書下写」豆酘山下左衛門助へ筑前三笠郡代官を補任したのも郡主のこのような活動によるものであろう。(10) またⓓ博多代官には宗茂世・顕茂が任じられている。(11) 加えてⓔ朝鮮通交の受図書人ともなっていたことも既に指摘されている。(12) 盛世は不明ながら、世宗一六年（一四三四）から二〇年（一四三八）までに、茂世の場合は世宗三一年（一四四四）一〇月に確認できる。

九州から対馬への玄関口であった豆酘とそこを支配する豆酘郡主は、北部九州地域と密接な関係を結んでいた。また軍事的には、九州本土侵攻あるいは対馬防衛の前線拠点としての役割を果たしていたと考えられる。

## 二　豆酘をめぐる争乱——歴史は三度繰り返された

たしかに豆酘は、古くから北部九州と対馬にまたがって展開する宗氏領国支配にとって、きわめて重要な軍事拠点であった。

豆酘が戦乱に巻き込まれた一度目は、寛元四年（一二四六）の宗重尚による阿比留征伐にまでさかのぼる。対馬在庁の阿比留平太郎の謀叛により、太宰府の命を受けた宗重尚が兵を率いて阿比留氏を征伐した。現在も豆酘集落内の鶏原付近は、合戦場であったとする伝承が伝えられている。この事件は、長節子によって後世の宗氏支配が確立した時期に、対馬宗氏の始祖伝説として仮作されたものであることが指摘されている。けれども、このとき重尚は太宰府を発って対馬豆酘に上陸して金剛院に駐屯したとされている。また戦後、重尚は対馬の地頭職に補任され、後には実弟助国に封を譲って隠遁先の豆酘で死去し、内山に葬られたという。豆酘は宗氏の対馬上陸後の最初の軍事拠点であり、その後の宗氏の始祖重尚と豆酘との浅からぬ因縁が説かれている。

一五世紀初頭に島主が対馬に定着して後も、大内氏と少弐氏はめまぐるしく筑前博多・太宰府の争奪戦を繰り返し、その対立は北部九州へ広がりをみせていた。また対馬国内では、宗氏の庶流仁位中村系諸氏との内紛もやむことがなかった。まさに内憂外患をかかえた宗氏島主家の支配は不安定であり、豆酘もまたこうした争乱に巻き込まれてゆく。

二度目は、応永八年（一四〇一）の宗賀茂の乱である。この事件は仁位中村氏による謀叛で、長節子が同時代史料によって事件の経過を明らかにしている。[13] 北部九州を転戦していた貞茂は謀叛の知らせを受けて博多から対馬へ帰島し、このときも応永九年七月八日に豆酘村に着津して、金剛院に駐留したと伝えている。

二つの対馬争乱は、いずれも筑前博多から豆酘に上陸して金剛院に駐屯した後、鎮圧するという対馬島主の共通の行動パターンをたどっている。

その後も北部九州における政治情勢は安定しない。文明元年（一四六九）七月、島主宗貞国は少弐頼忠とともに太宰府から大内氏を駆逐し、一時筑前の奪還に成功した。けれども、次第に戦局は大内氏優位へ向かい、永正三年（一五〇六）二月には豆酘郡主宗顕茂が敗死し、宗氏はついに筑前国三笠郡という北部九州における最後の足場を失ってしまう。(14)

そして迎えた三度目の争乱が、享禄元年（一五二八）に勃発した池の屋形の乱であった。

豆酘郡主顕茂の子息盛治は、顕茂の戦死後は肥前に預けられていたが、島主盛賢に恨みを抱く津田主馬や豆酘郡主であった叔父の盛郷と策謀をめぐらせ、クーデターを企てたという。享禄元年一〇月一七日、豆酘へ上陸した宗盛治は、府中に進撃し、島主盛賢が拠る池の屋形を囲む。激しい攻防戦の末、盛治は池の屋形へ入城を遂げ、島主盛賢は城を出て佐須郡主で守護代であった佐須盛廉を頼って落ちのびる。同月一〇日、佐須盛廉は兵を率いて再び池の屋形を攻城し、ついに盛治の敗死によってクーデターは鎮圧される。

ここでも宗盛治が九州から対馬豆酘に上陸している点は興味深い。またこの事件は、特に北部九州方面での宗氏領国支配を支えてきた豆酘郡主の断絶をもたらし、豆酘の政治的地位の低下を決定的にしたものとして重要である。

〔**史料1**〕三月二八日「盛門書状」（『内山文書』）

このりやう《(両)》日申やうに、かの《(彼)》ほりのぬし《(堀の主)》の事ハ、しやうかい《(生害)》をさせられへきよし《(由)》、しかとおほせ《(仰)》いた《(出)》され候へ共、このはう《(方)》かいふん《(涯分)》わひ《(侘)》事申あけ《(上)》候によて、しやうかい《(生害)》の事をハ、さしを《(閣)》かれ候、しかる《(然)》へく候、しかれ《(然)》ハ、三郎方きやうたい《(兄弟)》ともに御はなつ《(鼻突)》かせられ候よし《(由)》、おほせ《(仰)》いた《(出)》され候、御心ゑ《(得)》のため候へく候、さりなから《(去乍)》、これもかいふん《(涯分)》このはう《(方)》より申あけ《(上)》候て、御め《(目)》にかけ《(懸)》申へく候、さのミひさ《(久)》しき事にてハ、あるましく候、こゝもとの事ハ、御心やす《(安)》くおほし《(思)》めし《(召)》あるへく候、まつゝゝ御　上意のおもむき《(趣)》、御心ゑ《(得)》のために申候、恐々謹言、

三月廿八日　　　　　　盛門（花押）

宗右衛門尉殿

〔史料1〕は、佐須盛廉が内山氏の一族である宗右衛門尉に対して、「堀の主」＝豆酘郡主宗盛郷の生害と「三郎」＝宗盛治の弟の出仕停止の減罪を知らせている文書である。(15) 盛廉は盛郷の舅にあたり、事件後に与同による極刑を受けた盛郷の助命に奔走したようだ。とはいえ事件後、豆酘郡主家とその一党が事実上断絶していたことをうかがわせる。

**〔史料2〕**『宗氏世系私記』（島雄成一文書）

同十八年（一四八六）丙午、（中略）亦定歳首饗祝之日自古宗氏有禮、俗称之饗士之□節、垸盤之式自古管下之諸士隊長宗族歳首献餉、号坑盤雑餉、以小番日為例、以正月二日饗佐須・豆酘一隊、以三日饗與良・仁位、以四日饗三根・伊奈、以五日饗佐護・豊崎、以六日饗外様衆今所諸六十人是也、(16)

**〔史料3〕**『宗氏世系私記』（島雄成一文書）

盛賢収兵賞諸士戦功、欲使盛廉豆酘郡代、盛廉辞曰、某已任守護代又兼佐須郡代、宜使弟盛員為豆酘郡代、盛賢許之、其他恩賞皆有差、自古以正月二日饗佐須党、其遺例今猶存、

〔史料2〕・〔史料3〕は、いずれも『宗氏世系私記』の一節で、正月に行なわれた島主による歳首饗祝に関する記事である。〔史料2〕によれば、文明一八年（一四八六）では、二日に佐須・豆酘、三日に与良・仁位、四日に峯・伊奈、五日の佐護・豊崎、六日以降のそのほかの外様の家臣が饗を受ける決まりになっていたことがわかる。守護代を勤める佐須郡主・佐須党と、博多代官や九州侍所職を勤めた豆酘郡主・豆酘党とが、宗氏家臣団秩序のなかで最上位にあったことを示している。

ところが〔史料3〕より、池の屋形の乱後の正月二日の饗祝は佐須党のみとなっている。(17) また近世地誌類をみても、豆酘郡は常に八郡中最末尾に記載されることが多くなる。

さらに、事件を伝える貞享三年（一六八六）の陶山訥庵『宗氏家譜』やその情報源の一つである『宗氏世系記』は、

佐須盛廉勲功記や吉田弥五郎奮戦記といった性格をもっている。池の屋形の乱をめぐる合戦譚は、近世の宗家家臣団の由緒の成立に直結してゆくのである。(18)

〔**史料4**〕「采女智廣朴翁公正淳居士慈像讃書」（杉村文書）

朴翁正淳居士慈像讃

居士者、平姓杉村氏采女助智廣、法名正淳其号朴翁、累世生于対州、歴任　州牧也、五世之先佐須氏宮内少輔盛員太和守之弟也後改氏為杉村也、享禄元戊子年有九郎盛治者、為奪対州而、率肥前凶徒来襲、取府城矣、於是州兵攻府城、盛員攻東門先登、既而州中諸士等相従而入焉、盛治不能敵而、忽自殺矣、当斯時也、微盛員国其危矣、太守将盛公之伯父也之娘義調公之妹也妻、盛員之子康吉生調長、調長生智清也、居士乃其弟也、（中略）

正保三年龍集丙戌春二月初八日

洛東山下茂源竺衲紹柏(19)

〔史料3〕・〔史料4〕にみるように、豆酘郡主家の失脚後、事件の鎮圧に功績のあった佐須盛廉の実弟盛員が豆酘支配に当たり、その子孫が杉村氏を名乗って近世豆酘の半村の知行を認められることになる。〔史料4〕は、池の屋形の乱における盛員の活躍が、杉村氏の始祖神話として語り継がれていったことを示している。

## 三　豆酘師殿社――豆酘郡主のよすが

豆酘郡主家の没落後、かつての郡主支配の面影は、郡主屋形跡地と伝えられる「ガランゴウ」とその前に建つ永泉寺に眠る郡主たちの墓に加えて、師殿社として残っていった。

『津島紀事』には「師殿社　郡主宗兵部少輔盛世霊」とあって、豆酘郡主宗盛世を祀る神社とされている。文安元年

表　『対州神社誌』にみる師殿社

| | 郡 | 村 | 神社 | 備考 |
|---|---|---|---|---|
| 1 | 豊崎郡 | 富ヶ浦 | 軍殿 | 師殿社 |
| 2 | | 比田勝村 | 軍殿 | 長兵衛建立、比田勝氏の祖の討死の霊 |
| 3 | 伊奈郡 | 伊奈村 | 軍大明神 | |
| 4 | | 下里村 | 軍大明神 | 市右衛門先祖が佐須小茂田より勧請 |
| 5 | 峯郡 | 木坂村 | 軍大明神 | 祭神日本武尊、浜殿社 |
| 6 | | 吉田村 | 軍神 | 村の浦に住む毒蛇のせいで往来が難儀、宗小惣左衛門が松古木から射殺、死去後に惣左衛門を祀る |
| 7 | | 賀佐村 | 軍大明神 | |
| 8 | 仁位郡 | 仁位村 | 軍殿 | 祭神武位起命 |
| 9 | | 仁位村 | 軍殿 | 浜殿社 |
| 10 | | 小綱村 | 綱嶋軍殿 | |
| 11 | | 荷船村 | 軍殿 | |
| 12 | | 下浦村 | 綱嶋軍殿 | |
| 13 | | 下浦村 | 軍大明神 | 柳の弓矢を奉納 |
| 14 | 与良郡 | 味方村 | 軍殿 | 俵忠右衛門建立、浜殿 |
| 15 | | 久和村 | 軍神 | 若宮八幡社 |
| 16 | 佐須郡 | 小茂田村 | 軍大明神 | 蒙古合戦で宗助国が討死、斎藤兵衛三郎資定討死の勲功祠あり |
| 17 | 醴豆郡 | 醴豆村 | 軍神 | 神主三位 |
| 18 | 府内 | | 軍大明神 | |

（一四四四）、豆酘郡主宗盛世は、実兄の豊崎郡主宗盛国とともに筑前春日山で戦死している。盛国は、次の島主貞国の父に当たるから、宗氏島主の祖・盛国の顕彰とともに盛世の慰霊がなされたものと考えられる。大永三年（一五二三）八月六日「宗盛顕寄進状」によれば、豆酘郡主宗盛顕が「三位」に対して、曽祖父代々の社僧として免田の安堵を定めている。(20)ただし、『対馬国大小神社帳』では高御魂神社の末社で、「宗氏霊」を祭神とするとされている。(21)また『対島州神社大帳』や『対島国神社帳・寺院帳』では宗助国を祀るとされている。(22)

こうした混乱は、「師殿社」・「軍殿社」・「軍大明神社」とよばれた神社が、対馬各地に存在するからかもしれない。貞享三年（一六八六）一一月二二日に澤田源八が編纂した『対州神社誌』からピック・アップしてみよう。

対馬では、戦死者や村の英雄を「軍大明神」として祀ることがあったようだ。師殿社の初見史料は正平二四年（一三六九）「某寄進状」の「さすのいくさ神」で、佐須郡古茂田で蒙古軍を迎え撃って戦死したといわれる宗助国を祀ったものである。(23)

ともあれ、豆酘郡主のよすがは、宗盛世を祀る豆酘師殿社として現在まで伝えられている。

この師殿社を代々管理してきたのが、「三位」とよばれた半俗の僧侶たち＝「クゾウ」であった。その後もクゾウたちは対馬藩によって公役を免除され、クゾウたちが守る社廟は藩主らの崇敬を集め、手篤い保護を受けていった。近世の豆酘は、政治的には八郡中最下位に没落したものの、引き続き天道信仰の聖地として宗教的には高い地位を保ち続けていったのである。

## 注

（1）主藤寿文書（東京大学史料編纂所写真帳、長崎県立長崎図書館写真帳）。

（2）『長崎県史』（資料編1　長崎県　一九六三年）。

（3）荒木和憲「対馬島主宗貞茂の政治動向と朝鮮外交」（『日本歴史』六五三　二〇〇二年）。

（4）『寺院分古社寺調査書』金剛院（東京大学史料編纂所架蔵）。

（5）金剛院所蔵『書留之写』、長節子『中世日朝関係と対馬』吉川弘文館　一九八七年参照。

（6）文明六年（一四七四）三月六日「宗盛顕寺領安堵状」（永泉寺文書、前掲注（2）『長崎県史』）。

（7）大永七年八月一〇日「宗盛満寺領安堵状」（主藤寿文書、東京大学史料編纂所写真帳、長崎県立長崎図書館写真帳）。

（8）佐伯弘次「大内氏の筑前国支配」（『九州中世史研究』1　一九七八年）。

（9）応永一五年（一四〇八）八月一五日「宗貞茂書下」（御馬廻御判物控・宗家文書、前掲注（2）『長崎県史』）。

（10）御旧判控（宗家文庫　記録類Ⅱ—御判物—A判物九八）。

（11）鈴木棠三編『宗氏家譜』（対馬叢書3　村田書店　一九七二年）による。「文明元年（一九四六）（中略）宗出羽守貞秀為対馬守護代職、先是貞国従弟宗兵部茂世嗣父盛世之家、為豆酘郡主、亦領筑前三笠郡、為九州侍所職、（中略）同十年（文明一〇年・一四七八）戊戌、貞国以其族宗兵部茂為博多代官」。

(12)『朝鮮王朝実録』世宗実録三一年五月壬午条。前掲注(5)長節子著書参照。

(13)前掲注(5)長節子著書。

(14)『宗氏家譜』(前掲注(11))によれば、「同三年(永正三年・一五〇六)丙寅二月、豆酘郡主宗治部大輔顕茂在筑前三笠郡、与大内勢戦不克敗死、終失三笠之地、」とされている。

(15)この文書については、二〇〇四年一月六日田村仁報告「内山文書翻刻」(早稲田大学海老澤ゼミ)などをもとに、黒田の判断で解釈した。

(16)『宗氏世系私記』(島雄成一文書　東京大学史料編纂所写真帳)。

(17)『宗氏世系私記』は、『宗氏家譜』に先行する編纂物と思われる。『宗氏家譜』(前掲注(11))によれば、文明一八年条には「自是後、毎歳正月二日於府城饗大膳修理等、号之佐須党、其禮至今」とされ、豆酘党がかつて正月二日に饗祝を受けていた記述は削除されている。

(18)『宗氏家譜』(前掲注(11))や『宗氏世系私記』(嶋雄成一文書、東京大学史料編纂所写真帳)といった近世編纂史料による。

(19)杉村文書(東京大学史料編纂所写真帳)。

(20)「宗家判物写」(前掲注(2))。内容から偽文書である可能性も指摘しておきたい。

(21)宝暦一〇年一二月　日『対馬国大小神社帳』(宗家文庫―記録類Ⅱ―寺社方―C2)。

(22)年未詳『対馬州神社大帳』(宗家文庫―記録類Ⅱ―寺社方―C5)、『対馬国神社帳』(宗家文庫―記録類Ⅱ―表書札方―G①14)。

(23)宗家御判物写(『南北朝遺文』九州編　四七八九号文書)。

〔付記〕本稿原論文発表（二〇〇四年三月）後、荒木和憲「一六世紀前半対馬の政変と三浦の乱」（『東アジアと日本』二九州大学比較社会文化研究院　二〇〇五年）が発表された。未見の史料等を用いて一五・一六世紀対馬の政治情勢を詳細に考察しており、あわせて参照されたい。

# 対馬中世文書の現在と豆酘関連史料

徳永健太郎

## 一 対馬中世文書の現在

はじめに

「対馬は中世文書の宝庫である」という言葉は、戦後まもなく対馬に渡った田中健夫氏が記した言葉(1)であるが、あえてその言葉を繰り返さざるをえないほど、南北約百キロのこの島には大量の中世文書が今日に至るまで伝えられてきた。そして、それらの文書を調査し伝えようとする努力もこれまで多くの先人たちによって営まれてきた。しかしながら、その営みに比例するほど対馬の中世文書の調査状況は広く知られていない。本稿ではその営みを追っていくとともに、対馬の古文書の現在の調査状況を示すことによって、〝対馬中世文書の現在〟の一端を示していきたい。

## 1　対馬における文書調査の経緯

### (1)　戦前までの史料調査

#### ①　御判物写

対馬における文書調査の最初にして最大級のものが、江戸期に断続的に行われてきた対馬藩によるいわゆる「宗家御判物写」の編纂事業である。対馬藩は、数次にわたって島内に残る「御判物」を提出・書写させており、その書き上げが「御判物写」という形で現在に残っている。「御判物写」については、すでに竹内理三氏(2)・黒田省三氏(3)・佐伯弘次氏(4)らによって紹介され、また『長崎県史』にその一部が翻刻されている。

本稿では紙幅や時間的制約などから、判物写については調査対象から外さざるをえなかったが、宗家文庫中に存在した「御判物写」を整理した佐伯氏によると、「御判物写」は現在、(一)長崎県立対馬歴史民俗史料館所蔵の宗家文庫本、(二)内野対琴「反故廼裏見」所収御判物写、(三)九州大学九州文化史資料室(旧九州文化史研究所)本、(四)韓国国史編纂委員会本が確認されている。

#### ②　内野対琴「反故廼裏見」

内野対琴(一八五八～一九一六)は、対馬で生まれ育った地方史家である。彼は古文書から聞き取りに至るまで、対馬のさまざまな資料蒐集に全力を尽くし、その成果が全二七冊(現在第二四・第二五の三冊を欠く)の『反故廼裏見』として纏められている。このうち古文書に関しては、原文書のほか、判物写も筆写している。現在は対馬歴史民俗資料館に所蔵され、長崎県立図書館が撮影した写真帳が同図書館と史料編纂所に架蔵されている(第二・第二四・第二五が欠)。詳しくは注(4)佐伯論文を参照されたい。

#### ③　東京帝国大学・史料編纂所による採訪

一九一九年五月、後の東京帝国大学教授となる平泉澄(一八九五～一九八四)が、対馬におけるアジールを調査するために来島した際、いくつかの文書を謄写している。この時謄写された文書は「対馬採訪文書」として現在東京大学史料編纂所に架蔵されている。

また、一九三六年には史料編纂所による採訪が行われ、やはり同所に架蔵されている。

④ 九州帝国大学による採訪

一九三六年に、九州帝国大学文学部教授であった長沼賢海（一八八三～一九八〇）は宗家文書の調査を行ない、多くの謄写本を作成した。現在それらは九州大学九州文化史研究所に架蔵されており、『九州文化史研究所文書目録』によってその内容を知ることができる。先述の九州文化史研究所本「御判物写」もこの時謄写されたものである。また、現在では原本の所在が不明となっている「内山家文書」もおそらくこの時影写されたようであり、影写本が同資料室に、その影写本を撮影した写真帳が史料編纂所に架蔵されている。

(2) 戦後まもなくの対馬調査とその成果

戦前は要塞地帯であり交通も不便だった対馬に、戦後まもなく、いくつもの学術調査が行なわれた。この時期は、対馬の学術的研究の一大画期であったと評価できよう。その嚆矢をなすのは、一九四七年より始まった学術研究会議による「近世庶民史料調査」である。この調査は、文部省人文科学研究課が学界などの協力をもとに、戦後の混乱のなかで史料の散逸を防ぐ目的で開始した調査であり、その事業はのちに設立された史料館（現国文学研究資料館史料館）に継承された。この調査において、九州を担当する第九科会では「対馬史料調査」が、一九四九年度の重点調査として取り上げられることになった。

「近世庶民史料調査」が開始された年、東京大学史料編纂所編纂官から九州大学教授に転任した竹内理三（一九〇七～一九九七）は、翌年の対馬史料調査に参加し、半月にわたる滞在の間、「目にふれる中世文書は片はしから謄写した」

という。[5]その成果と、九州大学の九州文化史研究所に所蔵されていた「御判物写」の写本とを比較・照合・整理した結果、慶長年間までの文書について、所蔵者一〇二三家、文書数六三二六通という驚くべき量の古文書を確認したのである。その成果報告である「対馬の古文書─慶長以前の御判物─」は、『九州文化史研究所紀要』創刊号に「対馬の史的研究」と題する共同研究論文六本の一つとして掲載された。戦後まもなくの成果ではあるが、対馬の古文書の全体像を把握し紹介した業績として、現在に至るまでなお参照すべき先行研究であると言えよう。史料編纂所には、一九五〇年に竹内氏が手写した「対馬古文書纂」と「対馬古文書目録」が架蔵されており、竹内氏の史料蒐集の一端を知ることができる。

また戦後まもなく行なわれ、宮本常一（一九〇七〜一九八一）の『忘れられた日本人』の第一章「対馬にて」で一般的にも知られる、九学会連合による対馬調査では、正規の調査のなかに史料調査が含まれていたわけではないが、東京大学史料編纂所員の田中健夫氏が調査に同行し、その概要を報告している。[6]

(3)　『長崎県史』史料編による宗家判物写の翻刻

対馬に大量の中世文書が残されていることを竹内理三氏は明らかにしたが、それらの文書はこれまで一度も翻刻されたこともなく、ごく一部が影写本ないし写本の形で史料編纂所に架蔵されていただけであった。もちろん現在のように写真撮影もされないままであった。したがって対馬の中世文書は、ただ大量の古文書の存在だけが知られた状態におかれていたといえる。しかしながら、先述のように九大九州文化史研究所には「御判物写」の謄写本が所蔵されており、それらを比較・照合・整理する作業によって、すでに竹内氏は対馬中世文書のおおよその輪郭を把握していた。

そこで『長崎県史』編纂事業に際し竹内は、田中健夫氏、瀬野精一郎氏とともに、九州文化史研究所所蔵「御判物写」の翻刻を企図し、その成果が『長崎県史』史料編一（以下『県史』と略）に収録された二五一九通として結実した。

『県史』の刊行によって、対馬に残された大量の古文書を活字の形で見ることができるようになり、中世の対馬に関する研究状況は飛躍的に進化したと言えるだろう。

ところで『県史』の底本は、すでに述べたように九州文化史研究所所蔵の謄写本であるが、当時確認しえた原本・写真・影写本・謄写本などと対校を行なっている。もちろん、その後の調査で原本の存在が明らかになり、写真撮影が行なわれた文書が少なからぬ数に上るため、『県史』の利用に当っては細心の注意が必要なことはいうまでもない。また竹内氏自身が記しているように、『県史』では紙幅の関係から加冠状・名字書出・官途状といった様式の文書をほぼ割愛しており、したがって対馬中世文書の全貌はもとより、御判物写に収録された文書の全貌をも伝えるものでないということも、利用する者としては留意しておく必要がある。

しかし、『県史』によって対馬中世文書の相当の部分が翻刻されたということは対馬の史料調査史上画期的な成果であり、対馬中世文書を知る上でもっとも基本となる史料集であるといえよう。

## (4) 黒田省三と国士舘大学による悉皆調査 ―附：田代和生氏による文書目録の作成―

戦後まもなく対馬に渡り対馬中世文書を総合的に調査する礎を築いた竹内氏から約二〇年後、国士舘大学の黒田省三(一九〇八～一九七二)は、全島に及ぶ対馬史料の悉皆調査・写真撮影を企図した。その調査規模は、田代和生氏が「直接調査に当った人員はもとより、調査対象となった家数・蒐集史料点数等、これまでにない大がかりなものであった」と述べるとおり、対馬史料の悉皆調査としてははじめてのものであり、島外所在文書も含め、計八七家の文書が調査・撮影されている。

黒田氏は残念ながら、国士舘大学の『人文学会紀要』に調査報告と論文を執筆した直後に没してしまったため、彼によって本格的な対馬中世文書の全貌を紹介する機会は失われてしまった。しかしながら田代和生氏が、黒田氏の撮影した焼付をもとに文書目録を作成した。[7] 田代の努力によって、黒田氏の撮影した古文書の全貌が知られるようになったことは、対馬の中世文書の全体像を把握する上で大きな前進であったと言えよう。

現在黒田氏の撮影した写真は、焼付を架蔵する国士舘大学および焼付を購入した史料編纂所架蔵写真帳「対馬古文書」として閲覧することができる。

### (5) 長崎県立長崎図書館による悉皆調査

黒田氏らの調査とほぼ時期を同じくして、長崎県立長崎図書館においても、対馬における古文書の悉皆調査計画が始動した。長崎図書館所蔵写真帳『対馬の古文書』がその成果である。その第一巻の刊記によると、対馬全土の文書採訪計画は昭和四二年度から開始され、地元町村会の協力によって上対馬・上県町に三六家に所蔵されている文書をマイクロフィルム六巻に収めたとある。

長崎図書館では当初、撮影した文書のダイジェストを紙焼きしていたが、その後すべてのフィルムを紙焼きする方針に変更され、当初紙焼きされた上対馬町の撮影分は改めて全コマが紙焼きされ、長崎図書館に配架されている。

長崎図書館の採訪は一九六七年から数年間におよんだ。国士舘による調査・撮影との相違は、国士舘が中世文書を中心としていたのに対し、長崎図書館は当初から悉皆調査を目指していた点である。そのため国士舘の調査では近世文書のみ所蔵していたために調査・撮影が行われなかった文書が、長崎図書館では調査・撮影されていることもある。もちろん、国士舘の調査分に含まれていて長崎図書館には含まれていない文書群もある。同一所蔵者の写真帳でも、両者の調査においてコマ数が大きく異なっている場合、いずれかの撮影分では近世文書が撮影対象から外れている場合があるので注意が必要である。また史料編纂所の『対馬古文書』は、両者の調査分のうち、中世文書を中心に焼付けの選択が行われていることが多いので、近世文書については長崎図書館によって撮影されていても史料編纂所には架蔵されていないケースも見受けられる。この点も注意されたい。

(6) 文化庁・長崎県教育委員会による調査

経典・文書に関しては、山本信吉氏による「対馬の経典と文書」(『佛教藝術』九五号、一九七四年)にその概要が、また長崎県教育委員会編『長崎県文化財調査報告書』第一六集「対馬の文化財」に、調査した文書・経典のリストと主な史料の解説が掲載されている。またこの調査ののち、早田家文書の「朝鮮国告身」が国の重要文化財に指定されている。

(7) 史料編纂所による「対馬史料調査」

東京大学史料編纂所では、先述の通りすでに戦前、平泉澄氏による対馬史料採訪の成果が謄写本として架蔵されており、また戦後まもなく田中健夫氏が九学会調査に同行する形で史料調査を行なっている。しかし対馬全島の悉皆的な史料調査は行なわれていなかった。

史料編纂所が対馬史料の本格的収集に乗り出すきっかけとなったのは、一九七四年、所員の瀬野精一郎氏が長崎県立図書館に赴き、同図書館によって撮影された史料のフィルム焼付を購入することになったところからであるといえる。『東京大学史料編纂所報』(以下『所報』と略)の田中健夫氏と瀬野氏の報告によると、「国士舘大学で未撮影の史料を長崎図書館のフィルムによって補充することを意図し、長崎図書館のフィルムのなかから国士舘大学ですでに撮影した分を除外する作業を行い、中世文書を中心に約二万コマの焼付を依頼した」という。(8) 現在史料編纂所に「対馬古文書」として架蔵されている一〇一冊の写真帳は、このような経緯により、一九七五年に焼付の購入が行なわれたものである。また、明治になってから対馬の資料調査を行なった内野対琴による「反故廼裏見」の同図書館による焼付もこの時架蔵されている。なお、第二巻の写真が撮影されていないのはすでに述べたとおりである。

同所ではこの翌年には宗家文庫の調査に着手し、大量の対馬藩関係史料の整理が開始された。一九七七年夏、史料編纂所は「対馬史料調査」として西山寺・万勝院などの史料調査を行なった。この調査こそが、一九八〇年代から九〇年代という長期にわたって継続された「対馬史料調査」の嚆矢であった。一九七九年の『所報』には、『対馬古文書』の欠を補い信頼度を高めるための作業として、長期的な展望のもとに、出発した」とある。史料編纂所の調査は、当初から長期計画をもって臨んでいた点、また個々の文書群の悉皆調査を目指していた点で、これまでの調査を総合する精度の高い調査となった。一九八〇年度には「前近代対外関係史の総合的研究」という課題で文部省科学研究費(一般研究C 代表者田中健夫 課題番号四五一〇六四)の報告書が刊行され、史料調査により作成された文書目録と、村井氏作成になる対馬における古文書所在一覧とが掲載されている。本稿付表は、この所在一覧をベースとしている。

科研費報告書以降も「対馬史料調査」は継続して行なわれ、その成果は史料編纂所架蔵写真帳と『所報』掲載の文書目録として示されている。

(8) 個別史料群の紹介

元来対馬に所在し、様々な事情で現在島外に流出したり原所蔵者のもとを離れた史料の紹介も行なわれている。まず宗氏関係の史料として、田中健夫氏が翻刻・解説を行なった『大永享禄之頃 御状并書状之跡付』・『朝鮮送使国次之書契覚』がある。[9]前者は、「大永・享禄・天文・弘治・永禄年間に対馬の守護(島主)と守護代から北九州地方の大名や豪族に充てて差出した書状の控えを集成したもの」であり、田中によって三二四通に至る通し番号が新たに付されている。戦国期における宗氏と九州諸大名の動向を知るのに重要な史料である。現在原本は大韓民国国史編纂委員会が所蔵しており、この翻刻は史料編纂所架蔵の謄写本を底本としている。また後者は、「宗左衛門大夫覚書」という無題の記録の部分と「印冠之跡付」「国次之記録」等と称される部分とに大別され、後半部が『書契覚』の内容である。対馬宗氏が厳原にて発給した、賊船でないことを示す文引の控と、対馬北端の鰐浦における通過船舶の記録からなっている。現在は同じく大韓民国国史編纂委員会の所蔵である。

西村圭子氏が翻刻した『諸家引付』(10)もまた、写本が韓国の国史編纂委員会に所蔵されている史料の一つであるが、原本は現在所在不明である。この史料は、時期的には『大永享禄之頃　御状并書状之跡付』の後に続く、永禄三年から八年のあいだに対馬守護(島主)宗氏によって、他の諸大名に発給された文書の集成である。収められた文書数は全一七〇通、やはり西村によって通し番号が振られている。

この両者は、時期的にも内容的にも、一連の史料群と見るべきものであると指摘されている。

宗氏以外の文書としては、まず国立歴史民俗博物館が所蔵する番家(小宮家)文書の紹介があげられる。(11)本文書は、内容的に小宮氏に関する中世文書と番家に関する近世・近代文書とに二分され、中世文書については、『国立歴史民俗博物館研究紀要』に全点の写真と翻刻が示されている。小宮氏は、伊奈郡付近に拠点を持っていた給人であるが、番家との直接の関係はない。近世にいたって、小宮家より番家に養子に入った人物がおり、その関係で番家に伝えられたものであろうと考えられている。中世文書は全部で一六通で、知行充行・官途状などの判物類が多い。なお、一六通のうち九通は、すでに『県史』所収の『享禄年迄馬廻御判物帳』に収録されている。また史料編纂所による採訪では、この小宮家に近い一族と思われる小宮家文書が調査されており、その中には歴博所蔵小宮家文書の写も存在するという。

それから、近年対馬歴史民俗史料館の所蔵となった大山小田文書があげられよう。『九州史学』一三二号では、「前近代の日朝関係史料と地域交流」という特集を組み、佐伯弘次氏の巻頭言とともに、日朝関係史料についての論文三本と史料紹介三本を掲載している。その史料紹介の一つとして、大山小田文書が紹介されている。この文書は、美津島町大山の給人小田家に伝わる文書であり、佐伯氏・有川宜博氏が詳細な解説と花押集を付した紹介を行っている。具体的な内容についてはそちらを参照頂きたい。また本号では、伊藤幸司氏・米谷均氏によって、本稿ではほとんど取り上げることのできなかった日朝関係史料の考察・紹介が行われている。

それから、厳密には対馬所在ではないが、豊前長野氏に関する文書を紹介した有川宜博「神代長野文書」(『北九州市立歴史博物館研究紀要』第二号、一九九四年)において、長野氏のうち宗氏の被官化した一族の文書として、長野実氏所蔵の判物写(長崎図書館写真帳)などがあわせて翻刻されている。対馬関係の史料紹介の一つとして取り上げておく。なお、国士舘撮影の長野文書ならびに史料編纂所撮影の写真帳には、六点の中世文書が撮影されている(うち五点は判物写に収録され、翻刻されている)。

(9)『豊玉町の古文書』

豊玉町は、島内の自治体としては初めて、町内所蔵の中世史料の悉皆調査の結果を、『豊玉町誌』の史料編という位置づけで、『豊玉町の古文書』として刊行した。写真撮影・執筆・編集は小松勝助氏、全体的な監修は佐伯弘次氏である。

『豊玉町の古文書』は、町内に所蔵されている二二家の古文書所蔵者の慶長以前の古文書類二二八通を収録、巻末には編年文書目録と花押集を付録として付けている。また『県史』などの活字化された文書との対応関係も示されている。また町内所在文書を収録した史料集としての性格の他に、本書は対馬古文書の概説としての性格も併せ持っている。解説では、対馬古文書の調査史や、対馬の古文書に特徴的な形態・様式が説明されており、また中世対馬に関する主要な人物について事蹟・没年等を付すなど、中世対馬を学ぼうとする者にとっての手引きのような役割も果たしている。

なお上対馬町・上県町・峰町においても町内所在文書の調査・撮影が行われたとのことであるが、現段階では目録や写真の公開は行われていないようである。それら調査の成果が公開されたならば、対馬所在古文書群の把握は格段の精度向上が期待され、対馬をめぐる前近代史の研究状況は新たな段階を迎えることであろう。

## 2　現在の史料公開状況　―附表「対馬古文書所蔵者目録」について―

すでに繰り返し述べているように、対馬には膨大な古文書が伝えられてきている。それらを俯瞰するツールとしては、判物写においては、『県史』史料編一の編年文書目録、残存する古文書に関しては、国士舘の調査を目録化した田代和生『対馬古文書目録』、文書所蔵者については『前近代対外関係史の総合的研究』に収録されている村井章介編「対馬古文書所在一覧」、またその後の調査に関しては、東京大学史料編纂所の写真帳目録、同所所報掲載の採訪文書目録が参考となる。

しかしながら、対馬における古文書の全貌はもとより、文書所蔵者の一覧と各所蔵文書の調査状況の概観も、文書所蔵者の代替わりによって所蔵者名が変更になるなど各目録類の比較対照が複雑なため、容易ではない。

中世文書に関しては、国士舘大学・長崎図書館・史料編纂所による調査分は、史料編纂所架蔵の「対馬古文書」一〇一冊と同所調査分の写真帳によって、史料編纂所においてほぼ把握できる状況にある。しかし、同所架蔵の「対馬古文書」焼付に際しては、すでに第一章で述べたように、中世文書の撮影条件が良好なものを中心に焼付の選定が行われているため、国士舘・長崎図書館双方が同一文書を撮影していても近世文書をより多く撮影している方が落とされていたり、近世文書のみの所蔵者が落とされ、その後の補充調査が行われていないままになっている文書も多い。

したがって対馬古文書の全貌を把握するためには、近世文書や典籍のみの所蔵者も含め、まずは所蔵者一覧を作成することが必要であると考え、中世文書に限定することなく、これまでの史料調査によって把握しえた対馬所在の古文書所蔵者を網羅した所蔵者目録の作成を企図することとした。

本稿では、一九八〇年に村井氏によって作成された「所在一覧」をベースに、国士舘・長崎図書館の調査状況、さらに史料編纂所謄写本・影写本・写真帳の架蔵状況、文書目録の有無などを記した「対馬古文書所蔵者目録」を作成し表一とした。各目録に掲載された文書群相互の関係については、各目録の所蔵者に付せられた番号を記載することによって対応した。また所蔵者名については、村井氏作成「所在一覧」の氏名を基本とし、所蔵者名が異なる同一文書については記載された氏名を備考に略記して、具体的に判別できるようにした。

なお、『県史』史料編一の所収文書との対応については、今回の調査では判物写を範囲として含めていなかったため、本目録では割愛した。また、朝鮮との通交に関する文書所蔵者に関しても、対馬所在分以外に関しては本目録では把握しえなかった。

## 注

（1）田中『対外関係と文化交流』（思文閣出版、一九八二年）四三四頁。
（2）竹内理三「対馬の古文書―慶長以前の御判物―」（『九州文化史研究所紀要』1、一九五一年）。
（3）黒田省三「対馬古文書保存についての私見」（『国士舘大学人文学会紀要』1、一九六九年）。
（4）佐伯「対馬宗家文書の中世史料」（『宗家文庫資料の総合的研究』平成一〇～一二年度科学研究費補助金基盤研究（B）（二）研究成果報告書（課題番号一〇四一〇〇八一）。
（5）竹内「九州地方の地方史研究（一）―九州の古文書」（『歴史評論』117、一九六〇年）。
（6）「対馬の史料調査」（『日本歴史』30、一九五〇年）。
（7）田代編『対馬古文書目録』（『対馬風土記』第12号別冊、一九七五年）。
（8）『所報』10号、一九七五年。

（9）田中「『大永享禄之比　御状并書状之跡付』付　解説」（『朝鮮学報』80、一九七六年）『朝鮮送使国次之書契覚』（『九州史料叢書』3、一九五五年）。のちに二編とも『対外関係と文化交流』（思文閣出版、一九八二年）所収。

（10）西村「対馬宗氏の『諸家引着』覚書」（『日本女子大学文学部紀要』34、一九八五年）。

（11）岩城卓二・小道道裕「史料紹介　対馬番家（小宮家）文書」（『国立歴史民俗博物館研究報告』39、一九九二年）。

**【表1の凡例】**

〔本目録の概要〕

・本目録は、対馬に所在が確認される、ないしかつて対馬に所在していたと認めうる古文書所蔵者の一覧である。

・本目録は「対馬中世文書の現在」附表であるが、古文書所蔵者に関しては、今後の調査の便宜を鑑み、これまでの調査によって現在確認することのできる古文書所蔵者をすべて掲げた。

・本目録の作成に当たっては、以下の表・目録を利用した。

1 東京大学史料編纂所による昭和五五年度科学研究費補助金（一般研究C）研究成果報告書『前近代対外関係史の総合的研究』（課題番号四五一〇六四）所収の「対馬古文書所在一覧」（村井章介、一九八一年二月作製）

2 田代和生編『対馬古文書目録』（『対馬風土記』第12号別冊、一九七五年）

3 東京大学史料編纂所編『東京大学史料編纂所写真帳目録』（東京大学出版会、一九九六年）

4 長崎県教育委員会編『長崎県文化財調査報告書』第16集「対馬の文化財：昭和四八年度地区別文化財総合調査概報」（同委員会編、一九七四年）

5 長崎県立長崎図書館所蔵『対馬の古文書』（同図書館所蔵、現物にて調査）

・本目録の作成に当たっては、以下の論文・報告を参照した（上掲報告書・目録所収のものを除く）。

A　竹内理三「対馬の古文書―慶長以前の御判物―」（『九州文化史研究所紀要』1、一九五一年）
B　黒田省三「対馬古文書保存についての私見」（『国士舘大学人文学会紀要』1、一九六九年）
C　山本信吉「対馬の経典と文書」（『仏教芸術』95、一九七四年）
D　岩城卓二・小島道裕「資料紹介　対馬番家（小宮家）文書」（『国立歴史民俗博物館研究紀要』39、一九九二年）
E　佐伯弘次・有川宜博「大山小田文書」（『九州史学』132、二〇〇二年）

〔本目録の内容〕

- 本目録は、上記1目録をベースとし、その他の表・目録によってデータを加筆・訂正している。
- 排列は、北部の自治体から順に排列した。同一町内での大字の排列、大字内での所蔵者の排列は、原則として1目録に拠り、その順で「番号」を付した。
- 「文書名」については、1目録を踏襲した。
- 「所在・所蔵者名」については、確認しうる最新のデータを用いるようつとめた。各目録ごとの所蔵者名の相違は、備考に記した。
- 「内容」は、『対馬古文書目録』や『所報』によって概要が示されているものについては、中世文書の初出年のみ示した。長崎図書館のみの架蔵分ないし同館撮影分の点数が多いものについては、適宜内容を記した。
- 「国士舘番号」は2目録の所蔵者番号である。
- 「長崎図番号」は5の請求記号の子番号を所蔵者番号とみなしたものである。なお、写真帳一冊につき数家の文書が収録されている場合、「―1」のようにさらに子番号を付した。
- 「科研番号」は、1表の所蔵者番号である。
- 「史料編纂所「対馬古文書」写真」は、史料編纂所が一九七五年に購入した国士舘大学・長崎図書館のいずれの写真帳を架蔵しているかを示した。なお、どちらかが撮影したにもかかわらず史料編纂所に架蔵されていない場合には〝無〟を記した。

- 「史料編纂所写真帳」は、史料編纂所が原則として採訪し所蔵している写真帳の請求記号を示した。
- 「『所報』号数」は、史料編纂所による対馬史料調査の報告として文書目録が掲載された『東京大学史料編纂所報』の号数を記し、文書目録を確認できるよう配慮した。
- 「自治体史その他」は、『豊玉町の古文書』や上記D・Eなどによって紹介されている文書を適宜記した。
- 「備考」には、上記所蔵者名の変遷その他、必要と思われる情報を記した。

## 表1　対馬古文書所蔵者目録

| 番号 | 文書名 | 所在・所蔵者名 | 内容 | 国士舘分目録番号 | 長崎図書館架蔵番号 | 科研報告書所在者番号 | 史料編纂所「対馬古文書」写真架蔵状況 | 史料編纂所写真帳 | 『所報』号数 | 自治体史、その他史料紹介 | 備考 |
|---|---|---|---|---|---|---|---|---|---|---|---|
| 1 | 比田勝蔦家文書 | 上対馬町比田勝　比田勝蔦氏所蔵 | 応永6年～ | 080 | 002 | 166 | 『国』・『長』 | | | | |
| 2 | 比田勝千之家文書 | 上対馬町比田勝　比田勝千之氏所蔵 | 天文3年～ | 081 | 004-1　047 | 167 | 『国』 | | | | 天文3年の判物は『国』には無し。 |
| 3 | 平山家文書 | 上対馬町比田勝　平山益也氏所蔵 | 永享4年（判物写）～、文安5年（原本）～ | 082 | 001-1　035 | 168 | 『国』 | | 13 | | 所蔵者名「益也」（『長』）、「茂吉」（『国』）。史料編纂所撮影写真帳は未架蔵。 |
| 4 | 古里家文書 | 上対馬町古里　古里一行氏所蔵 | 永享8年～ | | 003-11　041-3 | 169 | 『長』 | | | | |
| 5 | 古里家文書 | 上対馬町古里　古里智氏所蔵 | 記（先祖書）、判物<貞享5>、御判物写 | | 003-10　046 | 170 | 無 | | | | |
| 6 | 西福寺 | 上対馬町西泊　本堀智亮氏所蔵 | 大般若経<巻291（泰定3雕板）>、<巻388（至元16）>、奥書3 | | 003-2 | 171 | | | | | |
| 7 | 修行家文書 | 上対馬町西泊　修行栄氏所蔵 | 修行先祖覚、判物<永享11・宝徳4> | | 003-1　036-1 | 172 | 無 | | | | |
| 8 | 梅野家文書 | 上対馬町泉　梅野文子氏所蔵 | | 085 | | 173 | 『国』 | | | | |
| 9 | 和田家文書 | 上対馬町泉　和田左近氏所蔵 | 泉村和田氏系譜、敷島神社志多崎神社等祠官職之事<正徳元>、烏帽子狩衣裁許状<正徳元>、判物<宝永6>、志多崎神社先祖書 | 084 | 003-6　041-2 | 174 | 『国』 | | | | |
| 10 | 慶龍院文書 | 上対馬町豊　慶龍院氏所蔵 | | | | 175 | | | | | |
| 11 | 洲河家文書 | 上対馬町豊　洲河生虎真氏所蔵 | 元弘3年～ | 083 | 006　058～060 | 176 | 『国』 | | 13 | | |
| 12 | 宮原家文書 | 上対馬町鰐浦　宮原主氏所蔵 | 元亀2年～ | | 004-2　048～053 | 177 | 『長』 | | | | |
| 13 | 宮原家文書 | 上対馬町鰐浦　宮原秀之助氏所蔵 | 天文3年～ | | 001-2　036-2 | 178 | 『長』 | | | | |
| 14 | 大浦隆典家文書 | 上対馬町大浦　大浦隆典氏所蔵 | 嘉吉4年～ | 078 | 055～057 | 179 | 『国』 | | | | 所蔵者名「一義」（『長』）。 |
| 15 | 大浦政臣家文書 | 上対馬町大浦　大浦政臣氏所蔵 | 天文5年～ | | 003-8　042 | 180 | 『長』 | | | | |
| 16 | 大浦一泰家文書 | 上対馬町河内　大浦一泰氏所蔵 | 文保元年～ | 079 | 005 | 181 | 『国』 | | | | |
| 17 | 網代家文書 | 上対馬町網代　網代鉉氏所蔵 | 明応4年（判物写）～、明応8年（判物）～ | | 003-5　039　040 | 182 | 『長』 | | | | |
| 18 | 糸瀬家文書 | 上対馬町唐舟志　糸瀬茂太氏所蔵 | 天文23年～ | | 003-4　038 | 183 | 『長』 | | | | |
| 19 | 玖須家文書 | 上対馬町玖須　玖須スエ子氏所蔵 | | | 003-7　041-1 | 184 | 『長』 | | | | |

| | | | | | | | | | | | |
|---|---|---|---|---|---|---|---|---|---|---|---|
| 20 | 古藤家文書 | 上対馬町舟志　古藤直之氏所蔵 | 嘉吉３年～ | | 004-3　054 | 185 | 『長』 | | | | |
| 21 | 武本家文書 | 上対馬町舟志　武本康丸氏所蔵 | 判物<貞享５> | | 003-9 043～045 | 186 | 無 | | | | |
| 22 | 糸瀬家文書 | 上対馬町五根緒　糸瀬学氏所蔵 | | 076 | 003-3　037 | 187 | 『国』 | | | | |
| 23 | 古藤倭生家文書 | 上対馬町五根緒　古藤倭生氏所蔵 | | 077 | | 188 | 『国』 | | | | |
| 24 | 米田家文書 | 上対馬町琴　米田匡氏所蔵 | 天文10年～ | 075 | | 189 | 『国』 | | | | |
| 25 | 扇家文書 | 上対馬町小鹿　扇浅太郎氏所蔵 | 永禄12年～ | 074 | | 190 | 『国』 | | | | |
| 26 | 武田家文書 | 上県町佐須奈　武田吉郎氏所蔵 | 慶長５年～ | 071 | 007-4 | 115 | 『国』 | | | | |
| 27 | 八嶋家文書 | 上県町佐須奈　八嶋三教氏所蔵 | 慶長15年～ | 072 | 010-3 | 116 | 『国』・『長』 | | | | |
| 28 | 佐々木家文書 | 上県町湊　佐々木良恭氏所蔵 | | | | 117 | | | | | |
| 29 | 大浦家文書 | 上県町友谷　大浦泉氏所蔵 | 判物<貞享５> | | 010-6 | 118 | | | | | |
| 30 | 豊田家文書 | 上県町友谷　豊田清益氏所蔵 | 応永18年～ | | 010-5 | 119 | 『長』 | | 30 | | |
| 31 | 福島家文書 | 上県町友谷　福島清光氏所蔵 | 倹約之条目<文政２> | | 008-2 | 120 | | | | | |
| 32 | 佐護庫光家文書 | 上県町井口　佐護庫光氏所蔵 | | | | 121 | | | | | |
| 33 | 大石誉家文書 | 上県町恵古　大石誉氏所蔵 | | | | 122 | | | | | |
| 34 | 佐護家文書 | 上県町恵古　佐護ウメ氏所蔵 | 慶長13年～ | | 008-1 | 123 | 『長』 | | | | |
| 35 | 大石家文書 | 上県町深山　大石政利氏所蔵 | 永正５年～ | 070 | 007-1 | 124 | 『国』・『長』 | | 30 | | |
| 36 | 佐護公則家文書 | 上県町深山　佐護公則氏所蔵 | | | | 125 | | | | | |
| 37 | 佐護家文書 | 上県町深山　佐護正毅氏所蔵 | | 069 | 008-3 | 126 | 『国』 | | | | |
| 38 | 佐護家文書 | 上県町深山　佐護光義氏所蔵 | 天文６年～ | | 010-4 | 127 | 『長』 | | | | |
| 39 | 大石家文書 | 上県町中山　大石堅矢氏所蔵 | 系図、八郷給人中坪付 | | 007-2 | 128 | | | | | |
| 40 | 阿部家文書 | 上県町志多留　阿部泉氏所蔵 | 大永３年～ | 066 | 010-1 | 129 | 『国』 | | | | |
| 41 | 古藤家文書 | 上県町志多留　古藤章氏所蔵 | 永禄７年～ | | 010-2 | 130 | 『長』 | | | | |
| 42 | 武田家文書 | 上県町志多留　武田家幸氏所蔵 | 永禄10年～、倭人馬堂古羅告身<万暦41、43> | 065 | 009-3 | 131 | 『国』・『長』 | 6171.93-72 | 28 | | |
| 43 | 平山家文書 | 上県町志多留　平山将監氏所蔵 | 天文９年～ | | 007-3 | 132 | 『長』 | | | | |
| 44 | 米田多家文書 | 上県町志多留　米田多氏所蔵 | | | | 133 | | | | | |
| 45 | 阿比留家文書 | 上県町伊奈　阿比留弥七朗氏所蔵 | 建永２年～、（永享７年遺言字解・在庁之説<抜書　享保７>、『国』は未収録） | 064 | 009-1 | 134 | 『国』 | | | | |
| 46 | 小野家文書 | 上県町伊奈　小野高光氏所蔵 | 元弘元年（判物写）～、信時老職帖<万暦25>、平信時職帖<天啓３> | | 009-2 | 135 | 『長』 | | | | |
| 47 | 桂輪寺文書 | 上県町伊奈　阿比留正順氏所蔵 | 大般若経<巻１・巻600（至元雕板）><巻18（高麗版）>（巻首・奥書８） | | 010-7 | 136 | | | | | |
| 48 | 豊田家文書 | 上県町越高　豊田昌由氏所蔵 | | 073 | | 137 | 『国』 | | | | |
| 49 | 坂口家文書 | 上県町犬ヶ浦　坂口正利氏所蔵 | | | | 138 | | | 27 | | |
| 50 | 阿比留隼人家文書 | 上県町樫滝　阿比留隼人氏所蔵 | | | | 139 | | | | | |
| 51 | 川本一政家文書 | 上県町樫滝　川本一政氏所蔵 | | | | 140 | | | | | |
| 52 | 川本清家文書 | 上県町樫滝　川本清氏所蔵 | | | | 141 | | | | | |
| 53 | 川本源盛家文書 | 上県町樫滝　川本源盛氏所蔵 | 貞和５年～ | 067 | | 142 | 『国』 | | 30 | | |
| 54 | 川本定家文書 | 上県町樫滝　川本定氏所蔵 | | | | 143 | | | | | |
| 55 | 川本惣宏家文書 | 上県町樫滝　川本惣宏氏所蔵 | | | | 144 | | | | | |
| 56 | 中村家文書 | 上県町樫滝　中村宗喜氏所蔵 | | | | 145 | | | | | |
| 57 | 平山藤生家文書 | 上県町樫滝　平山藤生氏所蔵 | | | | 146 | | | | | |
| 58 | 阿比留信則家文書 | 上県町瀬田　阿比留信則氏所蔵 | | | | 147 | | | | | |
| 59 | 糸瀬定家文書 | 上県町瀬田　糸瀬定氏所蔵 | | | | 148 | | | | | |
| 60 | 小宮政良家文書 | 上県町瀬田　小宮政良氏所蔵 | | | | 149 | | | | | |
| 61 | 小宮安行家文書 | 上県町瀬田　小宮安行氏所蔵 | | | | 150 | | | | | |
| 62 | 山田家文書 | 上県町瀬田　山田尚氏所蔵 | | | | 151 | | | | | |

| | | | | | | | | | | | |
|---|---|---|---|---|---|---|---|---|---|---|---|
| 63 | 小宮盛定家文書 | 上県町飼所　小宮盛定氏所蔵 | | | | 152 | | | | | |
| 64 | 吉賀家文書 | 上県町飼所　吉賀親光氏所蔵 | | | | 153 | | | | | |
| 65 | 阿比留正之家文書 | 上県町鹿見　阿比留正之氏所蔵 | | | | 154 | | | | | |
| 66 | 草葉家文書 | 上県町鹿見　草葉久志氏所蔵 | | | | 155 | | | | | |
| 67 | 豊田タメ家文書 | 上県町鹿見　豊田タメ氏所蔵 | | | | 156 | | | | | |
| 68 | 豊田親資家文書 | 上県町鹿見　豊田親資氏所蔵 | | | | 157 | | | | | |
| 69 | 豊田勝家文書 | 上県町鹿見　豊田勝氏所蔵 | | | | 158 | | | | | |
| 70 | 豊田義光家文書 | 上県町鹿見　豊田義光氏所蔵 | | | | 159 | | | | | |
| 71 | 梅野家文書 | 上県町久原　梅野利幸氏所蔵 | | | | 160 | | | | | |
| 72 | 原田喜久男家文書 | 上県町久原　原田喜久男氏所蔵 | | | | 161 | | | | | |
| 73 | 原田源家文書 | 上県町久原　原田源氏所蔵 | | | | 162 | | | | | |
| 74 | 原田登家文書 | 上県町久原　原田登氏所蔵 | | | | 163 | | | | | |
| 75 | 市山家文書 | 上県町女連　市山貞雄氏所蔵 | 応永４～ | 068 | | 164 | 『国』 | | 30 | | 所蔵者「定男」(『国』) |
| 76 | 慶雲寺文書 | 上県町女連　慶雲寺文書 | | | | 165 | | | | | |
| 77 | 阿比留家文書 | 峰町三根　阿比留学氏所蔵 | 判物<建武３～天正11（巻順不同)>24、判物<文化９・慶応４>４ | 049 | 011-2 | 087 | 『国』 | 6171.93-47 | 23 | | |
| 78 | 小宮家文書 | 滋賀県野洲郡中主町吉地　小宮益宏氏所蔵　峰町三根中里　松村圀重氏保管 | | | | | | | | | |
| 79 | 松村家文書 | 峰町三根　松村圀重氏所蔵 | 応永５年～ | 048 | 011-1 | 088 | 『国』・『長』 | 6171.93-57 | 24 | | 所蔵者「国智」(『国』・『長』) |
| 80 | 扇家文書 | 峰町狩尾　扇茂光氏所蔵 | 判物<万延元> | | 011-7 | 089 | | | | | |
| 81 | 岩佐家文書 | 峰町木坂　岩佐岩己氏所蔵 | 判物<享保７>、岩佐氏由来、岩佐氏系図 | | 012-3 | 090 | | | | | |
| 82 | 海神神社文書 | 峰町木坂　海神神社（瀬尾玉置）氏所蔵 | 古文書写、御裁許書帳 | | 012-1 | 091 | | | | | |
| 83 | 島井家文書 | 峰町木坂　島井康男氏所蔵 | | 061 | 013-3 | 092 | 『国』 | 6171.93-71 | 25 | | |
| 84 | 島居家文書 | 峰町木坂　島居勝義氏所蔵 | 安貞２年～ | 060 | 013-1 | 093・094 | 『国』・『長』 | 6171.93-69 | 25 | | 所蔵者「岩男」(『長』)。科研目録93と94は重複。 |
| 85 | 島居家文書 | 峰町木坂　島居伝氏所蔵 | 康永４年～ | | 013-2 | 095 | 『長』 | | | | |
| 86 | 島屋家文書 | 峰町木坂　島屋徹氏所蔵 | 応仁２年～ | | 012-2 | 096 | 『長』 | | | | |
| 87 | 瀬尾家文書 | 峰町木坂　瀬尾玉置氏所蔵 | 文治５年（判物写）～ | 062 | | 097 | 『国』 | | | | |
| 88 | 永留家文書 | 厳原町日吉　永留久忠氏所蔵、長崎県立対馬歴史民俗資料館寄託 | 応永14年～ | 059 | 014 | 098 | 『国』 | 6171.93-70 | 25 | | 所蔵者「久忠」(『長』)、所在「峰町木坂」(『国』・『長』・『科』) |
| 89 | 平山家文書 | 峰町青海　平山まき久氏所蔵 | | | | 099 | | | | | |
| 90 | 阿比留家文書 | 峰町志多賀　阿比留武美氏所蔵 | 享徳３年～ | 050 | 017-1 | 100 | 『国』 | 6171.93-63 | 24 | | 所蔵者「創」(『国』・『長』・『史』) |
| 91 | 小田家文書 | 峰町志多賀　小田篚和氏所蔵 | 天文７年～ | 053 | 017-3 | 101 | 『国』 | | | | |
| 92 | 津江家文書 | 峰町志多賀　津江素直氏所蔵 | 文安６年～ | 052 | 017-2 | 102 | 『国』 | 6171.93-68 | 24 | | |
| 93 | 長野家文書 | 峰町志多賀　長野実氏所蔵 | 建武３年（判物写）～、宝徳４年（判物）～ | 051 | 017-5 | 103 | 『国』 | 6171.93-68 | | 有川宜博「神代長野文書について」(『北九州市立歴史博物館』研究紀要２号、1994年) | 所蔵者「実」(『国』・『長』・『科』) |
| 94 | 八坂家文書 | 峰町志多賀　八坂秀己氏所蔵 | 大永年間（『長』）～、天文19年（『国』）～ | 054 | 017-4 | 104 | 『国』 | | | | |
| 95 | 円通寺文書 | 峰町佐賀　円通寺（長留寛仲）氏所蔵 | 文明２年～ | 063 | 011-3 | 105 | 『国』 | 6171.93-64 | 24 | | |
| 96 | 阿比留家文書 | 峰町櫛　阿比留峰子氏所蔵 | 判物<安政６> | | 011-6 | 106 | | | | | |

| | | | | | | | | | | | |
|---|---|---|---|---|---|---|---|---|---|---|---|
| 97 | 八坂家文書 | 峰町櫛　八坂武雄氏所蔵 | 判物<天保14・慶応4>、系図 | | 011-5 | 107 | | | | | |
| 98 | 安藤家文書 | 峰町吉田　安藤茂喜氏所蔵 | 寛正5年～ | 055 | 016-1 | 108 | 『国』 | 6171.93-52 | 23 | | |
| 99 | 国分家文書 | 峰町吉田　国分哲士氏所蔵 | 延徳2年～ | 058 | 015-2 | 109 | 『国』・『長』 | | | | |
| 100 | 鷹田家文書 | 峰町吉田　鷹田正人氏所蔵 | 文明元年～ | 056 | 016-2 | 110 | 『国』 | 6171.93-53 | 23 | | |
| 101 | 中村家文書 | 峰町吉田　中村国政氏所蔵 | 文明4年～、応永5年（普光寺）～ | | 015-1 | 111 | 『長』 | | | | 普光寺関係文書を含む。 |
| 102 | 龍造寺家文書 | 峰町吉田　龍造寺速氏所蔵 | 応永14年（？）～ | 057 | 016-3 | 112 | 『国』 | | 30 | | |
| 103 | 龍造寺文書 | 峰町吉田　龍造寺誠氏所蔵 | 明応9年～ | | 016-4 | 113 | 『長』 | | | | |
| 104 | 多田家文書 | 峰町賀佐　多田寿男氏所蔵 | 判物<天保10・明治2>、判物控、多田氏系図 | | 011-4 | 114 | | | | | |
| 105 | 久保山家文書 | 豊玉町仁位　久保山禮平氏所蔵 | 久保山氏系図（断簡）3、判物<文政11>2、判物<万延2>2 | | 019-4 | 051 | 無 | 6171.93-49 | 23 | | |
| 106 | 国分家文書 | 豊玉町仁位　国分文一氏所蔵 | 暦応2年～ | 036 | 031-1 | 052 | 『国』 | | | 『豊』1 | 所蔵者「保之」(『国』・『長』・『科』) |
| 107 | 佐伯家文書 | 豊玉町仁位　佐伯周二氏所蔵 | 永正15年～ | 035 | 019-3 | 192 | 『国』 | 6171.93-12 | 22 | 『豊』2 | 所蔵者「永之」(『国』・『長』・『科』・『史』) |
| 108 | 佐々木家文書 | 豊玉町仁位　佐々木聰一氏所蔵 | | | 019-5 | 053 | 無 | 6171.93-48 | 23 | | |
| 109 | 三里部落(帳箱) | 豊玉町佐志賀・嵯峨・貝鮒 | 三ヶ村磯瀬覚書<寛保3>、書状控<嘉永6> | | 023-3 | 054 | 無 | | | | |
| 110 | 四ヶ浦(帳箱) | 豊玉町千尋藻・鑓川・和板・横浦 | 四ヶ村規約書<明治33ほか> | | 023-5 | 054 | 無 | | | | |
| 111 | 長岡家文書 | 豊玉町仁位　長岡豊明氏所蔵 | 元応元年～ | 037 | 021　022 | 055 | 『国』 | 6171.93-2・50 | 23 | 『豊』3 | 所蔵者「明」(『長』・『科』)「公」(『国』、『史』) |
| 112 | 仁位要家文書 | 豊玉町仁位　仁位要氏所蔵 | | | | 056 | | 6171.93-68 | 24 | | |
| 113 | 仁位信義家文書 | 豊玉町仁位　仁位信輝氏所蔵 | 正中2年～ | 033 | 018　029 | 057 | 『国』・『長』 | 6171.93-67 | 25 | 『豊』4 | 所蔵者「信義」(『長』・『国』・『科』) |
| 114 | 仁位正雄家文書 | 豊玉町仁位　仁位正雄氏所蔵 | 永禄7年～ | | 030-2 | 058 | 『長』 | | | 『豊』5 | |
| 115 | 仁位家文書 | 豊玉町仁位　仁位操氏所蔵 | 系図、仁位家系図、判物<貞享5>、坪付帳<貞享2>、天神宮御祭礼神務式 | | 019-1 | | | | | | |
| 116 | 日高家文書 | 豊玉町仁位　仁位信輝氏所蔵 | 文明3年～ | | 030-1 | | 『長』 | | | 『豊』8 | 所蔵者「信義」(『長』) |
| 117 | 平山家文書 | 豊玉町仁位　平山知美氏所蔵 | | | 020-1 | 059 | 無 | 6171.93-62 | 24 | | 所蔵者「静磨」(『長』・『科』) |
| 118 | 松尾家文書 | 豊玉町仁位　松尾永光氏所蔵 | 享徳3年～ | 038 | 030-3 | 060 | 『国』 | 6171.93-34 | 22 | 『豊』6 | 所蔵者「豪」(『長』・『科』)「熊介」(『国』) |
| 119 | 東泉寺（妙幢寺）文書 | 豊玉町仁位　東泉寺所蔵 | 元版五部大乗経 | | 020-2 | 061 | 『長』 | 6171.93-59 | 22 | 『豊』、村井章介「対馬仁位東泉寺所蔵の元版新訳華厳経について」(『アジアのなかの中世日本』校倉書房　1988年) | 所蔵者「妙幢寺」(『長』・『科』) |
| 120 | 山上家文書 | 豊玉町仁位　山上睦氏所蔵 | 正慶2年～ | 034 | 019-2 | 062 | 『国』 | 6171.93-3・14 | 22 | 『豊』7 | |
| 121 | 酒井家文書 | 豊玉町糸瀬　酒井長蔵氏所蔵 | | | 023-1 | 063 | | 6171.93-37 | 22 | | |
| 122 | 阿比留正雄家文書 | 豊玉町貝鮒　阿比留正雄氏所蔵 | | 046 | | 064 | 『国』 | | | | |
| 123 | 佐伯家文書 | 豊玉町嵯峨　佐伯智氏所蔵 | 判物<享保7>、判物<明治2>、坪付帳<享保6>、坪付<明治2>、嵯峨村勤倹貯蓄組合規則<明治37>、嵯峨村約定書<明治38> | 047 | 023-2 | 065 | 『国』 | | | | 『長』では『国』撮影分以外の史料を多く撮影。 |
| 124 | 平井家文書 | 豊玉町嵯峨　平井光幸氏所蔵 | 判物<天保10> | | 024-4 | | 無 | | | | |
| 125 | 国分家文書 | 豊玉町卯麦　国分禎二氏所蔵 | 明徳4年～ | 040 | 031-2 | 066 | 『国』 | 6171.93-11 | 22 | 『豊』13 | 所蔵者「八郎太」(『長』・『国』・『科』)「弘道」(『史』) |
| 126 | 波田家文書 | 豊玉町貝口　波田堯久氏所蔵 | | | 026-02 | 067 | | 6171.93-38 | 22 | | |
| 127 | 村瀬正明家文書 | 豊玉町貝口　村瀬正明氏所蔵 | 天正14年～ | 043 | | 068 | 『国』 | 6171.93-51 | 23 | 『豊』14 | |
| 128 | 阿比留家文書 | 豊玉町深里　阿比留昌利氏所蔵 | | | 026-1 | 069 | 無 | 6171.93-34 | 22 | | 所蔵者「義光」(『長』・『科』) |
| 129 | 青木家文書 | 豊玉町唐州　青木智久氏所蔵 | 永禄5年（旧判覚）～、元亀2年（判物）～ | | 025-3 | 070 | 『長』 | | | 『豊』15 | 所蔵者「智直」(『長』・『科』) |

| | | | | | | | | | | | |
|---|---|---|---|---|---|---|---|---|---|---|---|
| 130 | 阿比留邦雄家文書 | 豊玉町唐州　阿比留邦雄氏所蔵 | 応永６年～ | | 025-02 | 071 | 『長』 | 6171.93-35 | 22 | 『豊』16 | 所蔵者「忠義」(『科』・『史』) |
| 131 | 阿比留政信家文書 | 豊玉町唐州　阿比留政信氏所蔵 | 応永２年～ | 041 | 025-1 | 072 | 『国』 | 6171.93-13 | 22 | 『豊』17 | |
| 132 | 波多野家文書 | 豊玉町志多浦　波多野克己氏所蔵 | 延徳２年～ | | 026-3 | 073 | 『長』 | 6171.93-42 | 20 | 『豊』18 | |
| 133 | 安野家文書 | 豊玉町小綱　安野堅一郎氏所蔵 | 永正14年～ | | 028-02 | 074 | 『長』 | | | 『豊』21 | 所蔵者「和吉」(『長』・『科』) |
| 134 | 村瀬家文書 | 豊玉町小綱　村瀬敬三氏所蔵 | | 045 | 027-02 | 075 | 『国』 | 6171.93-45 | 21 | | |
| 135 | 村瀬武一家文書 | 豊玉町小綱　村瀬武一氏所蔵 | 永正６年（判物写）～ | | 028-1 | 076 | | 6171.93-41 | 21 | | 「観音寺文書」参照。 |
| 136 | 村瀬義唯家文書 | 豊玉町小綱　村瀬義唯氏所蔵 | 永正６年～ | | 027-3 | 077 | 『長』 | 6171.93-43 | | 『豊』20 | 所蔵者「唯一郎」(『長』・『科』) |
| 137 | 観音寺文書 | 豊玉町小綱　村瀬武一氏所蔵 | 観音菩薩座像内納入天暦３年高麗国瑞州地浮石寺観音鋳成結縁文 | | | 078 | | 6171.93-40 | 21 | 『豊』 | 所蔵者「村瀬登」(『長』・『科』)。『長』の「登」所蔵文書と「村瀬武一文書」とは同一か？ |
| 138 | 波多野直行家文書 | 豊玉町大綱　波多野幹治氏所蔵 | 応永６年～ | | 027-1 | 079 | 『長』 | 6171.93-44 | 20 | 『豊』19 | 所蔵者「直行」(『長』・『科』・『史』) |
| 139 | 斉藤家文書 | 豊玉町田　斉藤義正氏所蔵 | 公儀御役人様方八郷御巡検ニ付御答書<文久元>、公儀御役人様方八郷御巡検ニ付御答書<文久元>、控<文久３>、田村組長辞令<明治５> | | 028-3 | 080 | 無 | | | | |
| 140 | 佐伯家文書 | 豊玉町田　佐伯光政氏所蔵 | 佐伯氏系図、家譜、長崎病院ニ寄付ニ付賞詞<明治12>、漁業者証明<明治20>、学業証書<明治24> | | 028-5 | | 無 | | | | |
| 141 | 瑞応寺文書 | 豊玉町田　瑞応寺所蔵 | 判物<宝永６>、御坪付帳（後欠）、仁位郡寺社領目録之留<寛文３>、仁位郡寺庵境内間敷数留帳<元禄10>、就上使役当帳<天保９>、口達控 | | 028-4 | 081 | 無 | 6171.93-39 | 20 | | 『長』では『史』目録以外の史料も撮影。 |
| 142 | 平山家文書 | 豊玉町田　平山国調氏所蔵 | 正平19年～ | 044 | 033　34-1 | 082 | 『国』 | | | 『豊』22 | 所蔵者「タミ」(『長』・『国』・『科』) |
| 143 | 一宮家文書 | 豊玉町曽　一宮多聞氏所蔵 | 永徳３年（判物写）～、系図、判物<貞享５>、判物<享保７>、判物<天保10>、御判写<一宮勘左衛門>、御判写<梅野治左衛門>、坪付<天保11>、駄賃人足帳<宝永７>、覚（信使来聘一件）<文化>、出格之御検約御出之控<天保５>、公儀御役人様方御巡検ニ付御答書<文久元>、賊船防禦御備御達書<文久２>、仁位村天神宮御名代勤控<慶応３>、長崎神社起之事<寛政４>、島御子神社氏子札<明治５> | 042 | 024-1 | 083 | 『国』 | | | | 『長』では『国』以外の史料を撮影。 |
| 144 | 梅野家文書 | 豊玉町曽　梅野清次氏所蔵 | 天文５年～ | | 024-3 | 084 | 『長』 | | | 『豊』5 | 所蔵者「一雄」(『長』・『科』) |
| 145 | 梅野家文書 | 豊玉町曽　梅野太郎氏所蔵 | 貞和５年～ | | 024-02 | 085 | 『長』 | 6171.93-54 | 23 | 『豊』10 | 所蔵者「紘」(『史』)。『史』では貞和5年閏6月20日宗澄茂書下は未撮影。 |
| 146 | 梅野初平家文書 | 豊玉町曽　梅野初平氏所蔵 | 応仁３年～ | | | | | | | 『豊』11 | |
| 147 | 森谷家文書 | 豊玉町曽　森谷文郁氏所蔵 | 永正５年～、なお宗盛家書下あり。 | | 034-2 | | 無 | | | 『豊』12 | |
| 148 | 長郷家文書 | 豊玉町佐保　長郷竘氏所蔵 | 貞和５年～ | 039 | 032-1 | 193 | 無 | 6171.93-36 | 22 | | |
| 149 | 長郷家文書 | 豊玉町佐保　長郷嘉人氏所蔵 | | | 032-2 | | | | | | |
| 150 | 築城家文書 | 豊玉町千尋藻　築城守昌氏所蔵 | | | 023-4 | 086 | | 6171.93-46 | 23 | | |
| 151 | 梅野家文書 | 豊玉町銘　梅野勝氏所蔵 | | | 032-3 | | | | | | |
| 152 | 大浦家文書 | 美津島町鶏知　大浦望人司氏所蔵 | | | | 039 | | | | | |
| 153 | 亀谷家文書 | 美津島町鶏知　亀谷治三氏所蔵 | | | | 040 | | 6171.93-60 | 16 | | |
| 154 | 神宮家文書 | 美津島町鶏知　神宮英己氏所蔵 | 文安４年（判物控）～、永禄10年（判物）～ | 030 | | 041 | 『国』 | 6171.93-29 | 16 | | |
| 155 | 観音寺文書 | 美津島町黒瀬　観音寺所蔵 | | | | 042 | | | | | |
| 156 | 大石家文書 | 美津島町今里　大石従郎氏所蔵 | 永享12年～ | 025 | | 043 | 『国』 | | | | |
| 157 | 井家文書 | 美津島町尾崎　井資近氏所蔵 | | 027 | | | 『国』 | | | | |
| 158 | 日下部家文書 | 美津島町尾崎　日下部愈氏所蔵 | 応永21年～ | 028 | | 044 | 『国』 | 6171.93-30 | 16 | | |

| | | | | | | | | | | | |
|---|---|---|---|---|---|---|---|---|---|---|---|
| 159 | 早田家文書 | 美津島町尾崎　早田英夫氏所蔵 | 文安４年～、朝鮮告身 | 026 | | 045 | 『国』 | 6171.93-58 | 24 | | |
| 160 | 中尾家文書 | 美津島町尾崎　中尾治雄氏所蔵 | 応永31年～ | 029 | | 046 | 『国』 | 6171.93-17 | 18 | | |
| 161 | 小田家文書 | 美津島町小船越　小田豊氏所蔵 | | | | 047 | | | | | |
| 162 | 早田左弥太家文書 | 美津島町小船越　早田左弥太氏所蔵 | | 032 | | 048 | 『国』 | | | | |
| 163 | 梅林寺文書 | 美津島町小船越　梅林寺氏所蔵 | | | | 049 | | | | | |
| 164 | 津原家文書 | 美津島町賀谷　津原和義氏所蔵 | 貞和４年～ | 031 | | 050 | 『国』 | 6171.93-17 | 18 | | |
| 165 | 島尾家文書 | 厳原町阿須　島尾虎男氏所蔵 | 応永７年～ | | 121　122 | 001 | 『長』 | 6171.93-15 | 18 | | |
| 166 | 樋口家文書 | 厳原町阿須　樋口貫氏所蔵 | | | 120 | | 無 | | | | |
| 167 | 大石家文書 | 厳原町阿連　大石マサ氏所蔵 | | | 102 | | 無 | | | | |
| 168 | 永瀬家文書 | 厳原町阿連　永瀬利寿氏所蔵 | | | 137 | | 無 | | | | |
| 169 | 橘家文書 | 厳原町阿連　橘殿母氏所蔵 | | | 135 | | 無 | | | | |
| 170 | 加城家文書 | 厳原町宮谷　藤井勝男氏所蔵 | | 007 | | | | | | | |
| 171 | 寺田家文書 | 厳原町宮谷　阿比留竜雄氏所蔵 | 天正19年～ | 008 | | 002 | 『国』 | | | | |
| 172 | 一宮家文書 | 厳原町宮谷　一宮峰夫氏所蔵 | 弘安３年～ | | 085 | 003 | 『長』 | 6171.93-1or19 | 14 | | |
| 173 | 田中家文書 | 厳原町宮谷　田中静子氏所蔵 | | | 087 | | 無 | 6171.93-16 | 18 | | 所蔵者「恭已」(『長』・ |
| 174 | 津江家文書 | 厳原町宮谷　津江篤郎氏所蔵 | | | | 020 | | 6171.93-32 | 16 | | |
| 175 | 柴田家文書 | 厳原町宮谷　柴田茂雄氏所蔵 | 応永13年～ | | 088～090 | 005 | 『長』 | | | | 所蔵者「義雄」(『長』) |
| 176 | 保田家文書 | 厳原町宮谷　保田彦四郎氏所蔵 | | | 086 | 006 | 無 | | | | |
| 177 | 下田家文書 | 厳原町日吉　下田稔氏所蔵 | 文亀２年～ | 005 | | 007 | 『国』 | | 14 | | |
| 178 | 佐藤家旧蔵文書 | 厳原町天道茂　醴泉院氏所蔵 | | | | | | | 22 | | |
| 179 | 杉村家文書 | 厳原町天道茂　松村泰岳氏所蔵 | | 004 | | 008 | | 6171.93-26 | 16・22 | | |
| 180 | 鈴木清一家文書 | 長崎県諫早市　鈴木清一氏所蔵　厳原町天道茂　醴泉院寄託 | | | | | | 6171.93-56 | | | |
| 181 | 醴泉院文書 | 厳原町天道茂　安藤良俊氏所蔵 | | 003 | 071～083 | 009 | 『国』 | 6171.93-56 | | | |
| 182 | 大山小田家文書 | 厳原町今屋敷　対馬歴史民俗資料館所蔵（厳原町田渕　庄司シナ氏旧蔵） | 元応元年～ | 012 | 107 | 010 | 『国』 | 6171.93-18 | 16 | | 所蔵者「庄司シナ」(『長』・『国』・『科』・『史』) |
| 183 | 対馬郷土館文書 | 厳原町今屋敷　対馬郷土館所蔵 | | | 092 | | | | | | |
| 184 | 厳原町公民館文書 | 厳原町今屋敷　厳原町公民館所蔵 | 津島島紀事 | 009 | 097～101 | 011 | 『国』 | | | | |
| 185 | 古藤家文書 | 厳原町今屋敷　古藤満氏所蔵 | | | 091 | 012 | 無 | | | | |
| 186 | 斉藤家文書 | 厳原町今屋敷　斉藤定樹氏所蔵 | 徳治３年～ | 011 | 093～096 | 013 | 『国』・『長』 | 6171.93-65 | 16・18・20 | | |
| 187 | 八幡宮文書 | 厳原町今屋敷　八幡神社所蔵 | | 010 | | 014 | | | | | |
| 188 | 修善寺文書 | 厳原町大手橋　修善寺所蔵 | | | 108～111 | 015 | 無 | | | | |
| 189 | 中村家文書 | 厳原町大手橋　中村直城氏所蔵 | 永享８年～ | 006 | | 016 | 『国』 | 6171.93-33 | 16 | | |
| 190 | 沢田家文書 | 厳原町国分　沢田医院所蔵 | | | 103　104 | 017 | 無 | | | | |
| 191 | 西山寺文書 | 厳原町国分　西山寺所蔵 | 大永３年～ | | | | | 6171.93-55 | 13・14 | | |
| 192 | 宗家御文庫　御郡諸役覚書 | 厳原町国分　宗家文庫 | | 001 | 061～070 | | 『国』 | | 16・25 | | |
| 193 | 万松院文書 | 厳原町国分　万松院所蔵 | | 002 | | | | | 13 | | |
| 194 | 田嶋家文書 | 厳原町東里　田嶋三雄氏所蔵 | | | | 018 | | 6171.93-28 | | | |
| 195 | 陶山家文書 | 厳原町桟原　陶山巍大氏所蔵 | | | | 019 | | | | | |
| 196 | 長家文書 | 厳原町久田　長秀吉氏所蔵 | | | 105 | 021 | 無 | | | | |
| 197 | 小島家文書 | 厳原町久田　小島孝之氏所蔵 | | | 106 | | 無 | | | | |
| 198 | 川上家文書 | 厳原町内院　川上直与氏所蔵 | 大永４年～ | 021 | | 022 | 『国』 | | | | |
| 199 | 阿比留修家文書 | 厳原町豆酘　阿比留修氏所蔵 | 康安２年～ | 013 | | 023 | 『国』 | 6171.93-60 | 16 | | |
| 200 | 岩佐家文書 | 厳原町豆酘　岩佐教治氏所蔵 | | 017 | | 024 | 『国』 | 6171.93-31 | 16 | | |
| 201 | 小森家文書 | 厳原町豆酘　小森藤枝氏所蔵 | 元徳２年～ | 014 | 113 | 025 | 『国』 | | | | 所蔵者「左京」(『国』) |
| 202 | 金剛院文書 | 厳原町豆酘　金剛院所蔵 | 永享９年～、高麗版大般若経 | 016 | | 026 | 『国』 | 6171.93-3 | 16 | | |

| | | | | | | | | | | |
|---|---|---|---|---|---|---|---|---|---|---|
| 203 | 主藤寿家文書 | 厳原町豆酘　主藤寿氏所蔵 | 応永24年～ | 015 | 115～117 | 027 | 『国』 | | | | |
| 204 | 主藤仁家文書 | 厳原町豆酘　主藤仁氏所蔵 | 永正15年～ | | 114 | 028 | 『長』 | 6171.93-61 | 16 | | |
| 205 | 多久頭魂神社文書 | 厳原町豆酘　多久頭魂神社所蔵 | 高麗版大蔵経 | | 112 | 029 | 無 | | | | |
| 206 | 本石一幸家文書 | 厳原町豆酘　本石一幸氏所蔵 | | | | | | | | 本文に目録あり | |
| 207 | 本石佐市家文書 | 厳原町豆酘　本石佐市氏所蔵 | | 018 | | 030 | 『国』 | 6171.93-60 | 16 | | |
| 208 | 本石直己家文書 | 厳原町豆酘　本石直己氏所蔵 | | | | | | | | 本文に概説あり | |
| 209 | 本石正久家文書 | 厳原町豆酘　本石正久家文書 | | | | | | | | 本文に概説あり | |
| 210 | 久和家文書 | 厳原町豆酘瀬　久和兵治氏所蔵 | 永和（？）3年～ | 019 | 118 | 031 | 『国』・『長』 | | | | |
| 211 | 高松茂夫家文書 | 厳原町豆酘瀬　高松茂夫氏所蔵 | | | | 032 | | | | | |
| 212 | 高松家文書 | 厳原町佐須瀬　高松茂久氏所蔵 | | 024 | 119 | 033 | 『国』 | 6171.93-25 | 17 | | |
| 213 | 初村家文書 | 厳原町久根田舎　初村泰男氏所蔵 | 嘉元4年～ | 020 | 123 | 034 | 『国』 | 6171.93-3・23 | 17 | | |
| 214 | 綱崎家文書 | 厳原町久根田舎　綱崎幹夫氏所蔵 | 永正12年～ | | 124 | 035 | 『長』 | 6171.93-24 | 17 | | |
| 215 | 勝村家文書 | 厳原町上槻　勝村キヨ（キヨノ？）氏所蔵 | 永和3年～ | | 125 | 036 | 『長』 | 6171.93-22 | 17 | | |
| 216 | 長瀬家文書 | 厳原町椎根　長瀬正和氏所蔵 | | 023 | | 037 | 『国』 | 6171.93-21 | | | |
| 217 | 井田家文書 | 厳原町樫根　井田繁道氏所蔵 | 宝徳3年～ | 022 | 133 | 038 | 『国』・『長』 | 6171.93-20 | 17 | | |
| 218 | 小茂田浜神社文書 | 厳原町小茂田浜　小茂田浜神社氏所蔵 | | | 126～129 | | 無 | | | | |
| 219 | 斉藤家文書 | 厳原町小茂田　斉藤卯吉氏所蔵 | | | 130　131 | | 無 | | | | |
| 220 | 鈴木家文書 | 厳原町小茂田　鈴木勝弥氏所蔵 | | | 132 | | 無 | | | | |
| 221 | 斉藤家文書 | 厳原町下原　斉藤清祥氏所蔵 | | | 134 | | 無 | | | | |
| 222 | 山崎家文書 | 厳原町カ、記載なし | | | 136 | | 無 | | | | |
| 223 | 財部家文書 | 広島県大竹市　財部年子氏所蔵 | 文明3年～ | 086 | | | 『国』 | | | | |
| 224 | 島尾家文書 | 福岡県八女郡　島尾芳子氏所蔵 | | 087 | | | 『国』 | | | | |
| 225 | 蔵瀬家文書 | 神奈川県相模原市　蔵瀬和子氏所蔵　厳原町天道茂　醴泉院寄託 | | | | | | 6171.93-27 | 20 | | |
| 226 | 内山家文書 | 福岡県福岡市東区　九州大学文学部氏所蔵（影写本） | | | | | | 6171.93-6 | | | |
| 227 | 御手洗家文書 | 大分県大分郡湯布院町　御手洗博之氏所蔵 | 応永16年～ | | | | （『長』） | | | | 長崎図書館に氏所蔵を確認できず |
| 228 | 番家（小宮家）文書 | 千葉県佐倉市　国立歴史民俗博物館所蔵 | 応永6年～ | | | | | | | 『国立歴史民俗博物館研究報告』39　1992年 | |

## 二　豆酘関連史料

ここでは、対馬豆《つ》酘《つ》地区に関する史料調査の歴史とその成果、次いで早稲田大学水稲文化研究所による史料調査の概要を示し、その成果を対馬関係史料一覧として示した。

### A　これまでの史料調査とその成果

#### 1　これまでの史料調査の経緯

##### (1)　戦前までの史料調査―御判物写・東京大学・九州大学

豆酘に関する史料調査でまず挙げられるのは、対馬藩が数度に渡って行った「御判物写」（以下「判物写」）編纂事業である。だが今回の調査では「判物写」の諸本を検討する作業は行っていないため、『長崎県史』史料編所収の文書数を掲げるにとどめたい。なお、竹内理三氏による判物写の集計については後述する。

近代に入ってから、対馬にも学問的な史料調査が及ぶことになった。それはおもに東京帝国大学と九州帝国大学の史料調査であった。

まず東大では、平泉澄氏がアジール調査のため大正年間に対馬を訪れた際に写した「対馬採訪文書」と、史料編纂所によって作成された影写本がある。「対馬採訪文書」中の豆酘関連史料は「主藤文

**表2　『長崎県史』所収文書群**

「宗家御判物写　豆酘郡」（延宝二（一六七四）年）

| 所蔵者 | 判物写収録数 | 『県史』収録数 |
|---|---|---|
| 阿比留五郎兵衛 | 一 | ○ |
| 山下才兵衛 | 四 | 一 |
| 庄司近右衛門 | 四 | ○ |
| 小嶋勘左衛門 | 三 | 一 |
| 豆酘村住持持分之内 | 二 | 一 |
| 豆酘村軍神神主 | 一 | 一 |
| 豆酘村大明神主 | 一 | 一 |
| 豆酘村住持房 | 一一 | 一一 |
| 住持市へ有之 | 二 | 二 |
| 豆酘村権現神主　奉加帳六軸 | 六 | ○ |

「酘豆郡御判物写　永泉寺　金剛院分　耕月庵」（延宝二（一六七四）年）

| 所蔵者 | 判物写収録数 | 『県史』収録数 |
|---|---|---|
| 永泉寺 | 七 | 七 |
| 金剛院 | 一七 | 一七 |
| 耕月庵 | 一 | 一 |

書」と「山下文書」であり、一九一八年書写である。影写本では、「豆酘文書」（文書六点）と「山下政清氏所蔵文書」（文書一七点）であり、ともに一九二二年影写である。

九大では、長沼賢海氏によって昭和一〇年代に史料調査が行われた。主な調査対象は「御判物写」であり、多数の類本を謄写しているが、その他にも豆酘関係史料を含む記録類を数多く謄写している。また、おそらく一連の調査であると思われるが、「内山家文書」の影写を行っている。内山家文書は対馬藩馬廻であった内山氏の文書であるが、戦後所在がわからなくなっており、九大の影写本は原本の体裁を伝えるものとして貴重である。また内山家文書は一四世紀の豆酘に関する数多くの史料を含み、当該期の豆酘を考えるにあたって不可欠の史料である。今回の調査では、資料編および別冊史料集として内山家文書目録の作成と中世文書の翻刻を行っている。

### (2) 戦後の史料調査

豆酘に関する戦後の史料調査は、まず「近世庶民史料調査」の重点調査「対馬史料調査」による竹内理三

表3　竹内理三の「判物写」整理による豆酘地区文書所蔵者目録

| 所蔵者名 | 文書数 | 年代 |
|---|---|---|
| 給人阿比留五郎兵衛 | 二 | 元亀 四—慶長 二 |
| 給人阿比留善吉 | 一 | 文明一〇—慶長二〇 |
| 給人阿比留弥五右衛門 | 一 | 慶長一四 |
| 給人岩佐甚吉 | 三 | 永正一八 |
| 永泉寺 | 二 | 応仁 三—永正 八 |
| 大行事太田利左衛門 | 二 | 慶長 二—慶長一四 |
| 給人久和吉左衛門 | 四 | 天文二〇—天正一四 |
| 供僧中 | 二 | 文明一三—天正 四 |
| 軍神神主 | 一 | 大永 三 |
| 小嶋勘左衛門 | 三 | 文明一三—天正一五 |
| 小嶋金左衛門 | 一 | 天正一八 |
| 給人小嶋木工兵衛 | 五 | 永正 二—弘治 二 |
| 給人小森喜兵衛 | 一〇 | 文安 四—天正一九 |
| 小森八郎 | 三 | 応永二八—延徳 二 |
| 耕月庵 | 二 | 文明一四—天正一三 |
| 金剛院 | 一六 | 応永一七—天正 八 |
| 権現神主 | 六 | |
| 斎藤太左衛門 | 三 | 享禄 四—天正一一 |
| 主藤格兵衛 | 一 | 天正一三 |
| 主藤久右衛門 | 一 | 天正 九 |
| 主藤五郎右衛門 | 一 | 天正一八 |
| 主藤十左衛門 | 一 | 天正一〇 |
| 主藤善左衛門 | 三 | 天正 三—天正一八 |
| 給人主藤惣左衛門 | 七 | 永正一八—天正一八 |
| 給人主藤伝之助 | 一 | 慶長一四 |
| 百姓十郎右衛門 | 九 | 長禄 二—大永 七 |
| 住持房 | 一三 | 永享一〇—慶長二〇 |
| 庄司近右衛門 | 四 | 天文二三—天正一八 |
| 下宮神主 | 五 | 大永 三—慶長二〇 |
| 大明神神主 | 一 | 慶長一四 |
| 中村次郎作 | 一 | 天正一八 |
| 給人山下市郎右衛門 | 一四 | 文明 元—慶長一四 |
| 給人山下才兵衛 | 三 | 慶長一四—慶長一九 |
| 横山吉十郎 | 三 | 永禄一〇—天正一四 |

氏の調査が挙げられる。竹内氏が一九五〇年に対馬に渡り、半月ほど史料調査をした結果が、「対馬の古文書」『近世庶民史料所在目録』、それから史料編纂所架蔵の「対馬古文書目録」「対馬古文書纂」に示されている。一九五二年に刊行された『近世庶民史料所在目録』では、「主藤定文書」と「山下小枝文書」の所在が確認されており、竹内氏が書写した『対馬古文書纂』（史料編纂所架蔵）にも両文書が収録されている。

一方、竹内氏が「判物写」を比較・対照した結果えられた、豆酘関連の慶長以前の文書所蔵者数は三四家、総数は一五五通にのぼる。そのうち、後に触れる『長崎県史』史料編に収録された文書数は四三通で、数字の上では一〇〇通以上の文書が収録されていないことになる。この未収録文書数の確定については、実際に判物写から文書をリストアップして計上していくことが必要であろう。

### (3) 国士舘大学の採訪

国士舘大学の黒田省三氏による対馬史料採訪は、全島に渡る悉皆的な調査であり、それは豆酘においても例外ではない。ここに、豆酘関連の所蔵者を挙げると表4のようになる。これらの撮影の成果は田代和生氏によって目録化され、一覧が可能となった。撮影したフィルムを焼き付けた写真帳は、国士舘大学図書館と、その焼付を選択購入した東京大学史料編纂所とに架蔵されている。

豆酘の調査に関して特徴的な点は、採訪所蔵者数が多い点である。阿比留家・小森家・主藤寿家・金剛院・岩佐家・本石佐市家の五家の文書を撮影している。また撮影状態も比較的良好であり、史料編纂所架蔵『対馬古文書』も基本的には国士舘撮影の写真を基本としている。しかし国士舘の調査は中世文書を中心としており、採訪した所蔵者の家に伝えられている近世文書の未だ少なからざる部分が

**表4　国士舘大学黒田省三の撮影による所蔵者目録**

| 所蔵者 | 点数 | 中世文書 |
|---|---|---|
| 阿比留修家文書 | 四 | 康安　二―大永　二 |
| 小森左京家文書 | 一九 | 元徳　二―慶長一四 |
| 主藤寿家文書 | 六五 | 応永　二―慶長二〇（宝永六） |
| 金剛院文書 | 一〇 | 宝徳　二―天正　八 |
| 岩佐兵部家文書 | 二 | |
| 本石佐市家文書 | 一 | |
| （久和兵治家文書） | 八 | 永和　三―天正二〇 |

目録化されないままである点は注意が必要である。

(4) 長崎県立図書館の採訪

国士舘大学の採訪とほぼ同時期に行われた長崎図書館の採訪は、戦後の悉皆調査としてはもっとも規模の大きい調査である。国士舘の調査が中世文書を中心としたものであったのに対し、長崎図書館の調査は近世文書をも含めた悉皆調査の方針で進められた。

豆酘関連では、多久頭魂神社文書・小森家文書・主藤仁家文書・主藤寿家文書の撮影が行われた。豆酘に限ると、調査対象の所蔵者数自体は他の調査に比べ決して多いとは言えないし、中世文書に関してはおおむね国士舘大学撮影の方が撮影状態がよい。だが、例えば主藤寿家文書における文化年間の坪付帳など、現在のところ長崎図書館以外には撮影されていない史料もあり、悉皆調査という点では同館の調査・撮影は貴重な成果であると言える。

(5) 東京大学史料編纂所の採訪

東京大学史料編纂所の調査は、国士舘大学・長崎図書館の調査を受けて開始されたが、交通事情の改善を受け、長期間に渡って調査が行われたという長期構想の点、採訪した所蔵者の文書が悉皆調査・撮影されたという調査精度の点では、これまでにない調査であると評価できる。

豆酘関連では、阿比留家文書（阿比留修氏所蔵）・岩佐家文書（岩佐教治氏所蔵）・主藤文書（主藤仁氏所蔵）・本石文書（本石佐市氏所蔵）が、一九七八年以降の史料採訪による撮影であり、そのほかに森山恒雄氏の撮影（一九六四年）による金剛院文書がある。これらの文書は、国士舘・長崎図書館で撮影されたものについても再度撮影が行われているため、国士舘・長崎図書館の撮影が良好でない部分についても、史料編纂所撮影分によって補うことができる。また史料編纂所の撮影は近世文書を含めた悉皆的な調査・撮影であるため、国士舘・長崎図書館の未撮影史料も多く撮影されている。

ただし、豆酘地区でもっとも多くの文書を所蔵する主藤寿家・多久頭魂神社所蔵大蔵経・金剛院所蔵大般若経については、残念ながら撮影されていない。

## 2　豆酘関係史料の様相

### (1)　豆酘寺関係史料

・多久頭魂神社史料

多久頭魂神社には、いわゆる古文書は存在しないが、中世以来の貴重な資料を所蔵している。経典では、高麗再雕版、いわゆる海印寺版の版本大蔵経を所蔵している。また高麗高宗三二年（一二四五）に鋳造されたと考えられ正平一二年（一三五七）に大蔵経種の追刻銘のある金鼓がある。その他明応二年（一四九三）の年紀をもつ棟札を所蔵しているということであるが、未見である。

・各供僧家所蔵文書

・主藤寿家所蔵文書（観音住持）

主藤寿家は、「ジュウジ」の屋号をもつ供僧家の一つで、代々観音住持をつとめてきたとされている。もっとも時代の古い文書は応永二年（一三九五）一一月一二日の宗貞澄寄進状で、近世まで含めた文書の総数は三四通（写を除く）、その他慶長一〇年（一六〇五）の年紀が確認できる「天道まつりのやくしやの事」、「天道法師縁起」「天道菩薩由来記」などの記録・典籍類を所蔵する。なお、戦前には史料編纂所が「豆酘文書」として影写本を作成し、戦後は国士舘・長崎図書館が調査撮影を行っているが、史料編纂所の写真撮影は行われていない。長崎図書館のみの撮影分としては、宝永二年（一七〇五）一〇月の豆酘観音堂領坪付帳、文化九年（一八一二）一〇月の豆酘郷豆酘村御検地帳などがある。

・本石正久家文書

本石正久家は、「ショウゼン」の屋号を持つ供僧家の一つで、明治以降になってからは多久頭魂神社の宮司を数度務めてきた。現在の当主正久氏も多久頭魂神社の宮司である。文政一二年（一八二九）の年記を持つ権現社の社領を記した坪付帳をはじめ、江戸期の書付類や典籍等を所蔵している。なお現在に至るまで史料の調査・撮影は行われていない。

・本石佐市家文書

本石佐市家は、「ニイドン」の屋号を持つ供僧家の一つである。大明神社を知行していた地休坊の後裔である。現在同家に残されている文書は、宝永二年（一七〇五）の大明神社坪付帳と同家の系図である。国士舘・史料編纂所が調査・撮影を行っている。

・本石一宰家文書

↓後述。

・本石直己家文書

本石直己家は、「コウサク」の屋号を持つ供僧家の一つである。現在残っているのは系図と経文類（「観音経秘鍵」「仁王経法則」「千手経化」）である。今回水稲文化研究所によって史料を撮影した。

(2)　寺院関係史料

・金剛院文書

↓後述。

・永泉寺文書

永泉寺は釈迦如来を本尊とする曹洞宗の寺院である。創建年代は明らかではないが、宗盛世を再興の祖としている。応仁二年（一四六八）四月一三日の宗茂與寄進状を上限とする七通の文書が「判物写」中に確認でき、『県史』史料編に翻刻があるが、近代以降の史料調査において同寺文書の所在は未確認である。

### (3) 給人関係史料

・岩佐家文書

岩佐家は、雷神社で現在も執り行われている亀卜神事を司る家柄で、対馬藩では馬廻格であった、豆酘在郷の給人のなかではもっとも知行高の大きい家であり、『対馬藩分限帳』(中村正夫監修、安藤良俊・梅野初平編、九州大学出版会、一九九〇年)では知行高一間一尺七寸一分七厘四毛四とされている。所蔵文書に中世にさかのぼる文書はなく、近世宗氏発給の判物と亀卜に関する故実書類である。

・阿比留家文書

阿比留家は寛元四年に宗重尚が滅ぼした阿比留国時の子孫という伝承をもつ家である。江戸期には豆酘在郷の給人で、対馬藩では馬廻格であった。また豆酘では岩佐家に次いで知行高の大きい家であり、『分限帳』では知行高一間一尺五寸四分四厘一毛五四であった。中世文書三通を有している。

・山下家文書

山下家は、嘉吉年間に対馬に渡り豆酘に所領を拝領したという伝承をもつ家であり、山下左衛門尉を筑前三笠(御笠)郡の代官に任じた文明元年(一四六九)八月九日の宗茂興書下がもっとも古い文書である。中世文書としては、平泉澄氏採訪の「対馬採訪文書」、竹内理三氏採訪の「対馬古文書」、史料編纂所影写本によって、一七通の文書の存在が確認できる。

しかし戦後まで文書の所在が確認できるものの、その後山下家は豆酘を離れたと思われ、現在では文書の所在は不明である。

・小森家文書

小森家は、寛元年間に豆酘に上陸したとの伝説をもつ宗重尚の息盛就を祖とする在郷給人の名家で、対馬藩では御馬廻格であった。『分限帳』では知行高二尺三寸二分三厘三毛七六であった。所蔵文書は元徳二年（一三三〇）の妙意裁許状がもっとも古く、慶長以前の中世文書を一七通所蔵している。なお一九八〇年の史料編纂所による調査の時点ですでに小森家は豆酘を離れ、大阪府堺市に在住とのことである。

・主藤仁家文書

主藤仁家も対馬藩の在郷給人であった家で、豆酘では主藤寿家に次いで多くの中世文書を所蔵する家である。もっとも古い文書は永正一五年（一五一八）八月三〇日の主藤家親譲状写であり、慶長以前の文書は重複を除くと一九通確認できる。長崎図書館と史料編纂所が調査・撮影を行っている。

## B　早稲田大学水稲文化研究所による史料調査とその成果

### 1　本石一宰家文書

本石一宰家文書の調査は、二〇〇三年三月四日・五日の両日にわたって行われた。調査員は、四日は黒田智、宮﨑肇、本田佳奈、徳永健太郎、五日は本田、徳永である。櫃以外の文書撮影、目録作成はすべて五日に行った。

#### (1)　本石一宰家について

本石一宰家は、屋号を「サンメ」といい、元供僧家の一つである。「サンメ」の由来については、「ニイドン」（本石佐市家）の弟であった、あるいは京都から下ってきた供僧家の祖先が「三位」だったなどの伝承がある。現在の当主は本石一宰（かずひろ）氏である。

当家文書中、宝永二年（一七〇五）の坪付帳に「神主　来順房」とある。来順房は、貞享二年（一六八五）の『八郷寺社記』には師大明神社の神主としてその名が見えることから、一七世紀にはすでに師大明神社の神主を務めていたことがわかる。また寛文検地帳からは下木庭をかなりの規模で所有していたことがうかがえ、供僧中でも有力な社家であっ

## 表5　本石一宰家文書目録

| 整理番号 | 資料名 | 寸法 | 丁数 | 刊写年時 | 備考 |
|---|---|---|---|---|---|
| 1 | 系図 | 24.0×16.0 | 3 | | |
| 2 | 覚 | | 2 | 正月　日 | |
| 3 | 口上書手控帳 | 24.8×17.0 | 57 | | |
| 4 | 豆酘郡天道大菩薩呻伝 | 24.1×16.5 | 10 | | |
| 5 | 改建二付諸書上帳 | 16.9×24.3 | 3 | 安政二乙卯年二月　日 | |
| 6 | 千字文 | 17.4×24.6 | 19 | 文化十三五月 | |
| 7 | 呪咀祭文 | 24.6×18.3 | 10 | 天保十四癸卯年七月 | |
| 8 | 十一面講式 | 24.2×18.6 | 19 | | |
| 9 | 天神地祇八百万神勧請之祓 | 24.7×15.8 | 10 | | |
| 10 | 般若心経祭文 | 24.6×18.1 | 8 | 天保十一庚子十一月吉辰 | |
| 11 | 神文并祈願 | 24.6×17.6 | 7 | 天保十一年庚子歳十一月吉日 | |
| 12 | 天道大菩薩呻伝覚 | 24.6×17.5 | 13 | 元禄六～天保十一 | |
| 13 | （二嶋鎮守者） | 22.8×37.1 | 1 | | |
| 14 | 断簡（天道菩薩縁起関係） | 24.6×16.5 | | | |
| 15 | 断簡（祭文関係） | 18.4×33.6 | 1 | | |
| 16 | 海隅田舎草紙〔内題〕 | 24.6×16.3 | 58 | | 外題「農家童字訓」 |
| 17 | 仁王経法則 | 24.7×18.1 | 10 | 「正月中旬」 | |
| 18 | 仲中臣祓 | 24.0×15.6 | 8 | | |
| 19 | 心経 | 24.5×17.3 | 13 | 文化十四丁丑年二月六日 | 本石宮之丞書写 |
| 20 | 口上手控 | 24.5×34.4 | 1 | 「十月」 | 本石三位から観音住持円立坊充書状と円立坊から対馬藩寺社奉行所充書状 |
| 21 | 心経秘鍵 | 29.1×22.6 | 16 | 文政三庚辰年九月中旬 | |
| 22 | 断簡（願文カ） | 32.5×12.6 | 1 | （文政カ）三庚辰年 | |
| 23 | 豆酘村師大明神社領坪付帳 | 31.8×22.9 | 8 | 宝永二年乙酉十月　日 | |
| 24 | 御郡奉行達 | 26.7×37.9 | 1 | 慶応四年戊辰二月十五日 | 本石三位充　観音住持次席 |
| 25 | 書状案断簡（前欠） | 24.2×22.5 | 1 | 「五月三日」「五月四日」 | 観音住持充本石三位書状と寺社奉行充観音住持書状 |
| 26 | 書付封紙 | 32.7×23.6 | 1 | | 「本石左宮」 |
| 27 | 星祭文 | 26.0×19.6 | 10 | 天保十四年癸卯十月吉辰 | 「本石三位」 |
| 28 | 御書付 | 23.4×16.5 | 15 | 「寛政十二庚申年」「文化八辛未年」 | |
| 29 | 軍大明神建立屋根瓦御備之所々 | 23.6×15.9 | 6 | 「天保三壬辰」「当宮神主三位」 | |
| 30 | 地券状写 | 23.9×16.5 | 13 | 明治初期 | |
| 31 | 年代略記 | 19.5×13.5 | 5 | | |
| 32 | 借用書 | 33.2×24.3 | 1 | 明治九年八月 | |
| 33 | 手形控 | 24.5×16.5 | 11 | 明治八年乙亥年五月廿六日 | |
| 34 | 厳原藩民政権大属達 | 26.5×37.7 | 1 | 明治四年辛未六月十三日 | |
| 35 | 土地登記申請書 | 27.5×19.9 | 2 | 「大正二年三月八日」 | |
| 36 | 断簡（坊主成関係書類カ） | 17.6×16.7 | 1 | 明治期カ | |
| 37 | 経典（「神祇講式カ）断簡 | | 3 | | |
| 38 | 手習学文 | | — | | |
| 39 | 弁慶状 | | — | | |
| 40 | 今川了俊 | | — | | |
| 41 | 高貴往来 | | — | | |
| 42 | 風月往来 | | — | | |
| 43 | 年代略記 | | — | | |
| 44 | 手控 | | — | | |
| 45 | 図面 | | | 5枚 | |
| 46 | 雷神社基本財産現金出納簿 | | — | | |
| 47 | 崇敬者戸数異動ニ付御届 | | — | 大正九年一月廿八日「本石三次郎」 | |
| 48 | 原稿断簡（「頼朝ヲ論ズ） | | 1 | | |
| 49 | 神職養成教習卒業証写 | | 1 | 大正四年三月一日「本石三次郎」 | |
| 50 | 神職養成教習卒業証写 | | 1 | 大正四年三月一日「本石三次郎」 | |
| 51 | 皇典講究所学階証・社掌推薦書写 | | 3 | 大正九年 | |
| 52 | 高御魂神社社掌補任状 | | 1 | 大正十年一月十二日 | |
| 53 | 師殿神社・雷神社・天神神社社掌補任状 | | 1 | 大正四年十一月二十九日 | |
| 54 | 覚 | | 1 | 明治八年正月廿六日 | |
| 55 | 口上覚 | | 1 | 五月三日 | |
| 56 | 口上覚（後欠） | | 1 | | |
| 57 | 御幣ノ大事 | | 1 | | |
| 58 | 垢離ノ大事 | | 1 | | |
| 59 | 帳簿断簡 | | — | | |
| 60 | 帳簿断簡 | | — | | |

たと思われる。

### (2) 文書群の伝来と現状

本石一宰家の文書は、木製の櫃に納められている。櫃は蓋裏面に「主藤繁之丞以来」とあり、側面には「明治六癸酉十二月日」、反対側面には「主藤氏」と、いずれも墨筆で書かれている。なお、「主藤繁之丞」なる人物は、本石一宰家系図には管見の限り見当たらなかった。

文書群の伝来については、宝永二年の「師神社領坪付帳」を上限とするところから、供僧（社家）の来順房伝来文書であると推定される。

### (3) 文書群の概要と内容的特色

年代の上限は先述の通り宝永の坪付帳である。それ以降の文書は、書付類に一八世紀の文書がみられるものの、ほぼ一九世紀以降の文書である。内容としては、江戸期の文書は書付類、経文類である。近代以降の文書は、土地登記関係文書・金銭貸借関係文書、また寺田の所有や赤米神事に関する帳簿類の断簡もみられる。

なお、戦前の学校教科書類や大正期の神官講習関係書類が多数所蔵されているが、今回は調査日程の関係で目録作成および撮影ができなかったことを付言しておく。

### (4) 調査成果

本石一宰家文書は、すべて近世文書ではあるものの、これまで存在を知られていなかった文書群であり、今回の調査によって文書群の所在とその概要を把握することができた。なかでも宝永2年「師神社領坪付帳」の発見は、他の供僧家所蔵文書と同様、近世豆酘における土地支配のあり方を示す史料として貴重である。

## 2 金剛院文書

### (1)　金剛院について

金剛院は、豆酘集落の「浜町」に所在し、宗派は高野山真言宗、本尊は阿弥陀如来である。創建年次は未詳で、鎌倉時代、寛元年間のいわゆる「阿比留征伐」の際、宗重尚が当寺に駐留したという伝説もあるが、金剛院文書における初見は「判物写」所収の応永一七年（一四一〇）八月六日宗貞茂寄進状である。金剛院には大師堂があり、中世には「事俣大師堂」と呼ばれていた。事俣大師堂に関する寄進が金剛院に発給されている点などから考えるに、おそらく当時から、金剛院と大師堂とは一体の寺院であるという認識がなされていたと考えられる。

三月二一日の縁日は「オダイシサマ」と呼ばれる大師堂のご開帳が行われ、以前には豆酘のみならず近隣の村々から

**表6　金剛院中世文書目録**

| 新文書番号 | 文書名 | 和暦 | 西暦 | 差出 | 宛所 | 寸法 |
|---|---|---|---|---|---|---|
| 1 | 宗盛世書下（寄進状） | 永享　九年一〇月二一日 | 1437/01/21 | 盛世（花押） | 金剛院 | 一四・五×四三・〇 |
| 2 | 宗貞盛書下 | 宝徳　二年　二月二三日 | 1450/02/23 | 貞盛（花押） | 金剛院 | 二五・七×四〇・六 |
| 3 | 宗貞盛書下（寄進状） | 宝徳　三年一〇月一七日 | 1451/10/17 | 貞盛（花押） | 金剛院 | 二七・〇×四二・〇 |
| 4 | 宗茂世書下（知行充行状） | 寛正　三年　二月　六日 | 1462/02/06 | 茂世（花押） | 酘豆大師堂　金剛院 | 二五・二×三九・一 |
| 5 | 宗成職書下（寄進状） | 寛正　三年　六月二九日 | 1462/06/29 | 成職（花押） | 金剛院 | 二六・五×四二・八 |
| 6 | 宗盛貞書下（坪付充行状） | 文明　元年一〇月一八日 | 1469/10/18 | 盛貞（花押） | 大師堂　金剛院 | 二三・六×六四・八 |
| 7 | 宗盛貞書下（知行充行状） | 文明　八年　三月二八日 | 1476/03/28 | 盛貞 | 金剛院 | 二二・七×五七・五 |
| 8 | 宗盛貞書下（知行充行状） | 文明　八年　四月　七日 | 1476/04/07 | 盛貞（花押） | 金剛院 | 二六・六×四二・四 |
| 9 | 宗義盛書下（寄進状） | 永正一六年一〇月　三日 | 1519/10/03 | 義盛（花押） | 金剛院 | 三一・九×四五・九 |
| 10 | 宗義盛書下（知行充行状） | 永正一六年一〇月　三日 | 1519/10/03 | 義盛（花押） | 金剛院 | 三二・七×四六・二 |
| 11 | 宗盛顕書下（知行充行状） | 永正一八年　七月一七日 | 1521/07/17 | 盛顕（花押） | 金剛院　御同宿御中 | 二六・三×三九・九 |
| 12 | 宗盛長書下（知行充行状） | 大永　二年　四月一五日 | 1522/04/15 | 盛長（花押） | 金剛院 | 四二・三×二八・九 |
| 13 | 宗盛顕書下（知行充行状） | 大永　三年一〇月　七日 | 1523/10/07 | 盛顕（花押） | 事俣大師堂 | 二七・六×三九・六 |
| 14 | 宗義調書下（知行充行状） | 永禄　九年一二月二三日 | 1566/12/23 | 義調（花押） | 金剛院 | 二七・七×四〇・七 |
| 15 | 宗昭景書下（坪付充行状） | 天正　八年一〇月一七日 | 1580/10/17 | 昭景（花押） | 金剛院当住 | 二八・六×四三・七 |
| 16 | （宗昭景カ）書下（断簡）（坪付充行状） | 天正一一年 | 1583/　/ | （宗昭景カ） |  | 二二・〇×三二・八 |
| 17 | 宗盛賢書状 | 卯月二八日 | /04/28 | 盛賢 | 金剛院御同宿御中 | 二七・〇×三八・六 |

も人々が集まり、盛大に行われていたという。

(2) 文書群の伝来と現状

「判物写」所収の応永一七年八月六日の宗貞茂寄進状は、国士舘・史料編纂所の調査時点ですでに金剛院文書中に確認できなくなっており、もっとも年次の古い文書は永享九年の付年号のある十月二一日宗盛世書下（寄進状）である。以下、宗氏発給による書下が一八通、同じく宗氏発給書状一通の一九通が中世文書として伝来している。それらは近世の宗氏発給文書とともに御判物箱に収納されていた。近世以降の判物及び典籍類については、吉田正高氏執筆部分を参照のこと。

(3) 文書群の概要と内容的特色

金剛院文書の中世文書は、すべて宗氏発給文書である。対馬における中世文書残存の仕方からみれば、一般的な傾向である。内容はほぼ所領関係で占められているが、下人に関する記載もみられる。

(4) 金剛院所蔵大般若経について

金剛院には、古版本の大般若経が所蔵されている。この大般若経は高麗版大蔵経の一部である。高麗の顕宗～文宗の代に製作された大蔵経の版木がモンゴルの侵入によって失われた後、高宗（一二一四～一二五九在位）の一二三六年から一二五二年のあいだに雕造された、いわゆる再雕版といわれるものである。この大般若経の刊記には、「戊戌歳　高麗国大蔵都監奉　勅雕造」といった刊記が確認できる。版木はその後慶尚北道の海印寺に移され、海印寺版とも言われており、現在では世界遺産に登録されている。

この大般若経には、高麗王朝の高官であった「前正順大夫・千牛衛上護軍　崔文度」が高麗天和寺に寄進した際に記されたと思われる元統二年（一三三四）・至元四年（一三三八）の識語、天和寺の「天和寺大蔵」朱印、年月日など詳細は未詳だが一三一一年以前と思われる「鄭氏」「金琿」の名を記した印出の奥書、この大般若経を対馬に招請した際

## 表７　金剛院所蔵大般若経目録（黒田智氏作成）

| 箱 | 整理番号 | 巻数 | 丁数 | 出版年代 | 蔵書印 | 奥書・端裏の有無 |
|---|---|---|---|---|---|---|
| 大般若経１ | 大般若1- 1 | 2 | ？ | 後欠 | | |
| 大般若経１ | 大般若1- 2 | 3 | | 丁酉 | | |
| 大般若経１ | 大般若1- 3 | 7 | 26 | 丁酉 | | |
| 大般若経１ | 大般若1- 4 | 17 | 25 | 丁酉 | | |
| 大般若経１ | 大般若1- 5 | 22 | | 丁酉 | | |
| 大般若経１ | 大般若1- 6 | 25 | 24 | 開ケズ | | |
| 大般若経１ | 大般若1- 7 | 28 | 26 | 丁酉 | | 丁酉歳… |
| 大般若経１ | 大般若1- 8 | 29 | 27 | 丁酉 | | |
| 大般若経１ | 大般若1- 9 | 34 | 25 | 丁酉 | | |
| 大般若経１ | 大般若1-10 | 99 | 断簡 | | | |
| 大般若経１ | 大般若1-11 | 52 | 28 | 丁酉 | | |
| 大般若経１ | 大般若1-12 | 54 | 26 | 丁酉 | | |
| 大般若経１ | 大般若1-13 | 57 | 25 | 丁酉 | | |
| 大般若経１ | 大般若1-14 | 58 | | 丁酉 | 天和寺大蔵（朱印） | |
| 大般若経１ | 大般若1-15 | 59 | 25 | 丁酉 | | |
| 大般若経１ | 大般若1-16 | 65 | 28 | 丁酉 | | |
| 大般若経１ | 大般若1-17 | 76 | 断簡 | | | |
| 大般若経１ | 大般若1-18 | 77 | 24 | 丁酉 | | |
| 大般若経１ | 大般若1-19 | 84 | 24 | 丁酉 | | |
| 大般若経１ | 大般若1-20 | 88 | 24 | 丁酉 | | |
| 大般若経１ | 大般若1-21 | 98 | 開ケズ | | | |
| 大般若経１ | 大般若1-22 | 104 | 23 | 戊戌 | | |
| 大般若経１ | 大般若1-23 | 105 | 23 | 戊戌 | | |
| 大般若経１ | 大般若1-24 | 108 | 23 | 戊戌歳高麗國大蔵都監奉勅雕造 | | |
| 大般若経１ | 大般若1-25 | 114 | 22 | ？ | | |
| 大般若経１ | 大般若1-26 | 115 | | 戊戌 | | |
| 大般若経１ | 大般若1-27 | 116 | 23 | 戊戌 | | |
| 大般若経１ | 大般若1-28 | 117 | 23 | 戊戌 | | |
| 大般若経１ | 大般若1-29 | 118 | 22帳 | 戊戌 | | |
| 大般若経１ | 大般若1-30 | 120 | 断簡 | ？ | | |
| 大般若経１ | 大般若1-31 | 123 | 17 | ？ | | ※端裏あり |
| 大般若経１ | 大般若1-32 | 127 | 断簡 | ？ | | |
| 大般若経１ | 大般若1-33 | 130 | 24 | 戊戌 | | ※貞盛 |
| 大般若経１ | 大般若1-34 | 147 | 23 | 戊戌 | | |
| 大般若経１ | 大般若1-35 | 149 | 23 | 戊戌 | | |
| 大般若経１ | 大般若1-36 | 124 | 断簡 | | | |
| 大般若経２ | 大般若2- 1 | 151 | 24 | 戊戌 | | |
| 大般若経２ | 大般若2- 2 | 152 | 25 | 戊戌 | | |
| 大般若経２ | 大般若2- 3 | 156 | 23 | | | |
| 大般若経２ | 大般若2- 4 | 157 | 22 | 戊戌 | | |
| 大般若経２ | 大般若2- 5 | 159 | 25 | 戊戌 | | |
| 大般若経２ | 大般若2- 6 | 160 | 21帳 | 戊戌 | | ※貞盛あり |
| 大般若経２ | 大般若2- 7 | 161 | 27 | 戊戌 | | |
| 大般若経２ | 大般若2- 8 | 166 | 25 | 戊戌 | | |
| 大般若経２ | 大般若2- 9 | 169 | 27 | 戊戌 | | |
| 大般若経２ | 大般若2-10 | 170 | 24 | 戊戌 | | |
| 大般若経２ | 大般若2-11 | 172 | 24 | 戊戌 | | |
| 大般若経２ | 大般若2-12 | 173 | | 戊戌 | | |
| 大般若経２ | 大般若2-13 | 174 | 24 | 戊戌 | | |
| 大般若経２ | 大般若2-14 | 176 | 24 | 戊戌 | | |

| | | | | | | |
|---|---|---|---|---|---|---|
| 大般若経 2 | 大般若2-15 | 185 | 24 | 戊戌 | | |
| 大般若経 2 | 大般若2-16 | 187 | 24 | 戊戌 | | |
| 大般若経 2 | 大般若2-17 | 193 | 22 | 戊戌 | 天和寺大蔵（朱印） | |
| 大般若経 2 | 大般若2-18 | 198 | 27 | 戊戌 | | |
| 大般若経 2 | 大般若2-19 | 199 | 25 | 戊戌 | | |
| 大般若経 2 | 大般若2-20 | 200 | 開ケズ | | | |
| 大般若経 2 | 大般若2-21 | 201 | 24 | 戊戌 | | ※ |
| 大般若経 2 | 大般若2-22 | 205 | 25 | 戊戌 | | |
| 大般若経 2 | 大般若2-23 | 207 | 開ケズ | | | |
| 大般若経 2 | 大般若2-24 | 211 | 27 | 戊戌 | | ※ |
| 大般若経 2 | 大般若2-25 | 212 | 27 | 戊戌 | 天和寺大蔵（朱印） | |
| 大般若経 2 | 大般若2-26 | 214 | 24 | 戊戌 | | |
| 大般若経 2 | 大般若2-27 | 218 | 開ケズ | 戊戌 | 天和寺大蔵（朱印） | |
| 大般若経 2 | 大般若2-28 | 219 | | 戊戌 | 天和寺大蔵（朱印） | ※奥書あり |
| 大般若経 2 | 大般若2-29 | 223 | 23 | 戊戌 | | |
| 大般若経 2 | 大般若2-30 | 224 | 23 | 戊戌 | | |
| 大般若経 2 | 大般若2-31 | 226 | 23 | 戊戌 | | |
| 大般若経 2 | 大般若2-32 | 227 | 23 | 戊戌 | | |
| 大般若経 2 | 大般若2-33 | 229 | 26 | 戊戌 | | |
| 大般若経 2 | 大般若2-34 | 230 | | 後欠 | | |
| 大般若経 2 | 大般若2-35 | 240 | 23 | 戊戌 | | |
| 大般若経 3 | 大般若3- 1 | 252 | 26 | 戊戌 | | |
| 大般若経 3 | 大般若3- 2 | 280 | 断簡 | 戊戌 | 天和寺大蔵（朱印） | |
| 大般若経 3 | 大般若3- 3 | 257 | 23 | 丁酉 | | |
| 大般若経 3 | 大般若3- 4 | 258 | 24 | 戊戌 | | |
| 大般若経 3 | 大般若3- 5 | 259 | | 戊戌 | | ※？ |
| 大般若経 3 | 大般若3- 6 | 265 | 23帳 | 戊戌 | 天和寺大蔵（朱印） | ※？ |
| 大般若経 3 | 大般若3- 7 | 266 | 26帳 | 戊戌 | （盧禧） | |
| 大般若経 3 | 大般若3- 8 | 268 | 24 | 戊戌 | | |
| 大般若経 3 | 大般若3- 9 | 270 | 23 | 戊戌 | | |
| 大般若経 3 | 大般若3-10 | 271 | 24帳 | 戊戌 | | ※奥書あり |
| 大般若経 3 | 大般若3-11 | 273 | 23 | 戊戌 | | |
| 大般若経 3 | 大般若3-12 | 277 | 26 | 戊戌 | 天和寺大蔵（朱印） | |
| 大般若経 3 | 大般若3-13 | 284 | 27 | 戊戌 | | ※端裏あり |
| 大般若経 3 | 大般若3-14 | 285 | 24帳 | 戊戌 | | |
| 大般若経 3 | 大般若3-15 | 288 | 22 | 戊戌 | | |
| 大般若経 3 | 大般若3-16 | 290 | 21 | 戊戌 | | |
| 大般若経 3 | 大般若3-17 | 295 | 表紙のみ | | | |
| 大般若経 3 | 大般若3-18 | 299 | 21 | 戊戌 | | |
| 大般若経 3 | 大般若3-19 | 306 | 断簡 | ？ | | |
| 大般若経 3 | 大般若3-20 | 307 | 26 | 戊戌 | | |
| 大般若経 3 | 大般若3-21 | 309 | 開ケズ | | | |
| 大般若経 3 | 大般若3-22 | 311 | 24 | 戊戌 | | |
| 大般若経 3 | 大般若3-23 | 317 | 25 | 戊戌 | | |
| 大般若経 3 | 大般若3-24 | 320 | 27 | 戊戌 | | |
| 大般若経 3 | 大般若3-25 | 323 | 断簡 | | | |
| 大般若経 3 | 大般若3-26 | 332 | 断簡 | | | |
| 大般若経 3 | 大般若3-27 | 335 | 26 | 戊戌 | | |
| 大般若経 3 | 大般若3-28 | 336 | 24 | 戊戌 | | |
| 大般若経 3 | 大般若3-29 | 344 | 25 | 戊戌 | | |
| 大般若経 3 | 大般若3-30 | 345 | 表紙のみ | | | |
| 大般若経 3 | 大般若3-31 | 346 | 26 | 戊戌 | 天和寺大蔵（朱印） | |
| 大般若経 3 | 大般若3-32 | 349 | 25 | 戊戌 | | |
| 大般若経 3 | 大般若3-33 | 342 | 断簡 | ？ | | |

| | | | | | | |
|---|---|---|---|---|---|---|
| 大般若経 3 | 大般若3-34 | 253 | 開ケズ | | | |
| 大般若経 4 | 大般若4- 1 | 360 | 開ケズ | | | |
| 大般若経 4 | 大般若4- 2 | 361 | 開ケズ | | | |
| 大般若経 4 | 大般若4- 3 | 366 | 23 | 戊戌 | | |
| 大般若経 4 | 大般若4- 4 | 367 | 開ケズ | | | 367番の題箭が表紙に付着 |
| 大般若経 4 | 大般若4- 5 | 374 | 27 | 戊戌 | | |
| 大般若経 4 | 大般若4- 6 | 376 | 25 | 戊戌 | | |
| 大般若経 4 | 大般若4- 7 | 383 | 25 | 戊戌 | | |
| 大般若経 4 | 大般若4- 8 | 393 | 26 | 戊戌 | | |
| 大般若経 4 | 大般若4- 9 | 397 | 26 | 戊戌 | | ※端裏あり |
| 大般若経 4 | 大般若4-10 | 404 | 26 | 戊戌 | | |
| 大般若経 4 | 大般若4-11 | 409 | 25 | 戊戌 | | |
| 大般若経 4 | 大般若4-12 | 415 | 25 | 戊戌 | | |
| 大般若経 4 | 大般若4-13 | 419 | 25 | 戊戌 | | |
| 大般若経 4 | 大般若4-14 | 427 | 25 | 戊戌 | | |
| 大般若経 4 | 大般若4-15 | 428 | 24 | 戊戌 | | |
| 大般若経 4 | 大般若4-16 | 433 | 24 | 戊戌 | | |
| 大般若経 4 | 大般若4-17 | 435 | 25 | 戊戌 | 天和寺大蔵（朱印） | |
| 大般若経 4 | 大般若4-18 | 437 | 断簡 | ? | | |
| 大般若経 4 | 大般若4-19 | 440 | 断簡 | ? | | |
| 大般若経 4 | 大般若4-20 | 441 | 25 | 戊戌 | | ※奥あり |
| 大般若経 4 | 大般若4-21 | 442 | 開ケズ | | | |
| 大般若経 4 | 大般若4-22 | 443 | 断簡 | ? | | |
| 大般若経 4 | 大般若4-23 | 444 | 断簡 | ? | | |
| 大般若経 4 | 大般若4-24 | 446 | 25 | 戊戌 | | |
| 大般若経 4 | 大般若4-25 | 447 | 25 | 戊戌 | | |
| 大般若経 4 | 大般若4-26 | 458 | 25 | 戊戌 | | |
| 大般若経 4 | 大般若4-27 | 467 | 25 | 戊戌 | | |
| 大般若経 4 | 大般若4-28 | 469 | 25 | 戊戌 | | |
| 大般若経 4 | 大般若4-29 | 470 | 26 | 戊戌 | | |
| 大般若経 4 | 大般若4-30 | 472 | 25 | 戊戌 | | |
| 大般若経 4 | 大般若4-31 | 475 | 25 | 戊戌 | | |
| 大般若経 4 | 大般若4-32 | 478 | 28 | 戊戌 | | |
| 大般若経 4 | 大般若4-33 | 479 | 27 | 戊戌 | | |
| 大般若経 4 | 大般若4-34 | 484 | 開ケズ | | | |
| 大般若経 4 | 大般若4-35 | 497 | 開ケズ | | | |
| 大般若経 4 | 大般若4-36 | 416 | 題箭のみ | | | 封筒に収納 |
| 大般若経 5 | 大般若5-1 | 501 | 24 | ? | | |
| 大般若経 5 | 大般若5-2 | 504 | 28 | 戊戌 | | |
| 大般若経 5 | 大般若5-3 | 505 | 27 | 戊戌 | | |
| 大般若経 5 | 大般若5-4 | 513 | 27 | 戊戌 | | |
| 大般若経 5 | 大般若5-5 | 515 | 27 | 己亥 | | |
| 大般若経 5 | 大般若5-6 | 520 | 27 | 戊戌 | | |
| 大般若経 5 | 大般若5-7 | 525 | 29 | 己亥 | | |
| 大般若経 5 | 大般若5-8 | 530 | 開ケズ | 己亥 | | |
| 大般若経 5 | 大般若5-9 | 535 | 24 | 戊戌 | | |
| 大般若経 5 | 大般若5-10 | 537 | 断簡 | ? | 天和寺大蔵（朱印） | |
| 大般若経 5 | 大般若5-11 | 546 | 28 | 己亥 | | |
| 大般若経 5 | 大般若5-12 | 548 | 26 | 己亥 | | |
| 大般若経 5 | 大般若5-13 | 549 | 26 | 己亥 | | |
| 大般若経 5 | 大般若5-14 | 551 | 断簡 | | | |
| 大般若経 5 | 大般若5-15 | 554 | 31帳 | 庚子 | | |
| 大般若経 5 | 大般若5-16 | 558 | 26帳 | 己亥 | | |

| | | | | | | |
|---|---|---|---|---|---|---|
| 大般若経 5 | 大般若5-17 | 561 | | 己亥 | 天和寺大蔵（朱印） | ※ |
| 大般若経 5 | 大般若5-18 | 562 | | | 天和寺大蔵（朱印） | |
| 大般若経 5 | 大般若5-19 | 568 | 開ケズ | | | |
| 大般若経 5 | 大般若5-20 | 575 | | 己亥 | 天和寺大蔵（朱印） | |
| 大般若経 5 | 大般若5-21 | 578 | 25 | 己亥 | 天和寺大蔵（朱印） | ※奥書あり |
| 大般若経 5 | 大般若5-22 | 580 | 24 | 庚子 | 天和寺大蔵（朱印） | |
| 大般若経 5 | 大般若5-23 | 582 | 27 | 己亥 | | |
| 大般若経 5 | 大般若5-24 | 583 | 23 | 己亥 | 天和寺大蔵（朱印） | |
| 大般若経 5 | 大般若5-25 | 593 | 26 | 己亥 | | |
| 大般若経 5 | 大般若5-26 | 剥落片 | － | － | － | 「三百□」の題箭あり |
| — | なし | 44 | 28 | 丁酉 | | |
| — | なし | 157 | 24 | 戊戌 | | |

の「大檀那宗刑部少輔貞盛」の奥書、それから江戸期、天和二年（一六八二）の修理奥書、これら四種の奥書と一つの蔵書印の存在が確認できる。以下、それらの文言を記す。

〔識語〕
先考光陽崔文簡公諱誠之与先妣馬韓国大夫人金氏同発願許造一大蔵事、巨未就而相次下世文度泣血継述卒、已置、先公所営天和禅寺恭願
三宝証明功徳者元統二年甲戌六月日男前正順大夫・千牛衛上護軍崔文度謹識【219巻末】

〔識語〕
先考光陽君崔文簡公諱誠之與先妣馬韓国大夫人〔金氏〕同発願許造一大蔵経事、巨未就而相次下世文度泣血継述卒、已揺置　先公所営天和禅寺恭願
三宝証明均資
恩有者至元四年戊寅七月　日男前正順大夫・千牛衛上護軍文度謹識【578巻末】

〔奥書〕
下韓国大夫人鄭　氏印出
同願鶏林君金　琿【441巻末】

〔招来奥書〕

大檀那宗刑部少輔貞盛
院主良覚　願主良蔵【160巻末】

〔修理奥書〕
国主宗義真様御代修復
〈于旹〉天和二壬戌二月日　院主快春房　栄山代【201巻末】

〔修理奥書〕
延宝〈丙辰〉大師堂再建立
同寺丑年御建立
天和二〈癸戌〉大般若六百巻壱部修覆
御絵十二天廿七幅修覆【211巻末】

なお、ここで識語を記している崔文度（一二九二～一三四五）は、字を義民といい、高麗の僉議評理にまで昇進し、諡を良敬とする、高麗王朝の高官である。なお父は、「光陽君崔文簡公」の崔誠之である（朝鮮史編修会『朝鮮史』高麗忠穆王二年六月一日条、『高麗史』巻一〇八列伝二一崔誠之附文度）。また印出奥書の金琿（一二三九～一三一一）は、同じく高麗王朝の「鶏林君」であり、父は金慶孫（『朝鮮史』高麗忠宣王四年九月十日条、『高麗史』巻一〇三列伝一六金慶孫附琿）。

金剛院大般若経のなかには、現在多久頭魂神社に所蔵されている国指定重要文化財の海印寺版大蔵経の首部が存在しているという指摘もある（黒田省三「対馬古文書保存についての私見」）。だが金剛院所蔵の大般若経には、多久頭魂神社所蔵の大蔵経には確認されていない識語や「天和寺大蔵」の朱印が含まれており、多久頭魂神社所蔵の大蔵経とはおそらく伝来経路を異にするものと思われる。

(5)　水稲文化研究所による整理

水稲文化研究所では、地域への具体的な文化的還元活動として、金剛院文書の整理を行った。詳しくは吉田正高氏執筆部分を参照のこと。

## 3　寛文二年豆酘村検地帳

対馬藩の「寛文の改革」とも称される大浦権大夫による藩政改革の中核として、対馬藩においても地方知行制が廃止され、蔵米知行制が実施された。その前提として、万治から寛文年間に対馬全土にわたる検地が行われた。この時作成され、その後の年貢収取の基本台帳となったのが、標題の検地帳である。

この検地帳は明治に入り、他村の検地帳とともに対馬藩庁から長崎県の対馬島庁に移管、保管されていたと考えられる。その後一九七九年にいたり、対馬町村会の対馬島庁文書として厳原歴史民俗資料館に寄贈され、現在に至っている。今回水稲文化研究所では、この検地帳を撮影、翻刻した。

## 4　内山家文書

(1)　内山家について

内山氏は宗助国の弟盛就を祖とし、一四世紀以来内山村をはじめとする与良郡に所領を持っていた有力な一族であった。近世対馬藩においては府中に在住し、『対馬藩分限帳』によると石高二百石の馬廻の家格であった。明治以降も厳原町に在住したが、第二次大戦後、厳原を離れたようである。

(2) 内山家文書の伝来と現状

内山家文書は戦後原本の所在が不明となり、現在ではこれまでに作成された影写本などでしか見ることができない状態である。

まず判物写類では、『長崎県史』史料編一に、「御馬廻」内山清右衛門所持分として一二通が収録されている。また東京大学史料編纂所には、当時東京帝国大学講師であった平泉澄氏による謄写本『対馬採訪文書』(一九一八年)、同編纂所によって一九二二年に作成された影写本『内山文書』が架蔵されている。

一方、九州帝国大学教授であった長沼賢海氏は一九三六年に対馬の古文書を調査し、内山家文書については巻子仕立ての影写本を作成した。長沼賢海氏所蔵の資料は、戦後九州大学に設置された九州文化史研究所に一括して移管され、内山家文書影写本も現在では同研究所が所蔵している。本報告書で翻刻した内山家文書の底本は、同研究所所蔵の影写本を翻刻したものである。

(3) 文書群の概要と内容的特色

九州文化史研究所所蔵の影写本内山家文書は、文書総数が一一五通であり、その大半を一四世紀の中世文書が占めている。なお、同研究所作成の文書目録には脱漏があるので、利用の際には注意されたい。

内容としては、坪付・譲状など所領関係文書が多い。宗氏当主発給による書下も多いが、近世以降の対馬藩主による知行安堵の判物は存在しない。豆酘に関しては、南北朝期の内山と豆酘の木庭相論に関係する文書が注目される。

最後になったが、翻刻を許可された九州文化史研究所のご理解・ご協力に感謝申し上げたい。

5　長崎県立厳原歴史民俗資料館所蔵宗家文庫

宗家文庫は対馬藩の記録類が大量に残され、そのうち記録類に関しては長年の調査によって目録が作成されているが、今回の調査では、その目録の中から寺社調査に関する史料の豆酘該当部分、諸家関係史料、および豆酘地域の支配に関する史料を調査・撮影した。

寺社関係史料については、対馬藩によって調査・作成された「八郷寺社記」などの記録類について、豆酘関連部分を調査・撮影した。なお、鈴木棠三の翻刻による「対州神社誌」(『神道大系』対馬国編に所収)には、対馬の神社の基本的な概要が説明されている。

諸家関係史料については、対馬藩が作成した判物写や、藩に提出された系図類のうち、豆酘に関係する箇所を選んで調査した。この中でも近代になってから作成された「御旧判控」(記録類Ⅱ—御判物—A 判物—98)は、現在見ることのできない数多くの文書類を収録しており、注目すべき史料である。

豆酘地域の支配に関する史料は、すでに述べた検地帳や物成帳など、対馬藩の支配に関わる史料を調査・撮影した。

6 その他

長崎図書館では、対馬古文書の写真帳のほか、近代以降に行政的な要請で作成された地誌類・絵図類を所蔵している。今回の調査では、明治のごく初期と考えられる豆酘村絵図などの史料を調査・撮影した。

九州大学九州文化史研究所では、内山家文書のほか、豆酘地域の木庭相論をめぐる史料を調査・撮影した。

また厳原にある法務省長崎地方法務局厳原支局では、明治初期に作成された地籍図を調査した。これら絵図類の調査による成果は、『科研基盤B報告書水稲文化』所収の「対馬豆酘の景観復原」(堀祥岳)ならびに同報告書掲載の各種地図(同氏作成)、本書「対馬豆酘の村落景観と祝祭空間」(黒田智)を参照いただきたい。

## 【主要参考文献】


黒田省三「対馬古文書保存についての私見」(『人文学会紀要』1号、一九六九年)

斎藤忠編『高麗寺院史料集成』(大正大学綜合仏教研究所、一九九七年)

城田吉六『赤米伝承―対馬豆酘村の民俗』(葦書房、一九八七年)

竹内理三「対馬の古文書―慶長以前の御判物―」(『九州文化史研究所紀要』1、一九五一年)

田代和生編『対馬古文書目録』(『対馬風土記』12号別冊、一九七五年)

東京大学史料編纂所『東京大学史料編纂所所報』

東京大学史料編纂所編　昭和55年度科学研究費補助金(一般研究C)研究成果報告書『前近代対外関係史の総合的研究』(課題番号四五一〇六四)

毎日新聞社編・文化庁監修『国宝・重要文化財大全』7書籍上巻(毎日新聞社、一九九八年)

山本信吉「対馬の経典と文書」(『仏教芸術』95、一九七四年)


**〔表8　対馬豆酘関係史料一覧〕凡例**

・この目録は、早稲田大学水稲文化研究所による豆酘調査によって収集した史料の一覧である。

・史料の収集範囲は、中世に関しては「対馬中世文書の現在」添付の表にもとづく。近世に関しては、長崎県立対馬歴史民俗史料館および同館所蔵宗家文庫、九州大学九州文化史研究所、長崎県立長崎図書館および、豆酘地区において調査対象となった史料所蔵者である。

・項目に関して、「所蔵細目」は、「判物写」など一点の資料中に複数の文書が含まれている場合の出典を記した。なお、原則として中世文書および近世藩主発給の判物類のみ、一点の資料中から複数の文書を採録しており、近世文書の綴り・控の類は一点の史料として採録した。

・特に中世文書の所蔵者に関しては、「対馬中世文書の現在」所収の「対馬古文書所蔵者目録」を参照されたい。

・この表の作成は黒田智・徳永健太郎、校訂は徳永健太郎である。凡例は徳永が執筆した。

## 表8　対馬豆酘関係史料一覧（徳永健太郎・黒田智氏作成）

| 番号 | 文書名 | 差出 | 宛所 | 和暦 | 西暦 | 所蔵者名 | 所蔵細目 |
|---|---|---|---|---|---|---|---|
| 1 | 妙意施行状 | 妙意花押 | 兵衛太郎 | 正応2年3月10日 | 128903010 | 嶋尾成一文書 | |
| 2 | 妙意裁許状 | 妙意花押 | 宗馬弥次郎入道 | 元徳2年8月28日 | 133000828 | 小森文書 | |
| 3 | 豆酘郡司満房等連署請文 | つゝのくんしミつふさ | | 建武5年10月10日 | 133810010 | 内山文書 | |
| 4 | 妙意知行宛行状 | 妙意花押 | 兵衛太郎 | 康永4年9月6日 | 134509006 | 嶋尾成一文書 | |
| 5 | しんハう申状案 | | | 正平9年壬10月　日 | 135410599 | 内山文書 | |
| 6 | なりみつ等連署起請文 | なりミつ | | 正平9年11月5日 | 135411005 | 島居巌文書 | |
| 7 | 宗宗香書下写 | 宗香花押 | 惣宮司 | 康安2年4月11日 | 136204011 | 下津八幡宮文書 | |
| 8 | 坪付宛行状 | たうかく | い郎ひやうへ | 康安2年5月20日 | 136205021 | 阿比留修文書 | |
| 9 | きやうふ大郎等連署起請文 | きやうふ大郎 | | 康安2年8月11日 | 136208011 | 島居岩男文書 | |
| 10 | つねふさ譲状案 | つゝのこほりのくんしミつふさ | 御房との | 貞治6年7月5日 | 136807005 | 小森文書 | |
| 11 | いあみたふ譲状 | いあみたふ花押 | みつあい | 正平25年9月12日 | 137009012 | 内山文書 | |
| 12 | いあみたふ譲状 | いあみたふ花押 | 三らう | 正平25年9月12日 | 137009012 | 内山文書 | |
| 13 | たねうち譲状写 | たねうち | | 明徳元年11月13日 | 139011013 | 内山文書 | |
| 14 | 宗貞澄寄進状 | 貞澄花押 | 円智 | 応永24年11月12日 | 139511012 | 主藤寿文書 | |
| 15 | 宗貞澄寄進状写 | 貞澄花押 | 円智 | 応永24年11月12日 | 139511012 | 主藤寿文書 | |
| 16 | 某書下 | | 宗十郎 | 応永11年12月 | 140412099 | 小森文書 | |
| 17 | 宗貞茂書状写 | 貞茂御判 | 宗掃部助 | 応永14年4月7日 | 140704007 | 宗家文書 | |
| 18 | 宗貞茂書下（寄進状） | 貞茂花押 | 大師堂方丈 | 応永17年8月6日 | 141008006 | 金剛院文書 | |
| 19 | 宗貞盛書下 | 貞盛花押 | 宗左京亮 | 応永28年10月10日 | 142110010 | 小森文書 | |
| 20 | 宗貞盛書下写 | 貞盛御判 | 宗弥六 | 永享2年6月　日 | 143006099 | 宗家文書 | |
| 21 | 宗盛世書下写 | 盛世御判 | 宗合坊 | 永享8年12月13日 | 143612013 | 宗家文書 | |
| 22 | 宗盛世書下写 | 盛世御判 | 宗合坊 | （永享8年）12月13日 | 143612013 | 宗家文書 | |
| 23 | 宗盛世書下（寄進状） | 盛世花押 | 金剛院 | 永享9年10月21日 | 143710021 | 金剛院文書 | |
| 24 | 宗盛職書下 | 盛職花押 | 円知坊 | 永享10年5月7日 | 143805007 | 主藤寿文書 | |
| 25 | 宗盛職書下写 | 盛職花押 | 円知坊 | 永享10年5月7日 | 143805007 | 主藤寿文書 | |
| 26 | 宗貞盛書下 | 貞盛花押 | 円知坊 | 永享10年5月20日 | 143805020 | 主藤寿文書 | |
| 27 | 宗貞盛書下写 | 貞盛花押 | 円知坊 | 永享10年5月20日 | 143805020 | 主藤寿文書 | |
| 28 | 宗貞盛書下写 | 貞盛御判 | 酘豆住持円知御坊 | 永享10年5月20日 | 143805020 | 宗家文書 | 御旧判控（記録類Ⅱ-御判物-A 判物-98） |
| 29 | 寄進状 | 盛世花押 | | 永享12年4月10日 | 144004010 | 主藤寿文書 | |
| 30 | 祈願文 | 盛顕花押 | 円貴 | 永享12年7月21日 | 144007021 | 主藤寿文書 | |
| 31 | 祈願文写 | 盛顕花押 | 円貴 | 永享12年7月21日 | 144007021 | 主藤寿文書 | |
| 32 | 宗貞盛名字宛行状 | 貞盛花押 | 宗左京亮 | 文安4年12月18日 | 144712018 | 小森文書 | |
| 33 | 譲状 | | | 文安5年7月18日 | 144907018 | 阿比留修文書 | |
| 34 | 宗貞盛書下 | 貞盛花押 | 金剛院 | 宝徳2年2月23日 | 145002023 | 金剛院文書 | |
| 35 | 宗貞盛書下 | 貞盛花押 | 斎藤新三郎 | 宝徳2年4月11日 | 145004011 | 宗家文書 | |
| 36 | 宗貞盛書下（寄進状） | 貞盛花押 | 金剛院 | 宝徳3年10月17日 | 145110017 | 金剛院文書 | |
| 37 | 宗貞盛書下 | 貞盛花押 | 宗肥前守 | 宝徳3年11月16日 | 145111016 | 小森文書 | |
| 38 | 宗成職書下 | 成職花押 | 円知坊 | 長禄2年11月7日 | 145811007 | 主藤寿文書 | |
| 39 | 宗成職書下写 | 成職花押 | 円知坊 | 長禄2年11月7日 | 145811007 | 主藤寿文書 | |
| 40 | 宗成職書下写 | 成職御判 | 酘豆住持円知御房 | 長禄2年11月7日 | 145811007 | 宗家文書 | 対州八郡寺社判物帳（記録類Ⅱ-御判物-A 判物-32） |
| 41 | 宗成職書下写 | 成職御判 | 宗さへもんせう | 長禄3年6月1日 | 145906001 | 宗家文書 | |
| 42 | 宗盛直書下 | 盛直花押 | 守芳坊 | 長禄4年4月23日 | 146004023 | 永泉寺文書 | |
| 43 | 宗茂世書下 | 茂世花押 | 豆酘大師堂金剛院 | 寛正3年2月6日 | 146202006 | 金剛院文書 | |
| 44 | 宗成職書下（寄進状） | 成職花押 | 金剛院 | 寛正3年6月29日 | 146206029 | 金剛院文書 | |
| 45 | 宗成職書下（寄進状） | 成職 | 金剛院 | 寛正4年3月17日 | 146303017 | 金剛院文書 | |
| 46 | 宗茂興書下 | 茂興花押 | ゑんきほう | 文正2年9月16日 | 146709016 | 主藤寿文書 | |
| 47 | 宗茂興書下 | 茂興花押 | 永泉寺 | 応仁2年4月13日 | 146804013 | 永泉寺文書 | |
| 48 | 宗茂興書下（寄進状） | 茂興花押 | 永泉寺 | 応仁2年4月13日 | 146804013 | 永泉寺文書 | |
| 49 | 宗茂興書下（寄進状） | 茂興花押 | | 応仁2年4月13日 | 146804013 | 永泉寺文書 | |
| 50 | 宗茂興書下 | 茂興花押 | 山下左衛門助 | 文明元年8月9日 | 146908009 | 山下文書 | |
| 51 | 宗盛貞書下（坪付宛行状） | 盛貞花押 | 大師堂金剛院 | 文明元年10月18日 | 146910018 | 金剛院文書 | |
| 52 | 宗貞国書下写 | 貞国御判 | 宗中務少輔 | 文明3年11月15日 | 147111015 | 宗家文書 | |
| 53 | 宗貞国書下 | 貞国花押 | 酘豆住持 | 文明6年2月9日 | 147402009 | 主藤寿文書 | |
| 54 | 宗貞国書下写 | 貞国花押 | 酘豆住持 | 文明6年2月9日 | 147402009 | 主藤寿文書 | |
| 55 | 宗盛貞書下（寄進状） | 盛貞花押 | 永泉寺 | 文明6年3月6日 | 147403006 | 永泉寺文書 | |
| 56 | 国吉書下 | 国吉花押 | 住持房 | 文明7年2月18日 | 147502018 | 主藤寿文書 | |
| 57 | 宗国吉書下 | 国吉花押 | 住持房 | 文明7年2月18日 | 147502018 | 主藤寿文書 | |
| 58 | 宗盛貞書下 | 盛貞 | 金剛院 | 文明8年3月28日 | 147603028 | 金剛院文書 | |
| 59 | 宗盛貞書下 | 盛貞花押 | 金剛院 | 文明8年4月7日 | 147604007 | 金剛院文書 | |
| 60 | 宗茂興書下 | 茂興花押 | 酘豆住持房 | 文明8年12月25日 | 147612025 | 嶋尾成一文書 | |
| 61 | 宗茂興書下 | 茂興花押 | 住持房 | 文明8年12月25日 | 147612025 | 主藤寿文書 | |
| 62 | 宗貞国書下 | 貞国花押 | 円喜坊 | 文明9年10月26日 | 147710026 | 主藤寿文書 | |
| 63 | 宗貞国書下写 | 貞国花押 | 円喜坊 | 文明9年10月26日 | 147710026 | 主藤寿文書 | |
| 64 | 宗貞国書下 | 貞国花押 | 円喜坊 | 文明9年10月26日 | 147710026 | 主藤寿文書 | |
| 65 | 宗貞国書下写 | 貞国花押 | 円喜坊 | 文明9年10月26日 | 147710026 | 主藤寿文書 | |
| 66 | 宗貞国書下写 | 貞国御判 | 酘豆住持円喜坊 | 文明9年10月26日 | 147710026 | 宗家文書 | 御旧判控（記録類Ⅱ-御判物-A 判物-98） |
| 67 | 宗貞国書下写 | 貞国御判 | 酘豆住持円喜坊 | 文明9年10月26日 | 147710026 | 宗家文書 | 御旧判控（記録類Ⅱ-御判物-A 判物-98） |
| 68 | 宗貞国書下写 | 貞国御判 | 酘豆住持円喜御坊 | 文明9年10月26日 | 147710026 | 宗家文書 | 対州八郡寺社判物帳（記録類Ⅱ-御判物-A 判物-32） |
| 69 | 本実寄進状 | さたすミ御け本実 | 永泉寺 | 文明11年6月27日 | 147906027 | 永泉寺文書 | |
| 70 | 宗貞秀書下写 | 貞秀判 | 小嶋太郎左衛門尉 | 文明13年2月23日 | 148102023 | 宗家文書 | 御旧判控（記録類Ⅱ-御判物-A 判物-98） |
| 71 | 宗貞秀書下 | 貞秀花押 | 住持房 | 文明13年8月10日 | 148108010 | 主藤寿文書 | |
| 72 | 宗貞秀書下写 | 宗出羽守貞秀判 | 酘豆住持御坊 | 文明13年8月10日 | 148108010 | 宗家文書 | 御旧判控（記録類Ⅱ-御判物-A 判物-98） |
| 73 | 宗貞秀書下 | 宗出羽守貞秀花押 | 永泉寺侍者 | 文明14年5月13日 | 148205013 | 永泉寺文書 | |
| 74 | 宗貞秀知行安堵状 | 貞秀花押 | 耕月庵侍者禅師 | 文明14年7月2日 | 148207002 | 梅野喜一郎文書 | |
| 75 | 宗茂勝知行安堵状 | 貞秀花押 | 耕月庵侍者禅師 | 文明16年12月24日 | 148412024 | 梅野喜一郎文書 | |
| 76 | 宗貞国名字宛行状 | 貞国花押 | 宗孫十郎 | 延徳2年11月15日 | 149011015 | 小森文書 | |
| 77 | 宗盛顺加冠並一字書出 | 盛顺花押 | 宗宮房丸 | 文亀3年8月16日 | 150308016 | 小森文書 | |
| 78 | 宗盛顺名字宛行状 | 盛顺御判 | 小嶋小房丸 | 永正2年12月11日 | 150512011 | 宗家文書 | 御旧判控（記録類Ⅱ-御判物-A 判物-98） |
| 79 | 主藤武蔵守家親譲状写 | 主藤武蔵守家親 | 二人子宛 | 永正15年6月30日 | 151806030 | 主藤仁文書 | |
| 80 | 主藤家親譲状 | 主藤家親 | 二人宛 | 永正15年6月30日 | 151806030 | 主藤仁文書 | 御旧判写 |
| 81 | 宗義盛書下 | 義盛花押 | 円喜坊 | 永正15年9月6日 | 151809006 | 主藤寿文書 | |
| 82 | 宗義盛書下写 | 義盛花押 | 円喜坊 | 永正15年9月6日 | 151809006 | 主藤寿文書 | |
| 83 | 宗義盛書下写 | 義盛御判 | 酘豆住持円喜坊 | 永正15年9月6日 | 151809006 | 宗家文書 | 御旧判控（記録類Ⅱ-御判物-A 判物-98） |
| 84 | 宗義盛書下写 | 義盛御判 | 酘豆住持円喜坊 | 永正15年9月6日 | 151809006 | 宗家文書 | 対州八郡寺社判物帳（記録類Ⅱ-御判物-A 判物-32） |
| 85 | 宗国親書下 | 宗国親 | 主藤監物・面房丸 | 永正16年8月30日 | 151908030 | 主藤仁文書 | |
| 86 | 宗国親書下 | 宗国親 | 主藤監物・面房丸 | 永正16年8月30日 | 151908030 | 主藤仁文書 | 御旧判写 |
| 87 | 宗義盛書下 | 義盛花押 | 金剛院 | 永正16年10月3日 | 151910003 | 金剛院文書 | |
| 88 | 宗義盛書下（寄進状） | 義盛花押 | 金剛院 | 永正16年10月3日 | 151910003 | 金剛院文書 | |
| 89 | 宗盛長書下 | 盛長花押 | 円喜坊 | 永正18年6月30日 | 152106030 | 主藤寿文書 | |
| 90 | 宗盛長書下写 | 盛長花押 | 円喜坊 | 永正18年6月30日 | 152106030 | 主藤寿文書 | |
| 91 | 宗盛長書下写 | 盛長御判 | 酘豆住持円喜御坊 | 永正18年6月30日 | 152106030 | 宗家文書 | 御旧判控（記録類Ⅱ-御判物-A 判物-98） |
| 92 | 宗盛顕書下 | 盛顕花押 | 金剛院御同宿 | 永正18年7月17日 | 152107017 | 金剛院文書 | |

| | | | | | | | |
|---|---|---|---|---|---|---|---|
| 93 | 宗盛顕書下 | 盛顕花押 | 永泉寺侍者 | 永正18年7月21日 | 152107021 | 永泉寺文書 | |
| 94 | 宗盛顕・盛満連署書下 | 盛顕・盛満御判 | 彦五郎 | 永正18年7月21日 | 152107021 | 宗家文書 | 御旧判控（記録類Ⅱ-御判物-A 判物-98） |
| 95 | 宗盛顕書下写 | 盛顕判 | 湯浅助三郎 | 永正18年8月7日 | 152108007 | 宗家文書 | 御旧判控（記録類Ⅱ-御判物-A 判物-98） |
| 96 | 宗盛顕書下 | 盛顕花押 | 永泉寺侍者 | 永正18年8月29日 | 152108029 | 永泉寺文書 | |
| 97 | 宗盛顕書下写 | 盛顕判 | 湯浅助三郎 | 永正18年9月30日 | 152109030 | 宗家文書 | 御旧判控（記録類Ⅱ-御判物-A 判物-98） |
| 98 | 宗盛長書下 | 盛長花押 | 金剛院 | 大永2年4月15日 | 152204015 | 金剛院文書 | |
| 99 | 宗盛長書下（前欠） | 宗盛長 | 主藤武蔵守 | 大永2年4月15日 | 152204015 | 主藤仁文書 | |
| 100 | 宗盛長書下 | 宗盛長 | 主藤武蔵守 | 大永2年4月15日 | 152204015 | 主藤仁文書 | 御旧判写 |
| 101 | 宗盛長書下写 | 盛長御判 | 宗右衛門大夫 | 大永2年5月5日 | 152205005 | 宗家文書 | |
| 102 | 宗盛長書下 | 宗盛長花押 | | 大永2年10月5日 | 152210005 | 阿比留修文書 | |
| 103 | 宗盛長書下写 | 盛長御判 | 阿比留弥八郎 | 大永2年10月15日 | 152210015 | 宗家文書 | 御旧判控（記録類Ⅱ-御判物-A 判物-98） |
| 104 | 宗盛顕書下写 | 国親御判 | 阿比留弥七郎 | 大永2年10月15日 | 152210015 | 宗家文書 | 御旧判控（記録類Ⅱ-御判物-A 判物-98） |
| 105 | 宗盛顕書下写 | 盛顕御判 | 三位殿 | 大永3年8月6日 | 152308006 | 宗家文書 | 御旧判控（記録類Ⅱ-御判物-A 判物-98） |
| 106 | 宗盛顕書下 | 盛顕花押 | 事侯大師堂 | 大永3年10月7日 | 152310007 | 金剛院文書 | |
| 107 | 宗盛長書下写 | 盛長御判 | 小嶋源次郎 | 大永3年10月17日 | 152310017 | 宗家文書 | 御旧判控（記録類Ⅱ-御判物-A 判物-98） |
| 108 | 宗盛長書下写 | 盛長御判 | 下宮々司円知坊 | 大永3年11月26日 | 152311026 | 宗家文書 | 御旧判控（記録類Ⅱ-御判物-A 判物-98） |
| 109 | 宗盛長書下写 | 盛長御判 | 下宮々司円知坊 | 大永3年11月26日 | 152311026 | 宗家文書 | 対州八郡寺社判物帳（記録類Ⅱ-御判物-A 判物-32） |
| 110 | 宗盛満書下 | 盛満花押 | 円貴坊 | 大永7年8月10日 | 152708010 | 主藤寿文書 | 国士舘採訪 |
| 111 | 宗盛満書下写 | 盛満花押 | 円貴坊 | 大永7年8月10日 | 152708010 | 主藤寿文書 | 国士舘採訪 |
| 112 | 宗盛賢書下 | 盛賢花押 | 山下乙次郎 | 大永8年11月21日 | 152811021 | 山下文書 | |
| 113 | 宗盛賢名字宛行状 | 盛賢御判 | 宗弥十郎 | 大永8年11月26日 | 152811026 | 小森文書 | |
| 114 | 宗盛賢書下 | 盛賢花押 | 山下勢左衛門尉 | 享禄2年11月6日 | 152911006 | 山下文書 | |
| 115 | 宗盛広名字宛行状 | 盛広判 | 斎藤徳松丸 | 享禄4年8月13日 | 153108013 | 宗家文書 | 御旧判控（記録類Ⅱ-御判物-A 判物-98） |
| 116 | 宗将盛名字宛行状 | 将盛花押 | 宗十郎 | 天文2年11月7日 | 153311007 | 小森文書 | |
| 117 | 山下河内守さたつな寄進状写 | 山下河内守さたつな | 主藤彦七郎 | 天文5年8月13日 | 153608013 | 主藤仁文書 | |
| 118 | 山下河内守さたつな寄進状 | 山下河内守さたつな | 主藤彦七郎 | 天文5年8月13日 | 153608013 | 主藤仁文書 | |
| 119 | 山下河内守さたつな寄進状写 | 山下河内守さたつな | 主藤彦七郎 | 天文5年8月13日 | 153608013 | 主藤仁文書 | |
| 120 | 宗将盛名字宛行状 | 将盛花押 | 山下彦四郎 | 天文6年10月16日 | 153710016 | 山下文書 | |
| 121 | 宗将盛書下写 | 将盛御判 | 下宮々司円知坊 | 天文7年11月23日 | 153811023 | 宗家文書 | 御旧判控（記録類Ⅱ-御判物-A 判物-98） |
| 122 | 宗貞泰書下写 | 貞泰御判 | 阿比留弥七郎 | 天文10年8月13日 | 154108013 | 宗家文書 | 御旧判控（記録類Ⅱ-御判物-A 判物-98） |
| 123 | 宗貞泰書下写 | 貞泰御判 | 阿比留弥七郎 | 天文10年8月13日 | 154108013 | 宗家文書 | 御旧判控（記録類Ⅱ-御判物-A 判物-98） |
| 124 | 宗晴茂加冠並一字書出 | 晴茂花押 | 宗孫八郎 | 天文11年1月14日 | 154201014 | 小森文書 | |
| 125 | 宗春茂書下 | 晴茂花押 | 山下新三郎 | 天文11年1月14日 | 154201014 | 山下文書 | |
| 126 | 宗盛廉書下 | 宗盛廉 | 主藤彦七郎 | 天文11年7月26日 | 154207026 | 主藤仁文書 | 御旧判写 |
| 127 | 宗晴康書下写 | 晴康御判 | 小嶋源次郎 | 天文12年8月14日 | 154300814 | 宗家文書 | 御旧判控（記録類Ⅱ-御判物-A 判物-98） |
| 128 | 周藤監物盛親証状写 | 周藤監物盛親 | | 天文12年2月18日 | 154302018 | 主藤仁文書 | |
| 129 | 周藤盛親証状 | 周藤盛親 | | 天文12年2月18日 | 154302018 | 主藤仁文書 | 御旧判写 |
| 130 | 宗盛廉書下 | 盛廉花押 | 山下勢右衛門尉 | 天文12年12月3日 | 154312003 | 山下文書 | |
| 131 | 宗晴康加冠状 | 晴康花押 | 山下源五郎 | 天文20年4月20日 | 155104020 | 山下文書 | |
| 132 | 宗晴康書下 | 晴康花押 | 山下源五郎 | 天文20年4月20日 | 155104020 | 山下文書 | |
| 133 | こもり孫□□茂□証状（断簡） | こもり孫□□茂□ | 住地円鶴坊 | 天文21年3月8日 | 155203008 | 主藤仁文書 | |
| 134 | 宗義調名字宛行状 | 義調花押 | 小森孫八郎 | 天文22年2月21日 | 155302021 | 小森文書 | |
| 135 | 宗義調書下写 | 義調御判 | 山下源五郎 | 天文23年8月14日 | 155408014 | 宗家文書 | 御旧判控（記録類Ⅱ-御判物-A 判物-98） |
| 136 | 宗盛広書下写 | 盛廣判 | 庄司源次郎 | 天文23年8月16日 | 155408016 | 宗家文書 | 御旧判控（記録類Ⅱ-御判物-A 判物-98） |
| 137 | 宗義調名字宛行状 | 義調御判 | 小嶋助五郎 | 天文24年5月19日 | 155500519 | 宗家文書 | 御旧判控（記録類Ⅱ-御判物-A 判物-98） |
| 138 | 宗義調名字宛行状 | 義調御判 | 小嶋源四郎 | 弘治2年8月13日 | 155608013 | 宗家文書 | 御旧判控（記録類Ⅱ-御判物-A 判物-98） |
| 139 | 宗義調書下写 | 義調御判 | 下宮々司円知坊 | 弘治2年8月28日 | 155608028 | 宗家文書 | 御旧判控（記録類Ⅱ-御判物-A 判物-98） |
| 140 | 宗盛広書下写 | 盛広判 | 小嶋惣左衛門 | 弘治4年4月16日 | 155804016 | 宗家文書 | 御旧判控（記録類Ⅱ-御判物-A 判物-98） |
| 141 | 連々懸役郡役依無沙汰被仰付条々 | | つつのくん中 | 永禄3年9月16日 | 156009016 | 小森文書 | |
| 142 | 宗義調書下 | 義調花押 | 円嘉坊 | 永禄4年閏3月22日 | 156103522 | 主藤寿文書 | 国士舘採訪 |
| 143 | 宗義調書下写 | 義調花押 | 円嘉坊 | 永禄4年閏3月22日 | 156103522 | 主藤寿文書 | 国士舘採訪 |
| 144 | 宗盛円書下 | 盛円花押 | 円嘉坊 | 永禄4年閏3月22日 | 156103522 | 主藤寿文書 | 国士舘採訪 |
| 145 | 宗盛円書下写 | 盛円花押 | 円嘉坊 | 永禄4年閏3月22日 | 156103522 | 主藤寿文書 | 国士舘採訪 |
| 146 | 宗尚広書下 | 尚広花押 | 円嘉坊 | 永禄4年閏3月22日 | 156103522 | 主藤寿文書 | 国士舘採訪 |
| 147 | 宗義調書下写 | 義調御判 | 酘豆住持円嘉房 | 永禄4年閏3月22日 | 156103522 | 宗家文書 | 御旧判控（記録類Ⅱ-御判物-A 判物-98） |
| 148 | 宗盛円書下写 | 盛円判 | 酘豆住持円嘉坊 | 永禄4年閏3月22日 | 156103522 | 宗家文書 | 御旧判控（記録類Ⅱ-御判物-A 判物-98） |
| 149 | 宗義調書下写 | 義調御判 | 主藤源三郎 | 永禄5年8月13日 | 156208013 | 宗家文書 | 御旧判控（記録類Ⅱ-御判物-A 判物-98） |
| 150 | 宗尚広書下（坪付宛行状） | 尚広花押 | 永泉寺常住 | 永禄5年10月10日 | 156210010 | 永泉寺文書 | |
| 151 | 佐須盛円書下 | 佐須盛円 | 主藤左衛門尉 | 永禄5年10月27日 | 156210027 | 主藤仁文書 | |
| 152 | 宗義調書下写 | 義調御判 | 阿比留弥七郎 | 永禄6年8月14日 | 156308014 | 宗家文書 | 御旧判控（記録類Ⅱ-御判物-A 判物-98） |
| 153 | 宗義調名字宛行状 | 義調御判 | 阿比留弥七郎 | 永禄6年8月14日 | 156308014 | 宗家文書 | 御旧判控（記録類Ⅱ-御判物-A 判物-98） |
| 154 | 宗盛国書下写 | 宗盛国 | 主藤左衛門尉 | 永禄6年10月27日 | 156310027 | 主藤仁文書 | |
| 155 | 宗義調加冠並一字書出 | 義調花押 | 小森孫十郎 | 永禄8年8月12日 | 156508012 | 小森文書 | |
| 156 | 宗義調名字宛行状 | 義調御判 | 小嶋彦八郎 | 永禄8年8月13日 | 156508013 | 宗家文書 | 御旧判控（記録類Ⅱ-御判物-A 判物-98） |
| 157 | 佐須盛円書下写 | 佐須盛円 | 主藤左衛門尉 | 永禄8年 | 156599999 | 主藤仁文書 | |
| 158 | 佐須盛円書下写 | 佐須盛円 | 主藤左衛門尉 | 永禄8年月日損之 | 156599999 | 主藤仁文書 | 御旧判写 |
| 159 | 佐須盛円書下写 | 佐須盛円 | 主藤左衛門尉 | 永禄9年10月27日 | 156610027 | 主藤仁文書 | 御旧判写 |
| 160 | 宗義調書下 | 義調花押 | 金剛院 | 永禄9年12月23日 | 156612023 | 金剛院文書 | |
| 161 | 小森茂幸土地譲状 | 小森茂幸 | | 永禄10年3月20日 | 156703020 | 小森文書 | |
| 162 | 宗盛円書下写 | 盛円判 | 斎藤六郎次郎 | 永禄10年6月4日 | 156706004 | 宗家文書 | 御旧判控（記録類Ⅱ-御判物-A 判物-98） |
| 163 | 宗盛円書下写 | 盛円判 | 横山七郎左衛門 | 永禄10年7月5日 | 156707005 | 宗家文書 | 御旧判控（記録類Ⅱ-御判物-A 判物-98） |
| 164 | 宗盛国書下写 | 盛国判 | 庄司孫七 | 永禄10年8月15日 | 156708015 | 宗家文書 | 御旧判控（記録類Ⅱ-御判物-A 判物-98） |
| 165 | 宗義調加冠状 | 義調花押 | 山下善次郎 | 永禄12年8月14日 | 156908014 | 山下文書 | |
| 166 | 宗調弘加冠状 | 調弘花押 | 山下新二郎 | 永禄12年8月14日 | 156908014 | 山下文書 | |
| 167 | 宗調弘名字宛行状 | 調弘花押 | 小森右馬亮茂幸 | 永禄12年8月22日 | 156908016 | 小森文書 | |
| 168 | 宗貞信書下写 | 貞信御判 | 久和掃部助 | 元亀3年7月25日 | 157207025 | 宗家文書 | 御旧判控（記録類Ⅱ-御判物-A 判物-98） |
| 169 | 宗貞信書下 | 貞信花押 | 山下勢兵衛 | 元亀3年8月9日 | 157208009 | 山下文書 | |
| 170 | 宗貞信書下写 | 貞信御判 | 久和亀松丸 | 元亀3年8月19日 | 157208019 | 宗家文書 | 御旧判控（記録類Ⅱ-御判物-A 判物-98） |
| 171 | 宗義調名字宛行状 | 義調御判 | 阿比留孫次郎 | 元亀4年8月14日 | 157308014 | 宗家文書 | 御旧判控（記録類Ⅱ-御判物-A 判物-98） |
| 172 | 佐須盛円書下写（断簡） | 佐須盛円 | 主藤彦七郎 | 天正3年8月14日 | 157508014 | 主藤仁文書 | |
| 173 | 佐須盛円書下写 | 佐須盛円 | 主藤彦七郎 | 天正3年8月14日 | 157508014 | 主藤仁文書 | 御旧判写 |
| 174 | 宗義純書下 | 義純花押 | 酘豆郡供僧中 | 天正4年12月11日 | 157612011 | 主藤寿文書 | 国士舘採訪 |
| 175 | 加瀬助八郎観道売券 | 加瀬助八郎 | 主藤善七郎 | 天正5年12月22日 | 157712022 | 主藤仁文書 | |
| 176 | 主藤善七郎調直証状 | 主藤善七郎 | 加瀬助八郎 | 天正5年12月22日 | 157712022 | 主藤仁文書 | |
| 177 | 観只書下（譲状安堵）写 | 観只花押 | 円嘉坊 | 天正6年3月15日 | 157803015 | 主藤寿文書 | 国士舘採訪 |
| 178 | 宗信国書下 | 信国花押 | 円嘉坊 | 天正6年8月23日 | 157803015 | 主藤寿文書 | 国士舘採訪 |
| 179 | 宗義純書下（坪付宛行状） | 義純花押 | 小森修理亮 | 天正6年10月25日 | 157810025 | 小森文書 | |
| 180 | 宗義純書下 | 義純花押 | 山下勢兵衛 | 天正7年11月28日 | 157911028 | 山下文書 | |
| 181 | 宗義智書下写 | 義智御判 | 中村神兵衛尉 | 天正8年3月13日 | 158003013 | 宗家文書 | 御旧判控（記録類Ⅱ-御判物-A 判物-98） |
| 182 | 寄進状 | 尚廣花押 | 円嘉 | 天正8年3月28日 | 158003028 | 主藤寿文書 | 国士舘採訪 |
| 183 | 寄進状写 | 尚廣花押 | 円嘉 | 天正8年3月28日 | 158003028 | 主藤寿文書 | 国士舘採訪 |
| 184 | 主藤調長譲状 | 主藤調長 | 主藤善七郎 | 天正8年5月28日 | 158005028 | 主藤仁文書 | 御旧判写 |
| 185 | 宗義調書下（寄進状） | 義調花押 | 永泉寺 | 天正8年6月20日 | 158006020 | 永泉寺文書 | |
| 186 | 宗昭景書下（坪付宛行状） | 昭景花押 | 金剛院当住 | 天正8年10月17日 | 158010017 | 金剛院文書 | |
| 187 | 宗義智名字宛行状 | 義智御判 | 主藤源七郎 | 天正9年8月16日 | 158108016 | 宗家文書 | 御旧判控（記録類Ⅱ-御判物-A 判物-98） |

| | | | | | | | |
|---|---|---|---|---|---|---|---|
| 188 | 主藤調長証状 | 主藤調長 | 主藤左衛門尉 | 天正9年10月2日 | 158110002 | 主藤仁文書 | 御旧判写 |
| 189 | 八幡宮昼夜結番注文 | 昭景花押 | 大掾左近大夫 | 天正10年2月9日 | 158202009 | 宗家文書 | |
| 190 | 宗昭景書下写 | 昭景御判 | 主藤源三郎 | 天正10年8月13日 | 158208013 | 宗家文書 | 御旧判控（記録類Ⅱ-御判物-A 判物-98） |
| 191 | 宗景満書下写 | 景満判 | 主藤彦二郎 | 天正11年8月14日 | 158308014 | 宗家文書 | 御旧判控（記録類Ⅱ-御判物-A 判物-98） |
| 192 | 宗景満書下写 | 景満判 | 斎藤六郎 | 天正11年8月14日 | 158308014 | 宗家文書 | 御旧判控（記録類Ⅱ-御判物-A 判物-98） |
| 193 | 宗昭景書下（断簡） | 宗昭景 | | 天正11年 | 158399999 | 金剛院文書 | |
| 194 | 宗昭景書下 | 昭景 | 国分寺当住大叟和尚 | 天正13年3月2日 | 158503002 | 金剛院文書 | |
| 195 | 宗義智書下写 | 宗義智 | 酘豆之郷 | 天正13年6月4日 | 158506004 | 杉村文書 | |
| 196 | 被仰出条之事 | | 豆酘郡へ | 天正13年6月4日 | 158506004 | 杉村文書 | |
| 197 | 宗昭景書下写 | 昭景御判 | 主藤弥十郎 | 天正13年8月14日 | 158508014 | 宗家文書 | 御旧判控（記録類Ⅱ-御判物-A 判物-98） |
| 198 | 佐須景満加冠状 | 佐須景満 | 主藤彦七郎 | 天正13年8月15日 | 158508015 | 主藤仁文書 | 御旧判写 |
| 199 | 宗昭景書下写 | 昭景御判 | 下宮宮司円知坊 | 天正13年11月20日 | 158511020 | 宗家文書 | 御旧判控（記録類Ⅱ-御判物-A 判物-98） |
| 200 | 宗景満書下写 | 景満判 | 主藤采女尉 | 天正14年2月26日 | 158602026 | 宗家文書 | 御旧判控（記録類Ⅱ-御判物-A 判物-98） |
| 201 | 宗昭景書下 | 宗昭景 | 主藤善七郎 | 天正14年3月4日 | 158603004 | 主藤仁文書 | 御旧判写 |
| 202 | 宗景満名字宛行状 | 景満判 | 横山平次郎 | 天正14年3月7日 | 158603007 | 宗家文書 | 御旧判控（記録類Ⅱ-御判物-A 判物-98） |
| 203 | 宗景満書下写 | 景満判 | 横山助次郎 | 天正14年3月7日 | 158603007 | 宗家文書 | 御旧判控（記録類Ⅱ-御判物-A 判物-98） |
| 204 | 宗景満名字宛行状 | 景満判 | 主藤彦七郎 | 天正14年3月7日 | 158603007 | 宗家文書 | 御旧判控（記録類Ⅱ-御判物-A 判物-98） |
| 205 | 宗昭景書下 | 昭景花押 | 山下清兵衛尉 | 天正14年3月11日 | 158603011 | 山下文書 | |
| 206 | 宗昭景書下写 | 昭景御判 | 阿比留四郎左衛門尉 | 天正14年3月11日 | 158603011 | 宗家文書 | 御旧判控（記録類Ⅱ-御判物-A 判物-98） |
| 207 | 宗義智書下写 | 義智御判 | 高松蔵人佐 | 天正14年8月14日 | 158608014 | 宗家文書 | 御旧判控（記録類Ⅱ-御判物-A 判物-98） |
| 208 | 宗昭景判書下 | 宗昭景 | 主藤善七郎 | 天正14年11月 | 158611099 | 主藤仁文書 | 御旧判写 |
| 209 | 宗調長書下写 | 調長判 | 小嶋助三郎 | 天正15年8月15日 | 158708015 | 宗家文書 | 御旧判控（記録類Ⅱ-御判物-A 判物-98） |
| 210 | 昭景様より右衛門佐須戴仕候御判二枚不相見御郡奉行所江写し在之由ニ候 | | | 天正16年・18年 | 158899999 | 主藤仁文書 | 御旧判写 |
| 211 | 宗景満書下写 | 景満判 | 庄司三郎 | 天正17年8月14日 | 158908014 | 宗家文書 | 御旧判控（記録類Ⅱ-御判物-A 判物-98） |
| 212 | 宗義智書下写 | 義智御判 | 主藤彦五郎 | 天正18年3月13日 | 159003013 | 宗家文書 | 御旧判控（記録類Ⅱ-御判物-A 判物-98） |
| 213 | 宗義智書下写 | 義智御判 | 小嶋与二 | 天正18年3月13日 | 159003013 | 宗家文書 | 御旧判控（記録類Ⅱ-御判物-A 判物-98） |
| 214 | 宗義智書下写 | 義智御判 | 主藤彦七郎 | 天正18年3月13日 | 159003013 | 宗家文書 | 御旧判控（記録類Ⅱ-御判物-A 判物-98） |
| 215 | 宗義智書下写 | 義智御判 | 主藤彦五郎 | 天正18年3月13日 | 159003013 | 宗家文書 | 御旧判控（記録類Ⅱ-御判物-A 判物-98） |
| 216 | 宗義智書下写 | 義智御判 | 庄司三郎 | 天正18年3月13日 | 159003013 | 宗家文書 | 御旧判控（記録類Ⅱ-御判物-A 判物-98） |
| 217 | 宗義智書下写 | 義智御判 | 中村与五郎 | 天正18年3月13日 | 159003013 | 宗家文書 | 御旧判控（記録類Ⅱ-御判物-A 判物-98） |
| 218 | 宗昭景書下写 | 昭景御判 | 阿比留弥七郎 | 天正18年8月13日 | 159008013 | 宗家文書 | 御旧判控（記録類Ⅱ-御判物-A 判物-98） |
| 219 | ます女寄進状 | ます女 | 円嘉 | 天正18年11月18日 | 159011018 | 主藤寿文書 | 国士舘採訪 |
| 220 | 宗義智書下 | 宗義智 | 左馬助 | 天正18年□月13日 | 159099913 | 主藤仁文書 | 御旧判写 |
| 221 | 宗義智名字宛行状 | 義智花押 | 小森孫十郎 | 天正19年8月16日 | 159108016 | 小森文書 | |
| 222 | 宗義智書下写 | 義智御判 | 久和彦三郎 | 天正20年6月2日 | 159206002 | 宗家文書 | 御旧判控（記録類Ⅱ-御判物-A 判物-98） |
| 223 | ます女寄進状写 | ます女 | ちう地 | 天正23年3月 | 159503099 | 主藤寿文書 | 国士舘採訪 |
| 224 | 宗義智判物写 | 義智御判 | 山下清兵衛尉 | 慶長1年9月5日 | 159609005 | 宗家文書 | 御旧判控（記録類Ⅱ-御判物-A 判物-98） |
| 225 | 宗義智判物写 | 義智御判 | 大田弥内助 | 慶長2年6月5日 | 159706005 | 宗家文書 | 御旧判控（記録類Ⅱ-御判物-A 判物-98） |
| 226 | 宗義智判物 | 義智花押 | 山下乙寿丸 | 慶長2年7月1日 | 159707001 | 山下文書 | |
| 227 | 宗義智判物 | 義智花押 | 山下亀光丸 | 慶長2年11月4日 | 159711004 | 山下文書 | |
| 228 | （御禁制） | | | 慶長5年3月11日 | 160003011 | 杉村文書 | 国士舘採訪 |
| 229 | （義智君御在判郡中仕置定） | | | 慶長5年3月11日 | 160003011 | 杉村文書 | 国士舘採訪 |
| 230 | 宗義智判物 | 宗義智 | 酘豆郡 | 慶長5年3月21日 | 160003021 | 杉村文書 | 史料編纂所採訪 |
| 231 | 宗義智判物 | 宗義智 | 酘豆郡中 | 慶長8年2月1日 | 160302001 | 杉村文書 | 史料編纂所採訪 |
| 232 | （義智君御在判郡中仕置定） | | | 慶長8年5月24日 | 160305024 | 杉村文書 | 国士舘採訪 |
| 233 | 法度 | 義智花押 | 津々郡中 | 慶長8年6月6日 | 160306006 | 主藤寿文書 | 国士舘採訪 |
| 234 | 法度写 | 義智花押 | 津々郡中 | 慶長8年6月6日 | 160306006 | 主藤寿文書 | 国士舘採訪 |
| 235 | 宗義智袖判判物 | 宗義智 | 酘豆浦中 | 慶長9年2月24日 | 160402024 | 杉村文書 | 史料編纂所採訪 |
| 236 | 宗義智判物写 | 義智御判 | くろせのミやうふ | 慶長9年8月16日 | 160408016 | 宗家文書 | 対州八郡寺社判物帳（記録類Ⅱ-御判物-A 判物-32） |
| 237 | （義智君御在判郡中仕置定） | | | 慶長10年9月28日 | 160509028 | 杉村文書 | |
| 238 | 豆酘郡代之節触書并被官竈高 | | | 慶長10年6月10日 | 160509028 | 杉村文書 | |
| 239 | 大道まつりのやくしやの事 | | | 慶長10年 | 160599999 | 主藤寿文書 | |
| 240 | 宗義智判物 | 宗義智 | 酘豆郡 | 慶長11年12月8日 | 160612008 | 杉村文書 | |
| 241 | （義智君御在判郡中仕置定） | | | 慶長12年7月26日 | 160707026 | 杉村文書 | |
| 242 | 宗義智判物 | 宗義智 | 酘豆 | 慶長14年5月8日 | 160905008 | 杉村文書 | |
| 243 | （義智君御在判郡中仕置定） | | | 慶長14年5月8日 | 160905008 | 杉村文書 | |
| 244 | 宗義智名字宛行状 | 義智花押 | | 慶長14年8月15日 | 160908015 | 小森文書 | |
| 245 | 宗義智判物 | 義智花押 | 山下□□ | 慶長14年8月15日 | 160908015 | 山下文書 | |
| 246 | 宗義智判物 | 義智花押 | 山下与作 | 慶長14年8月15日 | 160908015 | 山下文書 | |
| 247 | 宗義智判物写 | 義智御判 | 阿比留才蔵 | 慶長14年8月15日 | 160908015 | 宗家文書 | 御旧判控（記録類Ⅱ-御判物-A 判物-98） |
| 248 | 宗義智判物写 | 義智御判 | 山下孫次郎 | 慶長14年8月15日 | 160908015 | 宗家文書 | 御旧判控（記録類Ⅱ-御判物-A 判物-98） |
| 249 | 宗義智判物写 | 義智御判 | 阿比留弥吉郎 | 慶長14年8月15日 | 160908015 | 宗家文書 | 御旧判控（記録類Ⅱ-御判物-A 判物-98） |
| 250 | 宗義智判物写 | 義智御判 | 大田弥内助 | 慶長14年8月15日 | 160908015 | 宗家文書 | 御旧判控（記録類Ⅱ-御判物-A 判物-98） |
| 251 | 宗義智判物 | 義智花押 | 円吉 | 慶長14年8月28日 | 160908028 | 主藤寿文書 | |
| 252 | 宗義智判物写 | 義智花押 | 円吉 | 慶長14年8月28日 | 160908028 | 主藤寿文書 | |
| 253 | 宗義智判物 | 義智花押 | 円吉 | 慶長14年8月28日 | 160908028 | 主藤寿文書 | |
| 254 | 宗義智判物写 | 義智花押 | 円吉 | 慶長14年8月28日 | 160908028 | 主藤寿文書 | |
| 255 | 宗義智判物写 | 義智御判 | 酘豆住持円嘉坊 | 慶長14年8月28日 | 160908028 | 宗家文書 | 御旧判控（記録類Ⅱ-御判物-A 判物-98） |
| 256 | 宗義智判物写 | 義智御判 | 酘豆住持円嘉坊 | 慶長14年8月28日 | 160908028 | 宗家文書 | 御旧判控（記録類Ⅱ-御判物-A 判物-98） |
| 257 | 宗義智判物写 | 義智御判 | 酘豆住持円吉坊 | 慶長14年8月28日 | 160908028 | 宗家文書 | 対州八郡寺社判物帳（記録類Ⅱ-御判物-A 判物-32） |
| 258 | 宗義智判物写 | 義智御判 | 酘豆住持円吉坊 | 慶長14年8月28日 | 160908028 | 宗家文書 | 対州八郡寺社判物帳（記録類Ⅱ-御判物-A 判物-32） |
| 259 | 宗義智判物写 | 義智御判 | 菊若 | 慶長14年9月20日 | 160909020 | 宗家文書 | 御旧判控（記録類Ⅱ-御判物-A 判物-98） |
| 260 | 宗義智判物写 | 義智御判 | 酘豆円嘉坊 | 慶長14年9月20日 | 160909020 | 宗家文書 | 御旧判控（記録類Ⅱ-御判物-A 判物-98） |
| 261 | 宗義智判物写 | 義智御判 | 酘豆円吉坊 | 慶長14年9月20日 | 160909020 | 宗家文書 | 対州八郡寺社判物帳（記録類Ⅱ-御判物-A 判物-32） |
| 262 | 宗義智判物 | 義智花押 | 円吉坊 | 慶長14年9月24日 | 160909024 | 主藤寿文書 | |
| 263 | 宗義智判物写 | 義智花押 | 円吉坊 | 慶長14年9月24日 | 160909024 | 主藤寿文書 | |
| 264 | 宗義智判物写 | 義智花押 | 菊若 | 慶長14年9月24日 | 160909024 | 主藤寿文書 | |
| 265 | 宗義智官途状 | 宗義智 | | 慶長14年□月15日 | 160999915 | 主藤仁文書 | 御旧判写 |
| 266 | 宗義智判物 | 義智花押 | 山下清兵衛 | 慶長19年9月5日 | 161409005 | 山下文書 | |
| 267 | 宗貞光判物写 | 貞光御判 | 阿比留弥七郎 | 慶長20年6月27日 | 161506027 | 宗家文書 | 御旧判控（記録類Ⅱ-御判物-A 判物-98） |
| 268 | 宗貞光判物 | 貞光花押 | ちうち | 慶長20年7月23日 | 161507023 | 主藤寿文書 | |
| 269 | 宗貞光判物写（住持職宛行状） | 貞光花押 | ちうち | 慶長20年7月23日 | 161507023 | 主藤寿文書 | |
| 270 | 宗義成判物 | 義成花押 | 金剛院 | 元和4年12月13日 | 161812013 | 金剛院文書 | |
| 271 | 寄進状 | 権藤清右衛門 | ちう地坊 | 元和7年5月6日 | 162105006 | 主藤寿文書 | |
| 272 | 覚 | 太田かもん | 杉村采女 | 寛永3年5月21日 | 162605021 | 杉村文書 | |
| 273 | 宗義成判物写 | 義成御判 | 小森喜三郎 | 寛永10年5月22日 | 163305022 | 宗家文書 | 御旧判控（記録類Ⅱ-御判物-A 判物-98） |
| 274 | 古検地帳 | | 津江杢亮ほか | 寛永14年11月1日 | 163711001 | 杉村文書 | |
| 275 | 杉村伊織知行目録 | | 津江杢亮ほか | 寛永14年11月1日 | 163711001 | 杉村文書 | |
| 276 | 以前豆酘村鰤売買一件 | 杉村伊織 | 古川右馬佐ほか | 寛永20年3月5日 | 164303005 | 杉村文書 | |
| 277 | 豆酘郷境目書物 | | | 正保2年8月吉日 | 164508099 | 杉村文書 | |
| 278 | 瀬ノ浜調之書付 | けこし少左衛門ほか | 宗雲州様之内加瀬吉兵衛 | 正保3年9月20日 | 164609020 | 杉村文書 | |
| 279 | 豆酘郡給人郡役百姓又者等調 | | 酘豆郡・杉村又左衛門 | 慶安元年4月21日 | 164804021 | 杉村文書 | |
| 280 | 宗義成判物 | 義成花押 | 岩佐甚吉 | 慶安元年9月26日 | 164809026 | 岩佐文書 | |
| 281 | 酘豆郡支配ニ付起請文 | | | 承応3年8月吉日 | 165408099 | 杉村文書 | |

| | | | | | | | |
|---|---|---|---|---|---|---|---|
| 282 | 豆酘村検地帳 | | | 寛文2年10月 | 166210099 | 島庁文書 | |
| 283 | 宗義真判物写 | 義真花押 | 山下市郎左衛門 | 寛文3年1月30日 | 166301030 | 宗家文書 | 御旧判控（記録類Ⅱ-御判物-A 判物-98） |
| 284 | 豆酘郷豆酘村御物成帳 | | | 寛文4年6月 | 166406099 | 島庁文書 | |
| 285 | 対州八郡寺庵帳 | | | 貞享2年11月日 | 168511099 | 宗家文書 | 記録類Ⅰ御郡奉行-F寺社-1 |
| 286 | 豆酘郡寺社記 | | | 貞享2年11月日 | 168511099 | 宗家文書 | 記録類Ⅰ御郡奉行-F寺社-9 |
| 287 | 宗義真判物 | 義真花押 | 岩佐甚吉 | 貞享5年正月元日 | 168801001 | 岩佐文書 | |
| 288 | 宗義真判物 | 宗義真 | 主藤六郎兵衛 | 貞享5年正月元日 | 168801001 | 主藤仁文書 | |
| 289 | 宗義真判物 | 宗義真 | 阿比留善吉 | 貞享5年正月元日 | 168801001 | 阿比留修文書 | |
| 290 | 天道法師縁起 | | | 元禄3年2月 | 169002099 | 主藤寿文書 | |
| 291 | 宗義方判物 | 義方花押 | 岩佐藤左衛門 | 元禄15年11月9日 | 169211009 | 岩佐文書 | |
| 292 | 金剛院本尊并什物覚 | | | 元禄10年3月日 | 169703099 | 金剛院文書 | |
| 293 | 宗義方判物 | 宗義方 | 阿比留与次右衛門 | 元禄15年11月9日 | 170211009 | 阿比留修文書 | |
| 294 | 金剛院領坪付帳 | | | 宝永2年10月 日 | 170510099 | 金剛院文書 | |
| 295 | 豆酘観音堂領坪付帳 | | | 宝永2年10月 | 170510099 | 主藤寿文書 | |
| 296 | 大明神社領坪付帳 | | | 宝永2年10月 | 170510099 | 本石佐市文書 | |
| 297 | 八郡寺社領帳 | | | 宝永2年10月日 | 170510099 | 宗家文書 | 記録類Ⅰ御郡奉行-F寺社-12 |
| 298 | 永泉寺領坪付帳 | | | 宝永4年3月15日 | 170703015 | 永泉寺文書 | |
| 299 | 宗義方判物 | 義方花押 | 永泉寺住持 | 宝永6年1月1日 | 170901001 | 永泉寺文書 | |
| 300 | 宗義方判物 | 義方花押 | 金剛院住持 | 宝永6年1月1日 | 170901001 | 金剛院文書 | |
| 301 | 宗義方判物 | 義方花押 | 観音住持 | 宝永6年1月1日 | 170901001 | 主藤寿文書 | |
| 302 | 豆酘郷開帳 | | | 享保～明治 | 171699999 | 宗家文書 | 記録類Ⅰ御郡奉行-B土地関係-③開発-26 |
| 303 | 宗方誠判物 | 方誠花押 | 観音住持 | 享保4年5月1日 | 171905001 | 主藤寿文書 | |
| 304 | 宗方誠判物 | 方誠花押 | 岩佐藤左衛門 | 享保4年5月1日 | 171905001 | 岩佐文書 | |
| 305 | 宗方誠判物 | 方誠花押 | 永泉寺住持 | 享保4年5月1日 | 171905001 | 永泉寺文書 | |
| 306 | 宗方誠判物 | 方誠花押 | 金剛院住持 | 享保4年5月1日 | 171905001 | 金剛院文書 | |
| 307 | 坪付帳 | 御郡奉行 | 小森喜八郎 | 享保6年8月 日 | 172108099 | 小森文書 | |
| 308 | 宗方誠判物 | 宗方誠 | 主藤伝八 | 享保7年6月3日 | 172206003 | 主藤仁文書 | |
| 309 | 宗方誠判物 | 宗方誠 | 阿比留四郎左衛門 | 享保7年6月3日 | 172206003 | 阿比留修文書 | |
| 310 | 宗義如判物 | 義如花押 | 観音住持 | 享保18年9月15日 | 173309015 | 主藤寿文書 | |
| 311 | 宗義如判物 | 義如花押 | 岩佐藤五左衛門 | 享保18年9月15日 | 173309015 | 岩佐文書 | |
| 312 | 宗義如判物 | 義如花押 | 永泉寺住持 | 享保18年9月15日 | 173309015 | 永泉寺文書 | |
| 313 | 宗義如判物 | 義如花押 | 金剛院住持 | 享保18年9月15日 | 173309015 | 金剛院文書 | |
| 314 | 宗義如判物 | 宗義如 | 阿比留四郎左衛門 | 享保18年9月15日 | 173309015 | 阿比留修文書 | |
| 315 | 宗義如判物 | 宗義如 | 小森権左衛門 | 享保18年9月15日 | 173309015 | 小森文書 | |
| 316 | 産物覚帳 | | | 享保20年8月日 | 173508099 | 宗家文書 | 記録類Ⅰ御郡奉行-C産物・用木-①産物-1-8 |
| 317 | 豆酘村御下向ニ付伺書扣 | | | 延享4年10月11日 | 174710011 | 宗家文書 | 記録類Ⅰ御郡奉行-H諸請願-①願-3 |
| 318 | 宗義蕃判物 | 義蕃花押 | 観音住持 | 宝暦2年11月15日 | 175211015 | 主藤寿文書 | |
| 319 | 宗義蕃判物 | 義蕃花押 | 岩佐藤五左衛門 | 宝暦2年11月15日 | 175211015 | 岩佐文書 | |
| 320 | 宗義番判物 | 義蕃花押 | 永泉寺住持 | 宝暦2年11月15日 | 175211015 | 永泉寺文書 | |
| 321 | 宗義番判物 | 義蕃花押 | 金剛院住持 | 宝暦2年11月15日 | 175211015 | 金剛院文書 | |
| 322 | 宗義蕃判物 | 宗義蕃 | 主藤伝八 | 宝暦2年11月15日 | 175211015 | 主藤仁文書 | |
| 323 | 宗義蕃判物 | 宗義蕃 | 阿比留与次右衛門 | 宝暦2年11月15日 | 175211015 | 阿比留修文書 | |
| 324 | 対馬国大小神社帳 | | | 宝暦10年12月 | 176012099 | 宗家文書 | 記録類Ⅱ寺社方-C寺院記録・神社帳 |
| 325 | 宗義暢判物 | 義暢花押 | 観音住持 | 宝暦12年9月11日 | 176209011 | 主藤寿文書 | |
| 326 | 宗義暢判物 | 義暢花押 | 永泉寺住持 | 宝暦12年9月11日 | 176209011 | 永泉寺文書 | |
| 327 | 宗義暢判物 | 義暢花押 | 金剛院住持 | 宝暦12年9月11日 | 176209011 | 金剛院文書 | |
| 328 | 宗義暢判物 | 宗義暢 | 阿比留善左衛門 | 宝暦12年9月11日 | 176209011 | 阿比留修文書 | |
| 329 | 宗義暢判物 | 義暢花押 | 岩佐藤五左衛門 | 宝暦12年9月11日 | 176209015 | 岩佐文書 | |
| 330 | 宗義暢判物写 | 宗義暢 | 杉村蕃祐 | 安永5年4月1日 | 177604001 | 杉村文書 | |
| 331 | 豆酘郷豆酘半村坪付帳 | | | 安永5年4月日 | 177604099 | 宗家文書 | 記録類Ⅰ御郡奉行-B土地関係-①坪付-3-4 |
| 332 | 宗義功判物 | 義功花押 | 岩佐藤左衛門 | 安永7年7月9日 | 177807009 | 岩佐文書 | |
| 333 | 宗義弘判物 | 義弘花押 | 永泉寺住持 | 安永7年7月9日 | 177807009 | 永泉寺文書 | |
| 334 | 宗義弘判物 | 義弘花押 | 金剛院住持 | 安永7年7月9日 | 177807009 | 金剛院文書 | |
| 335 | 宗義功判物 | 宗義功 | 阿比留善左衛門 | 安永7年7月9日 | 177807009 | 阿比留修文書 | |
| 336 | 宗義功判物 | 義功花押 | 観音住持 | 天明3年9月18日 | 178309018 | 主藤寿文書 | |
| 337 | 対州社家名数帳 | | | 天明6年閏10月 | 178610599 | 宗家文書 | 記録類Ⅱ寺社方-A寺社書上-9-2 |
| 338 | 対州社領間高帳 | | | 天明6年閏10月 | 178610599 | 宗家文書 | 記録類Ⅱ寺社方-D寺社諸覚-7 |
| 339 | 豆酘郷村々開成就竿入絵図 | | | 寛政8年～文政11年 | 179699999 | 宗家文書 | 記録類Ⅰ御郡奉行-B土地関係-②測量-7-2 |
| 340 | 由緒書 | | | 寛政11年11月 | 179911099 | 宗家文書 | 記録類Ⅱ寺社方-A寺社書上12 |
| 341 | 御亀卜考様書付認様之事 | | | 文化2年6月吉辰日 | 180506099 | 岩佐文書 | |
| 342 | 口上覚 | 小森万之進 | | 文化7年7月21日 | 181007021 | 小森文書 | |
| 343 | 豆酘郷豆酘村御検地帳 | | | 文化9年10月 日 | 181210099 | 主藤寿文書 | |
| 344 | 御郡奉行所達 | 御郡奉行所 | 主藤源右衛門 | 文化13年6月22日 | 181606022 | 主藤仁文書 | |
| 345 | 主藤伝右衛門金子請取状 | 主藤伝右衛門 | 百姓甚之丞 | 文化14年3月23日 | 181703023 | 主藤仁文書 | |
| 346 | 主藤伝右衛門金子借用状手控 | 主藤伝右衛門 | 百姓甚之丞・同姓平蔵 | 文化14年3月23日 | 181703023 | 主藤仁文書 | |
| 347 | 宗義質判物 | 義質花押 | 観音住持 | 文化14年7月18日 | 181707018 | 主藤寿文書 | |
| 348 | 宗義質判物 | 義質花押 | 岩佐藤右衛門 | 文化14年7月18日 | 181707018 | 岩佐文書 | |
| 349 | 宗義質判物 | 義質花押 | 永泉寺住持 | 文化14年7月18日 | 181707018 | 永泉寺文書 | |
| 350 | 宗義質判物 | 義質花押 | 金剛院住持 | 文化14年7月18日 | 181707018 | 金剛院文書 | |
| 351 | 宗義質判物 | 宗義質 | 阿比留与治右衛門 | 文化14年7月18日 | 181707018 | 阿比留修文書 | |
| 352 | 宗義質判物写 | 義質 | 阿比留利右衛門 | 文化14年7月18日 | 181707018 | 宗家文書 | 御判物写（記録類Ⅱ-A 判物-89-1） |
| 353 | 宗義質判物写 | 義質 | 山下市之允 | 文化14年7月18日 | 181707018 | 宗家文書 | 御判物写（記録類Ⅱ-A 判物-89-1） |
| 354 | 宗義質判物写 | 義質 | 久和森右衛門 | 文化14年7月18日 | 181707018 | 宗家文書 | 御判物写（記録類Ⅱ-A 判物-89-1） |
| 355 | 宗義質判物写 | 義質 | 主藤郡右衛門 | 文化14年7月18日 | 181707018 | 宗家文書 | 御判物写（記録類Ⅱ-A 判物-89-1） |
| 356 | 宗義質判物写 | 義質 | 小森万之進 | 文化14年7月18日 | 181707018 | 宗家文書 | 御判物写（記録類Ⅱ-A 判物-89-1） |
| 357 | 宗義質判物写 | 義質 | 主藤清左衛門 | 文化14年7月18日 | 181707018 | 宗家文書 | 御判物写（記録類Ⅱ-A 判物-89-1） |
| 358 | 宗義質判物写 | 義質 | 阿比留弥五郎 | 文化14年7月18日 | 181707018 | 宗家文書 | 御判物写（記録類Ⅱ-A 判物-89-1） |
| 359 | 宗義質判物写 | 義質 | 斉藤甚左衛門 | 文化14年7月18日 | 181707018 | 宗家文書 | 御判物写（記録類Ⅱ-A 判物-89-1） |
| 360 | 宗義質判物写 | 義質 | 主藤治部右衛門 | 文化14年7月18日 | 181707018 | 宗家文書 | 御判物写（記録類Ⅱ-A 判物-89-1） |
| 361 | 宗義質判物写 | 義質 | 太田利左衛門 | 文化14年7月18日 | 181707018 | 宗家文書 | 御判物写（記録類Ⅱ-A 判物-89-1） |
| 362 | 宗義質判物写 | 義質 | 山下五右衛門 | 文化14年7月18日 | 181707018 | 宗家文書 | 御判物写（記録類Ⅱ-A 判物-89-1） |
| 363 | 宗義質判物写 | 義質 | 竹岡五郎左衛門 | 文化14年7月18日 | 181707018 | 宗家文書 | 御判物写（記録類Ⅱ-A 判物-89-1） |
| 364 | 宗義質判物写 | 義質 | 小嶋五右衛門 | 文化14年7月18日 | 181707018 | 宗家文書 | 御判物写（記録類Ⅱ-A 判物-89-1） |
| 365 | 宗義質判物写 | 義質 | 主藤平左衛門 | 文化14年7月18日 | 181707018 | 宗家文書 | 御判物写（記録類Ⅱ-A 判物-89-1） |
| 366 | 宗義質判物写 | 義質 | 主藤文右衛門 | 文化14年7月18日 | 181707018 | 宗家文書 | 御判物写（記録類Ⅱ-A 判物-89-1） |
| 367 | 宗義質判物写 | 義質 | 阿比留文治 | 文化14年7月18日 | 181707018 | 宗家文書 | 御判物写（記録類Ⅱ-A 判物-89-1） |
| 368 | 宗義質判物写 | 義質 | 阿比留茂左衛門 | 文化14年10月15日 | 181710015 | 宗家文書 | 御判物写（記録類Ⅱ-A 判物-89-1） |
| 369 | 宗義質判物写 | 義質 | 主藤伝右衛門 | 文化14年10月15日 | 181710018 | 宗家文書 | 御判物写（記録類Ⅱ-A 判物-89-1） |
| 370 | 阿比留利右衛門書上 | 阿比留利右衛門印 | 御郡奉行所 | 文化14年10月16日 | 181710016 | 宗家文書 | 御判物写（記録類Ⅱ-A 判物-89-1） |
| 371 | 覚 | 山田半左衛門 | 早川右膳ほか | 文政5年閏正月24日 | 182201524 | 金剛院文書 | |
| 372 | 金剛山記録 | | | 文政7年5月日 | 182405099 | 金剛院文書 | |
| 373 | 豆酘公私領境分ヶ帳 | | | 文政9年3月日 | 182603099 | 宗家文書 | 記録類Ⅰ御郡奉行-B土地関係-①坪付-3-5 |
| 374 | 御国地方之法 | | | 文政10年6月日 | 182706099 | 金剛院文書 | |
| 375 | 豆酘村々籾麦出来高并御物成仕分帳 | | | 文政10年7月21日 | 182707021 | 宗家文書 | 記録類Ⅰ御郡奉行-B土地関係-①坪付-17-8 |
| 376 | 岩佐彦兵衛手形 | 岩佐彦兵衛 | 主藤源七郎 | 天保8年8月日 | 183708099 | 主藤仁文書 | |

| | | | | | | | |
|---|---|---|---|---|---|---|---|
| 377 | 手控請□ | 住持円□ | | 天保10年4月14日 | 183904014 | 主藤寿文書 | |
| 378 | 御郡奉行所達 | 御郡奉行所 | 主藤伝右衛門 | 天保10年4月日 | 183904099 | 主藤仁文書 | |
| 379 | 宗義章判物 | 義章花押 | 観音住持 | 天保10年7月23日 | 183907023 | 主藤寿文書 | |
| 380 | 宗義章判物 | 義章花押 | 永泉寺住持 | 天保10年7月23日 | 183907023 | 永泉寺文書 | |
| 381 | 宗義章判物 | 義章花押 | 金剛院住持 | 天保10年7月23日 | 183907023 | 金剛院文書 | |
| 382 | 宗義章判物 | 義章花押 | 阿比留与治右衛門 | 天保10年7月23日 | 183907023 | 阿比留修文書 | |
| 383 | 宗義章判物写 | 義章御判 | 太田利左衛門 | 天保10年7月23日 | 183907023 | 宗家文書 | 御判物写書上帳（記録類Ⅱ-御判物-A 判物-117-7） |
| 384 | 宗義章判物写 | 義章御判 | 山下市之允 | 天保10年7月23日 | 183907023 | 宗家文書 | 御判物写書上帳（記録類Ⅱ-御判物-A 判物-117-7） |
| 385 | 宗義章判物写 | 義章御判 | 斉藤新兵衛 | 天保10年7月23日 | 183907023 | 宗家文書 | 御判物写書上帳（記録類Ⅱ-御判物-A 判物-117-7） |
| 386 | 宗義章判物写 | 義章御判 | 山下万兵衛 | 天保10年7月23日 | 183907023 | 宗家文書 | 御判物写書上帳（記録類Ⅱ-御判物-A 判物-117-7） |
| 387 | 宗義章判物写 | 義章御判 | 竹岡卯右衛門 | 天保10年7月23日 | 183907023 | 宗家文書 | 御判物写書上帳（記録類Ⅱ-御判物-A 判物-117-7） |
| 388 | 宗義章判物写 | 義章御判 | 阿比留勝蔵 | 天保10年7月23日 | 183907023 | 宗家文書 | 御判物写書上帳（記録類Ⅱ-御判物-A 判物-117-7） |
| 389 | 宗義章判物写 | 義章御判 | 主藤吉之允 | 天保10年7月23日 | 183907023 | 宗家文書 | 御判物写書上帳（記録類Ⅱ-御判物-A 判物-117-7） |
| 390 | 宗義章判物写 | 義章御判 | 主藤源七郎 | 天保10年7月23日 | 183907023 | 宗家文書 | 御判物写書上帳（記録類Ⅱ-御判物-A 判物-117-7） |
| 391 | 宗義章判物写 | 義章御判 | 主藤治部介 | 天保10年7月23日 | 183907023 | 宗家文書 | 御判物写書上帳（記録類Ⅱ-御判物-A 判物-117-7） |
| 392 | 宗義章判物写 | 義章御判 | 阿比留九左衛門 | 天保10年7月23日 | 183907023 | 宗家文書 | 御判物写書上帳（記録類Ⅱ-御判物-A 判物-117-7） |
| 393 | 宗義章判物写 | 義章御判 | 小森權左衛門 | 天保10年7月23日 | 183907023 | 宗家文書 | 御判物写書上帳（記録類Ⅱ-御判物-A 判物-117-7） |
| 394 | 宗義章判物写 | 義章御判 | 阿比留文作 | 天保10年7月23日 | 183907023 | 宗家文書 | 御判物写書上帳（記録類Ⅱ-御判物-A 判物-117-7） |
| 395 | 宗義章判物写 | 義章御判 | 主藤清左衛門 | 天保10年7月23日 | 183907023 | 宗家文書 | 御判物写書上帳（記録類Ⅱ-御判物-A 判物-117-7） |
| 396 | 宗義章判物写 | 義章御判 | 主藤權六 | 天保10年7月23日 | 183907023 | 宗家文書 | 御判物写書上帳（記録類Ⅱ-御判物-A 判物-117-7） |
| 397 | 宗義章判物写 | 義章御判 | 主藤甚五左衛門 | 天保10年7月23日 | 183907023 | 宗家文書 | 御判物写書上帳（記録類Ⅱ-御判物-A 判物-117-7） |
| 398 | 宗義章判物写 | 義章御判 | 阿比留喜左衛門 | 天保10年7月23日 | 183907023 | 宗家文書 | 御判物写書上帳（記録類Ⅱ-御判物-A 判物-117-7） |
| 399 | 宗義章判物写 | 義章御判 | 小島五右衛門 | 天保10年7月23日 | 183907023 | 宗家文書 | 御判物写書上帳（記録類Ⅱ-御判物-A 判物-117-7） |
| 400 | 宗義章判物写 | 義章御判 | 内山惣右衛門 | 天保10年7月23日 | 183907023 | 宗家文書 | 御判物写書上帳（記録類Ⅱ-御判物-A 判物-117-7） |
| 401 | 宗義章判物写 | 義章御判 | 太田長吉 | 天保10年7月23日 | 183907023 | 宗家文書 | 御判物写書上帳（記録類Ⅱ-御判物-A 判物-117-7） |
| 402 | 宗義章判物写 | 義章御判 | 佐々木治左衛門 | 天保10年7月23日 | 183907023 | 宗家文書 | 御判物写書上帳（記録類Ⅱ-御判物-A 判物-117-7） |
| 403 | 宗義章判物写 | 義章御判 | 久和森左衛門 | 天保10年7月23日 | 183907023 | 宗家文書 | 御判物写書上帳（記録類Ⅱ-御判物-A 判物-117-7） |
| 404 | 宗義章判物 | 義章花押 | 岩佐藤左衛門 | 天保10年12月28日 | 183912028 | 岩佐文書 | |
| 405 | 宗義和判物 | 義和花押 | 観音住持 | 天保14年2月15日 | 184302015 | 主藤寿文書 | |
| 406 | 宗義和判物 | 義和花押 | 永泉寺住持 | 天保14年2月15日 | 184302015 | 永泉寺文書 | |
| 407 | 宗義和判物 | 宗義和 | 金剛院住持 | 天保14年2月15日 | 184302015 | 金剛院文書 | |
| 408 | 宗義和判物 | 宗義和 | 主藤源七郎 | 天保14年2月15日 | 184302015 | 主藤仁文書 | |
| 409 | 宗義和判物 | 宗義和 | 阿比留与治右衛門 | 天保14年2月15日 | 184302015 | 阿比留修文書 | |
| 410 | 宗義和判物 | 宗義和 | 小森權左衛門 | 天保14年2月15日 | 184302015 | 小森文書 | |
| 411 | 御郡奉行所達 | 御郡奉行所 | 主藤源七郎 | 嘉永4年10月日 | 185110099 | 主藤仁文書 | |
| 412 | 杉村一郎兵衛覚書 | 杉村一郎兵衛 | 主藤源七郎 | 嘉永4年11月29日 | 185111029 | 主藤仁文書 | |
| 413 | 癸丑年前方々手形 | | | 嘉永７年正月日 | 185401099 | 宗家文書 | 記録類Ⅰ御郡奉行-J 郷通帳・手形-1-7 |
| 414 | 御年貢麦上納帳 | | | 安政２年６月日 | 185506099 | 宗家文書 | 記録類Ⅰ御郡奉行-G 勘定関係-①上納-28-8 |
| 415 | 出穀麦銀ニ而上納帳 | | | 安政２年12月 | 185512099 | 宗家文書 | 記録類Ⅰ御郡奉行-G 勘定関係-①上納-24-7 |
| 416 | 御米蔵江粗米上納帳 | | | 安政２年12月 | 185512099 | 宗家文書 | 記録類Ⅰ御郡奉行-G 勘定関係-①上納-25-7 |
| 417 | 御年貢麦銀ニ而上納帳 | | | 安政２年12月日 | 185512099 | 宗家文書 | 記録類Ⅰ御郡奉行-G 勘定関係-①上納-27-8 |
| 418 | 豆酘村天道地御物成引方帳 | | | 安政２年12月 | 185512099 | 宗家文書 | 記録類Ⅰ御郡奉行-G 勘定関係-①上納-85 |
| 419 | 豆酘村瀬村御年貢麦年賦上納帳 | | | 安政２年12月 | 185512099 | 宗家文書 | 記録類Ⅰ御郡奉行-G 勘定関係-①上納-100 |
| 420 | 御米蔵江粗米上納帳 | | | 安政２年12月日 | 185512099 | 宗家文書 | 記録類Ⅰ御郡奉行-G 勘定関係-①上納-128-2 |
| 421 | 乙卯年前方々手形 | | | 安政３年正月日 | 185601099 | 宗家文書 | 記録類Ⅰ御郡奉行-J 郷通帳・手形-3-4 |
| 422 | 御米蔵江御年貢麦上納帳 | | | 安政４年正月日 | 185601099 | 宗家文書 | 記録類Ⅰ御郡奉行-G 勘定関係-①上納-135-8 |
| 423 | 御米蔵江出穀麦上納帳 | | | 安政４年正月日 | 185601099 | 宗家文書 | 記録類Ⅰ御郡奉行-G 勘定関係-①上納-136-7 |
| 424 | 御米蔵江粗米上納帳 | | | 安政４年10月 | 185710099 | 宗家文書 | 記録類Ⅰ御郡奉行-G 勘定関係-①上納-211-8 |
| 425 | 御銀掛所江御年貢麦代銀上納帳 | | | 安政４年12月 | 185712099 | 宗家文書 | 記録類Ⅰ御郡奉行-G 勘定関係-①上納-134-8 |
| 426 | 御銀掛所江茶椿森麦代銀上納帳 | | | 安政４年12月 | 185712099 | 宗家文書 | 記録類Ⅰ御郡奉行-G 勘定関係-①上納-134-16 |
| 427 | 御銀掛所江出穀麦代銀上納帳 | | | 安政４年12月 | 185712099 | 宗家文書 | 記録類Ⅰ御郡奉行-G 勘定関係-①上納-137-7 |
| 428 | 豆酘郷瀬村御年貢麦年賦上納帳 | | | 安政４年12月 | 185712099 | 宗家文書 | 記録類Ⅰ御郡奉行-G 勘定関係-①上納-146 |
| 429 | 丁巳年方々手形 | | | 安政５年３月日 | 185803099 | 宗家文書 | 記録類Ⅰ御郡奉行-J 郷通帳・手形-9-6 |
| 430 | 御銀掛所出穀麦代銀上納帳 | | | 安政５年12月 | 185812099 | 宗家文書 | 記録類Ⅰ御郡奉行-G 勘定関係-①上納-255-8 |
| 431 | 御年貢麦上納帳 | | | 文久元年７月日 | 186107099 | 宗家文書 | 記録類Ⅰ御郡奉行-G 勘定関係-①上納-353-8 |
| 432 | 出穀麦上納帳 | | | 文久元年７月日 | 186107099 | 宗家文書 | 記録類Ⅰ御郡奉行-G 勘定関係-①上納-360-6 |
| 433 | 豆酘郷瀬村御年貢麦年賦上納帳 | | | 文久元年12月 | 186112099 | 宗家文書 | 記録類Ⅰ御郡奉行-G 勘定関係-①上納-270 |
| 434 | 御年貢麦代銀上納帳 | | | 文久元年12月 | 186112099 | 宗家文書 | 記録類Ⅰ御郡奉行-G 勘定関係-①上納-351-8 |
| 435 | 茶椿森麦代銀上納帳 | | | 文久元年12月 | 186112099 | 宗家文書 | 記録類Ⅰ御郡奉行-G 勘定関係-①上納-351-16 |
| 436 | 御米蔵江粗米上納帳 | | | 文久元年12月 | 186112099 | 宗家文書 | 記録類Ⅰ御郡奉行-G 勘定関係-①上納-352-8 |
| 437 | 出穀麦代銀上納帳 | | | 文久元年12月 | 186112099 | 宗家文書 | 記録類Ⅰ御郡奉行-G 勘定関係-①上納-363-8 |
| 438 | 御年貢麦上納帳 | | | 文久３年６月日 | 186306099 | 宗家文書 | 記録類Ⅰ御郡奉行-G 勘定関係-①上納-366-8 |
| 439 | 出穀麦上納帳 | | | 文久３年６月日 | 186306099 | 宗家文書 | 記録類Ⅰ御郡奉行-G 勘定関係-①上納-484-6 |
| 440 | 書留之写　豆酘金剛院 | | | 文久３年６月 | 186306099 | 宗家文書 | 記録類Ⅱ寺社方-A 寺社書上-17 |
| 441 | 世代記　永泉寺 | | | 文久３年６月 | 186306099 | 宗家文書 | 記録類Ⅱ寺社方-A 寺社書上-24 |
| 442 | 宗義達判物写 | 宗義達 | 主藤源七郎 | 文久3年9月14日 | 186309014 | 主藤仁文書 | |
| 443 | 宗義達判物写 | 義達花押 | 観音住持 | 文久3年9月15日 | 186309015 | 主藤寿文書 | |
| 444 | 宗義達判物 | 義達 | 永泉寺住持 | 文久3年9月15日 | 186309015 | 永泉寺文書 | |
| 445 | 宗義達判物 | 宗義達 | 金剛院住持 | 文久3年9月15日 | 186309015 | 金剛院文書 | |
| 446 | 豆酘郷瀬村御物成上納帳 | | | 文久３年12月 | 186312099 | 宗家文書 | 記録類Ⅰ御郡奉行-G 勘定関係-①上納-372 |
| 447 | 豆酘・瀬両村御年貢之内御宥免帳 | | | 文久３年12月 | 186312099 | 宗家文書 | 記録類Ⅰ御郡奉行-G 勘定関係-①上納-376 |
| 448 | 豆酘半村御物成上納帳 | | | 文久３年12月 | 186312099 | 宗家文書 | 記録類Ⅰ御郡奉行-G 勘定関係-①上納-388 |
| 449 | 豆酘郷瀬村御年貢麦年賦上納帳 | | | 文久３年12月 | 186312099 | 宗家文書 | 記録類Ⅰ御郡奉行-G 勘定関係-①上納-406 |
| 450 | 御銀掛所江御年貢麦代銀上納帳 | | | 文久３年12月 | 186312099 | 宗家文書 | 記録類Ⅰ御郡奉行-G 勘定関係-①上納-443-8 |
| 451 | 御銀掛所江茶椿森麦代銀上納帳 | | | 文久３年12月 | 186312099 | 宗家文書 | 記録類Ⅰ御郡奉行-G 勘定関係-①上納-443-16 |
| 452 | 御米蔵粗米上納帳 | | | 文久３年12月 | 186312099 | 宗家文書 | 記録類Ⅰ御郡奉行-G 勘定関係-①上納-444-7 |
| 453 | 御銀掛所江出穀麦代銀上納帳 | | | 文久３年12月日 | 186312099 | 宗家文書 | 記録類Ⅰ御郡奉行-G 勘定関係-①上納-487-8 |
| 454 | 御郡奉行所達 | | 小森喜兵衛 | 文久4年2月27日 | 186402027 | 小森文書 | |
| 455 | 御米蔵江御年貢麦上納帳 | | | 元治元年４月 | 186404099 | 宗家文書 | 記録類Ⅰ御郡奉行-G 勘定関係-①上納-595-8 |
| 456 | 金剛院寛明御判類列覚帳 | | | 元治元年9月13日 | 186409013 | 金剛院文書 | |
| 457 | 主藤源七郎金子請取状 | 主藤源七郎 | 百姓 三六 | 元治元年9月日 | 185409099 | 主藤仁文書 | |
| 458 | 諸方知行売高控 | | 主藤源七郎 | 元治元年10月吉日 | 186410099 | 主藤仁文書 | |
| 459 | 豆酘郷瀬村御物成上納帳 | | | 元治元年12月 | 186412099 | 宗家文書 | 記録類Ⅰ御郡奉行-G 勘定関係-①上納-497 |
| 460 | 豆酘郷瀬村御年貢麦年賦上納帳 | | | 元治元年12月 | 186412099 | 宗家文書 | 記録類Ⅰ御郡奉行-G 勘定関係-①上納-517 |
| 461 | 豆酘半村御物成上納帳 | | | 元治元年12月 | 186412099 | 宗家文書 | 記録類Ⅰ御郡奉行-G 勘定関係-①上納-574 |
| 462 | 豆酘・瀬両村御年貢之内年賦上納帳 | | | 元治元年12月 | 186412099 | 宗家文書 | 記録類Ⅰ御郡奉行-G 勘定関係-①上納-587 |
| 463 | 御銀掛所江御年貢麦代銀上納帳 | | | 元治元年12月 | 186412099 | 宗家文書 | 記録類Ⅰ御郡奉行-G 勘定関係-①上納-594-8 |
| 464 | 御銀掛所江茶椿森麦代銀上納帳 | | | 元治元年12月 | 186412099 | 宗家文書 | 記録類Ⅰ御郡奉行-G 勘定関係-①上納-594-16 |
| 465 | 御銀掛所江出穀麦代銀上納帳 | | | 元治元年12月日 | 186412099 | 宗家文書 | 記録類Ⅰ御郡奉行-G 勘定関係-①上納-596-8 |
| 466 | 御銀掛所江公役銀上納帳 | | | 元治元年 | 186499999 | 宗家文書 | 記録類Ⅰ御郡奉行-G 勘定関係-①上納-601-8 |
| 467 | 御米蔵江粗米上納帳 | | | 元治元年 | 186499999 | 宗家文書 | 記録類Ⅰ御郡奉行-G 勘定関係-①上納-600-6 |
| 468 | 御米蔵江出穀麦上納帳 | | | 慶応元年６月日 | 186506099 | 宗家文書 | 記録類Ⅰ御郡奉行-G 勘定関係-①上納-658-6 |
| 469 | 豆酘郷瀬村御年貢麦年賦上納帳 | | | 慶応元年12月 | 186512099 | 宗家文書 | 記録類Ⅰ御郡奉行-G 勘定関係-①上納-631 |
| 470 | 豆酘・瀬両村御年貢之内年賦上納帳 | | | 慶応元年12月 | 186512099 | 宗家文書 | 記録類Ⅰ御郡奉行-G 勘定関係-①上納-649 |
| 471 | 御米蔵江出穀麦代銀上納帳 | | | 慶応元年12月日 | 186512099 | 宗家文書 | 記録類Ⅰ御郡奉行-G 勘定関係-①上納-659-8 |

| | | | | | | | |
|---|---|---|---|---|---|---|---|
| 472 | 豆酘郷瀬村御年貢麦年賦上納帳 | | | 慶応元年12月日 | 186512099 | 宗家文書 | 記録類Ⅰ御郡奉行-G勘定関係-①上納-662-23 |
| 473 | 豆酘・瀬村両村御年貢之内年賦上納帳 | | | 慶応元年12月日 | 186512099 | 宗家文書 | 記録類Ⅰ御郡奉行-G勘定関係-①上納-662-34 |
| 474 | 御屋形御賄方諸色通帳 | | | 慶応２年正月 | 186601099 | 宗家文書 | 記録類Ⅰ御郡奉行-J郷通帳・手形-13 |
| 475 | 御賄方諸色通帳 | | | 慶応２年正月日 | 186601099 | 宗家文書 | 記録類Ⅰ御郡奉行-J郷通帳・手形-14 |
| 476 | 御厩方諸色通帳 | | | 慶応２年正月日 | 186601099 | 宗家文書 | 記録類Ⅰ御郡奉行-J郷通帳・手形-15 |
| 477 | 御作事方諸色通帳 | | | 慶応２年正月日 | 186601099 | 宗家文書 | 記録類Ⅰ御郡奉行-J郷通帳・手形-16 |
| 478 | 御米蔵江御年貢麦上納帳 | | | 慶応２年３月日 | 186603099 | 宗家文書 | 記録類Ⅰ御郡奉行-G勘定関係-①上納-744-8 |
| 479 | 御達之控帳 | | | 慶応2年7月日 | 186607099 | 金剛院文書 | |
| 480 | 御米蔵江粗米上納帳 | | | 慶応２年11月 | 186611099 | 宗家文書 | 記録類Ⅰ御郡奉行-G勘定関係-①上納-776-7 |
| 481 | 豆酘・瀬村両村御年貢之内年賦上納帳 | | | 慶応２年12月日 | 186612099 | 宗家文書 | 記録類Ⅰ御郡奉行-G勘定関係-①上納-727 |
| 482 | 豆酘・瀬村両村御年貢之内年賦上納帳 | | | 慶応２年12月日 | 186612099 | 宗家文書 | 記録類Ⅰ御郡奉行-G勘定関係-①上納-775-32 |
| 483 | 御米蔵江御年貢麦代銀上納帳 | | | 慶応２年12月日 | 186612099 | 宗家文書 | 記録類Ⅰ御郡奉行-G勘定関係-①上納-777-4 |
| 484 | 御米蔵江茶椿麦代銀上納帳 | | | 慶応２年12月日 | 186612099 | 宗家文書 | 記録類Ⅰ御郡奉行-G勘定関係-①上納-777-12 |
| 485 | 御米蔵江出穀麦代銀上納帳 | | | 慶応２年12月日 | 186612099 | 宗家文書 | 記録類Ⅰ御郡奉行-G勘定関係-①上納-787-8 |
| 486 | 御達之写 | 国分寺 | 金剛院 | 慶応2年9月21日 | 186690021 | 金剛院文書 | |
| 487 | 御米蔵江粗米上納帳 | | | 慶応３年７月 | 186707099 | 宗家文書 | 記録類Ⅰ御郡奉行-G勘定関係-①上納-789 |
| 488 | 御米蔵江粗米上納帳 | | | 慶応３年11月 | 186711099 | 宗家文書 | 記録類Ⅰ御郡奉行-G勘定関係-①上納-790 |
| 489 | 主藤源七郎金子借用状 | 主藤源七郎 | 浜村殿 | 慶応3年12月 | 186712099 | 主藤仁文書 | |
| 490 | 御米蔵江茶椿麦代銀上納帳 | | | 慶応３年12月日 | 186712099 | 宗家文書 | 記録類Ⅰ御郡奉行-G勘定関係-①上納-821 |
| 491 | 御米蔵江御年貢代銀上納帳 | | | 慶応３年12月日 | 186712099 | 宗家文書 | 記録類Ⅰ御郡奉行-G勘定関係-①上納-822 |
| 492 | 御米蔵江出穀麦代上納帳 | | | 慶応３年12月日 | 186712099 | 宗家文書 | 記録類Ⅰ御郡奉行-G勘定関係-①上納-823 |
| 493 | 豆酘村大道地御物成引方帳 | | | 慶応３年12月日 | 186712099 | 宗家文書 | 記録類Ⅰ御郡奉行-G勘定関係-①上納-853-34 |
| 494 | 豆酘村大道地御物成引方帳 | | | 慶応３年12月日 | 186712099 | 宗家文書 | 記録類Ⅰ御郡奉行-G勘定関係-①上納-964-34 |
| 495 | 御船艦方諸色通帳 | | | 明治元年正月日 | 186801099 | 宗家文書 | 記録類Ⅰ御郡奉行-J郷通帳・手形-19 |
| 496 | 郡改御役所炭通帳 | | | 明治元年正月日 | 186801099 | 宗家文書 | 記録類Ⅰ御郡奉行-J郷通帳・手形-20 |
| 497 | 会計御役所炭通帳 | | | 明治元年正月日 | 186801099 | 宗家文書 | 記録類Ⅰ御郡奉行-J郷通帳・手形-21 |
| 498 | 御年貢麦上納帳 | | | 慶応４年６月日 | 186806099 | 宗家文書 | 記録類Ⅰ御郡奉行-G勘定関係-①上納-872 |
| 499 | 真言宗金剛院暢願寺本末帳 | | | 慶応４年７月 | 186807099 | 宗家文書 | 記録類Ⅱ寺社方-A寺社書上-18 |
| 500 | 御米蔵江粗米上納帳 | | | 明治元年10月日 | 186810099 | 宗家文書 | 記録類Ⅰ御郡奉行-G勘定関係-①上納-873 |
| 501 | 本石系図 | | | 明治以降 | 186899999 | 本石佐市文書 | |
| 502 | 本石系図 | | | 明治以降 | 186899999 | 本石直己文書 | |
| 503 | 御賄方諸色通帳 | | | 明治２年正月日 | 186901099 | 宗家文書 | 記録類Ⅰ御郡奉行-J郷通帳・手形-70 |
| 504 | 御屋形御賄方諸色通帳 | | | 明治２年正月日 | 186901099 | 宗家文書 | 記録類Ⅰ御郡奉行-J郷通帳・手形-71 |
| 505 | 会計御役所炭通帳 | | | 明治２年正月日 | 186901099 | 宗家文書 | 記録類Ⅰ御郡奉行-J郷通帳・手形-72 |
| 506 | 郡政役所炭通帳 | | | 明治２年正月日 | 186901099 | 宗家文書 | 記録類Ⅰ御郡奉行-J郷通帳・手形-73 |
| 507 | 御作事方諸色通帳 | | | 明治２年正月日 | 186901099 | 宗家文書 | 記録類Ⅰ御郡奉行-J郷通帳・手形-74 |
| 508 | 御厩方諸色通帳 | | | 明治２年正月日 | 186901099 | 宗家文書 | 記録類Ⅰ御郡奉行-J郷通帳・手形-75 |
| 509 | 御出納方江公役銀上納帳 | | | 明治２年６月日 | 186906099 | 宗家文書 | 記録類Ⅰ御郡奉行-J郷通帳・手形-80 |
| 510 | 己巳年前方々手形 | | | 明治２年 | 186999999 | 宗家文書 | 記録類Ⅰ御郡奉行-J郷通帳・手形-81 |
| 511 | 亀卜占甲之写 | | | 明治3年3月初旬 | 187003099 | 岩佐文書 | |
| 512 | 民政権大属達 | 民政権大属 | 主藤源七郎 | 明治4年6月13日 | 187106013 | 主藤仁文書 | |
| 513 | 畠田物成割当手控帳 | | 自満院惣旦中 | 明治5年10月日 | 187210099 | 岩佐文書 | |
| 514 | 下県郡豆酘村共有墓籍台帳 | | | 明治20年2月 | 188702099 | 金剛院文書 | |
| 515 | 吉祥教化 | | | 明治30年12月 | 189712099 | 主藤寿文書 | |
| 516 | 年寄中達 | | 阿比留善左衛門 | 辛卯正月6日 | 999901006 | 阿比留修文書 | |
| 517 | 土屋相模守書状 | 土屋相模守 | | 2月4日 | 999902004 | 金剛院文書 | |
| 518 | 酘豆郷住持・給人中訴状 | 酘豆郷住持・給人中 | 御目付衆中 | 巳2月19日 | 999902019 | 杉村文書 | |
| 519 | 上（献金書上） | | | 2月 | 999902099 | 宗家文書 | 記録類Ⅰ御郡奉行-H諸請願-②御請書-28 |
| 520 | 御郡奉行所達 | 御郡奉行 | 主藤仁右衛門 | 子3月23日 | 999903023 | 小森文書 | |
| 521 | 宗盛貞判物（断簡） | 宗盛貞 | 金剛院 | 3月28日 | 999903028 | 金剛院文書 | |
| 522 | 以前豆酘村・瀬村・内院村物成之書付 | | 御奉行所中 | 3月吉日 | 999903099 | 杉村文書 | |
| 523 | 祈願文 | 盛賢 | 金剛院御同宿 | 4月28日 | 999904028 | 金剛院文書 | |
| 524 | 乍恐口上覚 | 孫十郎 | 御郡方 | 4月 | 999904099 | 小森文書 | |
| 525 | 産物之品取登セ候様ニ御渡候帳面之控 | | | 5月 | 999905099 | 宗家文書 | 記録類Ⅰ御郡奉行-C産物・用木-①産物-1-9 |
| 526 | 主藤源七郎書状 | 主藤源七郎 | 松浦□□ | 6月5日 | 999906005 | 主藤仁文書 | |
| 527 | 酘豆郡代役ニ付言上写 | | | 6月21日 | 999906020 | 杉村文書 | |
| 528 | 宗妙意書状写 | 妙意 | そうミやさいの御房 | 6月28日 | 999906028 | 宗家文書 | |
| 529 | 金剛院寛明口上覚案 | 金剛院寛明 | 国分寺 | 6月日 | 999906099 | 金剛院文書 | |
| 530 | 権藤又次郎証状 | 権藤又次郎 | 大田八之助 | 7月3日 | 999907003 | 主藤仁文書 | |
| 531 | 御郡奉行所達 | 御郡奉行所 | 阿比留善左衛門 | 7月18日 | 999907018 | 阿比留修文書 | |
| 532 | 下知状 | 景満花押 | 八郡中 | 8月2日 | 999908002 | 主藤寿文書 | |
| 533 | 宗調長書下写 | 調長判 | 岩佐助三郎 | 8月14日 | 999908014 | 宗家文書 | 御旧判控（記録類Ⅱ-御判物-A判物-98） |
| 534 | 宗貞信判物写 | 貞信御判 | 阿比留彦五郎 | 8月14日 | 999908014 | 宗家文書 | 御旧判控（記録類Ⅱ-御判物-A判物-98） |
| 535 | 宗貞盛書下写 | 貞盛御判 | 小嶋主斗丸 | 8月28日 | 999908028 | 宗家文書 | 御旧判控（記録類Ⅱ-御判物-A判物-98） |
| 536 | 酘豆之郷浜之浮所務 | | 杉村智興 | 9月5日 | 999909005 | 杉村文書 | |
| 537 | 国分寺役僧書状 | | 金剛院 | 9月14日 | 999909014 | 金剛院文書 | |
| 538 | 法度 | 吉智花押 | つゝの郡 | 9月25日 | 999909025 | 主藤寿文書 | |
| 539 | 法度写 | 吉智花押 | つゝの郡 | 9月25日 | 999909025 | 主藤寿文書 | |
| 540 | 宗義智書下写 | 吉智御判 | つつの郡 | 9月25日 | 999909025 | 宗家文書 | 御旧判控（記録類Ⅱ-御判物-A判物-98） |
| 541 | 豆酘郡代書物 | | | 9月26日 | 999909026 | 杉村文書 | |
| 542 | 金剛院寛明口上覚案 | 金剛院寛明 | 国分寺 | 10月日 | 999910099 | 金剛院文書 | |
| 543 | 船頭近左衛門口上覚 | 船頭近左衛門 | 主藤吉左衛門 | 未10月 | 999910099 | 主藤仁文書 | |
| 544 | 上申書 | 金剛院寛明 | 国分寺・寺社奉行所 | 11月5日・6日 | 999911005 | 金剛院文書 | |
| 545 | 八郷社領坪付渡帳 | | | 戌11月 | 999911099 | 宗家文書 | 記録類Ⅱ寺社方-D寺社諸覚-22 |
| 546 | 口上覚 | 小森権左衛門 | 山下清右衛門 | 卯11月22日 | 999911022 | 小森文書 | |
| 547 | 斎藤□蔵覚書 | 斎藤□蔵 | 主藤源七郎 | 亥12月7日 | 999912007 | 主藤仁文書 | |
| 548 | 宗宗香書下写 | 宗香花押 | つゝのこほりのさた人の中 | 12月11日 | 999912011 | 宗家文書 | |
| 549 | 草役六覚 | | 主藤源七郎 | 巳12月22日 | 999912022 | 主藤仁文書 | |
| 550 | 証文（前欠） | | 浜屋治兵衛 | 12月 | 999912099 | 主藤仁文書 | |
| 551 | 口上之覚 | 小森八郎長清 | 竹岡伝五郎 | 丙12月 | 999912099 | 小森文書 | |
| 552 | 口上覚 | | | 4月 | 999904099 | 小森文書 | |
| 553 | 主藤源七郎外四名証状 | 主藤源七郎ほか | □瀬栄造・□□四郎 | □月8日 | 999999908 | 主藤仁文書 | |
| 554 | 小森氏系図 | | | | 999999999 | 小森文書 | |
| 555 | 乍恐口上覚 | 小森権左衛門 | | 子10月 | 999910099 | 小森文書 | |
| 556 | 阿比留家系図 | | | | 999999999 | 阿比留修文書 | |
| 557 | 岩佐家系図 | | | | 999999999 | 岩佐文書 | |
| 558 | 御判物目録 | | | | 999999999 | 金剛院文書 | |
| 559 | 御判物覚 | | | | 999999999 | 金剛院文書 | |
| 560 | 口上覚案 | | | | 999999999 | 金剛院文書 | |
| 561 | 金剛院由緒書 | | | | 999999999 | 金剛院文書 | |
| 562 | 御条目 | | | | 999999999 | 金剛院文書 | |
| 563 | 家系（主藤歴代姓名） | | | | 999999999 | 主藤仁文書 | |
| 564 | 判物控（年月日・差出・宛所） | | | | 999999999 | 主藤仁文書 | |
| 565 | 主藤氏家系 | | | | 999999999 | 主藤仁文書 | |
| 566 | 主藤氏系図 | | 源七郎 | | 999999999 | 主藤仁文書 | |

| | | | | | | | |
|---|---|---|---|---|---|---|---|
| 567 | 某口上覚（後欠） | | | | 999999999 | 主藤仁文書 | |
| 568 | 歴代戒名覚 | | | | 999999999 | 主藤仁文書 | |
| 569 | 某口上覚（後欠） | | | | 999999999 | 主藤仁文書 | |
| 570 | 鉄砲挺数 | | | | 999999999 | 主藤仁文書 | |
| 571 | 畑反数覚（断簡） | | | | 999999999 | 主藤仁文書 | |
| 572 | 覚書（断簡） | | | | 999999999 | 主藤仁文書 | |
| 573 | 郷村名称覚 | | | | 999999999 | 主藤仁文書 | |
| 574 | 勘定書（後欠） | | | | 999999999 | 主藤仁文書 | |
| 575 | 宗氏系図 | | | | 999999999 | 主藤仁文書 | |
| 576 | 主藤某覚書（断簡） | | | | 999999999 | 主藤仁文書 | |
| 577 | 判物控 | | | | 999999999 | 主藤仁文書 | |
| 578 | 覚書（断簡） | | | | 999999999 | 主藤仁文書 | |
| 579 | 年貢皆済目録（断簡） | | | | 999999999 | 主藤仁文書 | |
| 580 | 某願書草案 | | | | 999999999 | 主藤仁文書 | |
| 581 | 金子覚書 | | | | 999999999 | 主藤仁文書 | |
| 582 | 某書状（断簡） | | | | 999999999 | 主藤仁文書 | |
| 583 | 某書状（後欠） | | | | 999999999 | 主藤仁文書 | |
| 584 | 主藤家系図（断簡） | | | | 999999999 | 主藤仁文書 | |
| 585 | 某口上覚（断簡） | | | | 999999999 | 主藤仁文書 | |
| 586 | 某覚書（断簡） | | | | 999999999 | 主藤仁文書 | |
| 587 | 宗氏判物断片 | | | | 999999999 | 主藤仁文書 | |
| 588 | 宗貞茂書下 | 貞茂花押 | 酘々代官 | 5月25日 | 999905025 | 主藤寿文書 | |
| 589 | 断簡 | | | | 999999999 | 主藤寿文書 | |
| 590 | 就豆酘豆住持職田畠等坪付 | | | | 999999999 | 主藤寿文書 | |
| 591 | 天道菩薩由来記 | | | | 999999999 | 主藤寿文書 | |
| 592 | 千手教化 | | | | 999999999 | 主藤寿文書 | |
| 593 | 宗義智判物 | 宗義智 | 酘豆郡 | | 999999999 | 杉村文書 | |
| 594 | 以前豆酘ニ付候書物 | | | | 999999999 | 杉村文書 | |
| 595 | 包紙（「此書物如何成ニ有之候哉、豆酘観音住持円久方江有之候、彼方ヨリ明和二乙酉年送遣ス」） | | | | 999999999 | 杉村文書 | |
| 596 | 豆酘郡所務取調ニ付大浦権太夫宛積書 | 杉村采女助 | 大浦権太夫 | 壬寅 | 999999999 | 杉村文書 | |
| 597 | 郡代之節公私公役調物盛付ノ事 | | | | 999999999 | 杉村文書 | |
| 598 | （郡中御定覚書） | | | | 999999999 | 杉村文書 | |
| 599 | （豆酘郡代仕置定） | | | | 999999999 | 杉村文書 | |
| 600 | （郡中仕置定下書） | | | | 999999999 | 杉村文書 | |
| 601 | （公役定） | | | | 999999999 | 杉村文書 | |
| 602 | 御鷹野御法度之御判物義智公 | | | | 999999999 | 杉村文書 | |
| 603 | （豆酘へ人被遣候一件ニ付年寄中覚書 | | 杉村采女 | | 999999999 | 杉村文書 | |
| 604 | 知行坪付之覚（後欠） | | | | 999999999 | 阿比留修文書 | |
| 605 | 対馬国神社帳・対馬国寺院帳 | | | | 999999999 | 宗家文書 | 記録類Ⅰ-表書札方-G 寺社・年中行事-①寺社-14 |
| 606 | 産物吟味帳 | | | | 999999999 | 宗家文書 | 記録類Ⅰ-御郡奉行-C 産物・用木-①産物-1-5 |
| 607 | 八郡寺社記 | | | | 999999999 | 宗家文書 | 記録類Ⅰ-御郡奉行-F 寺社-10 |
| 608 | 八郡寺社記 | | | | 999999999 | 宗家文書 | 記録類Ⅰ-御郡奉行-F 寺社-11 |
| 609 | 覚書 | | | | 999999999 | 宗家文書 | 記録類Ⅰ-御郡奉行-K 諸覚-16-33 |
| 610 | 豆酘郷村境書 | | | | 999999999 | 宗家文書 | 記録類Ⅰ-御郡奉行-O 雑-42-8 |
| 611 | 対州神社并社家名数帳 | | | | 999999999 | 宗家文書 | 記録類Ⅱ-寺社方-C 寺院記録・神社帳-4 |
| 612 | 対州神社大帳 | | | | 999999999 | 宗家文書 | 記録類Ⅱ-寺社方-C 寺院記録・神社帳-6 |
| 613 | 対州神社帳 | | | | 999999999 | 宗家文書 | 記録類Ⅱ-寺社方-C 寺院記録・神社帳-31 |
| 614 | 家系　阿比留善吉 | | | | 999999999 | 宗家文書 | 記録類Ⅳ-家記史料-E その他参考資料-98 |
| 615 | 家系　太田馬次郎 | | | | 999999999 | 宗家文書 | 記録類Ⅳ-家記史料-E その他参考資料-99 |
| 616 | 家系　主藤主 | | | | 999999999 | 宗家文書 | 記録類Ⅳ-家記史料-E その他参考資料-101 |
| 617 | 家系　山下市郎 | | | | 999999999 | 宗家文書 | 記録類Ⅳ-家記史料-E その他参考資料-102 |
| 618 | 家系　岩佐甚吉 | | | | 999999999 | 宗家文書 | 記録類Ⅳ-家記史料-E その他参考資料-103 |
| 619 | 家系　小森権太 | | | | 999999999 | 宗家文書 | 記録類Ⅳ-家記史料-E その他参考資料-104 |
| 620 | 家系　阿比留佐兵衛 | | | | 999999999 | 宗家文書 | 記録類Ⅳ-家記史料-E その他参考資料-105 |
| 621 | 覚書 | 観音住持円嘉坊 | | 享保17年ヨリ | 173299999 | 主藤寿文書 | |
| 622 | 公私諸覚書 | 住持円久 | | 明和元年9月より | 176409099 | 主藤寿文書 | |
| 623 | 対馬国下県郡豆酘村神社由緒調査書 | 主藤辰五郎 | | 明治以降 | 186899999 | 主藤寿文書 | |

# 金剛院所蔵資料の整理・保存

吉田正高

## はじめに

金剛山金剛院（長安寺）は、対馬豆酘地区の南東（字琴亦）に位置する真言宗の寺院で、弘法大師開山の縁起を持ち、中世以来対馬宗氏の帰依を受けた古刹である。金剛院では中世文書をはじめ、近世、近代に至る資料群を所蔵していることが知られている。しかしながら、これまで中世の古文書類や、大般若経についての調査が断片的に実施されたことはあるものの、総合的な調査は行われていない。近代以前の地域社会において、寺院が重要な位置を占めていたことについては論を待たない。

そこで、対馬豆酘地区調査の一環として、金剛院に所蔵される資料群の全体把握を目的とした悉皆調査と、整理・保存作業を実施した。ここではその諸作業の記録を紹介し、成果としての目録を掲載する。(※1)併せて整理作業によって確認された古文書のうち、これまで触れられる機会が少なかった近世・近代における金剛院の実態を考察する前提として、

特に重要な史料を翻刻し、紹介したい。(※2)

※1の資料目録、※2の近世・近代史料の翻刻・解題については紙数の関係で割愛した。目録および翻刻については、『科研基盤B報告書水稲文化二一三〜二二二頁』を参照されたい。

## 一　事前調査

本調査に入る前に、金剛院に所蔵される資料の性格や全体量などを把握し、整理・保存作業の指針を決定するための事前調査を実施した。期間は六月一〇日〜一一日までの二日間、のべ一四人が調査にあたった。

ご住職の御協力を得て、本堂内部を作業場所としてご提供いただき、金剛院が所蔵する歴史的な資料を全て確認させていただいた。資料が収納されていた容器は、近世に作成された木製の文箱一箱、ダンボール箱が六箱、茶箱が一箱、クリアーケースが一箱であった。収納容器の保管場所は、本堂（外陣）および附属の物置に分置されていた。歴史資料の収納箱は、全体として九箱であった。

本調査では、調査時点における現状をできるかぎり精緻に記録する方針を立てた。そこで、まずは各収納容器別に保管場所を冠した適切な呼称を付け、そのまとまりをデータとして記録することで、資料が保存されていた容器とその内容との関係を明確にした。方角は本堂奥を「南」、向かって左側を「東」とし、本堂

写真1　金剛院山門

写真2　金剛院境内

内部にあったものは「外陣」の呼称を用いた。その結果、現状の収納容器は「東蔵1～5」「南蔵」「外陣脇1～2」と分別することになった。収納容器については、それぞれ外寸の計測、収納状況の撮影を行った。

次に資料の総点数を把握するための作業を行った。なお資料の散逸や汚損を避けるために畳の上に白布を敷いた。箱別に収納されている資料を全て取り上げて、その点数を確認した。取り上げ作業は各箱ごとに行い、箱内の大きなまとまりや収納されていた空間配置などにも注意をはらいながら、資料が混在することがないように進めた。

金剛院には、大きく分けて、古文書、近世～近代における版本、絵画、大般若経が存在することが判明した。そこで、箱ごとに、資料の性格に応じた必要なデータを採取することにした。

中世から近現代に至る全ての文書史料に関しては、目録を作成するためのデータを採取した。また、総点数が把握できた時点で、全点撮影が可能な量であることが判明したため、デジタルカメラを用いて記録した。

なお文書史料としては、金剛院を含め、現在は廃寺となっている寺院の過去帳五点の存在が確認されたが、現在も活用されていることや、プライバシー保護の点から、簡便な記録を採取するにとどめた。

近世の古典籍を中心とした版本類は「東蔵1～4」箱に収められていた。典籍類の書誌を考慮し、版本用の目録カードを用いてデータの採取に勤めた。

絵画資料に関して、大部分は「東蔵5」箱に収納され、一部は「南蔵」箱にも混在

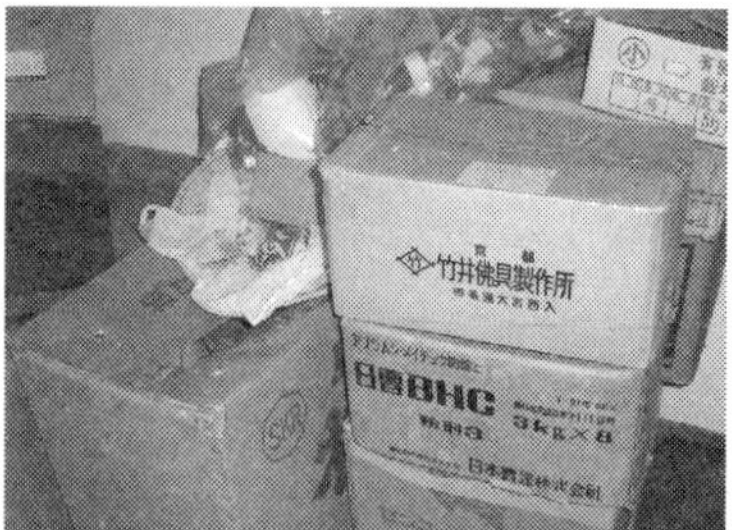


写真3　資料整理前の状況

写真4　「東蔵1～5」の資料群

していた。近世以前のものについては、データをとり、近代～現代のものに関しては、総点数をカウントするのみにとどめた。これは、近代以降の軸物が、現在も法会などで使用されていることが判明したためである。近世以前のものに関しては、画題・作者を特定し、デジタルカメラと通常のカメラを用いて記録した。

大般若経は、「外陣脇1」（茶箱）および「外陣脇2」（クリアーケース）に収納されていた（写真5参照）。破損が進行しているものが多く、一時的な取り上げは必要最小限とし、個別の巻数と全点の冊数を確認するにとどめた。また、特に奥書や注書のあるものについては、必要箇所をデジタルカメラで近接撮影をした。

以上のデータ採取の成果は、作業場所である本堂内において、用意したノートパソコンで記録し、誤謬がないかを確認しながら目録化していった。

作業終了後は、全ての資料をもとの状態に復して箱内へ収納し、各収納容器を旧来の保管場所へ戻した。

写真5　「外陣脇1～2」の大般若経（整理前）

## 二　整理・保存作業

### (1)資料の整理と保存に向けた協議

事前調査の成果をもとに、調査グループ内部で検討を重ね、金剛院資料の整理・保存に関する指針を決定した。

a．現状の変更について

現在の文化財としての資料整理が、現状維持を大原則としていることは周知の事実である。ただし金剛院の場合には、資料が収納されているダンボール箱など容器の形状に問題があり、温湿度の変化が激しい場所に保管せざるを得ない状況にあった。また、収納されている資料に対して適切な大きさの収納箱が使われているかというと、必ずしもそうではなかった。そこで、資料にとって良好な環境を獲得するため、収納・保存状況を改善することにした。これは現状の破壊につながる危険性もあるが、旧収納状況を写真およびスケッチで記録したことや、旧収納箱の情報（資料がどの箱に入っていたか）については目録に明記されていることを考慮して、資料自体の今後の良好な保存を優先することにした。

b．保存法について

旧収納容器であるダンボール箱、茶箱、クリアーケースは歴史資料の保存に適しているとは言い難い。特に豆酘地区は海沿いという地域的な特性もあって、酸性のダンボール箱などは相当程度劣化が進んでいた。そこで、事前調査の結果から全体の容積を計算し、それらを収納することが可能な被せ式の蓋が付いた中性紙製のダンボール箱（二種類）を複数用意した。

金剛院には、古文書から絵画まで形態の異なる資料が存在し、その現況も多様であることから、それぞれの資料に対して最適であると考えられる整理保存方法を用い、場合によっては養生を施した（詳細は後述する）。また、防虫剤は「防虫香」（鳩居堂製）を使うことにした。

(2) 整理・保存作業

金剛院での整理・保存作業は、二〇〇三年九月一二日、一三日の二日間に渡って実

写真6　目録カードによる典籍類の書誌データ採取

写真7　持ち込みノートパソコンによる目録作成

施された。作業に参加したのべ人数は、一二人である。以下、各資料の形態別に整理・保存作業の概要を述べてみたい。

①古文書

中世、近世、近現代にわたる古文書に関しては、一点毎に中性紙の封筒に納め、その表紙に鉛筆で文書名と整理番号を記すことにした。封筒は古文書の大きさを考慮して、二種類用意した（角2［二四〇×三三二ミリメートル］、角3［二一六×二七七ミリメートル］）。特に中世から近世初期の史料に関しては、国士舘大学、県立長崎図書館、東京大学史料編纂所などによってすでに調査が実施されていた。なお中世史料の性格については、第二部の徳永健太郎「対馬中世文書の現在」（二五五〜三〇三頁）を参照の事。

古文書の多くは「御判物箱」の墨書のある木製の文箱（文政四年の年記あり）内に収められていた。その他、「南蔵」、「外陣脇1」、「同2」等の箱にも数点の古文書が混在していた。今後の保存を考慮して、古文書類は一括して「古文書1」「古文書2」の二箱に収納することにした。また木製文箱も「古文書1」箱内に収納した。古文書のなかでも大型で、通常の箱に収納できない分に関しては、書画・絵画類も含めた「大型資料」箱へ別置することにした。

②古典籍

経典類を中心とした古典籍類は、主に「東蔵」箱に収納されていた。整理作業では、「版本1」から「版本6」までの六箱にこれらを収めることにした。なお、収納にあ

写真8　中性紙の封筒への古文書納入作業

写真9　文政4年の「御判物箱」

たっては、旧来からの収納形態を踏襲し、シリーズごとにまとめることは避けた。

目録との対照に関しては、細く割いた和紙に整理番号を記し、これを史料の丁間に挿入し、あるいは帯状に巻くことで、目録との一対一の対応を可能とした。また、表紙・題簽などの欠損をはじめ、汚損・破損・虫損がみとめられるものについては、薄様で養生を施した。

③大般若経

近世の対馬藩主宗貞盛より金剛院に寄進された大般若経は、高麗版といわれる貴重な文化財であり、その保存は当初より本調査グループの重要な眼目の一つであった。全点にわたって表紙の剥離や破損が目立っており、一点ごとに薄様を用いた養生を施すことにした。

なお、今後の史料の保存や調査研究への便宜を考慮して、旧来のランダムな収納順を止め、大般若経の巻数順に整理をしなおし、「大般若経1」から「大般若経5」までの五箱に収納した。

④絵画類

絵画類のうち、もっとも点数が多かったのは「諸国霊場諸尊像」を描いた軸物で、一一二点が確認された。これらは大部分が「東蔵5」箱に収納されていた。保存状態が良好であったため、今回の整理作業にあたっては、そのまま「軸物」箱に全てを収めることにした。

それ以外の、大型の絵画・書画類は、破損等の状況に応じて適切な養生を施した後、

写真10　古典籍の整理作業

写真11　大般若経の整理作業

「大型資料」箱に収納した。

⑤地券

整理作業の途中で発見された明治期の地券（明治政府が土地の所有を確認するために発行した権利証）に関しては、目録採取をせず、デジタルカメラによる現状記録のみにとどめた。

(3)収納完了後の保管場所の確保

全ての資料の整理・養生作業を終えた結果、一四個の箱に収納することができた。各箱には、箱名称と収納した資料の内容を記載したラベルを貼付した。なお、ラベル貼付に使用した糊は、中性紙のダンボール箱に悪影響を及ぼさない材質のものを用いた。

資料収納箱の保管については、旧来の場所では保存上好ましくないと判断されたため、ご住職ともご相談の上、本堂内部の収納スペースを使わせていただくことにした。

写真12　中性紙の保存箱への納入作業

写真13　保存箱への納入状況

写真14　保存箱への納入後、所蔵者へ説明

写真15　納入後の状況

# おわりに

一連の作業を経て、金剛院所蔵資料の全体像が明らかになった。総点数こそ多くはないものの、近世および近代の豆酘地区の実態を知る手がかりとなる貴重な資料群であることが判明した。費やした日数は事前調査を含めてもわずか四日、通算のべ人数も二六人と、この種の資料整理としては異例の短期決戦となった。また九月一二日は折悪しく対馬に台風が上陸してしまい、その影響で午後の作業時間を短縮せざるをえないというアクシデントにも見舞われた。それにもかかわらず、作業を完了することができたのは、くじけずに作業にあたってくれた調査グループのメンバーの尽力と、金剛院ご住職夫妻の暖かいご支援の賜物である。あらためて作業に参加していただいた皆様に謝意を表したいと思います。

対馬豆酘地区には、豊富な歴史的資料を有する多くの寺院・神社が存在している。今回我々が実施した歴史的資料の悉皆調査が、その嚆矢として位置づけられるなら、これにまさる光栄はない。今後の同地区における資料整理の進捗を期待して、筆を措きたい。

**【付記】** 資料保存にあたってもっとも重要である収納容器（中性紙のダンボール箱）に関しては、金剛院から購入資金の半分をご提供いただきました。

# あとがき

本書は、日本と大陸との架け橋の役割を長く果たした対馬に関する研究レポートである。二〇〇二年、早稲田大学の二一世紀COEプログラム「アジア地域文化エンハンシング研究センター」が発足した。これには全部で八つのプロジェクト研究所が参加し、東アジアの地域を分け、それぞれテーマを設定して共同研究を分担した。中国四川省において基本的な地域文化のモデルを明らかにし、「乾燥地帯とオアシス文化」、「草原地域と遊牧文化」、「森林地帯と狩猟文化」、「亜熱帯と稲作文化」の四地域に分けて研究を進めた。水稲文化研究所は、「亜熱帯と稲作文化」を担当し、まず、日本の対馬とインドネシアのバリ島を比較研究するという方法で開始した。同時期に、科学研究費基盤研究（B）「東アジアにおける水田形成と水稲文化の研究（日本を中心として）」がスタートして、早稲田大学大学院のスタッフと現地調査を行い、授業で対馬の史料を講読することとなった。

対馬をフィールドとして取り上げた理由は次の三点である。

（1）対馬は弥生時代から江戸時代に至るまで、大陸と日本との交流の接点となり、水稲文化の伝播のうえでも看過しえない地であること。

（2）対馬南部の豆酘《つつ》では、赤米栽培が神事として伝承され、現在も続けられており、水田形成および水稲文化を解明する重要な鍵が存在し、また、対馬全域が民俗芸能の宝庫であること。

（3）対馬全島において、圃場整備事業がほとんど実施されておらず（九州全域では、ほぼ完了に近い状況にある）、古い水田の復原・解明が可能であること。

以上のことから、まず対馬における水田形成と水稲文化の解明を進め、徐々にバリ島との比較研究を深めていく方針を採った。約二年で基本的な調査は終了し、二〇〇四年三月には、報告書（A四判、二八三頁）を刊行することができた。本書『海のクロスロード対馬』は、この報告書に盛られた成果を一般の読者の理解を得るために解説したものである。次の二つの内容からなっている。

〈景観と環境の復原から〉

対馬が日本と朝鮮との境にあることから、古代以来、政治・外交の問題がこの地に集約的に展開した。最近明らかにされた考古学的成果と文献資料により、南部の遺跡に濃厚に大和政権の支配の跡が見いだされることからその政治拠点としての役割があきらかとなった。また、太陽信仰と稲作信仰が融合した天道信仰は対馬の環境が産んだ独特の土俗宗教であり、豆酘の水田では赤米栽培の神事が現代にまで継承された。さらに、一三世紀の史料を解明したところ、天道信仰は森林とりわけ照葉樹林を信仰の対象としており、在地慣習法、さらには武家法によって保護され、近代には天然記念物に指定されて守られたことが明らかとなった。このような環境保護の歴史を明らかにし得たことは世界的にみても貴重なものであろう。また、近代初頭における豆酘の村落および水田の景観を復原し得たことも大きな成果といえよう。

〈文献資料の分析から〉

宗氏は鎌倉時代に地頭代としてこの地に入部し、南北朝期には守護代となって活躍する。やがて守護大名としての地位を築いて日朝外交に大きな役割を果たし、近世大名として幕末に至った。このように宗氏は長期にわたって対馬を支配し、厖大な文献資料を残している。宗氏にかかわる文献資料の分析は最近ようやく活発化してきた分野であるが、本書では中世の領主の存在形態や朝鮮通信使について明らかにすることができた。さらに、豆酘の仏教寺院である金剛院において最新の調査方法を駆使して文献の整理・保存を行ったが、本書ではその過程のレポートを掲載した。今後、この種の調査のスタンダードとなるものである。

本書では一九八〇年代以降の農村の共同研究で蓄積されてきた方法を駆使して儀礼と村落景観を追究した。九学会連合調査の時点では考えられなかった調査方法の進歩を実感していただき、この豆酘の地が、日本史分野の研究が蓄積してきた村落研究の方法論によって今後の東アジア村落研究の一基点となるものであることをご理解いただけるであろう。

現地調査にあたって資料提供を快く引き受けてくださった地域の人々に改めて感謝申し上げたい。

最後になったが、論文をご執筆いただいた方々に厚く御礼申し上げたい。

なお、本書は早稲田大学学術出版補助費の助成を得て出版されたものである。

海老澤　衷

## 執筆者紹介（掲載順）

①生年　②所属・職名　③専門　④主要論文

**海老澤衷**（えびさわ・ただし）

①一九四八年生

②早稲田大学文学学術院・教授、水稲文化研究所・所長

③日本中世史・東アジア水田農耕史

④「日本的灌漑システムの特徴と荘園景観の保存」（『ヒストリア』第二〇二号）

『景観に歴史を読む　史料編　増補版』（トランスアート）

『荘園公領制と中世村落』（校倉書房）

**新川登亀男**（しんかわ・ときお）

①一九四七年生

②早稲田大学文学学術院・教授・水稲文化研究所

③日本古代史・アジア地域文化学

④『日本古代の対外交渉と仏教』（吉川弘文館）

『漢字文化の成り立ちと展開』（山川出版社）

『聖徳太子の歴史学』（講談社）

**黒田　智**（くろだ・さとし）
①一九七〇年生まれ
②海城高等学校非常勤講師、東京立正短期大学非常勤講師
③日本中世文化史
④『中世肖像の文化史』（ぺりかん社）
「信長夢合わせ譚と武威の系譜」（『史学雑誌』第一一一編六号）
「帳簿にあらわれた村の拠点」（『史観』一三八号）

**堀　祥岳**（ほり・よしたけ）
①一九七七年生
②禅林にて修行中
③日本中世史
④「榎木慶徳による勧進と開発―東寺領垂水庄代官の一側面―」（『早稲田大学大学院文学研究科紀要』第四九輯第四分冊）
「対馬豆酘の景観復原―水利および地名を中心として―」
「展示評地域博物館における荘園展示の課題―吹田市立博物館特別展『東寺領垂水庄』によせて」（『民衆史研究会会報』五四号）

**本石正久**（もといし・まさひさ）
①一九三三年生
②対馬市文化財保護審議委員会委員、多久頭魂神社・外八社宮司
③日本民俗学

④『長崎県の農具調査（前編）』（共著・長崎県教育委員会）
『長崎県の民俗芸能』（共著・長崎県教育委員会）
『対馬・豆酘寺門樫ぼの遺跡』（共著・厳原町教育委員会）
『長崎県の祭り・行事』（共著・長崎県教育委員会）

**和田　修**（わだ・おさむ）
①一九六三年
②早稲田大学文学学術院・助教授
③日本芸能史
④『対馬　厳原の盆踊』（共編・厳原町教育委員会）
『東郷町文弥節人形浄瑠璃調査報告書』（共編・東郷町教育委員会）

**関　周一**（せき・しゅういち）
①一九六三年生
②武蔵大学・つくば国際大学・中央大学・常磐大学・自由が丘産能短期大学（通信教育）各非常勤講師
③日本中世史
④「朝鮮三浦と対馬の倭人」（五味文彦・小野正敏・萩原三雄編『中世の対外交流―場・ひと・技術―』高志書院）
「明帝国と日本」（榎原雅治編『日本の時代史』第一一巻　一揆の時代、吉川弘文館）
『中世日朝海域史の研究』（吉川弘文館）

**本田佳奈**（ほんだ・かな）
①一九七六年生
②神奈川大学21世紀ＣＯＥプログラム「人類文化研究のための非文字資料の体系化」研究員
③日本史・民俗学
④『対馬トポフィリア　二〇〇三年村落調査報告書』花書院
「地名の記憶―球磨川流域の資源と林産業―」（山中進・上野眞也編著『山間地域の崩壊と存続』

**米谷　均**（よねたに・ひとし）
①一九六七年
②共立女子大学国際文化学部・非常勤講師
③日本近世史
④「一六世紀日朝関係における偽使派遣の構造と実態」（『歴史学研究』六九七）
「近世日朝関係における戦争捕虜の送還」（『歴史評論』五九五号）
「後期倭寇から朝鮮侵略へ」（池享編『日本の時代史』一三、吉川弘文館）

**徳永健太郎**（とくなが・けたんろう）
①一九七一年生
②早稲田大学文学学術院非常勤講師
③日本中世史
④「大宰府安楽寺留守大鳥居家の成立と今川了俊」（『悪党と内乱』岩田書院）
「神社領荘園における別相伝の展開―鎌倉期の石清水八幡宮寺領をめぐって―」（『鎌倉遺文研究』第九号）

**吉田正高**（よしだ・まさたか）

①一九六九年生

②東京大学大学院情報学環コンテンツ創造科学産学連携教育プログラム特任講師

③日本近世都市文化史・コンテンツ文化史

④「江戸都市民の大名屋敷内鎮守への参詣行動—太郎稲荷の流行を中心に—」（『地方史研究』第二八四号）

「近世江戸における流行神と伝説—江戸を駆けめぐる噂話とマスメディアの影響力」（『国文学解釈と鑑賞』平成一七年一〇月号　特集：創られる伝説—歴史意識と説話）

played a major role in Japanese-Koreaan diplomacy until the end of the Edo period. In this way, the So clan ruled Tsushima for a long period and maintained a vast amount of documents. While the analysis of the documents related to the So clan has speeded up of late, this book clarifies the state of the rule of the landlords and Korean diplomats there of the Medieval Period. We also report on the process of our work in the organization and preservation of documents found in the Kongoin Buddist temple of Tsusu, using the latest research methods. This will become the standard of this kind of research.

Based on the aforementioned outcomes of research, we would like to clarify the landscapes of villages and rituals founded on the wet rice agriculture of East Asia.

(3) Hardly any project to reorganise rice fields has been conducted on Tsushima (a project has nearly been completed on Kyushu), and it is therefore possible to trace and analyze the ancient rice fields.

For the aforementioned reasons, we decided first to identify the formation of wet rice fields and wet rice agriculture in Tsushima and then gradually started on comparative studies with those of Bali. Basic research was completed in just about two years, and a report (283 pages on A4 paper) was published in March 2004. This book 'Tsushima — the Crossroads in the Sea', describes the outcomes of this report for general readers. It consists of the following two sections:

1. The ruins of Tsushima and Tendo beliefs

Because Tsushima is located between Japan and Korea, political and diplomatic problems have intensively developed there since the ancient period. Archaeological findings and documents which have recently been published have clarified the role of Tsushima as a political stronghold of the Yamato administration from a strong trace of its rule having been found in the southern ruins. Moreover, the Tendo beliefs - a mixture of sun worship and rice cult - is a unique folk religion produced in the particular environment of Tsushima. It can still be witnessed today in the rituals dedicated to the god in red rice agriculture in Tsusu. Furthermore, it also becomes clear from the historical documents of the 13th century that the Tendo beliefs focused on worship of the forest, especially deciduous forests, which were protected by the local customary law, the Samurai law and in the modern period, safeguarded as natural treasures. We believe the clarification of the history of environmental protection to be of worldwide significance. In addition, it can be considered a great outcome that we were able to reconstruct the cultural landscapes of villages and rice fields in Tsusu at the beginning of the modern period.

2. The rule of the So (宗) clan and the historical documents of Tsushima

The So clan migrated to this area as a Jitodai, or deputy manager of the land, in the Kamakura period, and later became active as a Shugodai, or deputy manager of Tsushima, in the Nanpoku (South-North) Dynasty period. The So clan was subsequently promoted to be Shugo Daimyo, or the landlord of Tsushima, and

# Tsushima — the Crossroads in the Sea

(Abstract)

Tadashi Ebisawa

This book reports on a study of Tsushima (696 ㎢ of area covered), which has long performed a bridging role between Japan and the continental mainland. In 2002 the Research Center for Enhancing Local Cultures in Asia was launched as one of Waseda University's 21st-Century Centers of Excellence (COE) programs. Eight institutes participated in this program, sharing the joint project out among themselves in terms of research topics and dividing up the areas of East Asia. A basic model of local cultures in China's Sichuan Province was identified for the program. Other regions were divided into four types: i.e. 'Dry Zone and Oasis Culture', 'Grassland Area and Nomad Culture', 'Forest Zone and Hunting Culture', and 'Subtropics and Rice Agriculture'. The Institute of Wet Rice Agriculture took charge of 'Subtropics and Rice Agriculture' and began its work with comparative studies of Tsushima in Japan and Bali in Indonesia. The Study of the Formation of Wet Rice Fields in East Asia and Wet Rice Agriculture (with focus on Japan) was started at the same time as Basic Research (B) of the Scientific Research Grant. Fieldwork was conducted, together with postgraduate students of Waseda University, and historical documents of Tsushima were read in lectures.

There were three reasons for selecting Tsushima as a research field:

(1) Tsushima was a point of contacts between the continental mainland and Japan from the Yayoi to the Edo periods. In terms of studying the transmission of wet rice agriculture it is therefore an area not to be missed.

(2) In Tsutsu in southern Tsushima red rice agriculture has continued for the purpose of rituals dedicated to a god. There is an important key to understanding the formation of wet rice fields and wet rice agriculture. Tsushima is rich throughout in folk performing arts.

本書は早稲田大学学術出版補助費の助成を得て出版されたものである

平成19年3月30日初版発行　　《検印省略》

アジア地域《ちいき》文化《ぶんか》学《がく》叢書《そうしょ》IX

海《うみ》のクロスロード対馬《つしま》 ―21世紀《せいき》COEプログラム研究集成《けんきゅうしゅうせい》―

編　者　早稲田大学水稲文化研究所

発行者　宮田哲男

発行所　㈱雄山閣

〒102-0071　東京都千代田区富士見2-6-9

TEL 03-3262-3231㈹　FAX 03-3262-6938

振替：00130-5-1685

http://www.yuzankaku.co.jp

印　刷　㈱白峰社

製　本　協栄製本



Printed in Japan 2006

ISBN4-639-01976-3 C3020